高等医学院校实践实验系列教材

法医学实验指导

主　编　武　彦　陈丽琴
副主编　顾　捷　白慧茹
编　委（按姓名汉语拼音排序）
白慧茹（内蒙古医科大学）
陈丽琴（内蒙古医科大学）
顾　捷（内蒙古医科大学）
贾富全（内蒙古医科大学）
刘长海（内蒙古医科大学）
荣　荣（内蒙古医科大学）
苏丽娟（内蒙古医科大学）
武　彦（内蒙古医科大学）

北京大学医学出版社

FAYIXUE SHIYAN ZHIDAO

图书在版编目（CIP）数据

法医学实验指导／武彦，陈丽琴主编.—北京：北京大学医学出版社，2016.1（2021.8 重印）
高等医学院校实践实验系列教材
ISBN 978-7-5659-1157-6

Ⅰ.①法… Ⅱ.①武…②陈… Ⅲ.①法医学—实验—高等学校—教学参考资料 Ⅳ.① D919-33

中国版本图书馆 CIP 数据核字 (2015) 第 156867 号

法医学实验指导

主　　编：武　彦　陈丽琴
出版发行：北京大学医学出版社
地　　址：（100191）北京市海淀区学院路 38 号　北京大学医学部院内
电　　话：发行部 010-82802230；图书邮购 010-82802495
网　　址：http：//www.pumpress.com.cn
E－mail：booksale@bjmu.edu.cn
印　　刷：中煤（北京）印务有限公司
经　　销：新华书店
责任编辑：畅晓燕　杨善芝　**责任校对**：金彤文　**责任印制**：李　啸
开　　本：787 mm × 1092 mm　1/16　**印张**：20.25　**字数**：518 千字
版　　次：2016 年 1 月第 1 版　2021 年 8 月第 3 次印刷
书　　号：ISBN 978-7-5659-1157-6
定　　价：65.00 元

前 言

内蒙古医科大学开设法医学课程是在20世纪80年代初期，即在1978级（恢复高考后第二届）临床医学专业本科生中，首次开设法医学必选课程。授课人为孙慧宽教授，为在医学生中普及法医学知识、正确处理有关法律及医学方面的问题做出了贡献，受到广大学生的好评。进入21世纪，我国高等医学教育既面临难得的发展机遇，又面临新的挑战。为适应社会需求，我校于2004年成立了法医学专业，并在当年开始招生，第一届招收法医学专业本科生38人，到2014年共招收了十一届法医学专业学生，总计500人，现已毕业307人。其中人数最多的一届是2009级64人，最少的一届是2010级34人。

21世纪合格的法医学人才应是集知识、技能、创新于一身的全面优秀人才。教材建设必须适应人才培养的需求。随着我国法制建设的不断加强，法律制度的不断完善，法律实践对法医学提出了更高的要求；而科学技术的飞速发展，又进一步拓展了法医学应用领域的广度和深度。为了培养出法医学的合格人才，我们经过7轮的教学实践，并根据法医学5年制培养计划和教学大纲的要求，结合内蒙古医科大学司法鉴定中心近年来所受理的各类案件中的典型案例，决定重新编写《法医学实验指导》。在总结和汲取前两轮实验指导编写经验的基础上，我们对一些不足之处进行了大量的修改和完善，增添了一些综合素质训练的内容（如案例分析），每个实验后增加了思考题或关键性提示，旨在开阔学生视野，活跃学生思路，激发学生创新性思维。

法医学实验既与课堂讲授的理论内容有关，又有本身特殊的目的与任务。第一，实验是对科学理论的验证，通过实验可以巩固和加深对本学科理论知识的理解，同时又可获得感性认识。第二，通过实验使学生掌握基本实验技能的操作。第三，通过实验培养学生实事求是的科学态度和独立思考的工作作风，提高学生分析问题和解决问题的能力。第四，通过实验加强创新能力和实践能力的培养，为学生在知识、能力等综合素质协调发展方面奠定基础。

《法医学实验指导》共由六篇组成，第一篇为法医病理学实验，第二篇为法医物证学实验，第三篇为法医临床学实验，第四篇为法医毒理学实验，第五篇为法医毒物分析实验，第六篇为对实际案例的综合素质训练。我们根据不同的教学目标，本着由浅入深、循序渐进、注重创新的原则，将实验内容进行了全新的组合。内容以验证性实验为主，外加案例分析；着重验证各学科的理论教学内容，突出实验教学与理论知识的密切联系，加深对理论知识的理解，同时通过实验操作，使学生掌握基本实验技能。通过案例分析，培养学生在法医检案中的缜密思维和科学方法，培养学生对从事法医工作的严肃科学态度、严谨的工作方法和实事求是的工作作风。

编委们本着对学生负责的态度，认真细致地编写每一个实验内容，付出了辛勤的劳动。我们期待着同学们在按照这本实验指导完成实验后取得可喜的收获。同时，也希望使用过这本书的老师和同学们提出宝贵的意见和建议，以便改进实验内容，提高实验效果。在编写本书过程中，编委们参考了兄弟院校相关实验指导和教材的内容，在此谨向这些教材的主编和编委们表示深深的谢意！由于我们的水平所限，难免会出现一些疏漏和不妥之处，敬请广大师生提出宝贵意见。

本书主要作为法医学专业本科生教材，又可作为其他专业学生报考法医学专业研究生的自学教材，也是在职法医学工作者、律师、法官和其他非法医学专业人士有价值的参考用书。

武　彦

2014 年 9 月 6 日

目 录

第一篇 法医病理学实验

第二篇 法医物证学实验

第三篇 法医临床学实验

第四篇 法医毒理学实验

第五篇　法医毒物分析实验

第六篇　案例分析

第一篇

法医病理学实验

第一章 法医病理学鉴定文书制作

实验一 法医病理学鉴定文书的基本内容及书写规则

一、法医病理学实验的目的和意义

法医病理学是法医学的重要分支学科，其实验是整个教学工作中的重要组成部分。目的是使同学们通过对实验课的学习，加深对所学理论知识的理解，进一步巩固所学理论知识的内容，提高认识和观察病变的水平，培养独立分析问题和解决问题的能力。这对同学们打下坚实的基础，初步具备处理法医病理学检案的能力和教学、科研能力具有重要意义。

二、法医病理学实验内容和方法

法医病理学是实践性很强的学科，必须将理论和实践很好地结合起来，注意形态与功能、局部与整体、立体与平面、动态与静态等关系，全面、辩证、动态地观察幻灯片和病理组织切片，以提高学习效果。

1. 幻灯片观察　幻灯片是从检案和科学研究工作中挑选出来的典型或罕见病变，具有直观、实践性强和易于辨认等特点，应充分利用，认真观察，切实掌握。

2. 病理组织切片观察　是观察病变重要的方法之一。一般先用低倍镜从上到下、从左到右浏览一遍或数遍，以观全貌，然后再用高倍镜逐步深入地观察与分析，确定病变部位、种类与性质、死后变化种类与程度。观察时一定要全面、细致，不漏掉任何一种重要的病理变化，并分清主次，找出各病变之间的关系。

3. 法医学尸检示教　是学习法医尸体解剖、发现和观察病变的重要方法与途径。要通过法医学尸检录像片的观看，熟悉和掌握法医学尸体检验的基本知识和一般方法、步骤、病理组织切片标本采取、固定及某些选择性和特殊的检验方法，为今后进行法医学尸检、开展法医病理学检案鉴定工作打下基础。

4. 案例讨论　案例讨论是对所学理论知识和实践的综合运用，是培养锻炼同学们分析能力、思维能力和语言能力的重要途径，也是检验教学效果的一次机会。因此，学生应认真地阅读有关材料，根据案情材料、现场情况、尸体所见及有关辅助检查结果综合分析，做出自己的判断，并参照其他同学的发言和老师的总结答案检查自己的分析思路正确与否，吸取大家的经验教训，以不断提高。

三、实验注意事项

1. 遵守课堂纪律，准时到达实验室，实验时因故外出或早退应向老师请假。

2. 必须严格认真地进行实验，实验时不得进行任何与实验无关的活动。

3. 爱护公共财物。观察病理切片要注意显微镜的正确使用方法，不损坏与遗失有关切片等教具。

4. 保持实验室整齐，不必要的物品请勿带进实验室。

5. 重视实验教学，按时完成课堂作业和实验报告。

6. 注意病变的记录和描述，绘图清晰，书写工整，描述要用专业术语。

（刘长海　武　彦）

第二章　尸体现象

实验二　各种尸体现象观察

【实验目的】

1. 认识早、晚期各种尸体现象。
2. 掌握尸冷、尸斑、尸僵等检查方法。

【实验方法】

1. 在教师的指导下观察并描述幻灯片教学标本。
2. 通过观察实验家兔尸体的早期尸体现象，加深对死亡时间推断的理解。

【实验内容】

1. 我国古代著名法医学家宋慈墓。
2. 宋慈著世界上第一部法医学巨著——《洗冤集录》。
3. 中国古代部分法医学著作。
4. 国外部分法医学书籍、图谱。
5. 法医学尸体检验。
6. 尸温下降曲线图。
7. 尸温——直肠平均温度推算表。
8. 窒息死亡尸体仰卧位形成的尸斑呈暗紫红色。
9. 一氧化碳中毒尸体尸斑呈樱桃红色。
10. 缢死尸斑以上、下肢远端为著。
11. 坠积期尸斑，指压后褪色。
12. 尸斑内散在的死后出血点。
13. 尸斑与皮下出血切开后鉴别。
14. 留在尸表上的衣服花纹印痕。
15. 尸僵——两下肢大关节僵硬不曲。
16. 尸僵——翻动尸体后，四肢仍保持屈曲状。
17. 溺死尸体僵硬。
18. 尸体痉挛——尸体固定在被刺时手欲拔除匕首的状态。
19. 轻度角膜浑浊。
20. 中度角膜浑浊。
21. 重度角膜浑浊。
22. 阴囊皮革样化。
23. 脾血液坠积。
24. 濒死期形成的心室内鸡脂样血凝块。
25. 心腔内死后血液凝固。

26. 尸绿——颜面及全身皮肤呈污绿色，尸体上有散在蛆蛹。

27. 霉变——尸体眼眶及口鼻周围出现白色霉斑。

28. 腐败静脉网及腐败水疱。

29. 巨人观并死后分娩。

30. 鼠类抓咬尸体所致黄褐色表层剥脱。

31. 鼠类蚕食所致儿童尸体下肢死后损伤。

32. 被鸟类啄空胸腔脏器的两具尸体。

33. 被狼毁坏下肢的尸体。

34. 尸体已白骨化。

35. 儿童木乃伊，全身暗褐色，皮肉干枯贴骨，腹部低陷。

36. 已木乃伊的成人头颅。

37. 尸蜡——尸体浸泡于水中八个月形成，呈蜡脂样灰白色，有油腻感，可以压陷，但脆而易碎。

实验三 动物实验观察尸体现象

【实验材料】

1. 体重 2.0 ~ 3.0kg 的实验动物家兔 每组 1 只，共 8 只。

2. 器材、药品及试剂（每组） 乙醚、实验动物解剖器械 1 套（手术刀 1 把，止血钳 1 把，剪刀 1 把，镊子 3 支），家兔实验台 1 个，20ml 玻璃注射器及针头，0 ~ 60℃温度计 2 个，200ml 烧杯 2 个，纱布，固定用棉绳 2.5m，一次性橡胶手套，生理盐水 1000ml，乙醚（可多组公用）。

【处死家兔】

8 只家兔分别以 4 种不同方式处死：

（1）耳缘静脉注射空气致空气栓塞死亡。

（2）切开股动脉致失血性休克死亡。

（3）颈椎离断致死。

（4）湿纱布遮蔽口鼻腔致窒息死亡。

【实验步骤】

1. 处死前 乙醚麻醉后将家兔固定在实验台上，观察并记录角膜透明度、瞳孔大小，记录室温，用其中 1 只温度计检测家兔肛温；在右腹部肋缘下做斜行切口，直至腹腔，置另一温度计于肝表面，分别记录温度（室温、生前肛温、肝表面温度）。

2. 处死后 各组采用不同方式测温（即刻肛门温度、肝表面温度）。在一侧后肢近段做切口，暴露骨骼肌，用针头刺激，观察肌肉收缩情况并记录，然后用生理盐水纱布覆盖创口，以备在死后不同时间继续观察。

3. 各组分别按不同时间段观察、检测下列指标并描述、记录。

（1）尸温：分别记录死亡即刻、死后 30min、1h、2h、4h、6h、8h、16h、24h 直肠温度和肝表面温度，并以时间段为横坐标，直肠温度和肝表面温度为纵坐标分别描记直肠温度和肝表面温度与死亡时间变化曲线图。

（2）超生反应：于死亡即刻、死亡后 30min、1h、2h、4h、6h、8h、16h、24h 观察肌肉收缩超生反应，用针头刺激骨骼肌，观察、记录肌肉收缩情况（肢体收缩、肌肉收缩、肌肉局部收缩等）。

（3）角膜透明度：于死亡即刻、死亡后 1h、3h、6h、16h 和 24h 分别观察、记录角膜透明度情况。

（4）尸僵：观察尸温同时，检查、记录尸僵出现的关节，注意出现的时间、程度和顺序。

【思考题】

1. 腐败的形态学特征有哪些？常见的早期尸体现象有哪些？
2. 生前内脏淤血与死后血液坠积的不同之处是什么？怎样进行自溶与坏死的鉴别？
3. 除尸体现象外，还有哪些推断死亡时间的方法？

（刘长海）

第三章　法医学尸体检验

实验四　尸体解剖概述

【实验目的】

1. 掌握常规法医尸体解剖的程序、内容和方法，熟悉特殊法医尸体解剖的程序、内容和方法。

2. 熟悉法医尸体解剖过程中应该特别注意的问题。

3. 牢固掌握法医尸体解剖与病理尸体解剖的不同。

4. 熟悉法医病理学尸体检验的委托与受理、司法鉴定协议书、尸体检验记录等程序，了解法医病理组织的取材方法及送检原则。

【实验内容】

1. 在教师的指导下观看由内蒙古医科大学法医教研室制作的《法医尸体解剖录像资料》。

2. 在法医病理课程学习过程中安排时间，让学生分组参加由教师示教的法医尸体解剖程序与规范的示范性教学。使学生在熟悉法医病理学尸体检验的委托与受理、司法鉴定协议书、尸体检验记录等程序的基础上，学习规范的尸体检验方法。

【实验时间】

4～6学时。

【实验方法】

（一）法医学现场尸体检验注意事项

犯罪活动过程中，遗留有犯罪活动的痕迹。勘查现场，搜索及仔细研究分析犯罪行为的痕迹，是正确地推断作案过程、确定嫌疑范围的必不可少的步骤，现场进行法医学尸体检验的意义就在于此。

法医和医师鉴定人参加现场尸体检验，应注意以下几点：

（1）为争取时间，迅速破案，在接受委托后，应当立即准备用具，赶赴现场，切勿迟误。

（2）检验开始前应先由侦查机关或当事人、证人陈述案件发生情况。

（3）现场勘验应服从负责的侦查员领导，按一定程序进行，在一切事物未记录完结以前不要用手触摸现场物件，注意尽量不使自己的手印和足印留在现场，以免与出事现场遗留下的痕迹混淆，妨碍以后侦察；大的命案现场或重大灾害事故现场要注意与其他人员密切合作。

（4）现场勘查一般分两步进行，先做静态观察，待记录完毕后再做动态检查。

（二）现场尸体检验的方法与步骤

1. 尸体周围环境及尸体衣物检查

（1）详细记录尸体所在地点的状况（如在何处，周围有什么建筑物、河流，距离多远），尸体的位置，头脚所指的方向，与周围环境的关系，尸体姿势。

（2）尸体周围有何痕迹，如血迹、精斑、毛发、指纹、足迹等，它们的分布状况、数量、血迹的形态、特征、与尸体的关系。有时可根据这些痕迹相对的特征来推测作案情况。

（3）现场上有何物件遗留，如刀、绳子、纽扣、香烟头、凶手或死者生前所有物品、死者遗书、生前服用的药品等，这些常是重要物证，应立即收集起来，带回实验室检验。

（4）尸体所着的帽子、衣裤、鞋袜，需依次详细记录：①件数。②每件物件的质地、材料、新旧程度、大小、式样、特征、与死者身体是否合适。③衣物上有无损坏或泥污痕迹，如有痕迹，应进一步观察这些痕迹的大小、形状、方向、特征，与现场地面或者物件上遗留的痕迹及与尸体创面有无关系。如为交通事故，应注意这些痕迹与地面形状或轮胎花纹是否相似。注意尸体位置及其与机动车辆位置关系。火器伤时，应注意衣物伤口周围有无烟灰及火药残渣遗留。室内现场应注意现场物体与墙壁弹痕，研究弹道走向，与尸体上创口是否一致，以协助判断射入口及射出口。④衣袋内有何物件，有无遗书，或证明死者身份的物件。⑤是否缺少了应有的衣服，如缺 1 只鞋子或 1 只袜子。

2. 尸体外表检查

（1）记录死者的性别、姓名、年龄、职业、身长、发育营养状况、皮肤颜色、指甲有无发绀、指甲内有无异物。

（2）尸体的个人特征，如发长、肢体残缺、瘢痕、黑痣、文身等，这在检查无名尸体时尤为重要。

（3）尸体现象：尸冷、尸斑、尸僵、腐败等发展状况。

1）尸冷：用温度计插入尸体肛门内，置 5min 后取出观察直肠内尸体温度，并记录之，注意尸体周围环境，影响尸体温度下降速度之因素。记录环境温度。

2）尸斑：注意尸斑的位置、分布情况、颜色、浓度、有无特殊花纹，用手指压迫，观察消退程度及恢复速度。在区别尸斑与皮下出血时，应注意此斑块是否位于尸体低下部位，形态、颜色如何，表面是否凸起，有无表皮剥脱，切开后用流水冲洗，观察是否易被冲掉，并可切取部分组织进行显微镜观察。

3）尸僵：在搬动尸体时，注意尽量保持尸体各关节原有的伸屈姿势，勿将尸僵破坏。如由于人为将尸体各关节尸僵破坏，应记录之。从面部颞下颌关节起，依次检查颈部、躯干上部和上肢肩关节、肘关节、腕关节、掌指关节及下肢髋关节、膝关节、踝关节活动度如何，记录其僵硬程度。

4）尸体局部干燥现象——皮革样化：注意检查眼角膜两侧巩膜处有无三角形黄斑出现，口唇黏膜、阴囊有无变暗、皱缩、变硬现象。体表其他部位皮肤有无局部干燥变硬、颜色变深现象。记录局部干燥的形态、大小，局部干燥斑块中央有无特殊花纹，例如颈部索沟干燥时，显出有花纹，此花纹能反映出绳索性状。

5）腐败尸体：应注意其腐败程度，记录体表皮肤改变情况，有无树枝样腐败静脉网出现，尸体肿大、眼球突出等全身变化情况；头皮是否已脱落，眼、耳、鼻、口腔、阴道、创口处有无蝇卵、蝇蛆长短及分布情况，附近有无蛹壳出现，如尸体已不完整时，应记录其破坏情况。应特别注意有无创伤痕迹，并注意与死后尸体破坏区别。

（4）尸体各部分的检查

1）头部：头发长度，有无暴力折断及拔落痕迹，头皮有无损伤，有无皮下出血，面部有无损伤。眼结膜有无充血、出血点，角膜清晰程度，瞳孔直径，双侧是否等大、等圆。外耳道、鼻孔有无溢液，溢液的性状。口角皮肤黏膜有无腐蚀现象，口唇黏膜内侧有无出血斑点，口鼻周围有无指压痕迹。牙有无缺损、折断，有无镶牙、龋齿，牙龈有无损伤，颅骨、下颌骨有无骨折。

2）颈部：有无指压痕迹、索沟及其他外伤。如有损伤，则应记录损伤的数目、大小、位置、方向，损伤的颜色，出血的量。如为创伤，应仔细检查创缘、创壁、创底是否光滑，创壁间有无组织间桥，创口周围有无表皮剥脱，以确定是钝器伤还是锐器伤。如为锐器伤，首先应判断是切伤、刺伤或是砍伤，从创角及骨表面刀痕的数目来推断切砍的次数，从两端创角的高低与深浅推断切的方向。如为颈部切创，在做前述检查后，还应检查颈深部器官的损伤情况，如气管、食管、脊椎、软骨、血管、肌肉，以及损伤的严重程度，以确定原因。刺创创道的深度应于解剖时确定，不宜用探针测量。

3）躯干及四肢：发育有无异常，注意外表有无损伤，有无皮下出血，肢体各关节有无脱位，四肢有无假关节形成。

（三）各种暴力性死亡检查要点

1. 缢死与勒死

（1）注意尸体的原始姿势，如为缢死，尸体足是否着地，悬吊尸体应测量绳索悬挂点高度，是否与悬挂绳索的长度、尸体身长、垫足物的高度总和相符合。尸体与周围物体的位置关系如何。悬挂处地上有无大小便、精液。

（2）检查勒死的尸体，应注意结绳方式是否自己所能为，身上有无抵抗伤，尸斑的分布。无论是缢死或是勒死，均应注意绳索的性质、绳套的数目、绳结的样式、位置与索沟的性状是否一致。

（3）为确定索沟为缢沟或勒沟，要特别注意索沟的走向、位置、有无提空或闭锁。注意索沟两侧有无皮下出血，必要时可做组织切片，检查有无出血及组织的异染性。

（4）绳索和绳结是缢死和勒死的主要物证，取绳套时不应解开绳结，应于绳结对侧剪断，然后用胶布将断端黏合、保存，备以后检验用。

（5）如遇死者手、足被绑缚，应仔细研究绑缚的方式及绑缚的牢固程度，以判断是自己绑缚或是别人绑缚。

2. 溺死

（1）尸体口鼻部周围有无泡沫团，手中是否握有泥沙水草，尸体外表有无损伤痕迹，注意区别是死后水中损伤或是生前损伤。

（2）根据尸体手、足等部皮肤浸渍的程度、范围及其尸体变化，推测尸体在水中经过时间。

（3）在外表不能确定是否溺死时，应争取做尸体解剖，并用洁净容器，采取溺液和内脏器官，以备做浮游生物检查。

3. 交通损伤

（1）如发现受害人未死亡，应立即送入医院急救，切勿迟延。

（2）应详细描绘现场图，记录车行方向、现场尸体位置、姿势、与车辆的位置关系。

（3）注意原始现场上遗留的痕迹，如血迹、车辆痕迹、车辆上的擦痕或血痕，这些痕迹与死者身上损伤有无关系，死者衣物有无破损、油污。

（4）检查死者身上损伤严重程度，死亡原因，根据创伤的特征，推断出事时车辆与受害者的关系及碾压情况。

4. 中毒及疑为中毒

（1）了解案情，详细询问死前数日起居行动、饮食情况及精神状态，是否与人共食，其他人情况，死者的生活、社会关系。

（2）应于死者身上及现场仔细搜查可疑的毒物，采取死者的呕吐物，包装，密封，送实验室检验。

（3）注意尸体外表尤其是口腔有无腐蚀、溃烂，口腔内有无特殊的气味，尸斑颜色，呕吐物的气味、颜色，是否含有可疑药物，外表不能确定时，应争取做尸体解剖，取内脏组织、胃内容物或尿液做毒物分析，同时采取内脏器官做病理组织切片。

5. 触电

（1）进入现场前，首先将电流切断，最好有电工陪同到现场，并注意保护自己。

（2）如受害者刚触电不久，应立即进行人工呼吸直至尸斑出现为止，以争取挽救受害者的生命。

（3）检查死者有无烧伤及毛发烧焦的情况，有无电流斑，电流斑的颜色、局部硬度、金属化的颜色，由电流斑及烧伤的严重程度判断电流的入口及出口。

6. 检验无名尸体

（1）逐层详细记录死者的穿着，尸体外表的个人特征如畸形、文身、瘢痕、缺陷、镶牙、缺牙等，检查衣袋内有无证明文件、遗书，有无耳环、手饰等。

（2）进行尸体面貌辨认照相，采取指纹、足印。

（3）根据尸体现象，推断死后经过时间。

（4）注意尸体外表有无损伤，记录损伤的特征。

（5）根据死者的外貌、体形、衣服、头发、皮肤、牙等特征，推断死者职业、年龄。

（四）现场尸体检验记录

现场尸体检验的记录应当详细、清楚，客观记述检验结果，记录中不应加入任何主观的意见和推断，记录包括文字叙述部分、绘图、照片 3 种形式。

1. 记录的叙述部分

（1）序言：案件发生时间、地点、委托机关，参与检验的人员，检验时间、地点、案情经过。

（2）检验经过：尸体所在地点、周围环境情况、气温、尸温、尸体的位置、方向、姿势以及尸体的衣服、外表特征、损伤情况等，依次系统记录，必要时用图表、照片说明。

（3）结论部分：根据案情及检查结果，分析判断，提出初步意见及需要进行的工作。

2. 绘图　为了便于说明现场情况，必要时应绘制现场平面简图，说明尸体位置、姿势及与周围环境的关系。尸体表面损伤，在不易叙述清楚时，亦可绘图说明。

3. 记录摄影　摄影可以收集与保存证据，精确记录事物情况。现场检验时记录照相一般由侦察员进行，必要时，法医或医师鉴定人应亲自摄影。尸体摄影，如为专门人员进行，法医应提出具体要求，要显示的画面、角度等，照相先概览，后细目。重要证据最好用 2 个相机同时照相。有条件可进行录像。

实验五　法医学尸体剖验

一、现场尸体剖验时，认为需要剖验方能确定死因、死亡性质者，应进行剖验。法医学尸体解剖与一般病理解剖不同，前者常无完整的生前病史或是完全无病史可查，解剖不受死后时间的限制，法医学解剖的目的主要是解决死亡原因、死亡性质、损伤与死亡的关系，从损伤的特征推断凶器种类及暴力作用方式、损伤形成的时间。在中毒病例则推断毒物的种类。因而，法医学解剖所侧重的一些细节，如尸体局部的微小表皮剥脱特征及其与内脏损伤的关系等，常是一般病理解剖所忽略的。

二、法医学尸体剖验有时是由进行现场尸体检验的法医人员或医师鉴定人进行，在有些情况下，则是委托医学院校的法医教研组或病理机构进行。剖验前，应该办妥一切必要手续、委托机关的委托书、死者家属或关系人的申请书、确定解剖后尸体如何处理等。法医学尸体剖验虽不受时间的限制，为了使检验结果尽量少受死后改变的影响，尸体解剖仍以越早进行越好。在大体解剖得到初步结果时，应立即将结果通知侦察人员，以利于侦察工作的进行。

三、进行解剖时，应尽量照顾当地居民的风俗习惯，如解剖最好征得死者家属的同意，剖验进行时，除有关的国家机关工作人员如侦察员可以在场外，不让死者家属、朋友及其他与案件无关的人在场，尸体解剖在现场附近场地进行时，借用民间用具（如凳子、水盆等）应事先说明，解剖后应将残余组织妥为掩埋，不乱倒血水、粪便，以避免污染居民的用水。解剖后应将尸体缝好，保持尸体外观的完整性，并注意解剖现场的清洁。

（一）解剖用具

①大解剖刀；②小解剖刀；③肠剪；④板锯；⑤凿子；⑥锤子；⑦组织镊；⑧肋骨剪；⑨脑刀；⑩大血管钳；⑪探针；⑫量尺；⑬天秤；⑭缝针、缝线；⑮量筒；⑯组织剪；⑰血管钳；⑱注射器；⑲橡皮手套及纱手套。

（二）尸体剖验方法与步骤

1. 尸体操作的一般守则　尸检室内要保持肃静，尊重死者。尸检中所用的器材要经常保持整齐清洁，放在磁盘内，刀剪及手套上的玷污，要常用流水清洗。刀切脏器时要上臂用力，不是手腕使劲。切时要自左而右一刀切开，不要由上向下压，也不要拉锯样在一个切面上来回切数次，以致切面参差不齐。切新鲜尚未固定之脑、脊髓时，刀面应先用乙醇浸泡，以免脑组织沾着刀面。

各实质脏器随形状不同可纵切可横切，但都应按下列要求做切面。能显示该脏器最大切面；能同时切开脏器门区之血管等通道，在切面上能显示该器官的主要管道；仍保持该器官各部分相互联系。按以上要求做第一切面后，厚的器官可再做数个平行切面以检查各处病变。不需保存做标本的大块肝、脾等脏器，还可再做数个横切面以检查较小病灶。禁用、少用水冲洗脏器各切面，以免改变脏器固有之色泽和影响切片染色质量。

分离取出各脏器前必先查清其联系之组织，如取出肾前应先检查肾动脉是否狭窄或分支异常，其输尿管有无变形；取出肝前，应先检查胆管、胆囊、肝门静脉、肝动脉等；取出肠前，应先检查肠系膜及其血管。切开各器官前应先称重量，因切开后血液流失，可使重量减少 20% 左右。但心脏例外，须在切开去除血凝块后称重。

注意检查各病变的因果联系，如发现栓塞时要检查栓子来源。发现脑肿瘤时要检查其原发部位或转移部位。发现全身粟粒性结核时要检查肺内外有无陈旧的结核病灶。有活动性结核、病毒性肝炎、艾滋病等易于播散的传染病时，应特别注意消毒。在切取脏器时动作要谨慎，避免血水溅到台外，并避免造成飞沫喷溅。如不慎割破皮肤时，可脱去手套让血流出，同时用流水冲洗，然后涂碘酊，亦可用棉签浸酚液插入伤口，并迅速用乙醇擦洗，以免灼痛，外用纱布包扎，不可疏忽大意。如眼结膜污染时，须用水冲洗并用 5% 弱蛋白银或抗生素点眼。

2. 一般的尸体剖验步骤

（1）外表检查：已在现场进行检验的尸体，在剖验前应再做一次尸体外表检查。

（2）胸腹腔切开：解剖者站在尸体的右侧，自下颌骨下方正中起，沿胸骨正中线向左绕过脐窝直达耻骨联合上缘做一纵切口。如死者的家属要认领尸体，最好做“T”字形切口，即于胸前胸骨切迹下方，两肩峰间做一弧形切口，再从胸骨切迹处沿胸骨中线至耻骨联合上方做一纵切口，提起腹壁，然后用刀或剪在两指间向下割开腹膜，切口可至耻骨联合上缘。检查腹壁脂肪的厚度、大网膜的位置、腹膜是否光滑、腹膜腔内有无液体、各脏器大小位置、关系是否正常、有无粘连、膈肌高度、肝的大小、内脏有无破裂、损伤，如有穿透性损伤应逐层检查创道方向、深度、脏器损伤与皮肤外表损伤的关系等。在两侧肋骨与肋软骨联结内侧约 0.5cm 处，从第二肋起到肋弓将左右肋软骨切断，再将肋间肌切断，提起胸骨及肋软骨，紧沿其后壁将膈及前纵隔割离，注意勿损伤大血管。然后观察胸腔内有无积液、积血，记录量及性质。再用骨剪将第一肋骨剪断，用刀将两侧胸锁关节切开，将胸骨及肋软骨一并揭去，暴露胸腔器官。检视胸壁有无损伤、异常、胸膜粘连、增厚等情况，注意胸腺是否已脂肪化，有无出血，若存留则将其剥离取出。然后提起心包，做“人”字形剪开，注意有无心包积液，积液性质及积液量，左、右心肌僵直情况。自右心室顶端向肺动脉做一切口，检查肺动脉及其分支处有无血栓及栓子，若怀疑感染病死尸体，此时可采取心血做细菌培养。做毒物分析用的心血亦可此时采取。

心血采取法：用镊子将右心房上端提起，另用一有柄金属片在酒精灯上烧红后，烫下腔静脉入口之上方，消毒面积约 2 cm × 2 cm，用消毒空针在上述部位插入，顺下腔静脉入口方向推进，汲取血液约 5ml, 注入培养基内。

颈部的切开和检查：颈部有损伤的尸体，一般都做一纵切口，剥离颈部皮肤，分层检查皮下组织、肌群、气管、血管和神经有无损伤、出血、破裂现象。如要保持颈前皮肤完整，穿衣后切线不致外露，可自两耳后向下切至锁骨外端，将颈部皮瓣向上翻转如前检查颈深部病变。

（3）颈部、胸腹腔器官联合取出：先观察肠腔是否胀气，浆膜面有无病变，腹腔脏器、肠系膜、淋巴结、输尿管有无病变及发育异常，然后用双手将小肠系膜推向下方，找到屈氏韧带，此处可见一段固定于腹后壁的肠组织空肠起端，在此处用 2 把肠钳平行地夹住空肠，于钳间切断肠管，沿肠系膜的附着处分离肠管与肠系膜，直至直肠下段，切断直肠，在切断前应先结扎肠管两端。肠取出后移放一旁待稍后检查。将长刀由下颌中部刺入舌底前部口腔内，由此将刀紧沿下颌骨内面向左、右将下颌与舌之间的软组织分开，然后将舌拉下，于咽后壁软、硬腭交界处分离舌根，切断气管与脊椎间的疏松结缔组织，将舌及气管拉下，在胸腔上切断颈总动脉及锁骨下动脉，并沿两侧脊柱纵行切断胸膜，然后手持舌及气管，即可提起胸部各脏器，并用力下拉，同时将其背后连系脊柱之软组织剥离，直至横膈为止，然后分离横膈。左手示指和中指挟持膈肌，将肾及肾上腺向内压，右手插刀于腹膜后，沿膈附着缘将连接于腹后壁之组织切断与脊柱分开。置胸部各脏器于尸体左侧，并将腹部脏器略为扭转，以露出脊柱之右侧，然后将大动脉、腔静脉自脊柱前慢慢剥离，则全部胸腹脏器可一并取出。

颈部器官之检查：分离甲状腺组织，测其大小、重量，检查表面及切面有无病变。从背面正中线剪开咽喉及气管，检查上呼吸道管腔内有无异物、分泌物阻塞，黏膜有无充血或其他病变，注意舌骨、甲状软骨、环状软骨有无骨折，颈部软组织有无损伤及出血。

（4）胸、腹腔器官之检查：置各腹腔器官于桌上，使之背面向上，自下向上剪开髂静脉及腔静脉达肾动脉之分支处。肾动脉亦须先剪开检查，而后始可割断。依次检查腹膜后之淋巴结，由下向上剪开髂动脉，直剪至动脉弓处，剪开检查奇静脉、胸导管及主动脉分支，记录各血管之大小、形状，有无畸形及病变。肾上腺因易发生死后自溶，故宜先取出，做多数平行矢状切面检查有无出血，取小块组织固定切片。从背面正中线剪开食管至胃贲门部为止，检查食管壁有无充血、出血、腐蚀及其他病变，切取一约5cm宽之长条组织固定。将食管下端切断，下腔静脉可在穿过膈肌孔处切断，则胸部与腹部脏器可完全分离。

心脏：从心脏根部切断上下腔静脉、肺动脉及奇静脉，取下心脏后检查是否增大，心外膜下有无出血点，表面是否光滑，然后剖开心脏，记录心脏内的血流状态。右心剖开法，首先用刀或剪刀将右心房从上下腔静脉入口处做直线剖开，然后从此线中点，沿心脏右缘剖至右心室尖部，最后从心尖部沿心室中隔部剖至肺动脉。左心剖开法，用刀或剪刀从左右肺静脉入口处做直线剖开，然后从此线之左端沿心脏之左缘剖至左心室尖部，再从心尖部沿心室中隔避开肺动脉剖开主动脉。心脏剖开后，注意心肌厚度、颜色，有无病灶，心内膜是否光滑，有无出血点，心瓣膜有无赘生物，测量心瓣膜周径和左、右心室肌厚度及心脏重量。在主动脉根部注意冠状动脉口有无病变，然后可用小剪剪开冠状动脉管腔或每隔0.5cm连续横切检视，观察管壁有无增厚，管腔有无闭塞。

主动脉：剖开检查内膜是否光滑，有无粥样化斑块及其他病变。

肺：用左手握着肺根部，剪断支气管，取下两侧肺组织，注意肺表面颜色，是否光滑，有无出血斑点，触摸有无坚实病灶，左手拇指、示指、中指插入肺叶间固定肺组织，右手持刀自肺之后外侧面，对准肺门方向，由上而下，做一纵切面，然后剪开各支气管及血管，注意管腔内容物的性状，管壁有无病变，肺动脉有无血栓，肺切面有无实质病变、气肿、塌陷等。双手轻轻挤压，有无含气泡之血水流出。肺门淋巴结有无异常。

胸腺：注意包膜下有无出血点，表面及切面有无其他病变。

脾：大小，重量，硬度，包膜是否光滑，有无粘连。然后顺长轴剖开，注意脾髓质颜色、性状，用刀背是否可刮下果酱样物质，脾小体、小梁、血管有无病变。

肾：分开肾周之结缔组织，用左手将肾提起，使凸面向上，将肾门之血管、输尿管夹于示指及中指之间，从凸面由上至下切至肾盂，然后用组织镊剥离包膜，注意剥离是否困难，肾表面是否光滑，有无出血点、破裂，切面有无外翻，皮质及髓质纹理是否清楚，测量皮质的厚度，肾盂黏膜有无出血，然后在肾门处剪断肾血管取出，记录重量，如有泌尿系统病变，则连输尿管一并取下。

胃和肠：将十二指肠腹侧面纵行剖开，注意其内容物及黏膜状态。再以手压迫胆囊，如有胆汁自十二指肠乳头流出，说明胆道通畅无阻塞。然后自幽门部沿胃大弯将胃壁剪开，注意胃内容的量和性质，胃黏膜有无充血、出血、溃疡、腐蚀、穿孔及其他病变。如怀疑中毒，应将胃内容物保留于洁净容器内，送做毒物分析。左手用镊子固定空肠头部，右手用肠剪沿肠系膜附着缘剪开肠腔，然后检查肠腔内容物性状，黏膜有无病变。

胰腺：将胰周围组织分离后，取出胰，应做多数平行的纵切或横切面，观察有无出血、坏死灶，在切面上找出胰管，插入探针，并沿探针切开，检查导管大小、内容和管壁情况。

肝和胆囊：于肝门部检查总胆管、肝门静脉、肝动脉后切断之。在肝之膈面切断镰状韧带、肝静脉及下腔静脉，然后将肝取出。用一镊子钳起胆囊，用刀沿胆囊壁轻轻与肝组织剥离，继之剖开胆囊及胆管。检查肝之形态、色泽、硬度，测其大小、重量，然后用长阔刀沿长轴方向自表面最突出处向肝门做数个平行切面，检查切面性状及小叶结构是否清楚。

（5）盆腔器官之取出和检查：从膀胱顶部将其剪开，然后自前壁向尿道剪开，记录尿量、尿的状态、膀胱壁有无病变，在膀胱角之后下部可见精囊、前列腺及尿道球腺，可纵切开，检查其病变。自子宫颈口至子宫底剖开前壁，再向左、右角剖开，检查子宫内膜及肌层有无病变。卵巢则自凸面向凹面切开检查，输卵管做数段横切检查。

（6）摘取睾丸：摘取睾丸时，先扩大腹部腹股沟管之内口，一手向上送睾丸，一手用力向上拉输精管，待睾丸提出后，割断其下端联系阴囊之睾丸韧带，则睾丸即可取出。

（7）头颅的检查

1）头部外表检查

头发：测量头发的长度，观察发型、颜色、分布及数量，检查有否染发、烫发及是否假发，观察及检验头发上有无附着物及种类、数量、分布特点。同时观察眉毛、胡须的位置及分布特点。

头皮：依次分开头发，检查头皮有无破损及病变，必要时可剃除头发再仔细检查。

头颅：观察头颅有无变形，用双手挤压头颅前后左右，检查颅骨有无骨折。

颜面：观察颜面皮肤，检查有无肿胀、瘢痕、损伤及血迹分布特点。

眼、耳、口、鼻的检查：观察鼻部外形是否对称、偏位、塌陷，鼻孔周围有无泡沫及其形状、颜色，翻动尸体时有无液体流出。

眼睑有无水肿及皮下出血，睑结膜及球结膜有无充血、出血及黄染，角膜是否透明，其浑浊程度如何，瞳孔是否可视，双侧瞳孔是否等大等圆。

观察口腔的开合情况、口唇黏膜的颜色、口角及周围有无流注样改变，有无腐蚀痕迹，口腔内有无异物、血液及特殊气味；口腔黏膜有无溃疡、出血及损伤；牙的形状、数目及排列情况，有无缺牙、义齿及汞线；舌尖在口腔内的位置，有无咬伤及溃疡。

观察耳郭情况及有无损伤，检查外耳道内有无异物、血迹，翻动尸体时有无分泌物流出，其性状如何。

2）头皮及颅骨的切开方法：检查头皮后，将头发分梳，自左耳后乳突起向上横跨头顶至右耳后乳突处，切开头皮，向前后两侧翻转，并用刀剥离骨膜，露出颅骨。检视头皮、颞肌及颅骨有无损伤、出血。将两侧颞肌切断，在颅前后做一圆周锯线，前线自外耳道后方颞凹最下部开始，经过眶上嵴上方 4.0cm 处，直至对侧颞窝最下方，以后从两侧颞下方向后上斜超枕骨之上，与枕骨顶线平行，会合于后正中点。前后线所成角度为 100°～120°，两后线会合之角度则为 120°～150°。照着锯线锯开颅骨，将近锯穿颅骨全厚度时，用凿子和锤打开剩余未锯断的骨组织，并将头盖与硬膜分离（以免伤及脑组织），检查有无硬膜外或硬膜下出血，脑膜中动脉有无损伤，观察有无其他异常，然后剪开矢状窦，检查有无血栓。顺锯痕剪开硬膜，从额前部剪断大脑镰，检查软膜有无变化。

3）取脑：用枕垫高尸体颈部使头后仰，以左手托脑，右手持剪刀由前至后顺次剪断脑神经，其中包括嗅神经、视神经、动眼神经及垂体柄、颈内动脉，然后沿颞骨岩部小脑幕缘剪断小脑幕。此时脑组织的中心向后下移动，以左手托住大脑顶叶，右手掌贴住脑底，向后轻轻将大脑颞叶及脑干移出颅中窝，依次剪开第 4～12 对脑神经，用手术刀伸进枕骨大孔内，切断椎动脉和第 1 对脑神经。再将剪刀尽可能地深入椎管，切断脊髓，右手托住小脑及延髓取出全部脑组织。在蝶鞍处取出垂体。检查颅底各窦。撕开颅底硬脑膜，检查有无颅底骨折。如发现横窦有血栓或静脉炎，或有化脓性脑膜炎、脑水肿，应进一步检查中耳。

4）中耳检查应以薄刀利凿沿下列四线凿开：第一线与颞骨外侧面平行，位于颞骨枕骨隆起之外侧；第二线与第一线平行，左颈内动脉管之稍外方；第三线沿额骨岩部于蝶骨大翼及颞骨鳞部之联合线切断；第四线与脑基底平行，沿下岩室切开颞骨岩部，取下后可连硬膜一并固定。脱钙后，再切开检查。如需取脊髓时，可将尸体翻转，自枕骨的突起开始至骶椎止，于脊突两侧做二纵切口，分离软组织后，以双板椎锯锯开椎板，并用凿子撬开末段部分，取出碎骨，露出脊髓再分离两侧神经，提取脊髓。

5）脑与脊髓的检查：脑取出后，观察脑表面有无充血、水肿、炎性渗血、肿瘤等变化，有无扣带回、海马沟、小脑扁桃体压迹；颅底血管有无病变，记录脑重量，用细绳穿过基底动脉结缚于容器外周，使脑组织悬浮于固定液内 7～10d 后切脑检查。

大脑切开与检验方法如下：

①冠状切法：冠状切开大脑有五刀、七刀及十二刀 3 种方法，下面依次将几种切法进行介绍。

五刀法：脑表面检查完成后，脑底面朝上，额极朝向检查者右侧，左手固定脑，右手持脑刀分别按下列解剖标志垂直切开脑组织：平齐双侧颞极切下第一刀，视交叉中央切下第二刀，通过双侧乳头体中央切下第三刀，通过中脑大脑脚中央切下第四刀，在中脑后缘切下第五刀。此切法脑切面组织结构典型，可与多数教科书进行对照观察。

七刀法：在五刀切法的基础上，再将额叶及枕叶分别在其各自中点处垂直切开，以防遗漏病变及损伤。

十二刀法：将颞极前的额叶等切 3 块，胼胝体后缘枕叶均等切 3 块；中间部分切六刀分成 7 块，按解剖学标志进行分割。见表 3-1 及图 3-1。

表 3-1　大脑十二刀切法及解剖标志和所显示结构

刀次	脑底部标志	切面暴露的解剖结构	取材部位
1～3	颞极前	额叶脑组织	额叶脑组织
4	颞极至漏斗中点	胼胝体膝部及第四侧脑室	额中凹
5	漏斗基底部	尾状核头部、豆状核、第三脑室	纹状体
6	乳头后缘	尾状核体部、豆状核、内、外囊及屏状核、杏仁核	杏仁体
7	中脑横向中央线	视丘、尾状核、豆状核、乳头体	乳头体
8	中脑后缘	红核、黑质、海马、侧脑室	海马及丘脑
9	胼胝体后缘	视丘、海马、豆状核、侧脑室	顶叶
10～12	胼胝体后缘均等切开	顶枕叶脑实质	枕叶

②大脑水平切开法：脑底向上，分开大脑间沟，在胼胝体上方做一水平切面，暴露侧脑室之前后角，用刀插入侧脑室的角间孔，向前向上切开胼胝体，暴露第三脑室，检查脑室大小及中脑导水管有无堵塞，再从第一切面下做一全面水平切面，暴露基底核深部，根据需要，可间隔 1.0cm 左右做多个水平切面。此方法的优点是可以充分检查脑脊液的循环状况，发现脑积水的原因。

③矢状切开法：将整个脑组织放在一起，不进行大脑、小脑及脑干的分离，脑底向下，将双侧大脑半球、脑干、小脑、中脑导水管、第四脑室均分为左、右两部分，必要时可平行第一刀做多个矢状切面，相距 1.0cm。

6）小脑切开与检验：小脑的切开与检验小脑的切法亦有 3 种，尸解者可根据不同情况选择不同切开方法。

①与脑干保持原来联系，刀口与脑干垂直将小脑做多个横切面。此法可显示第四脑室病

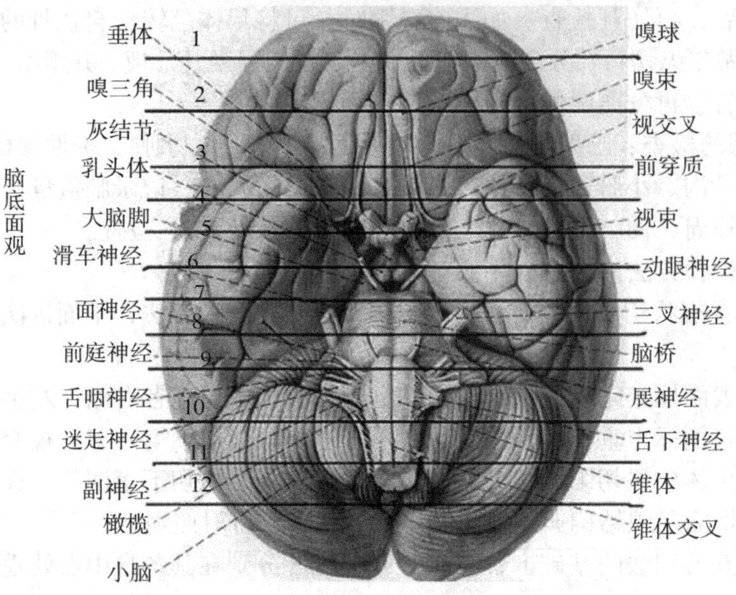

图 3-1 大脑十二刀切法及解剖标志 [附彩图]

变，且显示小脑皮质较清楚。

②在小脑底部与脑干分离并检查第四脑室后，由小脑后外侧向小脑底部做一水平切面。需要时，再做 1～2 个水平切面。小脑切开后，注意观察各切面有无损伤、出血、肿瘤和软化灶；检查第四脑室有无病变。若有出血，应注意出血的部位、数量和波及的范围。

③先在小脑蚓部做一矢状切面，分开小脑两半球，检查第四脑室后将小脑与脑干分离，再从小脑后外斜向小脑底将两侧小脑半球做多个矢状切面。此法既可检查第四脑室病变，亦可显示小脑齿状核的病变。

7）脑干的切开与检验：

①和小脑保持原来联系，刀与脑干垂直同小脑一起做多个横切面。

②将脑干与小脑分离，沿中脑、脑桥和延髓做多个横切面，每个切面间距为 0.3～0.5cm。观察脑干每个切面有无损伤、出血及其他病变。注意脑干周围小血管有无畸形和病变。

8）脑检查的注意事项：法医学尸检中，脑的检查非常重要，特别是有蛛网膜下腔出血和脑出血的案例，要鉴别是病理性出血还是外伤所致时检查更要认真仔细，采用方法也要得当。

①取脑时注意勿损伤脑底动脉环结构。

②检验时机应把握好。虽然脑组织经固定后较易切开和观察，但对于像血管畸形或动脉瘤破裂这样的病变，新鲜标本较固定后易于观察。故应在固定之前认真检验。

③无论在固定前或固定后，切脑时应在每切一刀前，先将刀浸湿或涂上乙醇，以免脑组织附于刀面，影响切开。切脑时脑的位置应摆正。做矢状切面时，脑顶朝上，纵向放置；冠状切法时，脑底朝上，横向放置；行水平切法最好用切脑架。

④应按照脑的解剖标志切脑，以暴露各个重要部位，便于观察病变。

⑤切时刀刃对准切线标志，刀刃面始终与桌面垂直，用力均匀，由前向后一次切开。切时忌反复前后拖拉。切后将各脑块按顺序平置于方盘内或桌面上，便于检验、取材。

⑥对肉眼检查时仅见轻度脑挫伤、脑干之细小出血灶及疑有动脉瘤、脑血管畸形等病变者，均应取检做病理切片检查。

⑦原则上经肉眼观察疑有病变的部位均应取检材，如疑有脑血管畸形、动脉瘤等病变处。但按解剖结构常规取材部位是额叶、顶叶之前后中央回、枕叶放射区、纹状体、丘脑、海马回、杏仁核、中脑、脑桥、延髓和小脑等12块。每块厚0.2～0.3cm，2.0cm×2.0cm大小。必要时标示包埋面，注意记录各块部位、编号并绘制简图，便于查对。

9）脊髓的取出和检验：对麻醉意外、高坠、交通事故或其他脊髓损伤和病变的案例，需检查脊柱和脊髓。

①从背侧取出脊髓，尸体俯卧，胸垫木枕。从颈部至骶部沿棘突直线切开颈、胸及腰部皮肤和皮下组织，分离棘突及两侧椎板上的软组织，暴露脊柱背侧。用双弓脊髓锯或电锯由上向下锯断椎板，尚未锯开处可用凿和锤将其凿开。用咬骨钳除去棘突和椎板，暴露脊髓腔。注意在锯、咬过程中勿损伤硬脊膜和脊髓。检查硬脊膜有无损伤、充血、出血及其他病变。再用刀切断马尾丛，小心取出脊髓。

对疑有麻醉意外死亡者，应注意针刺的部位、数目及深度，用注射器抽取脊髓腔内液体备查。必要时分段抽取脊髓液送检。然后剪取相当于针刺部位的硬脊膜对光映照，观察有无注射针孔。疑为吉兰-巴雷综合征死亡者的尸体，应尽量留长脊神经，以便取材制片镜检。

②从腹侧取出脊髓，尸体仰卧，背垫木枕。在取出内脏后，用刀沿脊柱两侧各切一直线，用电锯或扁凿在椎体两侧由前外斜向后内锯（凿）断椎弓根。注意勿用力过猛，以免损伤硬脊膜和脊髓。再用咬骨钳咬去椎体，暴露脊髓腔，按前述方法取出脊髓。

脊髓被取出后应平放盘中或桌面上，检查硬脊膜有无损伤和病变。再沿前正中线剪开硬脊膜，检查脊髓表面有无损伤、出血及其他病变。固定2d后取出，做多数横切面检查，并于颈、胸、腰各部及疑有损伤或病变处取检做病理切片检查（为辨认脊髓各部位，可在取出脊髓前分别于颈、胸、腰段神经根系线做标志）。

3.各种原因死亡尸体解剖时注意要点

（1）机械性窒息：解剖缢死、勒死或扼死尸体时，在进行外表检查后，首先应做头部及胸腹部解剖，然后再解剖颈部，检查该处皮下组织、肌肉、血管外膜有无出血及炎症反应，颈总动脉内膜有无横裂，舌骨、甲状软骨、环状软骨有无骨折，咽喉部黏膜有无出血点，取索沟部位皮肤做组织学检查。

（2）检查溺死尸体：应用蒸馏水洗涤解剖用具、盛脏器的容器，以免沾染浮游生物，取肺、肝、肾、脾等内脏组织进行有机破坏做浮游生物检查。分别取左、右心血，比较血液浓度、比重及氯化物含量。剖开腹腔后应首先结扎胃贲门部、幽门部、空肠起始部，分别检查各段管腔内有无泥沙、水草、溺液。溺液为胃肠内容物上一层澄清液，为了保持液面分层清晰，应尽量避免翻动尸体。

（3）机械性损伤：机械性损伤死亡尸体，应切开创口，追溯创道，确定创伤深度，注意创道内有无凶器残片、子弹头及其他异物残留。检查内脏损伤情况，确定损伤程度（致命伤、非致命伤）、性质、死亡原因，以及受伤后存活时间。检查骨骼损伤时，应注意暴力作用部位，有无骨荫；肉眼不能确定时，应在紫外光下检查，或将损伤部位骨质凿下，做骨磨片，检查哈佛系统骨板间有无含铁血黄色，此种磨片用铁蓝（普鲁士蓝）染色后，更易识别。如为颅骨骨折，应注意骨折程度、凹陷性骨折及穿孔性骨折的形态，以推断凶器打击面的形态。如有粉碎性骨折，应收集所有的骨碎片，按骨折缘的特征拼凑、胶合，使恢复骨折的原状，观察骨折线之分布情况，并可根据放射性骨折线的中心，来确定暴力作用点。如为枪伤，可根据两放射性骨折线相交时中断的情况来判断子弹射击方向。

内脏的损伤，亦应注意其数目、位置、形态、大小、方向等特征，损伤性质与外部暴力作用点之关系，损伤的严重程度及死亡原因。有时可根据肝、脾、肾等实质性器官刺创的形态特征来推测刺器的断面形状。在火器伤时，根据创道的方向、创口的特征，来推断射击方向、射入口及射出口。

（4）高温作用死亡尸体：应测量烧伤表面积、烧伤程度，注意检查支气管及肺泡腔中有无烟灰，硬膜有无血肿。注意尸体有无其他致命性暴力损伤。取心血盛满试管，塞紧，送实验室检查 CO 含量，以确定是否生前烧死。

（5）疑似中毒死亡的尸体：解剖用具、容器，必须用蒸馏水冲洗，各脏器应分别盛装，以免影响毒物分析结果的准确性。根据毒物的种类来选择脏器（表 3-2）。口服毒物中毒应仔细在胃肠内容物中寻找毒物特殊残渣。

表 3-2 毒物分布特征

毒物	呕吐物	胃及胃内容物	尿	粪便	血	脑、肝、肾、毛发
醇类	+	+++	++		+++	+++
氰化物	+	+++		+	+++	
酚类	+	+++		+	+	
巴比妥酸盐类	+	++	+++		+	++
生物碱类	+	++	+++		+	++
吗啡	+	+++	+++			++
砷	+	+++	+++			++++
汞	+	+++	++		++	+++
一氧化碳					+++	

注：+++ 为良好之检材；++ 为尚佳之检材；+ 为可以采集之检材

（6）堕胎死亡的尸体：应详细检查女性生殖系统。检验方法是将尸体下身垫高，延长腹正中线切口，通过耻骨联合，止于性裂上端 1.0cm 处，分向左右，切断大阴唇基底部组织，绕过肛门，将阴阜处软组织向两侧分开至腹股沟部。暴露髋关节，沿闭孔水平锯断耻骨联合部，分离盆腔软组织，将内外泌尿生殖器官全部取出。剪开尿道前壁、膀胱左侧壁及底部，向右侧翻开膀胱前壁，检查内容物及黏膜状态。自左侧壁剪开阴道穹，再向右剪断阴道穹前壁，向右翻开阴道前壁，沿阴道长轴左侧壁切口，从子宫体左侧剖开子宫颈管及子宫腔，向右翻开子宫前壁。此时应立即以无菌操作取输卵管口内容做细菌培养，检查阴道及子宫内容物性质，有无药物粉末、植物性药物、竹篾、肥皂溶液等异物，注意子宫、阴道黏膜有无损伤，检查胎盘有无损伤，及损伤位置、大小、形状。肉眼观察不明显时，可用手压迫胎盘表面，则血液可自裂口流出。将子宫做多数间隔 0.2 ~ 0.3cm 的平行切口，检查肌肉颜色、硬度、厚度、血管及其内容物状态。以后按前述方法，检查子宫附件的状态。

（7）猝死尸体的检验：如怀疑空气栓塞时，应先锯开颅骨，检查脑血管有无气栓，再打开胸腔，检查肺动脉、右心、冠状动脉内有无气泡。或在打开心包后，在心包腔内灌满清水，并以刀尖刺破右心或肺动脉、腔静脉，有气泡自水中溢出，证明有空气栓塞。如有脂肪栓塞，则可见脂滴逸出。怀疑急性气胸死亡时，则在分离胸壁皮肤后，将分离之皮肤提起灌以清水，用刀尖在水中刺入胸腔，如有气泡自胸腔内逸出，则证明有气胸存在。

4. 新生儿尸体检查

（1）开颅：按与成人相同的方法切开头皮，依次检查骨缝和囟门大小，用剪刀在冠状缝两侧距正中线约 1.0cm 处将额骨向前剪开 3.0～4.0cm，向后沿颅顶缝之两侧将顶骨剪断，最后向下沿人字缝剪开。注意勿穿破硬膜下的矢状窦及横窦。至此可将切开的骨片向外翻转，检查大脑镰、小脑幕和大脑血管等。

（2）根据肺及胃肠浮扬试验确定是活产或死产。

1）肺浮扬试验：在开胸前应先详细记录横膈高度，然后在颈部结扎气管，将气管及肺联合取出，投入水中观察是浮还是沉，以后复将全肺、左右肺、各肺叶及肺碎片，分别投入水中，做浮扬试验。肺组织上浮表示有过呼吸，下沉则表示肺未曾呼吸过，大部分浮，少数沉，可能有肺塌陷、肺不张或肺炎；行过人工呼吸的死胎或死胎已腐败，大部分肺下沉，少数上浮。

2）胃肠浮扬试验：剖开腹腔后，分别将胃贲门部、幽门部、各段肠道的起始端与末端结扎、剪断，分别投入水中，观察浮沉情况。全胃肠上浮，表示新生儿呼吸过，全部下沉表示未呼吸过；胃及小肠上段浮，小肠下段沉，表示呼吸过，时间不长。浮扬试验后，再剖开胃肠检查，如胃内有乳汁，肠内有黄色粪便，表示生存过。

（3）骨化中心检查：于髌骨下切开膝关节，将股骨骺软骨做连续切开。化骨核可能即在其致密部分，呈红沙砾状，胎儿第 9 月龄时即出现化骨核，足月时为 0.5cm × 0.5cm 大小。用同法检查跟骨及距骨。8 月龄的胎儿能在跟骨找到直径为 0.5cm 以内的化骨核，距骨之化骨核在出生即出现，但双跟骨之化骨核出现稍晚。

（4）成熟胎儿周龄推断：见表 3-3。

除身长体重外，成熟儿特征：头围 32.0cm，枕额径 11.3cm，双顶间径 9.0cm，股骨下端化骨核为 0.5～2.5cm，皮肤发育良好，富有弹性，皮下脂肪组织丰满，头发稠密，长 2.0～3.0cm，手指甲已越过指端，足趾甲亦越过趾端，女婴大阴唇遮盖小阴唇及阴蒂，男婴睾丸已降入阴囊内。未成熟的胎儿，可根据胎儿身长进行推算（表 3-4）。

表 3-3　成熟胎儿周龄推断

	身长	体重	妊娠周数
流产	28cm 以下	400g 以下	32 周以下
早产　无生活能力	40cm 以下	1500g 以下	32 周以下
有生活能力	40～47cm	1500～2000g	32～38 周
成熟儿	48～54cm	2500～4500g	39～42 周
过熟儿	54cm 以上	4500g 以上	42 周以上

表 3-4　未成熟儿胎儿月龄推算（M 代表妊娠月数）

胎龄（月）	身长（cm）	体重（g）
前 5 个月	M^2	$2 \times M^3$
后 5 个月	$5 \times M$	$3 \times M^3$

【思考题】

1. 法医尸体解剖有何法医学意义？常规法医尸体解剖有哪些重要程序？
2. 尸体内脏的取出和检查方法有哪些？各内脏的检查应该注意什么问题？
3. 如何进行损伤尸体的法医学尸体检验？
4. 法医尸体解剖前的准备工作和法医尸体解剖的后续工作有哪些？

（刘长海）

第四章　机械性损伤

实验六　幻灯片观察

【实验目的】

1. 了解损伤致死案例的法医学检验程序及方法。

2. 掌握各种不同类型致伤物所致损伤的形态特点。

【实验时间】

1.5～2 学时。

【实验内容】

（一）机械性损伤的种类

97. 颜面部片状及梳状表皮剥脱伴皮下出血。

98. 左肩、背部广泛表皮剥脱伴皮内、皮下出血。

99. 上肢条状表皮剥脱，表皮剥脱方向从远端向近心端。

100. 两大腿内侧挫伤，挫伤处青紫肿胀。

101. 钝器打击所致头皮挫裂创，创缘不齐，创角钝，创底不平，其间可见组织间桥，创周有表皮剥脱。

102. 锐器刺切所致裂创，创缘整齐无表皮剥脱，创角锐，创壁光滑，无组织间桥。

103. 锐器砍击致左下肢骨折。

104. 钝器打击左上腹部致脾破裂。

（二）徒手伤

105. 右侧颜面部被咬伤。

106. 被人从身后猛击，下颌着地时，下口唇被自己牙刺切成挫裂创。

107. 手掌打击头面部所致蛛网膜下腔出血。

A108. 布鞋底打击头部致大脑内出血。

B109. 致伤物——鞋底。

110. 受害者被他人手捏左上臂所致皮下出血及水疱。

A111. 皮鞋前端猛踢左胸部所致表皮从下向上之剥脱及皮下出血，反映出皮鞋底前端棱边。

B112. 致伤物——皮鞋。

113. 脚踢至大腿内侧广泛挫伤。

114. 饱食后，被他人打倒足踩腹部，致肠穿孔。

115. 徒手抵抗搏斗时，左手掌皮肤肌腱肌肉被砍。

（三）钝器损伤

1. 棍棒伤

A116. 杨树条抽打致婴儿头及臀部典型中空性皮下出血。

B117. 臀部中空性皮下出血。

C118. 致伤物——杨树条。

119. 扁担棱边打击致头皮挫裂创。

A120. 棒槌打击致颅骨舟状凹陷性骨折。

B121. 致伤物——棒槌。

A122. 木棒打击头部，致一侧硬膜外血肿。

B123. 致伤物——木棒。

A124. 一小学生被同学用小木棒一端抛击颞部致硬膜外血肿。

B125. 致伤物小木棒，重 75g，长 30cm，直径 1.5cm。

126. 圆木棒打击头部致一侧硬膜下出血。

A127. 熟睡中，被类方形木棒打击头面部致死现场及凶器。

B128. 类方形木棒连续打击头面部所致条状表皮剥脱伴出血。

A129. 死者生前被多人用木棒、铁棍、竹片、竹棍等殴打致全身浅层广泛挫伤，发生挤压综合征而死。

B130. 死者左上臂皮肤切开后，见皮下软组织及肌肉弥漫性出血。

C131. 肾肿胀，肾包膜下可见出血点。

D132. 肾切面皮质轻度外翻，髓质及肾盂部分可见出血点。

E133. 致伤物——木棒、铁棍、竹片、竹棍。

A134. 两下肢被胶皮管打击后广泛挫伤。

B135. 致伤物——胶皮管。

136. 竹条、竹棍打击致背部点、线状皮下出血。

2. 砖石伤

A137. 整砖棱边打击致额部“一”字形挫裂创，创内可见米粒大砖红色碎砖颗粒。

B138. 致伤物该整砖一长边上附着有血痕。

C139. 整砖一角打击致额部“L”形挫裂创。

D140. 致伤物该砖一角上附着少量血痕。

A141. 半块砖一边打击，致两眉间“一”字形挫裂创及额骨骨折。

B142. 致伤物其上附着血痕。

143. 砖块一角打击致额部“L”形挫裂创。

A144. 头右顶部被石块多次打击致挫裂创。

B145. 头左颞枕部石块棱角打击所致挫裂创。

A146. 额、顶部石块打击所致挫裂创。

B147. 致伤物——石块。

148. 不规则形石块打击致右额部挫裂创伴表皮剥脱。

A149. 受害者仰卧于高低不平的石块上，胸部被多人按压打击，致两肩胛间肌肉广泛出血。

B150. 肋骨骨折茬刺破肺多处致失血性休克死亡。

151. 两女童被推入枯井内，用砖石砸死。

3. 斧锤等工具伤

A152. 常见榔头的名称及形状：鞋榔头、羊角榔头、奶头榔头、鸭嘴榔头、尖嘴榔头、橡胶榔头。

B153. 鞋榔头、羊角榔头、奶头榔头、鸭嘴榔头、尖嘴榔头、橡胶榔头锤面打击特征示意图。

A154. 奶头榔头圆锤面打击头部致圆环形表皮剥脱伴皮下出血。

B155. 奶头榔头打击致颅骨粉碎性骨折。

C156. 致伤物——奶头榔头。

157. 羊角榔头打击致颞骨阶梯状骨折。

A158. 羊角榔头侧面打击致额、颞部挫裂创。

B159. 致伤物——羊角榔头。

A160. 羊角榔头圆锤击面多次打击致颜面及颈部多处环形及弧形表皮剥脱伴皮下出血。

B161. 致伤物——榔头圆锤击面。

162. 斧背打击致头顶部头皮下血肿，乳突部表皮剥脱伴皮下出血。

163. 斧背打击致头皮及帽状腱膜下类方形出血。

164. 斧背一角打击致头皮下出血。

165. 斧背一角打击致头顶部“L”形挫裂创。

A166. 哑铃打击致颜面部挫裂创（已缝合）。

B167. 致伤物——哑铃。

A168. 活络扳手打击致额部挫裂创。

B169. 致伤物——活络扳手。

170. 常见钳类形态及名称：①鲤鱼钳；②刻丝钳；③尖嘴钳；④扁嘴钳；⑤弯嘴钳。

171. 刻丝钳侧面打击头部所致之挫裂创。

172. 颅骨骨折示意图：①凹陷骨折；②阶梯状骨折；③穿孔骨折。

173. 不规则石块之棱边打击致颅骨凹陷性骨折。

174. 斧背打击致颅骨凹陷性骨折。

A175. 圆凳铁腿打击，致头皮孔状挫裂创。

B176. 颅骨穿孔骨折，孔内嵌有头发数根。

C177. 致伤物——圆铁凳子。

A178. 一妇女被罪犯打晕后，用榔头将一车刀钉入枕骨内致死。

B179. 枕骨上之方形裂孔。

C180. 致伤物——机床上车刀及奶头榔头。

D181. 罪犯系一下肢残废者。

182. 颅骨骨折示意图。

183. 颅骨纵向骨折及贯通枪弹创。

184. 颅前凹横向骨折。

4. 其他钝器所致损伤

A185. 酒瓶打击所致额部挫裂创。

B186. 致伤物——酒瓶。

A187. 电视机棱边打击致头顶部挫裂创及皮瓣。

B188. 致伤物——电视机棱边上有血痕及毛发。

A189. 背部弧形表皮剥脱伴皮下出血，为一刀鞘口打击所致。

B190. 致伤物——藏刀刀鞘。

A191. 颜面被厚铁环打击所致挫裂创。
B192. 前额部被铁环棱边打击所致挫裂创。
C193. 致伤物——铁环，厚 2cm，重 3.1kg。
194. 皮带环扣打击所致侧胸壁长方形中空性皮下出血。
195. 钢丝鞭打击背部所致斜纹状皮下出血。
196. 玉米棒从肛门内插入致肠穿孔。
5. 高坠损伤
197. 高坠致颜面及下颌部磕碰擦划伤。
198. 高坠致左前臂闭合性骨折。
199. 高坠致胸、腰椎骨骨折，胸廓变形。
200. 高坠致肋骨多发性骨折。
201. 高坠致肝破裂。
202. 高坠致脾破裂。
6. 交通工具所致损伤
A203. 火车碾压致躯干断离。
B204. 躯干断端创缘及衣物上附着之油污。
A205. 火车碾压之尸体。
B206. 胸部火车碾压创。
207. 火车碾压致躯干断离。
A208. 乘坐拖拉机运行中与反方向驶来的卡车车厢撞击所致颅骨骨折。
B209. 铁车厢撞击处附着之毛发、血痕。
A210. 汽车碾压腿部所致轮胎花纹伴皮下出血。
B211. 碾压工具——汽车轮胎。
212. 汽车碾压致小腿挫裂创及骨折。
（四）锐器创
1. 切创
213. 他杀颈部菜刀切创，较表浅，甲状软骨板外露无骨折。
A214. 背部单刃刺切创。
B215. 致伤物——单刃小刀。
216. 右侧臀部小刀切划伤。
A217. 刎颈自杀，剃头刀所致颈部切创，创缘有试探伤。
B218. 刎颈工具——剃头刀。
219. 菜刀刎颈自杀，创周有试探伤。
220. 玻璃碎片所致皮肤切划伤。
221. 阴囊部皮肤被切割，睾丸游离。
222. 侧胸部菜刀切割创，创口有刀拖划痕。
2. 刺创
223. 头顶部钉入铁钉 1 枚。
A224. 职业自杀，一护士用手术刀刺入左心前区，创口处仅露小部分刀柄。
B225. 拔出手术刀后左胸部刺入口。

C226. 自杀工具——手术刀，刀片已断。
A227. 单刃小刀所致右上腹部刺创。
B228. 肝刺创。
C229. 致伤物——单刃小刀。
A230. 右侧颈部军用刺刀所致刺创。
B231. 致伤物——军用刺刀。
A232. 杀猪刀所致左侧颈部刺创。
B233. 致伤物——杀猪刀。
234. 单刃匕首致颈前刺创。
235. 单刃匕首刺颈致左侧颈总动脉及颈内静脉断离。
236. 单刃匕首致颈项肩背等处刺创。
A237. 自制单刃藏刀致左侧背部刺创。
B238. 心脏贯通刺创。
C239. 致伤物——自制藏刀。
240. 胸腹部单刃匕首所致刺创。
241. 双刃匕首致背腰臀部刺创，臀部色苍白无生活反应为死后伤。
A242. 刺入胸部之塑料柄自制杀猪刀，刀柄露出创外。
B243. 拔出刺器后的刺创口。
C244. 致伤物——塑料柄自制杀猪刀。
245. 背部单刃小刀刺创。
A246. 单刃匕首所致左侧腹部刺创。
B247. 单刃匕首因刺在椎骨上致刀体断裂。
A248. 单刃长刀所致胸腹部刺创。
B249. 致伤物——自制单刃长刀。
A250. 麻袋锥子所致胸部刺创一处。
B251. 胸主动脉上有六处刺创。
C252. 致伤物——麻袋锥子。
253. 常见刮刀的形状及名称：平面刮刀、半圆刮刀、柳叶刮刀、三角刮刀。
A254. 三角刮刀刺入胸部，刀柄外露。
B255. 胸腹部三角刮刀刺创。
A256. 胸腹及上肢三角刮刀所致刺创。
B257. 致伤物——三角刮刀。
258. 鼻根、颈部及胸部三角刮刀所致刺创。
A259. 胸部捅火铁棍所致刺创。
B260. 致伤物——捅火棍。

3. 砍创

261. 下颌及颈部菜刀砍创。
262. 头部菜刀砍创及骨折。
263. 头面部菜刀砍创。
264. 头及下颌部菜刀砍创。

A265. 菜刀致儿童头及面部多处砍创。
B266. 致伤物——菜刀。
A267. 颜面部被菜刀反复砍击，致组织挫碎，血肉模糊。
B268. 致伤物——已卷刃之菜刀。
269. 一老妇被用菜刀杀死现场，地面血泊中可见菜刀一把。
270. 左颞部菜刀砍创及线状骨折。
271. 颈部菜刀砍创。
A272. 头面部菜刀砍创。
B273. 致伤物——菜刀，已卷刃。
274. 神经病患者杀人，两儿童头部被砍碎。
275. 肩部砍创。
276. 左上肢被菜刀砍击致多处骨折。
277. 抵抗伤，搏斗时被菜刀砍伤手背。
278. 抵抗伤，搏斗时被菜刀砍断手指。
279. 前额部菜刀自砍创，创口整齐，方向一致，较表浅。
280. 额骨上菜刀自砍痕，砍痕整齐，方向一致。
281. 斧头砍击致头面部裂创。
A282. 头颈部铡刀所致砍创。
B283. 致伤物——铡刀。
A284. 右下颌部砍柴刀所致砍创。
B285. 致伤物——砍柴刀。
A286. 头左顶颞部砍骨刀所致砍创。
B287. 致伤物——砍骨刀。
A288. 头左顶颞部砍骨刀所致砍创。
B289. 顶骨处砍骨刀砍击所致线状骨折。
C290. 左颞部硬膜外血肿。
D291. 致伤物——砍骨刀。
A292. 头额顶部大刀所致纵行舟状骨折。
B293. 致伤物——大刀。
294. 头右额部战刀砍削所致缺损，缺损缘整齐。
A295. 颜面及颈部镰刀所致砍创。
B296. 镰刀致背腰部砍创呈鱼尾状。
C297. 镰刀所致腹部划伤。

4. 剪刀创

298. 腹股沟剪刀剪刺创。
299. 剑突下剪刀所致刺创（自杀）。
300. 上肢皮肤“八”字形剪创。
301. 下肢皮肤“V”字形剪创。

（五）火器损伤

302. 枪弹射击距离示意图。

303. 枪弹射入口接触环示意图。

304. 头部擦过性枪弹创。

305. 颅脑贯通（盲管）枪弹创。

306. 颅脑回旋枪弹创。

307. 颅脑贯通枪弹创。

A308. 头枕骨处枪弹射入口。

B309. 头额骨处枪弹射出口。

A310. 背部枪弹射入口。

B311. 胸部枪弹射出口。

A312. 枪弹近距离连发，头部射入口周围散在有点状火药颗粒。

B313. 冲锋枪所致头部枪弹射入、出口，前发际处为入口，周围有污垢及挫伤轮。顶结节处为射出口，呈喇叭状。

A314. 致伤物——冲锋枪。

A315. 手枪接触射击所致衣物撕裂孔及其火药烟晕。

B316. 手枪距衣物 1.5cm 射击所致撕裂孔及烟晕。

C317. 手枪距衣物 3.0cm 射击所致衣物“十”字形裂口及烟晕。

318. 腹部枪弹射入口。

319. 心脏贯通性枪创。

320. 肺枪弹创。

A321. 顶部头皮散弹射入口。

B322. 致伤凶器——单管猎枪。

323. 猎枪在 7m 处射击所致胸部散弹创。

324. 自杀者手持手枪死于防空洞内一角。

A325. 乙炔爆炸现场。

B326. 爆炸时乙炔筒所致颜面部损伤。

327. 尸体被爆炸冲击波推至房顶。

328. 尸体被爆炸冲击波推上墙头。

329. 下肢爆炸伤。

330. 土地雷炸伤。

331. 高射炮弹炸伤。

【思考题】

1. 根据创的形态特征，怎样鉴别钝、锐器损伤？
2. 举例说明“不同凶器可以形成相同形态的损伤，同一凶器可形成不同形态的损伤”。

实验七 高坠死亡动物实验

【实验目的】

1. 了解高坠死亡的过程及表现。

2. 掌握高坠死亡的损伤特征及死亡原因。

【实验内容】

高坠死亡动物实验。

【实验时间】

1 学时。

【实验方法】

1. 实验动物 成年健康家兔共 3 只，雌雄任选，体重 2.0～2.5kg，四肢、脊柱无新近及陈旧性损伤和畸形。

2. 实验器材 选择高度为 10～25m 的水泥地面及草地进行高坠实验。

3. 实验步骤

（1）实验前观察并记录生命体征及其他情况，包括神志、呼吸、心率、瞳孔、耳郭、口唇、四肢及活动情况。

（2）2 只家兔分别由法医大楼 3 楼及 6 楼处向水泥地面坠落，1 只家兔由 6 楼处向草地地面坠落，观察并以高清摄像机拍摄家兔的坠落情况及其表现。

（3）观察并记录家兔的体表损伤情况，并通过尸体解剖检验了解各内脏损伤情况。

（4）在教师的指导下结合实验结果分析讨论实验结果及其他相关问题，学习高坠死亡的损伤特征及常见死亡原因。

（5）实验结束后，在教师的指导下组织学生对实验结果进行讨论。

【思考题】

高坠损伤有何形态学特点？如何进行高坠死亡的法医学鉴定？

实验八 颅脑损伤动物实验

【实验目的】

通过颅脑损伤动物实验，观察各类头皮、颅骨、脑组织损伤的形态学特征，从而能够对直接暴力及间接暴力造成的颅脑损伤进行准确判断，能够对颅脑损伤的损伤机制、外力大小、作用方向，以及暴力作用于头部的方向及着力点进行初步判断。

【实验内容】

颅脑损伤动物实验。

【实验时间】

1.5 学时。

【实验方法】

1. 实验动物 取成年健康家兔进行实验，雌雄均可，体重为 2～2.5kg，全身无新近及陈旧性损伤。实验动物分 3 个组，即钝器损伤组、锐器损伤组和正常对照组。

2. 实验器材 兔架、解剖器具、乳胶手套、致伤工具（钝器和锐器）。

3. 实验方法 按照以下实验步骤进行实验。

（1）观察家兔正常生命体征及活动情况，包括神志、呼吸、心率及节律、瞳孔、皮肤、黏膜等。

（2）实验组分别用钝器和锐器造成动物颅脑损伤死亡，正常对照组注射 20ml 空气造成空气栓塞死亡。

（3）尸体检验，对实验动物进行系统检验，包括尸表检验及尸体解剖，重点观察颅脑损伤的形态特点。

（4）动物实验的注意事项是，必须全面检查和记录头皮、颅骨及全脑的损伤变化特征。

【实验讨论】

通过动物实验进一步加深对头皮损伤、颅骨损伤及脑组织损伤特征及其与致伤物关系的认识。

【课堂作业】

按照实验报告要求，书写动物实验报告。

（刘长海）

第五章　窒息、高低温损伤及电流损伤形态学观察

实验九　幻灯片观察

【实验目的】

了解机械性窒息、冻死、烧死、电击死的法医学检验程序及方法。

【实验时间】

1.5 学时。

【实验内容】

（一）机械性窒息的一般征象

38. 颜面部青紫肿胀，散在有出血斑点。
39. 眼球结合膜出血斑。
40. 流涎如注。
41. 耳道出血。
42. 心外膜下出血斑点。
43. 肺胸膜下出血斑（Tardieu 斑）。
44. 肺水肿，气管内有大量白色泡沫。

（二）缢死

45. 典型及不典型缢死的常见缢型示意图。
46. 典型前位缢型。
47. 侧位缢型，鼻腔内流涎及粉红色液体。
48. 后位缢型。
49. 常见的各种软、硬缢索。
50. 几种常见的缢套（活套、双活套、单环、死套、牛桩结）。
51. 缢死姿势示意图。
52. 站位缢死。
53. 坐位缢死。
54. 仰卧位缢死。
55. 俯卧位缢死。
56. 俯卧位缢死，颈部绳套下端绑吊一大石块。
57. 2 人一块缢死。

A58. 用帆布带缢死所致索沟正面观。

B59. 用帆布带缢死所致索沟侧面观。

60. 老年缢死，颈部皮肤皱褶致索沟中断。

61. 缢死者的伸舌状态。

62. 颈部肌群广泛出血。

63. 舌骨大角骨折。

（三）勒死

A64. 环绕颈部水平走行之勒沟。

B65. 水平走行之勒索在右侧颈部打结。

66. 被勒死者颜面青紫肿胀，皮肤有出血点，勒沟内有出血。

67. 用宽而软的纱布带勒颈致死。

68. 较柔软之勒索所致勒沟不著。

69. 一老妇人被一软布带勒颈而死，勒沟表浅不著，勒沟上方为死后烧伤。

70. 细而硬的勒索（尼龙绳）所致勒沟较深，且出血明显。

71. 勒索绕颈 1 周之勒沟。

72. 凶杀勒颈，绕颈 2 周之勒索内夹有稻草等物。

73. 凶杀勒颈，两手反绑，衣领被勒垫入勒索内。

74. 凶杀勒颈，宽皮带勒颈致两侧勒沟明显，中间不著。

75. 受害者被用胶管勒颈而死。

76. 受害者被用电话线勒颈，毛巾堵塞口腔死亡。

77. 自勒者用一棍棒在胸前将缠绕在颈部的绳索反复绞勒致死。

78. 自勒，用两下肢将缠绕在颈部的绳索拉紧而死。

（四）扼死

79. 颈前有弧形甲痕及半椭圆形手指掌面扼痕。

80. 颈前扼痕。

81. 颈前条状及弧形扼痕。

82. 扼颈致颈部喉结两侧肌群出血。

83. 甲状软骨板骨折。

84. 捏、捂口鼻致口鼻周围广泛表皮剥脱伴片状及条状皮下出血。

（五）溺死

85. 皮肤鸡皮样变。

86. 两手皮肤经浸泡后膨胀、脱落，呈“溺死手套”。

87. 溺死者颞骨岩部出血。

88. 他杀溺死，腰部绑有 2 块大空心砖，使受害者尸体不能漂浮。

（六）其他机械性窒息死亡

89. 口罩堵塞口、咽腔所致窒息死亡。

90. 衣物堵塞口咽腔导致窒息死亡。

91. 死者生前在昏迷状态下被人将竹筷残节强行塞进咽喉腔并进入右侧支气管内发生窒息死亡。

92. 死者生前在昏迷状态下发生呕吐，食物反流误咽入气管发生窒息死亡。

93. 一妇女给正在哭闹中的婴儿喂蒸鸡蛋羹，使该婴儿发生误咽窒息而死。

94. 一妇女在昏迷状态下被他人用多件衣物包裹头及颜面部，并用布带绑扎在口鼻高度发生窒息死亡。

95. 花枕头压迫闭塞口腔、鼻腔，致婴儿窒息死亡。

96. 高压氧舱内失火后，供氧断绝，舱门难开，20min 后，患者体表一度至二度烧伤，窒息死亡。

（七）高温损伤

A332. 躯干及上肢一度至二度烧伤。

B333. 下肢一度至三度烧伤。

334. 被烧之颅骨已部分炭化（三度烧伤）。

335. 烧死尸体呈斗拳状。

336. 公共汽车内爆炸起火乘客被烧死之原始现场一角。

337. 死后熏烧——皮肤呈橘黄色。

（八）低温损伤

A338. 冻死尸体脱衣现场。

B339. 冻死尸体之苦笑面容。

340. 肘部二度冻伤（水疱）。

（九）电流损伤

A341. 电线系绕于两手手指自杀。

B342. 下颌部之电流斑。

C343. 左手皮肤电击伤伴水疱形成。

D344. 触电痉挛时手紧握电线及手背皮肤电流损伤。

实验十 烧死动物实验

【实验目的】

1. 掌握烧死动物的尸体征象，重点观察热作用呼吸道综合征。

2. 熟悉动物在火烧作用下所产生的一系列机体表现。

3. 熟悉烧伤分度及烧死的死亡机制。

【实验内容】

1. 烧死家兔动物实验。

2. 观察教学切片。

【实验时间】

2 学时。

【实验方法】

（一）动物实验

1. 实验动物 成年健康家兔各实验室 2 只，雌雄任选，体重 2～2.5kg。

2. 实验器材 金属笼、木材、乙醇、火柴、解剖器材、注射器及乳胶手套等。

3. 实验步骤 按照以下步骤进行动物实验。

（1）实验前检查并记录动物各生理指标，包括神志、呼吸、心率、黏膜颜色、瞳孔大小、机体活动等。

（2）把实验家兔放入金属笼，使门栓紧后置于备燃木材正上方。

（3）用乙醇点燃木材，以火焰作为物理性热源进行动物烧死实验。

（4）观察家兔在火焰中的全身及局部机体反应并加以记录，直致动物被烧死。

（5）系统尸解，检查并记录尸体征象。应注意重点观察咽喉、气管、支气管及肺组织的形态学改变。

（6）对实验结果进行讨论。

实验中应注意避免短时间内造成动物迅速死亡而影响实验结果的观察，同时应在实验过程中适时搅动炭火，使实验动物各形态学特征易于观察。试思考这样做的原因和机制是什么？

（二）切片观察

教学切片 4-1：烧死肺（家兔）

肺胸膜水肿增厚，胶原纤维肿胀、断裂，肺膜表面有红染之渗出物。肺泡高度扩张，有的肺泡腔内充填有均质红染的渗出液，有的肺泡腔内有多量红细胞充填。细支气管黏膜破坏，管腔内有渗出液充填。间质毛细血管高度扩张，其内有溶解变性的红细胞充填。

【思考题】

怎样进行生前烧死与死后焚尸的鉴别？

实验十一　电击死动物实验

【实验目的】

1. 掌握电流斑的肉眼形态特征和镜下改变。

2. 熟悉在电压、电流、通电时间恒定的前提下，通电部位与电流造成动物机体损害之间的关系。

3. 熟悉无电流斑形成导致电击死的死亡机制。

【实验内容】

1. 电击死动物实验（示教）。

2. 讲解人民卫生出版社的《法医病理学实验指导》光盘中教材图片十八。

【实验时间】

3 学时。

【实验方法】

（一）动物实验

1. 实验动物　成年健康家兔各实验室 5 只，雌雄任选，体重 2～2.5kg。动物分为实验组（臂 - 臂、下肢 - 下肢、左臂 - 右下肢、左额 - 右额通电路径通电致死）和对照组（空气栓塞致死）。

2. 所需器材　兔架、绳索、接线板、变压器、解剖器具等。

3. 操作步骤　按照以下步骤进行动物实验。

（1）动物称重后仰卧位缚于兔架上。

（2）剪去四肢及头部的毛暴露出皮肤，注意切勿剪破皮肤。

（3）观察并记录正常生理指标，包括神志、呼吸、心率、黏膜颜色、瞳孔大小、机体活动等。

（4）分别按臂 - 臂、下肢 - 下肢、左臂 - 右下肢、左额 - 右额的路径进行不同动物等同时间的通电，观察并记录动物全身机体反应和局部组织改变。实验中应特别注意在相同通电时间的前提下，不同通电部位与电流造成动物机体损害之间的关系。

（6）在动物通电致死后对动物进行尸表检查及尸体剖验，观察并记录各阳性发现。

（7）上述各实验完成后，再取 2 只动物进行干燥皮肤通电与潮湿皮肤通电实验，观察两者电流斑的形成情况和机体损害情况。

（8）实验中应该注意以下问题。为安全起见，本实验以示教方式进行。实验中专人负责电源开关，先用金属夹夹住动物皮肤后才能通电，通电时不能触摸动物，更换通电部位时需先断开电源。

4. 实验讨论：在教师指导下对各组实验结果进行讨论。

（二）切片观察

教学切片 4-2：电流斑

该组织切片取自于手腕部皮肤。镜下见角质层有空泡形成，角质层与表皮分离，表皮各层细胞核浓缩、伸长，以基底层细胞为著，并呈栅栏状或漩涡状排列（称为“皮肤极性化”）。真皮胶原纤维肿胀、均质化，汗腺及毛细血管呈实体状细胞条索。部分区域汗腺及毛细血管的细胞也呈极性化改变。

【思考题】

1. 电流斑的肉眼形态特征是什么？
2. 在什么情况下发生电击可以不出现电流斑？其法医学意义是什么？

（刘长海　武　彦）

第六章　自溶的形态学改变

实验十二　组织切片观察

【实验目的】

1. 熟悉自溶的发生机制，认识自溶的法医学意义。

2. 通过对自溶的形态学观察，掌握不同组织的自溶特点。

【实验时间】

2 学时。

【实验内容】

（一）AL1. 肾自溶：（画图）

肾组织结构尚清晰，肾小球毛细血管内皮细胞和肾球囊上皮细胞核模糊不清、部分消失。近曲小管上皮细胞浊肿，胞质嗜酸性，管腔变小或消失，大部分细胞核淡染或只留残影甚至消失，细胞之间境界不清，部分细胞自基底膜脱落坠入管腔，基底膜尚清楚。远曲小管多数尚未自溶，部分区域有上述类似改变，但程度轻微。髓质淤血，间质血管内红细胞溶解或呈絮状物（图 6-1 和图 6-2）。

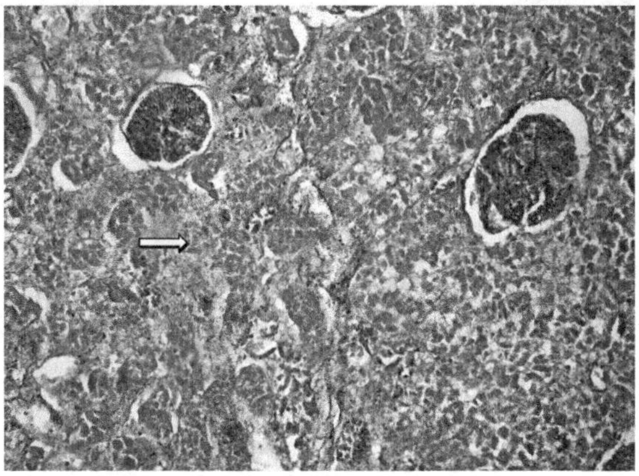

图 6–1　近曲小管浊肿　[附彩图]
（箭头示，×40）

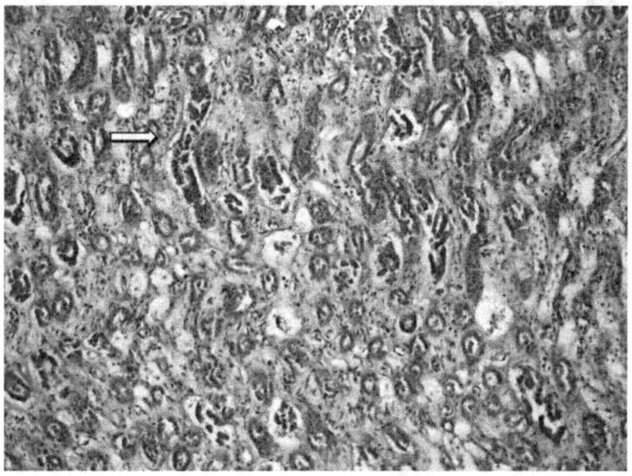

图 6–2　远曲小管　[附彩图]
（箭头示，×40）

（二）AL2. 胰腺弥漫性自溶

整个切片呈污紫蓝色，胰腺小叶结构尚存，胰腺腺泡及导管上皮均发生严重自溶，胞质模糊，核溶解消失（图 6-3）。

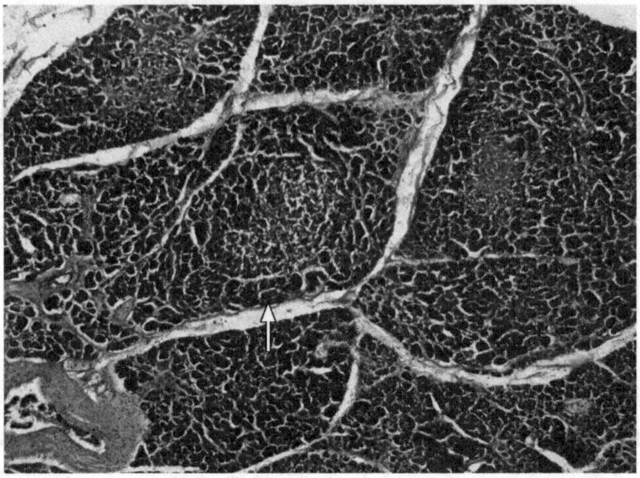

图 6-3　胰腺自溶　[附彩图]
（箭头示胰岛，×200）

（三）AL3. 肺自溶

肺组织结构尚存，呈嗜伊红染色，可分辨出肺泡、细支气管和血管等结构，但各类结构模糊，细胞核模糊，胞质不清，部分肺泡腔内可见充满淡粉色蛋白液或水肿液及脱落上皮；肺组织内可见散在分布的黑色炭末沉着及杂质颗粒（图 6-4 和图 6-5）。

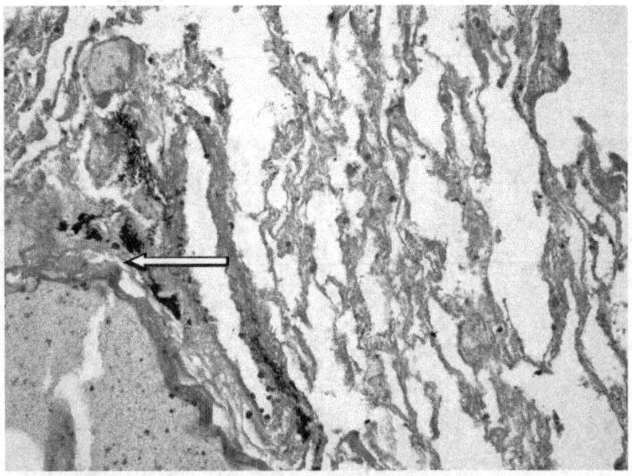

图 6-4　肺自溶　[附彩图]
（箭头示炭末，×200）

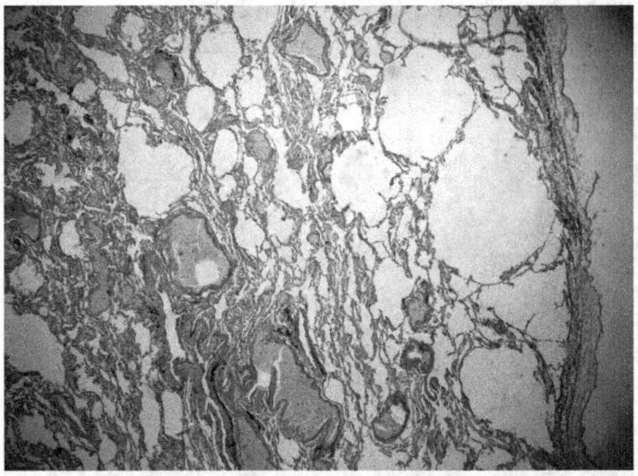

图 6-5　肺自溶　[附彩图]
（×200）

（四）AL4. 脾自溶

镜下见脾组织结构不清，但脾小梁尚清晰，红髓和白髓境界不清，组织疏松呈网状（图 6-6）。

（五）AL5. 心肌自溶

心肌组织结构尚存，心肌纤维横纹消失，细胞核消失（图 6-7 和图 6-8）。

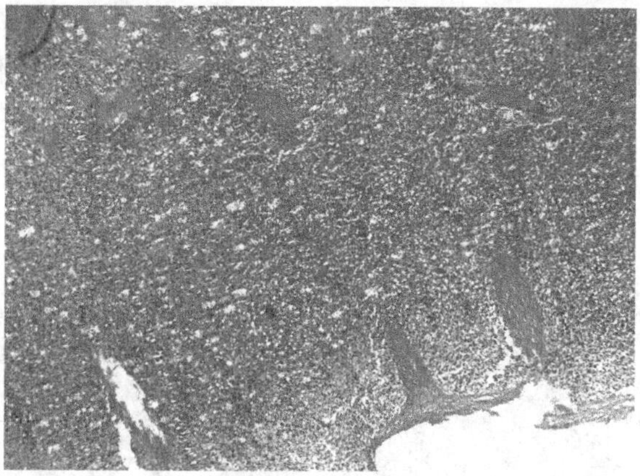

图 6-6　脾自溶　[附彩图]
（×200）

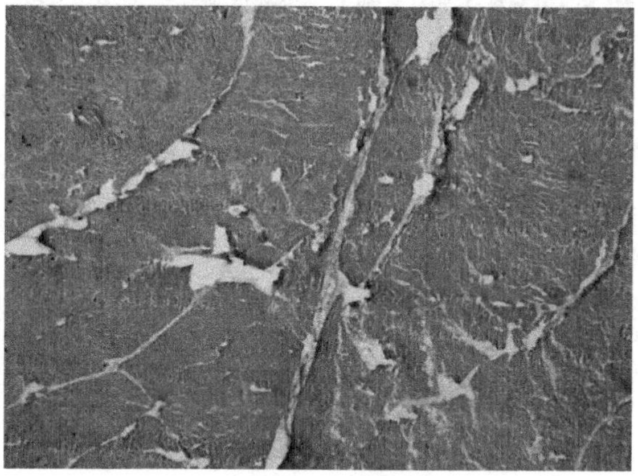

图 6-7　心肌自溶　[附彩图]
（×100）

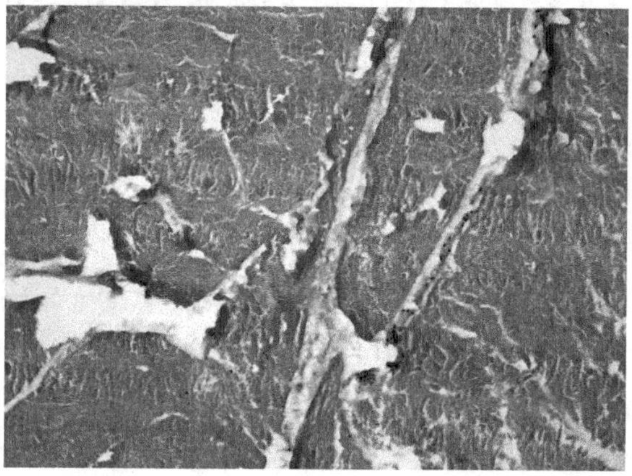

图 6-8　心肌自溶　[附彩图]
（×200）

（六）AL6. 小肠自溶

小肠肠壁四层组织结构尚可辨认，但黏膜层肠绒毛上皮严重自溶伴部分脱落，肠绒毛结构模糊，肠上皮细胞境界不清，胞质红染，细胞核消失。黏膜下层、肌层及浆膜着色变浅（图 6-9 和图 6-10）。

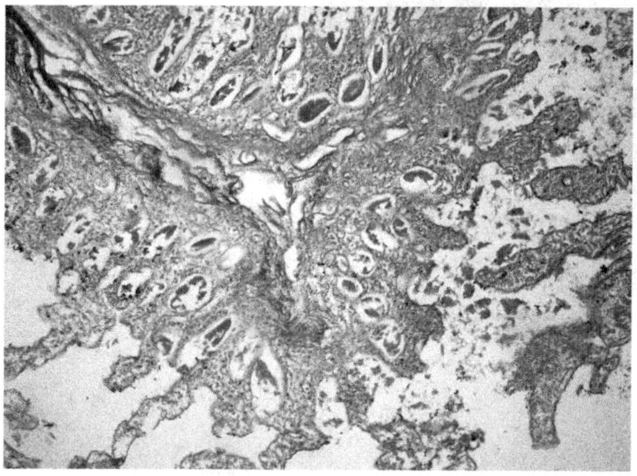

图 6-9　小肠自溶　[附彩图]
（×100）

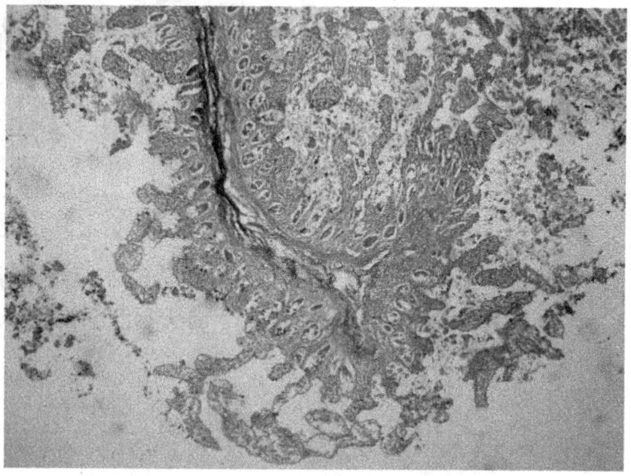

图 6-10　小肠自溶　[附彩图]
（×200）

（七）AL7. 胃组织自溶

胃壁四层组织结构尚可辨认，胃黏膜层结构模糊，黏膜表层细胞境界不清，胞质红染，核多数溶解消失，其下尚可见残存的壁细胞。黏膜下层、肌层、浆膜层结构尚可（图 6-11 和图 6-12）。

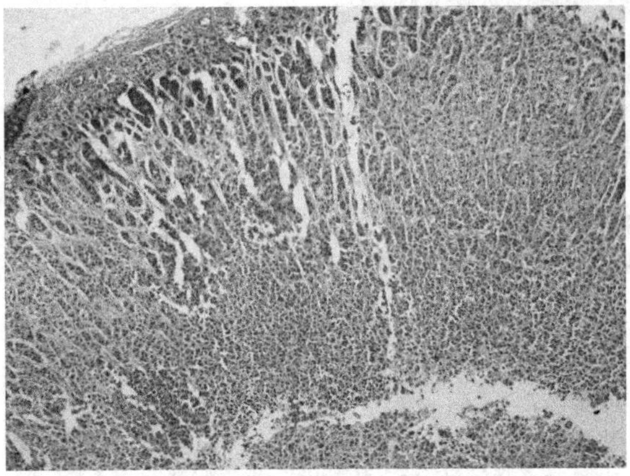

图 6–11 胃黏膜自溶 [附彩图]
（×200）

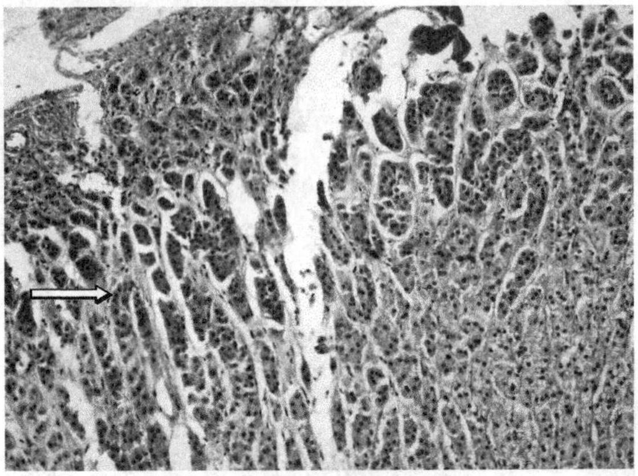

图 6–12 胃黏膜自溶 [附彩图]
（箭头示胃体腺，×400）

（八）AL8. 肝自溶

镜下见肝组织结构欠清楚，但尚可分辨出肝细胞条索。高倍镜可见肝细胞胞质呈颗粒状，细胞核淡染，部分细胞核溶解（图 6-13）。

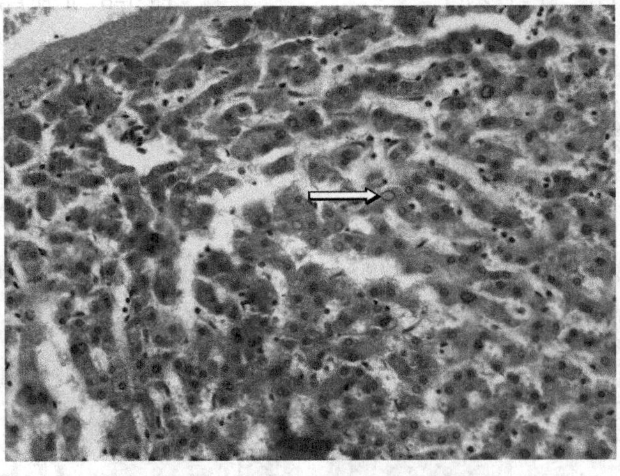

图 6–13 肝细胞自溶 [附彩图]
（箭头示肝细胞核溶解、残存核膜，×400）

（刘长海 武 彦）

第七章　心血管系统疾病

实验十三　组织切片观察

【实验目的】

1. 认识心血管系统常见病的病理变化。

2. 掌握冠状动脉粥样硬化血管狭窄程度分级。

【实验时间】

2 学时。

【实验内容】

（一）CD1. 心肌梗死

左心室前壁广泛心肌细胞变性坏死，坏死灶处可见少量中性粒细胞及淋巴细胞浸润，部分坏死区域纤维化，形成梗死瘢痕。瘢痕周围残存的心肌细胞肥大、增生。坏死区域局部心内膜增厚，心肌间质血管扩张充血（图 7-1 和图 7-2）。

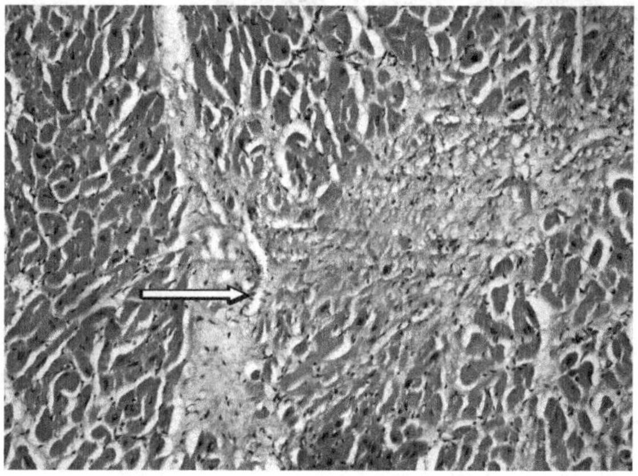

图 7–1　心肌梗死　[附彩图]
（箭头示梗死区域，×200）

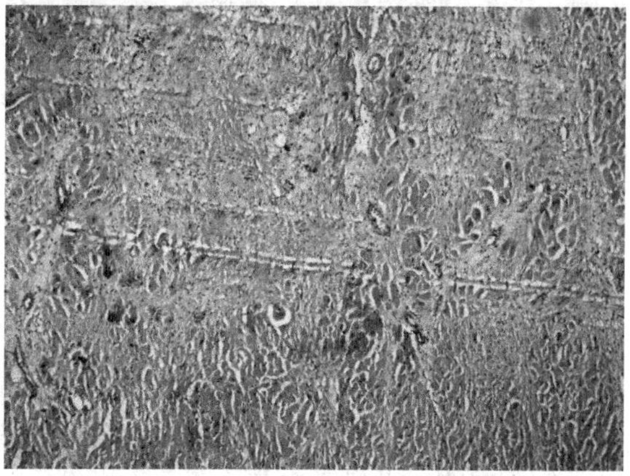

图 7–2　心肌梗死　[附彩图]
（梗死瘢痕，×400）

（二）CD2. 心肌病

镜下：心肌纤维显著增大，心肌纤维排列明显紊乱，失去正常的平行走向，部分区域呈漩涡状，部分肥大的心肌被纤细的胶原纤维束包绕呈栓子状，心肌内可见灶性肌溶坏死灶。部分血管管壁明显增厚，且玻璃样变性。心内膜和二尖瓣均增厚（图 7-3 和图 7-4）。

（三）CD3. 心肌炎

心肌纤维肥大、细胞核增大，心肌细胞胞质嗜酸性变，心肌间质内可见炎细胞浸润，以中性粒细胞、单核细胞及少量淋巴细胞为主（图 7-5 和图 7-6）。

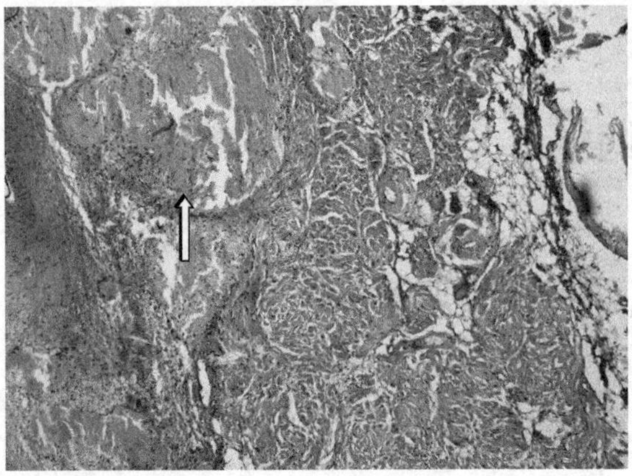

图 7-3　心肌病　[附彩图]
（箭头示肌溶性坏死灶，×100）

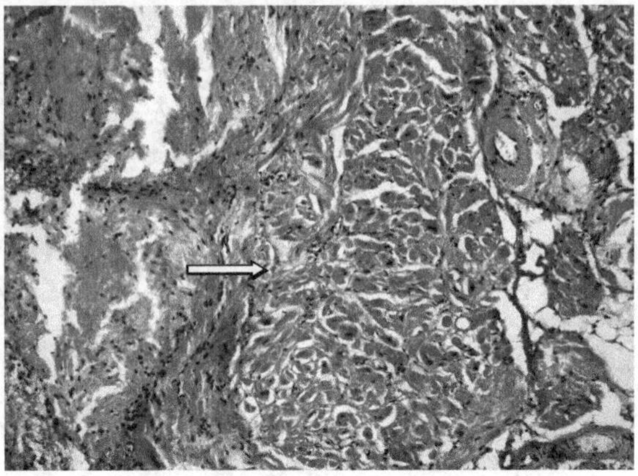

图 7-4　心肌病　[附彩图]
（箭头示心肌细胞走形紊乱，×200）

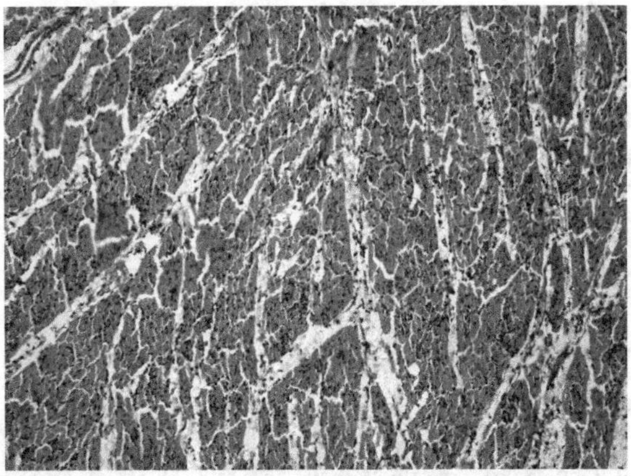

图 7-5　心肌炎　[附彩图]
（×200）

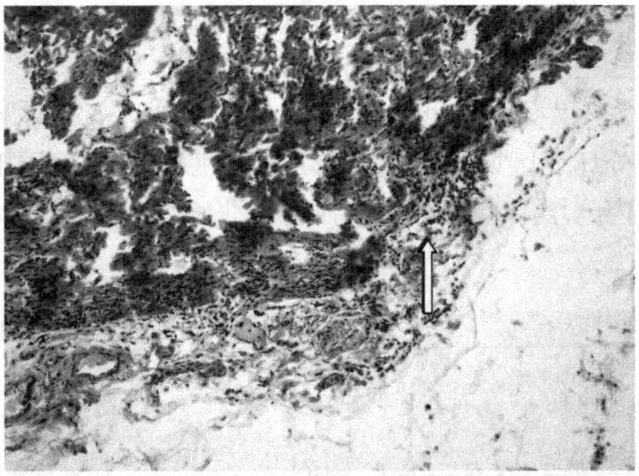

图 7-6　心肌炎　[附彩图]
（箭头示炎细胞浸润，×400）

（四）CD4. 冠状动脉粥样硬化（画图）

切片为一冠状动脉的横切面及部分心肌组织，一侧管壁半月形增厚，管腔狭窄Ⅳ级，病变区血管内膜下大量纤维结缔组织增生，深部可见粥样坏死病变及胆固醇结晶裂隙，并见轻度炎细胞浸润，及钙盐沉着（图 7-7 和图 7-8）。

（五）CD5. 心肌脂肪浸润

镜下可见心肌纤维束之间和心肌纤维之间出现多量的脂肪组织，致使部分心肌纤维因受压而萎缩，部分心肌被大片脂肪组织所取代（图 7-9 和图 7-10）。

（六）CD6. 夹层动脉瘤

标本为一段胸主动脉，肉眼观一侧管壁结构尚完整，另一侧管壁分离，其间有血凝块。镜下动脉内膜纤维组织明显增生变厚，伴有玻璃样变，内膜下可见大量粥样斑块沉着，斑块为无结构淡粉染物质，并见少许菱形裂隙，此裂隙是胆固醇结晶在制片过程中被溶去而残存之痕迹。另见少量蓝染的钙盐沉着。肌层内有少许淋巴细胞浸润，动脉外膜与肌层分离，其内充满血凝块。血凝块边缘可见层状血栓。外膜脂肪组织中血管扩张并伴出血（图 7-11 和图 7-12）。

实验十四　心脏检查方法

【实验目的】

1. 掌握心脏的检查方法。

2. 熟悉心脏冠状动脉的走向及分布类型，学会冠状动脉的检查方法。

【实验内容】

用动物心脏（猪心或牛心）完成心脏和冠状动脉检查。

【实验时间】

2 学时。

【实验方法】

实验器材：动物心脏（猪心或牛心）、解剖刀、血管钳、持针器、注射器、缝合针、缝合线、墨汁。

【实验内容】

动物心脏的检查，按照以下步骤完成：

1. 观察心脏外形、大小、色泽等，以及冠状动脉的走向分布，同时注意观察有无损伤及病变。

2. 找到 2 个冠状动脉开口，分别在其起始处下方缝合 1 针暂不打结。用注射器分别将墨汁注入左、右冠状动脉结扎开口处后将缝合打结，观察冠状动脉主干及主要分支的显示。

3. 分别自左、右冠状动脉起始部开始，每隔 2～3mm 做 1 个横切面（注意切线应与动脉主干垂直）。观察各冠状动脉断面，注意观察动脉管腔大小及管壁厚度，有无狭窄、阻塞及有无管腔内血栓形成等病变。

4. 顺血流方向将心脏剖开。右心剖开方法是，先沿上、下腔静脉口间剪开暴露右心房，再沿右心缘剪至心尖部，最后从心尖部开始，在距室间隔右侧 1cm 处将右心室壁及肺动脉剪开。这样，全部右心均已暴露。观察心肌壁的厚度、乳头肌、腱索和心瓣膜有无异常改变。左心的剖开方法是，先沿左、右肺静脉口间剪开暴露左心房，再从此切线的左端沿左心室左缘剪至心尖部，最后从心尖部距室间隔左侧 1cm 处平行向上剪开左心室前壁及主动脉。这样，全部左心均已暴露。观察心肌壁的厚度、乳头肌、腱索和心瓣膜有无异常改变。为避免剪断左冠状动脉前降支，剪开主动脉时切线应稍偏向左侧，即从左冠状动脉主干的左缘、肺动脉主干与左心耳之间剪开主动脉。

5. 按《法医病理学》教材所述方法，检查心脏窦房结及房室结。

【思考题】

1. 心脏冠状动脉的走向及分布类型如何？

2. 心脏冠状动脉的检查方法是什么？

（刘长海　武　彦）

第八章 呼吸系统疾病

实验十五 组织学图片观察

【实验目的】

掌握呼吸系统常见病的病变特点。

【实验时间】

2学时。

【实验内容】

（一）RD1. 肺实变伴代偿性肺气肿

肺泡壁毛细血管扩张充血，肺泡壁增厚，部分肺泡腔内可见水肿液，部分肺泡上皮脱落导致肺实变，部分肺泡代偿性扩张，出现代偿性肺气肿；另见支气管上皮细胞脱落，充满管腔，支气管周围可见淋巴滤泡形成，并见炭末沉着（图8-1和图8-2）。

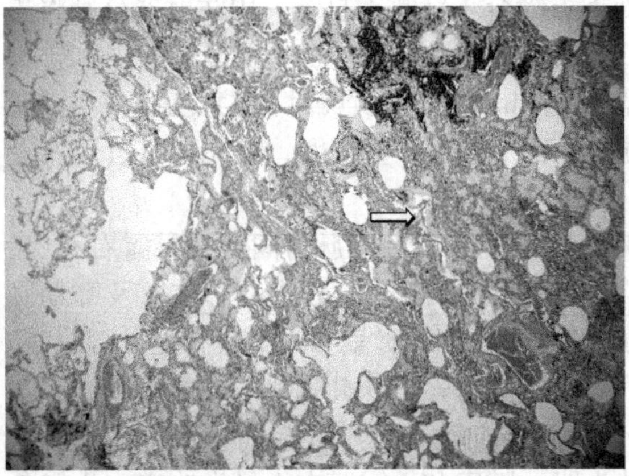

图8–1 肺实变 ［附彩图］
（箭头为实变区，×100）

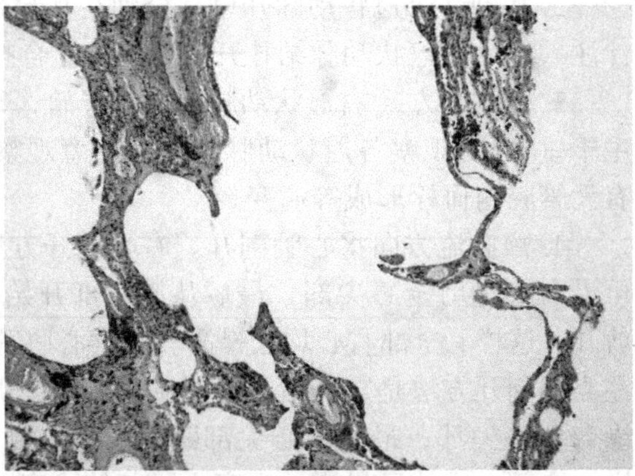

图8–2 代偿性肺气肿 ［附彩图］
（×200）

（二）RD2. 小叶性肺炎（支气管肺炎）

标本为肺组织，可见细支气管腔内充满以中性粒细胞为主的脓性分泌物，并向支气管周围的肺泡浸润，形成以支气管为中心的实变区域，其内肺泡间隔增宽。其余肺泡出现不同程度的代偿性肺气肿（图8-3和图8-4）。

（三）RD3. 肺水肿

肺泡腔内可见大量均质粉染的水肿液，部分肺泡腔扩大，间隔断裂，间质血管轻度扩张充血（图8-5和图8-6）。

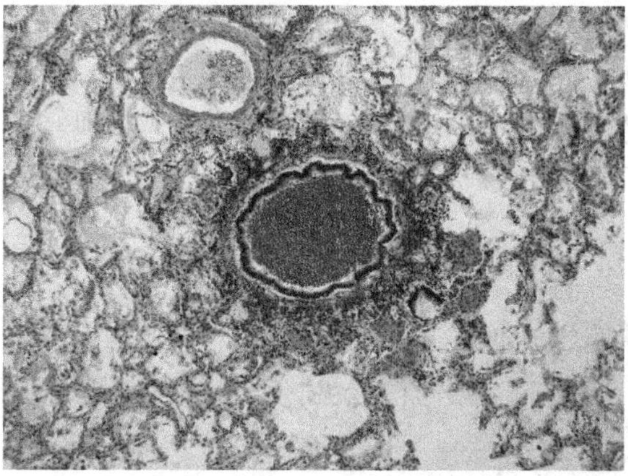

图 8-3　小叶性肺炎　[附彩图]
（×200）

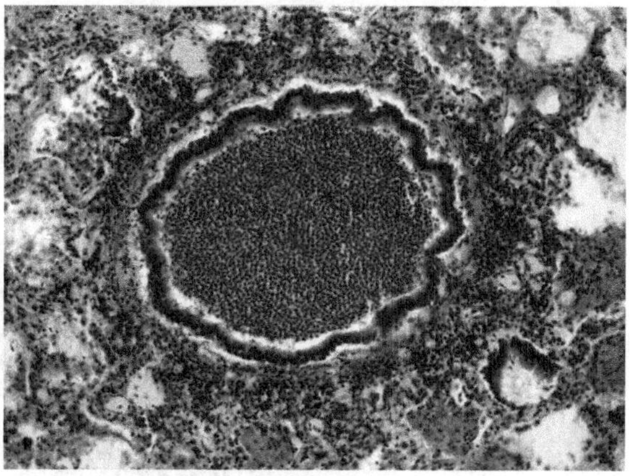

图 8-4　小叶性肺炎　[附彩图]
（×400）

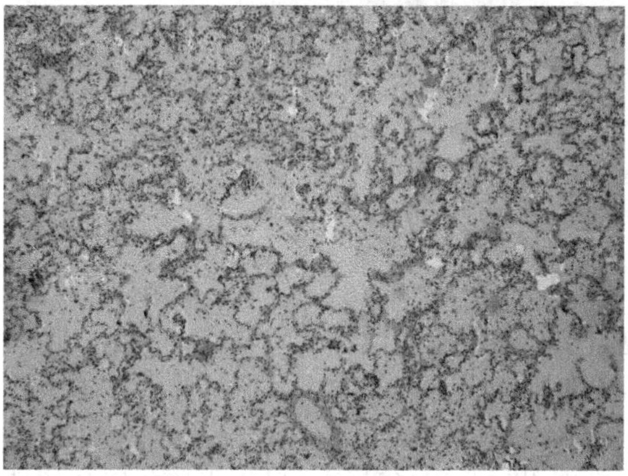

图 8-5　肺水肿　[附彩图]
（×200）

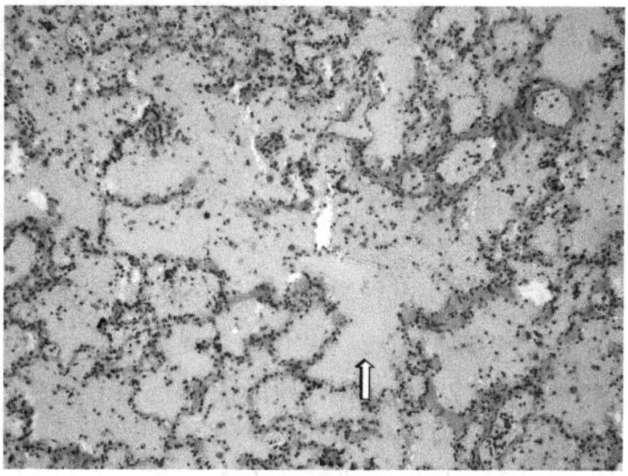

图 8-6　肺水肿　[附彩图]
（箭头示肺泡腔中水肿液，×400）

（四）RD4. 间质性肺炎

肺泡壁增厚，肺泡间隔明显增宽，其内可见大量的淋巴细胞、单核细胞浸润。支气管壁平滑肌轻度增生，管腔内可见脱落的上皮细胞，部分肺泡腔代偿性扩张（图 8-7 和图 8-8）。

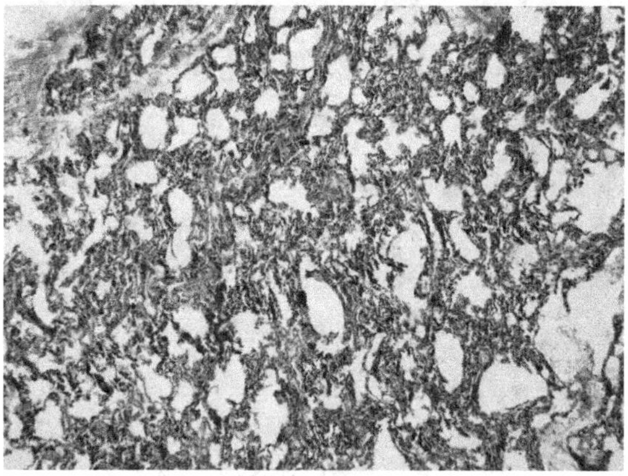

图 8-7　间质性肺炎　[附彩图]
（×200）

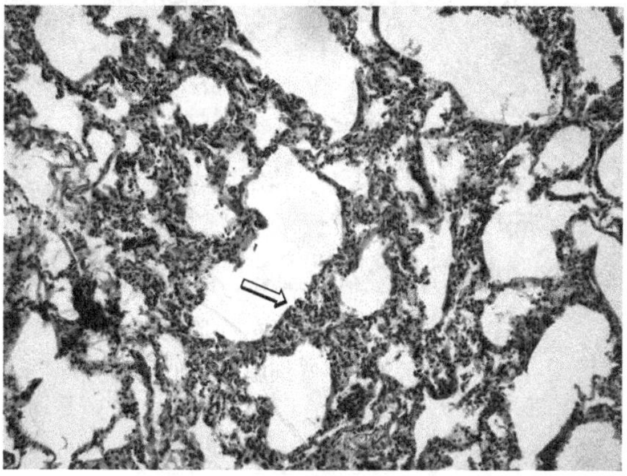

图 8-8　间质性肺炎　[附彩图]
（箭头示增厚的肺泡壁，×400）

（五）RD5-1. 羊水栓塞（画图）

标本为肺组织，大部分肺泡腔内充满均质粉染的水肿液，间质小血管腔内可见粉染具有折光性的长条状角化物及不全角化细胞（核蓝染、长条状）。肺小动脉及肺泡壁毛细血管扩张，管腔内可见淡蓝染色的毳毛之毛干及胎粪——黄褐色（为粪胆原、粪胆素）(图 8-9）。

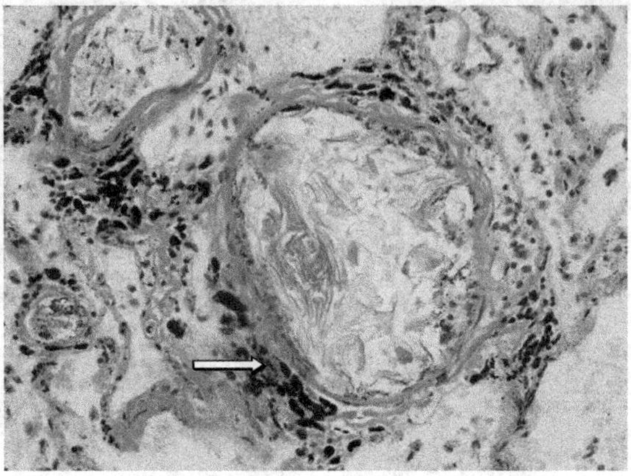

图 8-9 羊水栓塞 [附彩图]
×400（血管腔内角化物）

（六）RD6. 异物肉芽肿（吸毒患者）

切片为肺组织。低倍镜下观察：肺组织轻度自溶，可见弥漫散在的实变区，并见巨噬细胞吞噬了含铁血黄素。高倍镜下观察：实变区内可见多数大小不等的多核巨细胞，该细胞体积较大，约为单核细胞的十多倍，形状不规则，胞质丰富，呈粉红色，核呈圆形或卵圆形、其数目可达十几个甚至数十个，无一定排列，多数巨噬细胞吞噬异物，异物为淡灰绿色的具有折光性的物质，该物质可能为毒品中杂质（图 8-10 和图 8-11）。

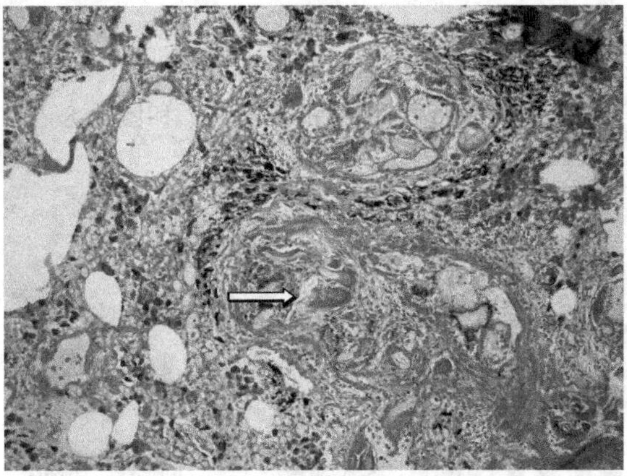

图 8-10 异物肉芽肿 [附彩图]
（箭头示异物巨噬细胞，×200）

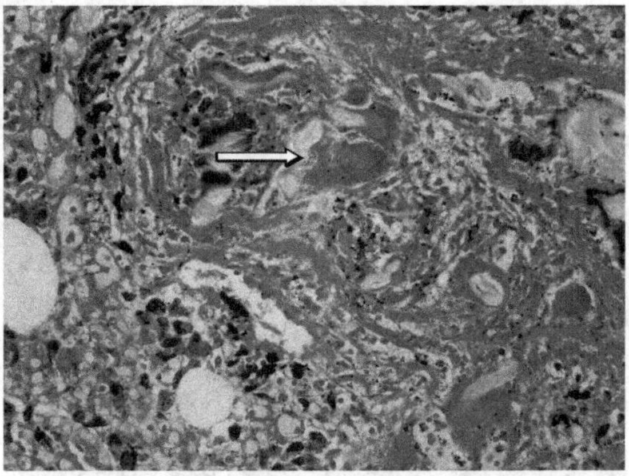

图 8-11 异物肉芽肿 [附彩图]
（×400）

（刘长海 武 彦）

第九章　中枢神经系统疾病

实验十六　组织切片观察

【实验目的】

掌握神经系统损伤的病理变化及脑血管畸形的形态学结构。

【实验时间】

2 学时。

【实验内容】

（一）ND1. 蛛网膜下腔出血

标本为小脑组织，脑组织水肿，神经细胞及血管壁周隙增宽，蛛网膜下腔增宽，其内可见大量红细胞聚集（图 9-1）。

（二）ND2. 脑出血

脑实质内有多处散在的小灶性出血，部分脑实质内小动脉壁增厚，呈玻璃样变性，管腔变小，小血管周围间隙内有散在出血（图 9-2）。

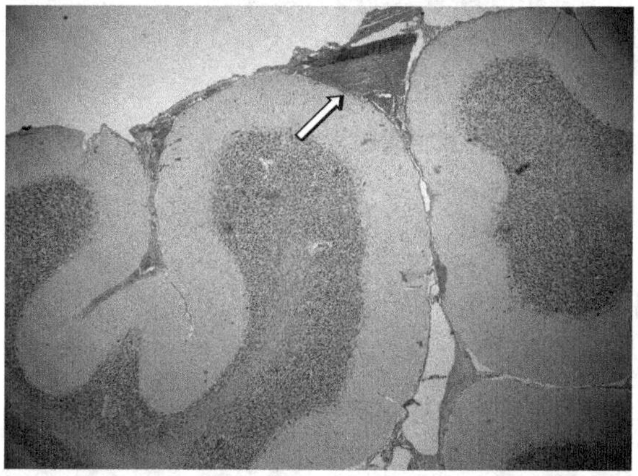

图 9–1　小脑蛛网膜下腔出血　[附彩图]
（×40）

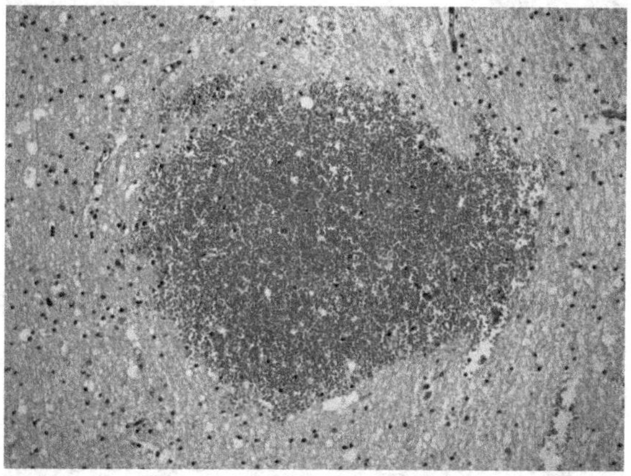

图 9–2　脑出血　[附彩图]
（×200）

（三）ND3. 脑萎缩

脑沟增宽、增深，血管扩张充血，灰白质比例失调，脑实质内神经细胞密集（图 9-3 和图 9-4）。

（四）ND4. 脑血管畸形（画图）

标本为大脑组织，蛛网膜下腔血管异常丰富，数目增多，管腔大小不一，管壁薄厚不均，其周围可见较多红细胞聚集（图 9-5 和图 9-6）。

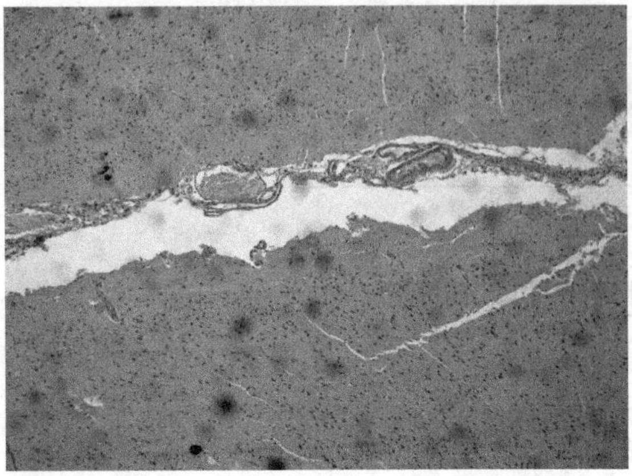

图 9-3 脑萎缩（×100）[附彩图]

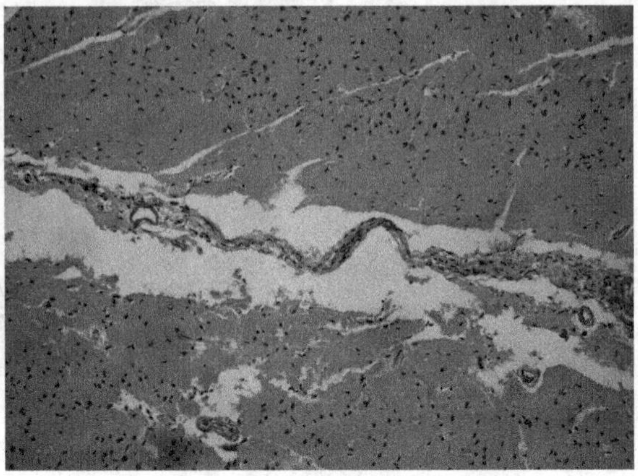

图 9-4 脑萎缩（×200）[附彩图]

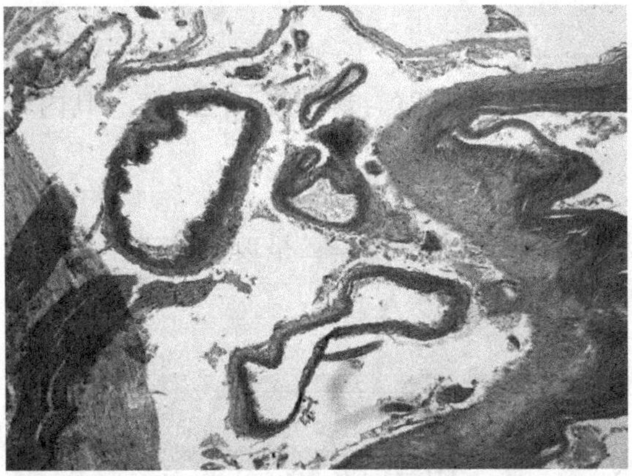

图 9-5 脑血管畸形（×40）[附彩图]

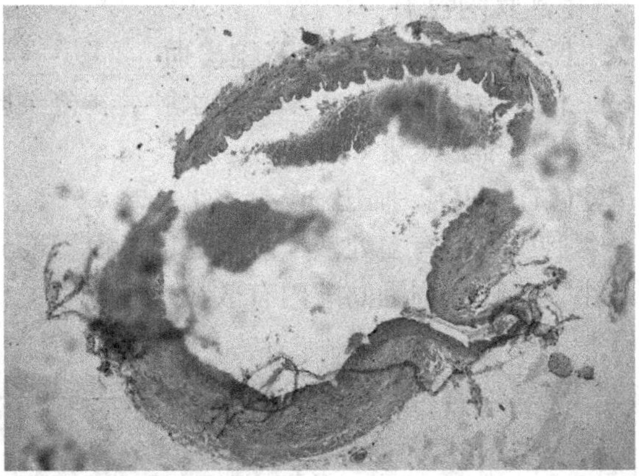

图 9-6 脑血管畸形（×100）[附彩图]

（五）ND5. 硬脑膜出血

致密的纤维结缔组织中可见成片的红细胞聚集，纤维组织周围可见蓝染区域（与颅骨接触处）（图 9-7 和图 9-8）。

图 9-7 硬脑膜出血（×100）[附彩图]

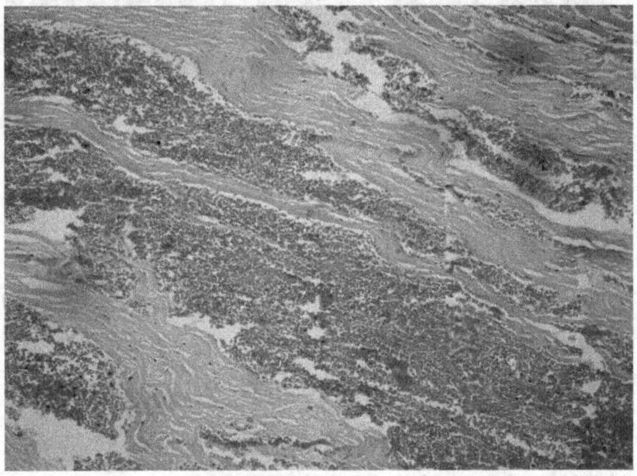

图 9-8 硬脑膜出血（×400）[附彩图]

（刘长海 武 彦）

第十章　消化系统及泌尿系统疾病

实验十七　组织切片观察

【实验目的】

掌握消化系统及泌尿系统疾病的病理变化，重点掌握肝硬化形态学结构。

【实验时间】

2 学时。

【实验内容】

（一）DD1. 食管静脉曲张

食管黏膜上皮部分脱落，黏膜下可见大小不等、高度扩张的小静脉，且数量增多。黏膜及黏膜下层可见慢性炎细胞浸润（图 10-1 和图 10-2）。

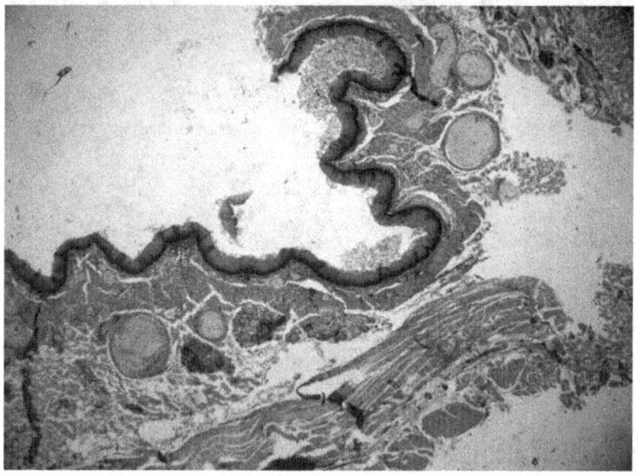

图 10-1　食管静脉曲张　[附彩图]
（×100）

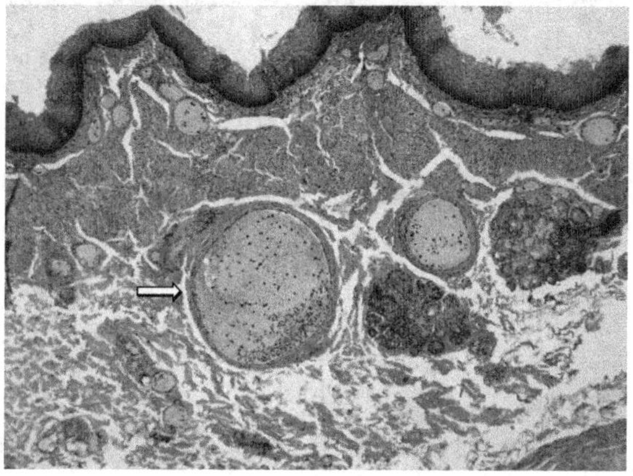

图 10-2　食管静脉曲张　[附彩图]
（箭头示扩张的静脉，×200）

（二）DD2. 肝硬化（画图）

肝被膜增厚，结缔组织增生，其间有较多小血管。肝小叶正常结构被破坏，汇管区广泛纤维组织增生伸向肝小叶，将肝小叶重新分隔，形成大小不等的假小叶，假小叶内肝细胞发生不同程度增生及变性改变，肝细胞索解离，部分假小叶内可见大小不等的灶性圆形空泡，纤维组织及汇管区可见多少不等的慢性炎细胞浸润（图 10-3 和图 10-4）。

（三）DD3. 脂肪肝

标本为肝组织，肝小叶结构尚清楚，小叶中央静脉扩张、淤血，附近肝细胞胞质内可见大小不等的圆形空泡（脂质溶解）。汇管区附近的肝细胞结构大致正常，汇管区炎细胞浸润（图 10-5 和图 10-6）。

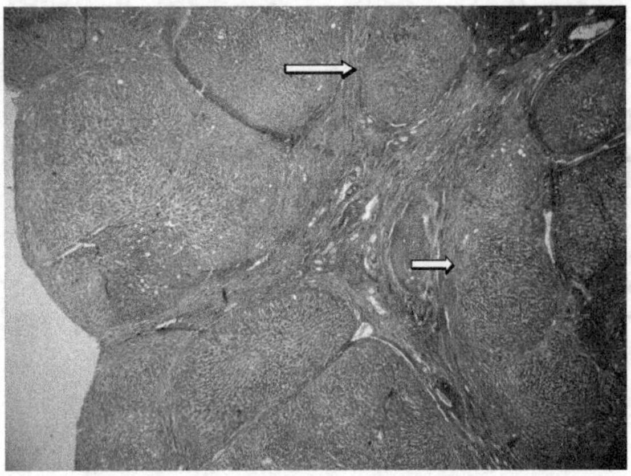

图 10–3 肝硬化 [附彩图]
（箭头示假小叶，×40）

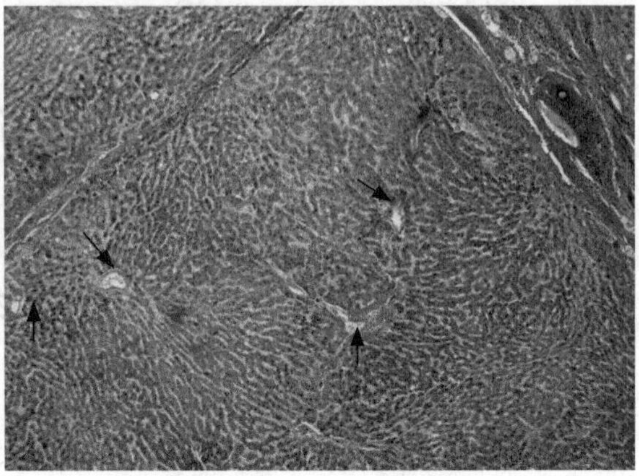

图 10–4 肝硬化 [附彩图]
（假小叶内多个中央静脉，×100）

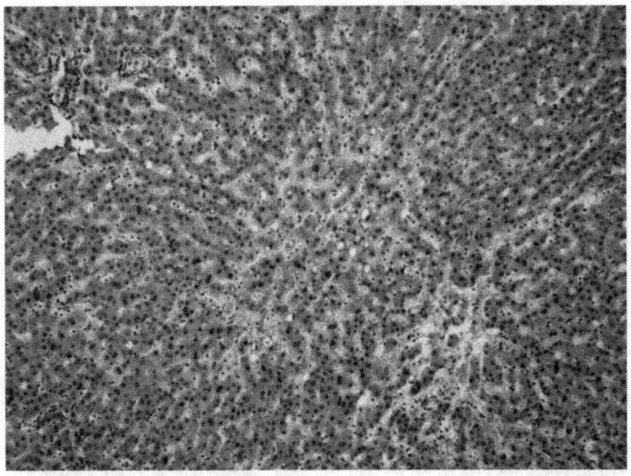

图 10–5 脂肪肝（×100）[附彩图]

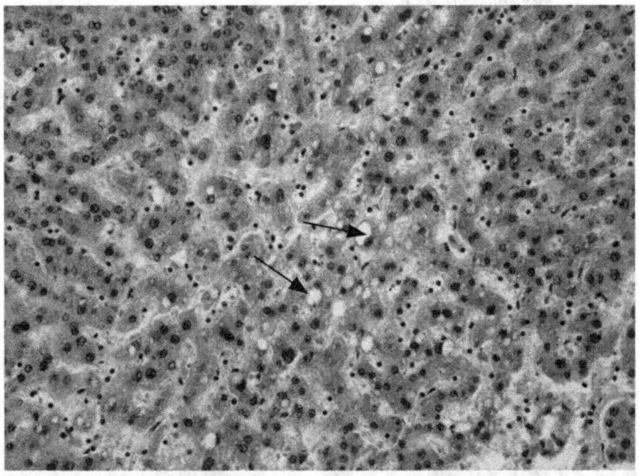

图 10–6 脂肪肝（×400）[附彩图]

（四）DD4. 急性肝炎

肝细胞较广泛弥漫地发生变性肿胀，肝细胞胞质疏松化，气球样变，肝小叶内可见少数散在的点状坏死，汇管区和小叶内均有轻度炎细胞浸润（图 10-7 和图 10-8）。

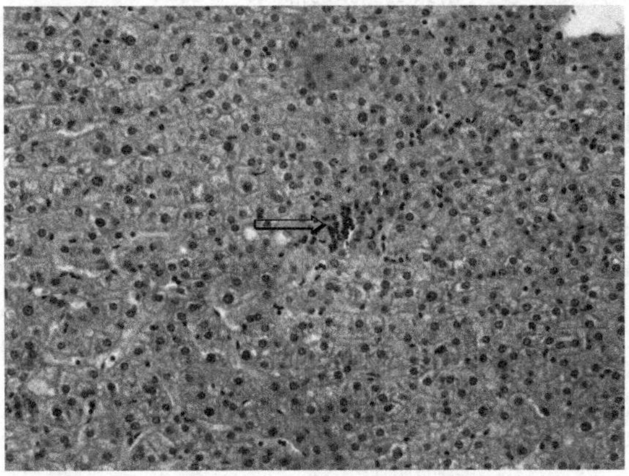

图 10–7 急性肝炎 [附彩图]
（箭头示点状坏死，×200）

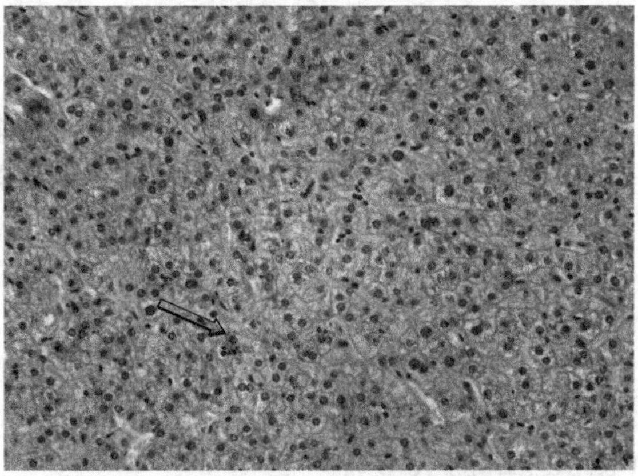

图 10–8 急性肝炎 [附彩图]
（箭头示点状坏死，×200）

（五）UD1. 慢性肾盂肾炎

局灶性间质纤维化和淋巴细胞、浆细胞浸润，部分区域肾小管萎缩，另一些区域肾小管扩张，扩张的肾小管内出现均质红染的蛋白管型，形态与甲状腺滤泡相似，细动脉、小动脉因继发性高血压发生玻璃样变和硬化，另可见部分肾小球发生纤维化和玻璃样变（图 10-9 和图 10-10）。

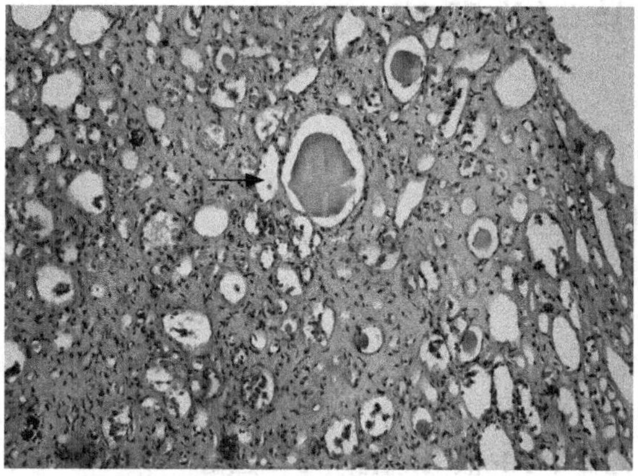

图 10-9　慢性肾盂肾炎　[附彩图]
（箭头示蛋白管型，×200）

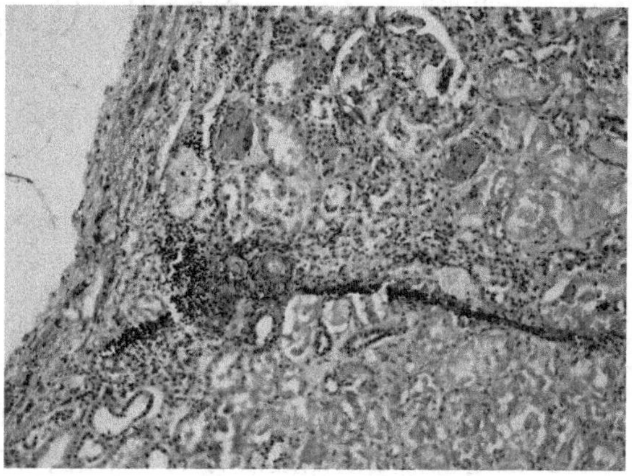

图 10-10　慢性肾盂肾炎　[附彩图]
（×200）

（刘长海　武　彦）

第十一章　病理组织切片制作

实验十八　切片制作程序

【实验目的】

1. 了解组织切片制作过程。

2. 熟悉并掌握组织切片制备的关键步骤、基本原则。

【实验时间】

2 学时。

【实验内容】

1. 取材　根据实际需要，将组织取材切成小块。

2. 固定　常用的固定液有 10% 甲醛、75% 乙醇、AF 液（甲醛：95% 乙醇 = 1：9）等，我们实验室选用的是 10% 甲醛溶液，用不少于组织块总体积 4 倍的液量，固定时间依据取材前的固定效果而定。为使组织和细胞保持与生活时相仿的成分与形态，因而固定的组织要尽量新鲜。

3. 脱水　乙醇是常用的脱水剂，脱水遵循从低浓度到高浓度、高浓度乙醇不可过夜的原则，脱水剂通常有 70%、80%、95%、95%、100%、100% 乙醇。

4. 透明　脱水后，还要经过一个置换媒介的过程——透明，常选用二甲苯Ⅰ浸泡 1h，二甲苯Ⅱ浸泡 1h。

5. 浸蜡　组织经透明后移入熔化的石蜡内，石蜡逐渐取代组织内透明剂（二甲苯）的过程称为浸蜡。通常选用熔点为 52～56℃的石蜡，浸蜡温度 60℃左右，浸蜡时间一般为 2h。

6. 包埋　将浸完蜡的组织放入包埋底模内，注意组织的切面要朝下，放平放正，待石蜡凝固后，从包埋底模中取出，以备切片用。

7. 切片　将蜡块固定于切片的机头上，调整切片机的切片厚度（通常为 5μm，脑组织 4μm），修整组织蜡块直至组织全部暴露，正式切取。

8. 捞片、展片、烤片　将切下的组织蜡膜放入烘漂仪水面上（水温约为 42℃），再用镊子轻轻地将切片上细小的皱折逐个张开，用载玻片附贴组织蜡膜，然后在载玻片上用铅笔标记编号，最后放于烘漂仪中烘干（温度为 75℃，时间 2h 左右）。

9. HE 染色法　苏木素 - 伊红染色法。

（1）脱蜡：

二甲苯Ⅰ	15min
二甲苯Ⅱ	15min
100% 乙醇Ⅰ	5min
100% 乙醇Ⅱ	5min
95% 乙醇	5min
80% 乙醇	5min

流水冲洗	3～5s
（2）染色：	
苏木素浸染	8～10min
流水冲洗	3～5s
1% 盐酸乙醇分化	3～5s
流水冲洗返蓝	3～5min
1% 伊红染色	2min
流水冲洗	3～5s
（3）脱水、透明、封固：	
80% 乙醇	3～5s
95% 乙醇	3～5s
100% 乙醇Ⅰ	5min
100% 乙醇Ⅱ	5min
二甲苯Ⅰ	5min
二甲苯Ⅱ	5min
中性树胶封固	

11. 镜下观察。

（白慧茹　顾　捷）

第十二章　法医病理学鉴定书的组成及格式

实验十九　鉴定文书的制作

【实验目的】

1. 掌握鉴定书书写规则。

2. 熟悉鉴定书的基本内容、格式。

【实验方法】

1. 由教师介绍法医病理解剖报告书和法医学鉴定书格式及书写规范。

2. 在每组学员参加尸解后，写出一份正式的尸解报告或鉴定书。

【实验内容】

在完成尸体解剖后，鉴定人要向委托单位出具书面的尸解报告或鉴定书。如所受理的案件无详细的案情资料或只有部分组织送检，往往出具法医病理学检验报告（尸检、组织或切片会诊）；如有详细案情及现场材料、调查材料或临床资料，则可出具法医病理学鉴定书，有时亦可根据委托单位的要求出具鉴定书或报告。

（一）法医病理解剖报告

法医病理解剖报告包括以下 5 部分基本内容。

1. 引言　可用表格式，内容如下。

（1）委托单位、联系人及委托时间。

（2）死者姓名、性别、年龄、籍贯、民族、工作单位 / 住址、死亡时间，解剖时间。

（3）送检材料（尸解脏器组织、石蜡包埋块、组织切片或文字材料等）

（4）送检目的及要求。

2. 案情摘要　案件发生时间、地点及经过。如死前曾经医院治疗，应注明治疗或抢救情况等。

3. 法医病理解剖发现　按体表检验、解剖检验及组织病理学检验结果分别叙述，内容包括阳性发现及重要的阴性结果。亦可按部位，如头、颈、胸、腹等分别叙述。但各部位亦应按前述层次分别叙述。

4. 法医病理解剖诊断　根据病理解剖肉眼和组织学检查发现的病变，按疾病的主次，或按器官系统排列。一般是重要的、与死因有关的、急性的病变排在前面，次要的、与死因无直接关系或慢性病变、非特异性病变排在后面，疾病治疗过程中的医源性损伤和死后变化排在最后。

5. 小结　概述案情摘要、病理解剖主要发现及解释说明本案需要回答的问题，如死因分析、损伤形成机制、损伤形成时间、损伤与疾病或中毒与疾病的相互关系等。最后列出死亡原因。

在案情资料不齐或大体解剖后送检脏器组织会诊的案例，有时无法做出全面分析，只列出病理诊断或病理检验结果，不写小结。

（二）法医学鉴定书

在部分法医病理解剖报告、普通的病理解剖报告不能满足委托单位要求时，应书写法医学鉴定书。

法医学鉴定书与法医病理解剖报告比较，引言、案情摘要及法医病理诊断部分相同。法医病理解剖主要发现部分除包括解剖发现以外，亦包括各项实验室检测结果（如硅藻检验、毒物分析及特殊仪器检验结果等），小结部分常冠名为分析意见，最后是鉴定结论。案情摘要应较详细，引用的材料要注明来源。鉴定结论是鉴定人根据案情、病理学检查和毒物分析及其他实验室检验结果，进行全面分析做出的结论意见，是审判的科学证据，因此，是鉴定书的重要部分。鉴定结论要求明确清晰，有针对性回答委托单位要求解决的问题，文字简洁易懂。法医学鉴定书各部分排列顺序与法医解剖报告相似。

（三）书写鉴定书和法医病理报告注意事项

1. 法医病理学鉴定书为法律文书之一部分，常是确定案件性质、量刑轻重的重要依据之一。因此，要求实事求是、客观准确，在结论部分的分析要有逻辑性，以事实为依据，切忌无根据的推测。

2. 文字要通顺、严谨，措辞恰当，避免前后矛盾，在发出报告前应尽可能修改得比较完善，并应避免错别字。

3. 鉴定书原件要存档，有条件应存入计算机，备今后查阅或统计使用。

（刘长海　武　彦）

参考文献

1. 竞花兰. 法医病理实验指导. 北京: 人民卫生出版社, 2008.
2. 伍新尧. 高级法医学. 郑州: 郑州大学出版社, 2002.
3. 刘文，黄光照, 麻永昌. 中国刑事科学技术大全: 法医病理学. 北京: 中国人民公安大学出版社, 2002.
4. 赵子琴. 法医病理学. 4版. 北京: 人民卫生出版社, 2009.
5. 陈忆九, 王慧君. 法医病理司法鉴定实务. 北京: 法律出版社, 2009.
6. 覃志坚. 最新检验与临床. 广西: 广西科学技术出版社, 2004.
7. 郭景元. 法医鉴定实用全书. 北京: 科学技术文献出版社, 1990.
8. 何家弘. 司法鉴定导论. 北京: 法律出版社, 2000.
9. Vincent J M Dimaio, Suzanna E Dana. Handbook of Forensic Pathology. 2nd ed. Boca Raton: CRC Press, 2007.
10. Pekka Saukko, Bernard Knight. KNIGHT's Forensic Pathology. 3rd ed. New York: Oxford University Press Inc, 2004.
11. 陈世贤. 法医学. 北京: 法律出版社, 2005.
12. 竞花兰, 欧桂生. 法医病理学. 长春: 吉林科学技术出版社, 2006.
13. 郭万里, 郭哲. 法医学案例研究分析. 兰州: 兰州大学出版社, 2005.

第二篇

法医物证学实验

第十三章 绪 论

法医物证学是法医学的重要分支学科，是法医学专业的主干课程。法医物证学是因法律的需要和自然科学的发展而产生的一门交叉学科，其研究内容属于法医学中的物证检验部分，是法医学研究的主要内容之一。法医物证学实验是一门多学科交叉的实验课程，具有理论抽象、实践性强的特点，应用范围涉及公、检、法、司等诸多领域。由于法医物证学学科的特殊性，要求法医专业的学生不但要具备扎实的法医学理论基础，还要有深厚的实践技能，因此，实验能力的高低直接反映了学生的思维能力和动手能力。随着本学科的不断发展与学科间的相互渗透，法医物证分析技术日臻完善，理论知识日趋丰富，解决检案的能力不断提高，已成为一门独立学科。

一、法医物证学的实验目的

法医物证学是以法医物证为研究对象，以提供科学证据为目的，研究应用生命科学技术解决案件中与人体有关的生物检材鉴定的一门学科。法医物证是以其生物检材的成分和特性来证明案件事实，它是侦破刑事案件的向导，查明案件事实的依据，审查其他证据的手段。生物检材必须由实验技术来检验，因此，实验教学在法医物证学教学中尤为重要。实验教学是确保法医物证学教学质量、落实教学大纲、配合理论教学培养学生分析问题、解决问题能力的有效途径和重要手段，是高等学校教学过程的重要环节。

法医物证学实验教学是通过实验课的形式，让学生通过实践来学习法医物证检验的基本技术和相关理论，通过模拟法医物证检验的实际条件进行学习，从而加深对理论知识的理解，掌握法医物证检验的基本实验技术与方法，培养学生发现问题、分析问题和解决问题的实际能力；同时，通过实验教学，进一步激发学生学习的热情，提高学生获取知识、应用知识的能力，为培养法律意识较强、专业水平较高、创新型和适用型的高素质专业人才奠定良好的基础。

二、法医物证学的基本任务

许多民事或刑事案件需要做法医物证鉴定，法医物证学主要解决司法实践中的亲子鉴定和个人识别问题。亲子鉴定是指通过对人类遗传标记的检测，根据遗传规律分析，对有争议的父母与子女血缘关系的鉴定。遗传规律与统计学原理是亲子鉴定的理论基础。个人识别是指在法医学实践中，分析生物检材以揭示个体身份的工作或任务，它以同一认定理论为指导原则，通过对物证检材的遗传标记做出科学的鉴定，依据个体特征来判断前后 2 次或多次出现的物证检材是否属于同一个体的认识过程。法医物证学实验主要是针对亲子鉴定与个人识别进行的鉴定性实验，它的实验结果将为案件的侦破与审理提供坚实而有力的证据。

通过法医物证学实验教学，可以将理论与实际紧密结合，提高学生学习的积极性与主动性，加深对所学知识的理解，培养学生的逻辑思维与综合运用知识的能力。因此，法医物证学实验的任务和目的就是将法医物证学的理论知识运用到法医司法实践工作中，将多种学科的实验技术综合并运用于生物检材的检验中，从而有效地解决司法实践中的相关问题。

三、法医物证学的基本技术

个人识别与亲子鉴定的基础是遗传标记，分析人类多态性遗传标记是法医物证学技术的核心，检材的处理策略和实验结果的科学解释是法医物证学技术的两个关键环节，具体检测方法涉及多种学科。化学方法、物理学方法、电子计算机技术、形态学、免疫血清学、生物化学、分子生物学、遗传学等实验技术内容与技术手段已成为法医物证学检验中不可缺少的部分，例如化学方法可以鉴别斑痕的种类，采用物理学分光光度法测血红蛋白及其衍生物确证血痕，通过电子计算机进行图像分析，利用显微镜技术鉴别毛发的形态结构，传统的免疫血清学试验进行血痕种属的鉴定，利用生物化学中的各种电泳技术测定人类红细胞酶型及DNA 分析，分子生物学方法如 DNA 指纹技术、聚合酶链反应及 DNA 序列测定法等均已应用于法医物证学鉴定，群体遗传学是亲子鉴定中必备的理论基础。因此，随着法医物证学发展成为法医血清学、法医分子生物学、法医人类学及法医牙科学等分支学科，其内容也涉及血清学、免疫学、遗传学、生物化学和分子生物学等多种边缘学科，同样，法医物证学实验也相应地包括这些学科的实验内容和技术手段。另外，由于法医物证包含的范围相当广泛，实验对象包括人体血液、精液、阴道液、毛发、指甲、各种软组织和骨骼等生物检材。这使得法医物证学实验成为一门利用多种学科实验技术，进行综合检验的实验教学课程。

法医物证学实验与生命科学各学科几乎保持一致的发展速度，因此，及时而有效地将各种实验技术的创新和完善应用于法医物证鉴定中，将极大地丰富法医物证学实验的研究方法。

四、法医物证学的检材的处理

善于对法医物证学实验检材的发现、提取、包装与送检，是开展法医物证学实验的首要条件。法医物证学实验的检材主要是案件现场取得的与人体相关的生物物证，包括体液、分泌物、排泄物、各种组织器官、毛发、骨骼、牙等。法医物证检材是人体各种体液与组织，具有容易变性、变质、降解和腐败的特点。不同检材所受环境因素影响千差万别，尤其是来自犯罪现场的检材，案发过程的多样性、犯罪现场的复杂性、犯罪分子复杂的心理变化、环境条件不同的物理化学因素和其他预想不到的各种干扰等，都会对法医物证检材的不确定性、可获得性和稳定性造成极大影响，这些情况大大增加了法医物证检验的难度。因此，在物证鉴定中，处理各类陈旧、腐败检材，解决检材本身的不确定性是鉴定成功的关键。

法医物证检材多数在勘察现场发现。勘查过程中，应力求做到全面、充分和仔细。例如，在现场地面、墙角、衣服、凶器、窗台、门把手、开关、指甲缝等处寻找血痕，在受害人的腹壁、大腿、阴毛、衣裤、被褥、手帕等处搜索精斑，搜集现场遗留的烟头、烟斗、口香糖、瓜子壳、吸管、饮料容器、牙签、牙刷等检测唾液斑，在被害人或涉案人员指甲缝中收集皮肤组织，在凶器、致伤工具上搜集伤者的组织脏器碎块，在床褥、家具、凶器、受害人手中、沙发、窗、门等处寻找毛发等物证检材。在勘察检材过程中，要注意改善照明条件，仔细观察拐角、缝隙等隐蔽部位。

检材提取之前，要对现场进行原位拍照或拍摄录像资料，详细记录现场原始状态包括检材的位置、种类、数量、大小、附着物特征等情况。提取检材遵循不损失、不污染、不破坏检材的可检测性原则，根据不同法医物证检材的特性和附着物的差异，采用不同的提取方法。一般情况，检材附着于小件易携带物品，应整件提取，附着于大件不易携带物品，提取附着检材的部位。根据检材附着载体特性，应用剪切、刮削、擦拭、吸敷、浸泡、锯凿、挖取等方法提取，人体组织应干燥或冷冻保存或浸泡于75%乙醇中。不同部位的检材应分别提取。凡是从各种载体上提取检材，均应提取检材附近材料作空白对照。对提取的检材均应逐个做好详细记录。

为了避免交叉污染，提取后的检材应采用纸袋、塑料离心管、广口瓶等单独包装，分别标注案件编号、提取地点与时间、提取方法、样品名称、数量、保存方法等内容。对提取的涉案法医物证检材，应当根据案件调查或举证需要及时送实验室检验鉴定，若不能及时送检，可制成斑痕，晾干后，装入纸袋中放置于阴凉干燥处或冰箱中。液体或湿润检材在提取后，尽快于-20℃冰冻保存。对于送检检材要详细标明送检单位、送检人、送检物品清单、简要案情介绍、送检目的与要求等内容。送检单位和收检单位应该仔细核对送检检材。为了避免检材腐败，办案人员应该尽量保存好法医物证检材，尽量缩短送检时间。

五、法医物证学实验室的管理

（一）端正学习态度

实验前应认真预习，了解实验目的、方法、操作步骤及注意事项，领会实验设计的原理。实验时学生应发挥独立思考的能力，认真操作，仔细观察，随时记录实验现象，联系课堂讲授的内容进行思考，及时分析所出现的情况，并做出准确的判断。鼓励学生在教师的指导下，利用实验室条件开展业余科研活动和探索创新实验。

（二）仪器设备的管理及使用

对仪器设备、器材、实验材料要加倍爱护，严格按照仪器操作规程进行。实验仪器应在使用前进行校准，校准的项目包括各种类型的天平、移液管及微量移液器等所有称量器皿的准确性和使用仪器的灵敏度和可靠性。实验中正确使用各种实验器材，准确计算各种试剂用量，防止出现误差。贵重仪器使用完毕后交教师或实验技术人员保管，并记录仪器设备使用情况。

（三）防止污染

法医物证实验室需严格控制污染，DNA提取、PCR扩增及电泳过程中一定要保持实验器材、试剂的洁净，严禁交叉使用，任何一个环节出现污染必然会影响整个实验结果。因此，对实验的每一个细节都应有防污染意识。

（四）做好实验记录

实验前制订实验方案，实验中及时做好实验记录，实验结束后做好实验小结和分析。实验报告在指定时间内完成，不得相互抄袭，报告内容应与观察所见紧密结合，综合各种实验现象判断结果，以培养学生科学的思维方法和严谨的案件分析能力。

（五）正确设置实验对照

在实验中常规设立阴性对照和阳性对照，在分析实验结果时，应先检查所有对照结果是否正确，之后进行结果判断。

（六）良好的实验室秩序

保持实验室整齐有序是保证实验结果可靠的基本要求。进入实验室必须穿工作服，衣着整齐，操作时应戴一次性手套。保持安静，严禁喧哗、乱抛纸屑杂物等。每个实验位置的用具、试剂摆放要方便整洁，用后放回原位。学生在实验室操作时必须严肃认真，服从教师及实验技术人员的指导，严格遵守实验室各项规章制度。

（七）保护环境与自己

在法医物证检验中，由于所检测的对象是血液、唾液等生物检材，存在传播疾病的危险。在实验中也会接触到许多有害物质，因此要注意自我保护。实验结束后要做好清洁工作，将有害物质按照相应的环保要求进行处理。

（八）实验室的整理

实验完毕后，切断电源，关闭水源，实验器材按要求清洗后妥为安放，清理实验台、水池与地面，保持实验室的整洁。

【思考题】

1. 法医物证学的目的与任务是什么？
2. 法医物证学实验包含哪些基本技术？
3. 法医物证检材的主要特点是什么？
4. 处理法医物证检材时应注意哪些问题？

（苏丽娟）

第十四章 血液及血痕检验

血痕是最为常见的法医物证检材，在凶杀等案发现场及相关的物品上大部分都会遗留有血痕，根据现场血痕的形状与分布等情况，可以推断案件的性质，为案件的侦破提供线索。血液离开人体后，腐败、污染和降解过程非常迅速，因此及时发现和提取血痕，及时检验十分重要。血痕检验需要解决的问题有：提取和送检的可疑斑痕是否为血痕，若为血痕是人血还是动物血。确定人血后，检测血液的遗传标记，进行个体识别；还可以进行其他检验，如血痕的性别、出血量、出血时间及出血部位推断等。因此，血痕检验的一般顺序为：肉眼检查、预试验、确证试验、种属鉴定、遗传标记测定、其他检验等。本章内容涉及预试验、确证试验、种属鉴定及个人识别检验中的多个实验，为血痕的检验与鉴定提供实验科学依据。

实验二十 血痕预试验

一、联苯胺试验

【实验目的】

掌握联苯胺试验的基本原理、检验过程、实验结果的意义及注意事项。

【基本原理】

血痕中的血红蛋白或正铁血红素具有过氧化物酶活性，可以使过氧化氢释放出新生态氧，将无色的联苯胺氧化为联苯胺蓝。

【仪器设备与试剂】

1. 仪器设备 剪刀、凹玻板、镊子、滴管、滤纸。

2. 试剂 联苯胺无水乙醇饱和液、冰醋酸、3% 过氧化氢。

【实验方法】

1. 剪取或刮取微量检材置于凹玻板上或滤纸上，或将滤纸折叠，以折角轻擦斑痕，展开滤纸。

2. 依次滴加冰醋酸、联苯胺无水乙醇饱和液各 1 滴，观察有无蓝色出现。

3. 1～2min 后，若不出现蓝色，再加 3% 过氧化氢 1 滴。

【结果判断】

立即出现蓝色为阳性反应，说明检材中含有过氧化物酶活性；若不出现蓝色或数分钟后才出现淡蓝色，则为阴性反应。

【注意事项】

1. 本试验灵敏度高，血液稀释 50 万倍，仍可能呈阳性结果，故只需微量检材即可。同时，实验过程中先剪取或夹取空白对照检材，之后处理有血痕部位的检材，所使用的剪刀和镊子必须擦洗干净，防止交叉污染。

2. 某些氧化剂及生物源性物质，如高锰酸钾、重铬酸钾、某些植物、蔬菜、水果等，人体液如脓汁、鼻涕或组织浸液，细菌如大肠埃希菌等也可含有过氧化物酶或具有此种酶的活性，而使联苯胺试验呈假阳性反应，因此，必须严格按照冰醋酸、联苯胺、过氧化氢的顺序滴加试剂。

3. 联苯胺试验阳性结果说明检材可能是血痕；阴性结果，可以否定血痕或者是血痕中的血红蛋白及其衍生物已被破坏，不必再做进一步的检验。

4. 联苯胺可以破坏血痕检材，经过预实验后，不能再做其他检验。因此，严禁将试剂直接滴加在检材上反应，以免破坏检材。

5. 联苯胺是致癌物质，操作时应加以保护。

【思考题】

1. 联苯胺试验阳性与阴性结果的意义何在？

2. 联苯胺试验试剂的滴加顺序对实验结果有何影响？

二、过氧化氢试验

【实验目的】

掌握血痕过氧化氢试验的基本原理、检测方法及结果分析。

【基本原理】

血痕中的血红蛋白或正铁血红素具有过氧化物酶活性，能使过氧化氢分解，释放出新生态氧而产生气泡。

【仪器设备与试剂】

1. 仪器设备　载玻片、剪刀。

2. 试剂　3% 过氧化氢。

【实验方法】

1. 剪取 2 段长 5mm 的血痕，置于载玻片上。

2. 加 3% 过氧化氢 2 滴。

【结果判断】

立即出现细小泡沫为阳性反应，未出现气泡则为阴性反应。

【注意事项】

1. 不可将过氧化氢直接滴于检材上进行实验。

2. 操作时小心谨慎，防止过氧化氢滴溅在皮肤或衣物上。

三、酚酞试验

【实验目的】

掌握酚酞试验的基本原理、检验过程及结果分析。

【基本原理】

血痕中的血红蛋白或正铁血红素具有过氧化物酶活性，可以使过氧化氢分解成水和新生态氧，后者将无色的还原酚酞氧化成酚酞，酚酞在碱性溶液中呈现红色。

【仪器设备与试剂】

1. 仪器设备　剪刀、凹玻板、滤纸、镊子、滴管、试管、分离针。

2. 试剂　还原酚酞液、3% 过氧化氢。

【实验方法】

1. 剪取或刮取微量检材置于凹玻板上，或将滤纸折叠后用折角轻擦斑痕后展开滤纸。

2. 加无色还原酚酞液 1 滴。

3. 30s 后无红色反应，再加 3% 过氧化氢液 1 滴。

4. 或者取检材浸液 1ml 加 5 滴还原酚酞液，30s 后无红色反应，再加 3% 过氧化氢液 1 滴，观察有无红色出现。

【结果判断】

加过氧化氢液后立即出现红色为阳性反应。

【注意事项】

1. 本法特异性较好，据报道，植物过氧化物酶在该实验中呈阴性反应。

2. 本法灵敏度不及联苯胺试验，试剂配制较为复杂。

3. 酚酞试验无毒、安全。

【思考题】

酚酞试验与联苯胺试验相比较，有哪些优缺点？

实验二十一　血痕确证试验

一、血色原结晶试验

【实验目的】

掌握血色原结晶试验的基本原理、检测方法及结果判断。

【基本原理】

血痕中的血红蛋白在碱性溶液中分解为正铁血红素和变性珠蛋白。在还原剂的作用下，正铁血红素还原成血红素，同变性珠蛋白和其他含氮化合物（如吡啶、氨基酸等）结合，生成针状、菊花状樱桃红色血色原结晶。

【仪器设备与试剂】

1. 仪器设备　载玻片、盖玻片、分离针、剪刀、显微镜、镊子、滴管、湿盒。

2. 试剂　高山试剂。

【实验方法】

1. 取 1 ~ 3mm 有血痕的纤维或 1mm^2 血痂置于载玻片，用分离针分离纤维或压碎血痂，盖上盖玻片。

2. 沿盖玻片边缘加 2 ~ 3 滴高山试剂，置于湿盒内，滴加试剂后不可挤压或移动盖玻片。

3. 室温静置 10 ~ 30min 后镜检。

【结果判断】

检材滴加高山试剂后，其颜色逐渐变为樱桃红色，血痕周围出现针状、菊花状樱桃红色结晶者为阳性结果；否则为阴性结果。

【注意事项】

1. 该实验操作简单，效果较好。实验阳性结果表明检材是血痕，但实验灵敏度低，故阴性结果也不能否定检材是血痕，只能说未能检见血痕。

2. 高山试剂久置容易失效，出现假阴性结果，需要现用现配。每次实验时应用已知血痕作为阳性对照检验，避免因试剂失效而产生假阴性结果。试验前，先用已知血痕检验试剂，若不出现结晶，表示试剂已经失效，可于试剂中加少量氢氧化钠，再用已知血痕检验，若出现阳性结果，说明该试剂可以使用，反之则不能使用。

3. 血色原结晶不稳定，容易分解消失，保存条件较好的血痕可以形成典型的血色原结晶，血痕腐败、量少、经水洗、雨淋或变性的陈旧性血痕，阳性检出率低，不易形成结晶或形成不典型的结晶。若无结晶形成，可以将载玻片置于酒精灯上稍加热，促使结晶形成，冷却后或室温静置 30min 后镜检。

【思考题】

1. 使用高山试剂时，应注意哪些问题？

2. 有哪些情况会影响实验结果？该如何解决？

二、氯化血红素结晶试验

【实验目的】

掌握氯化血红素结晶试验的基本原理、检测方法及结果判断。

【基本原理】

血红蛋白在酸性条件下可以分解产生正铁血红素，后者与醋酸和氯化钠作用形成的游离氯离子反应，形成褐色氯化血红素结晶。

【仪器设备与试剂】

1. 仪器设备　载玻片、盖玻片、分离针、剪刀、显微镜、镊子、滴管、玻璃棒。

2. 试剂　氯化钠、冰醋酸。

【实验方法】

1. 取 1～3mm 有血痕的纤维或 1mm^2 血痂置于载玻片，用分离针分离纤维或压碎血痂，加氯化钠（约 1/3 检材量）少许，用玻璃棒压碎并与检材混合，盖上盖玻片。

2. 沿盖玻片边缘滴加 1～2 滴冰醋酸，稍微加热，直至出现气泡为止，冷却后通过显微镜观察结果。

【结果判断】

血痕周围出现褐色菱形或针状结晶为阳性反应，不出现结晶为阴性结果。

【注意事项】

1. 与血色原结晶试验相比，氯化血红素结晶较难形成，若形成可永久保留。

2. 经真菌或细菌污染、洗涤或存放不当的陈旧性血痕检材常呈假阴性结果。

3. 本试验若加热时温度超过 142℃将会破坏血红素，因而不能形成结晶。

实验二十二 血痕种属试验

一、抗人血红蛋白胶体金试验

【实验目的】

掌握抗人血红蛋白胶体金试验的基本原理、检测方法及结果判断。

【基本原理】

胶体金由金化合物制备而成，带负电荷，可作为抗体染料结合物。胶体金将抗体免疫球蛋白吸附在表面，形成一种标记了该种免疫球蛋白的“探针”，用该“探针”可以结合相对应的抗原。这种由抗体标记后的胶体金称为免疫胶体金。胶体金颗粒自身呈红色，当免疫胶体金颗粒结合对应的抗原后，再与抗原相应的抗体结合，免疫胶体金颗粒便被滞留而富集，出现肉眼可见的红色，据此判断阳性或阴性的结果。

免疫层析胶体金试剂条是将所有反应物均固定在硝酸纤维素膜上，反应利用膜的毛细作用原理。试剂条分为加样区、反应区和吸附区 3 部分。加样区贴有一层有免疫胶体金颗粒的玻璃纤维膜。反应区有 2 条反应线：1 条为检测线，包被有检测抗原的抗体，如抗人 Hb 抗体；1 条为质控线，包被有抗免疫球蛋白抗体，能检测标记胶体金的免疫球蛋白抗体。吸附区将加样区和反应区层析扩展上来的剩余免疫胶体金颗粒吸附于其中，以提供层析的动力。

【仪器设备与试剂】

1. 仪器设备 毛细滴管、剪刀、镊子、试管。

2. 试剂 免疫层析胶体金试剂条、人及动物血痕样本、蒸馏水。

【实验方法】

1. 取约 0.5cm^2 血痕检材，剪碎置于试管中，加入 0.5ml 蒸馏水，浸泡血痕 2～12h，使浸泡液澄清、透亮、微带黄色，之后离心沉淀，用上清液做沉淀反应。

2. 取出试纸条，在加样区加 3～5 滴浸出液或将试纸条的加样区浸于待测样本的浸泡液中 5～10s，静置 3～5min，观察结果。

【结果判断】

在胶体金试纸条的检测线、质控线出现两条红色区带为阳性结果，说明检材含有人血；只有质控线显现红色区带为阴性结果；若试纸条无红色带出现表明可能操作失误或试剂失效，应重复检测（图 14-1）。

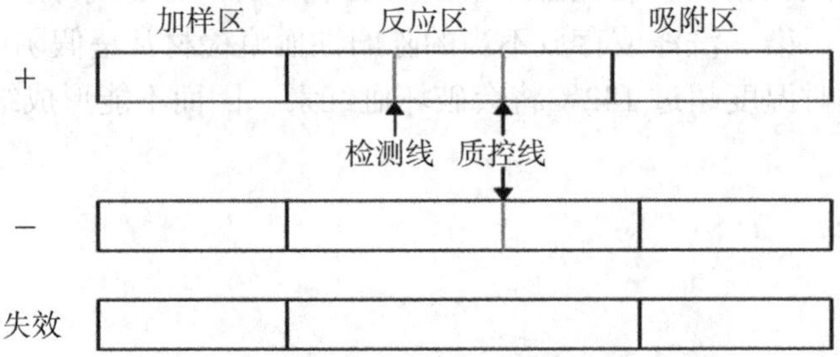

图 14–1 胶体金一步法检测血痕的结果示意

“+”表示阳性结果，“–”表示阴性结果，“失效”表示胶体金试纸条已经无效

【注意事项】

1. 开启胶体金试纸条的密封包装后，尽快用完以防潮解；由于反应迅速，观察结果应在5min内进行。

2. 每次实验均应设置对照，同时做已知人血痕、动物血痕、人血痕旁的空白检材对照。在对照结果正确时，才可以对待检测的结果做出判断。若怀疑血痕是某种动物血，则需要采用对该动物特异的抗血清进行种属实验。

3. 当检材浸出液的血红蛋白浓度较高时，容易出现假阴性结果，因此应注意检材浸出液的蛋白含量（约1g/1000ml浓度，或呈浅稻草黄色为宜）。另外，由于抗人血红蛋白胶体金试纸条的灵敏度极高，人体其他体液被血液污染时也可能呈阳性反应，如消化道出血时的排泄物斑痕浸出液、有口腔黏膜破损出血的唾液斑浸出液都可能使该试验呈阳性结果。

【思考题】

1. 如何理解该试验的作用原理？

2. 阳性结果的意义是什么？

二、环状沉淀反应

【实验目的】

掌握环状沉淀反应的基本原理、检测方法及结果判断。

【基本原理】

可溶性抗原与相应抗体发生特异性结合，当抗原抗体比例适合时可形成肉眼可见的抗原抗体复合物沉淀。血痕浸出液中的可溶性蛋白抗原，称为沉淀原；抗人血清或抗人血红蛋白抗体称为沉淀素。沉淀素抗体主要为IgG,它有多个与抗原结合的位点，当抗原与抗体浓度比例和其他条件适当时，即可形成网络状结构，表现为在沉淀管中抗原抗体两液体的交界面出现灰白色的沉淀环。若抗原过剩，不利于抗原抗体复合物之间交联，不出现沉淀反应；若抗体过剩，游离抗原决定簇迅速被大量的单个抗体分子结合，抗原抗体复合物之间难以形成大的抗原抗体复合物晶格，表现为弱沉淀反应。

【仪器设备与试剂】

1. 仪器设备　毛细吸管、剪刀、镊子、试管、沉淀管、沉淀管架。

2. 试剂　抗人血清蛋白或抗人血红蛋白沉淀素血清、生理盐水。

【实验方法】

1. 血痕浸出液的制备

（1）取约0.2cm^{2}血痕检材，剪碎置于试管中。

（2）加3～5滴生理盐水，试管置于室温中2h，4℃过夜。若血痕新鲜，则使浸泡液出现稻草黄色即可。如浸泡液颜色呈红色或深红色，则可加生理盐水稀释，直至呈现浅稻草黄色，离心后，留上清液备用。

（3）若浸泡液的颜色淡（不呈现稻草黄色）则可猛力振摇试管，使液体形成泡沫。如泡沫能保持2～3min，表示蛋白质浓度接近1g/1000ml。还可用硝酸毛细管法测定，即将毛细玻璃管插入浸泡液中，待液面升到0.5cm时取出，用干棉球轻轻擦去管外的液体，再将此毛细管插入发烟硝酸中瞬间，取出，背后垫一张黑纸，观察两种液体的接触面，如出现很薄的白环，则为硝酸试验阳性，表示该液体蛋白质含量约为1g/1000ml。若浸泡液中的蛋白质含量低于 1g/1000ml（振摇无泡沫或硝酸试验阴性），进行环状沉淀试验，有时仍可呈阳性结果。

2. 环状沉淀试验

（1）取沉淀管 1 支，加入抗人血红蛋白（或抗人血清蛋白）沉淀素血清约 0.1ml。

（2）吸取等量的蛋白质含量约 1g/1000ml 的检材浸出液层叠于抗血清上。分别经 5min、10min、15min、30min、60min 后，于暗背景、斜照光线下观察 1 次，观察沉淀管内两液体之间的界面有无白色沉淀环出现。

【结果判断】

两液接触面出现白色沉淀环为阳性反应，无白色沉淀环为阴性反应。出现沉淀环的时间一般在 1h 以内，反应快者，数分钟出现明显的白环，随着时间的延长，白色沉淀环逐渐扩散，应随时注意观察。

【注意事项】

1. 血痕浸出液的蛋白质浓度必须控制在 1g/1000ml 以下。

2. 试验必须设置已知人血痕浸出液阳性对照，检材无血痕部位的浸出液、生理盐水及常见动物血痕浸出液等阴性对照。

3. 滴加检材浸出液到沉淀管时，切勿与抗血清混淆，保持两液面界限清晰，否则难以形成白色沉淀环，导致假阴性结果。

4. 如果使用抗人血红蛋白血清，阳性结果表明该检材浸出液中含有人的血红蛋白，即可认定为人血痕；阴性结果时，如果血痕检材较新鲜，可以否定为人血痕。

5. 如果血痕过于陈旧，则不能轻易否定人血的存在，因为陈旧血痕中大部分或全部血红蛋白已变为正铁血红素，而抗人血红蛋白血清不能与正铁血红素发生反应，故本实验不适用于对陈旧血痕的检验。

【思考题】

1. 该试验阳性结果是否一定表明是人血痕？

2. 该试验是否适用于所有的血痕检验？

实验二十三 血痕的个人识别

一、血液的 ABO 血型测定

【实验目的】

1. 掌握血液 ABO 血型测定的基本原理。

2. 掌握血液 ABO 血型测定的结果判断及各种测定方法。

3. 熟悉红细胞生理盐水悬液的制备过程。

4. 熟悉离心机及显微镜的使用。

【基本原理】

正常人类红细胞表面含有 ABO 血型抗原，血清中含有天然抗体。红细胞表面的抗原与相应抗体结合，可以发生凝集反应，根据该反应能够确定红细胞表面抗原的种类。用标准抗 A 与抗 B 血清可检出待测红细胞表面的 A 抗原与 B 抗原，用标准的 A 型与 B 型红细胞可测出血清中的抗 A 与抗 B 抗体。前者称为正定型试验，后者称为反定型试验，综合两者结果判断 ABO 血型。

【仪器设备与试剂】

1. 仪器设备　低速离心机、显微镜、试管、试管架、滴管、凹玻板或载玻片、记号笔。

2. 试剂　已知抗 A 与抗 B 血清、已知 2% A 型与 B 型红细胞生理盐水悬液、生理盐水。

3. 红细胞生理盐水悬液的配置

（1）取少许新鲜抗凝血，加入试管中。

（2）以 2000 ~ 3000r/min 速度离心 1 ~ 2min，吸去上清液。

（3）于沉淀红细胞中加生理盐水至管高 4/5 处，混匀。

（4）以 2000 ~ 3000r/min 速度离心 1 ~ 2min，弃上清液。

（5）重复上述操作，洗涤红细胞 3 次，至上清液无色透明。

（6）以 2000 ~ 3000r/min 速度离心 1 ~ 2min，弃上清液后得到的压积红细胞备用。

（7）取压积红细胞 0.1ml，生理盐水 4.9ml 配成 2% 红细胞生理盐水悬液。

【实验方法】

1. 正定型试验

（1）玻片法

1）在凹玻板或载玻片两端标记抗 A 与抗 B。

2）分别加抗 A 及抗 B 血清各 1 滴。

3）各加待测 2% 红细胞生理盐水悬液 1 滴。

4）转动数次混匀，肉眼观察并记录结果。

5）阴性结果，于室温中放置 5min 后再观察；必要时，镜检。

（2）试管法

1）取 2 支试管，标记抗 A 与抗 B。

2）分别加抗 A 与抗 B 血清各 1 滴，混匀。

3）各加入待测 2% 红细胞生理盐水悬液 1 滴。

4）以 2000 ~ 3000r/min 速度离心 1 ~ 2min。

5）轻摇试管，使沉淀红细胞悬浮，观察并记录结果。

6）阴性结果，于室温中静置 30min 离心后再观察。

2. 反定型试验　试管法。

（1）取 2 支试管，标记 A 与 B。

（2）分别加入 2%A 型与 B 型红细胞生理盐水悬液 1 滴。

（3）各加 1 滴待测血清，混匀。

（4）以 2000 ~ 3000r/min 速度离心 1 ~ 2min。

（5）轻摇试管，使沉淀红细胞悬浮，观察并记录结果。

（6）阴性结果，于室温中静置 30min 离心后再观察。

【结果判断】

1. 凝集反应强度分级

（1）＋＋＋＋：大块凝集物，摇之不散，背景完全清亮。

（2）＋＋＋：数块较大的凝集物，少量小块凝集物，背景清亮。

（3）＋＋：凝集物略小，极易辨认，背景略浑浊，有游离红细胞。

（4）＋：凝集物较小，可以辨认，背景较浑浊，有许多游离红细胞。

（5）±：凝集物很小，不易辨认，有许多游离红细胞，背景很浑浊。

（6）—：看不到凝集物，只见大量游离红细胞，背景浑浊。

2. ABO 血型测定 红细胞凝集为阳性反应，不凝集为阴性反应（表 14-1）。

表 14-1 ABO 血型测定结果

正定型		反定型		血型判断
被测红细胞与抗血清反应		被测血清与已知红细胞反应		
抗 A	抗 B	A 型红细胞	B 型红细胞	
−	−	+	+	O
+	−	−	+	A
−	+	+	−	B
+	+	−	−	AB

【注意事项】

1. 实验用试管、凹玻板或载玻片必须标记清楚。

2. 肉眼观察判断结果困难时，可在显微镜下观察。

3. 肉眼观察结果时不可用力振荡试管。

【思考题】

1. 能否只依据正定型或反定型试验做出血型鉴定？

2. 如何判断凝集反应的强度？

二、ABO 血型抗体效价的测定

【实验目的】

掌握血清效价测定的基本原理、方法及结果分析。

【基本原理】

测定抗体强度的方法即为抗体滴定，亦称抗血清效价测定。将抗血清依次做倍比稀释，使之与指示红细胞进行凝集反应，发生凝集反应的最后一管抗血清稀释倍数的倒数即为该抗血清的效价。

【仪器设备与试剂】

1. 仪器设备 试管、试管架、凹玻板、滴管。

2. 试剂 生理盐水、抗 A 与抗 B 血清、2% A 型与 B 型红细胞生理盐水悬液。

【实验方法】

1. 试管法

（1）取 10 支试管标记 1～10 号，每管各加 2 滴生理盐水。

（2）第一管加 2 滴抗 A 血清，然后依次做倍比稀释至第 10 管，第 10 管弃 2 滴，最后一管的稀释倍数为 1∶1024。

（3）每管各加 2% A 型红细胞生理盐水悬液 1 滴，摇匀。

（4）以 2000～3000r/min 的速度离心 1～2min。

（5）轻摇试管，观察凝集反应，记录结果。

（6）另取 10 支试管测抗 B 血清的效价，方法同测定抗 A 血清。

2. 玻片法

（1）取 10 孔凹玻板 2 块，一块标明抗 A，另一块标明抗 B，每孔各加 2 滴生理盐水。

（2）在标明抗 A 凹玻板的第 1 孔中滴加抗 A 血清 2 滴，混匀后，取 2 滴加入第 2 孔，以此类推，直至第 10 孔，第 10 孔弃 2 滴，则抗血清稀释度分别为 2、4、8、16、32、64、128、256、512、1024。

（3）同样的方法稀释抗 B 血清。

（4）向加有抗 A 血清的各孔中分别滴加 2% A 型红细胞生理盐水悬液 1 滴，加有抗 B 血清的各孔中分别加入 2% B 型红细胞生理盐水悬液 1 滴，转动玻片，使红细胞与抗血清充分混匀，半小时内观察结果。

【结果判断】

最后一管或最后一孔呈“+”凝集反应的抗血清稀释倍数的倒数为该标准血清的效价，如抗 A 稀释到 1∶32 时发生为“+”凝集反应，1∶64 为“-”反应，则抗 A 血清效价为 32 倍。

【注意事项】

1. 加生理盐水与加抗血清用同一滴管，一般先滴加生理盐水，用滤纸吸去管外的水分，再加抗血清。

2. 手持滴管的倾斜度应当一致，一般约 45°。

3. 稀释时，应尽量避免起泡沫；加液体时，将滴管口贴紧管壁，来回混合 5～6 次。

4. 试管法观察结果时，轻摇试管使沉降红细胞悬浮适度，不能用力过猛。

三、吸收试验

【实验目的】

掌握血痕 ABO 血型测定吸收试验的基本原理、方法及结果分析。

【基本原理】

血痕中 A、B、H 血型物质能与相应的抗 A、抗 B、抗 H 抗体发生特异性的结合，使抗血清中的游离抗体减少或消失，不能再与相应的 A、B、O 型指示红细胞发生凝集反应；若血痕中无某种 A、B、H 抗原，则不能抑制抗血清中的相应抗体，抗体与相应的指示红细胞会发生凝集反应，其反应强度没有变化。根据抗血清在与血痕吸收反应前后的效价改变情况，可推断血痕所含有的血型抗原种类，判断血痕的 ABO 血型。

【仪器设备与试剂】

1. 仪器设备　剪刀、滴管、试管、试管架、离心机。

2. 试剂　抗 A 及抗 B 血清、2% A 型与 B 型红细胞生理盐水悬液。

【实验方法】

1. 剪取人血痕检材两份，每份约 1cm^2 大小，分别剪碎放入 2 个试管中，试管上标明抗 A 及抗 B。

2. 剪取同样大小无血痕部位检材，做空白对照。

3. 剪取同样大小已知 A 型或 B 型血痕检材，做阳性对照。

4. 按标记分别加入效价为 1∶32 的抗 A 与抗 B 血清各 6 滴，挤压使之浸透。

5. 用胶塞塞紧试管口，室温放置 2h，4℃冰箱 12～24h，使其充分吸收。

6. 吸取上清液后以 2000～3000r/min 的速度离心 1～2min。

7. 测定吸收后抗血清的效价。

【结果判断】

检材无血痕部分吸收后抗体效价不降低，而待测血痕吸收后抗体效价比空白检材低 3 级或 3 级以上为吸收试验阳性，反之为阴性。综合抗 A、抗 B、抗 H 血清试剂吸收的级数，判断血痕中含有的 ABH 抗原，确定血痕的 ABO 血型（表 14-2）。

表 14-2　吸收试验测定血痕的 ABO 血型

检材与对照	抗血清稀释倍数 抗 A + A 红细胞 2 4 8 16 32 64	抗 B + B 红细胞 2 4 8 16 32 64	抗 H + O 红细胞 2 4 8 16 32 64	血型判定
未吸收抗血清	+ + + + + −	+ + + + + −	+ + + + − −	
已知 A 血痕	− − − − − −	+ + + + + −	+ − − − − −	效价明确
已知 B 血痕	+ + + + + −	− − − − − −	+ − − − − −	
已知 O 血痕	+ + + + + −	+ + + + + −	− − − − − −	
检材 1 无血处	+ + + + + −	+ + + + + −	+ + + + − −	O 型
检材 1 有血处	+ + + + + −	+ + + + + −	− − − − − −	
检材 2 无血处	+ + + + + −	+ + + + + −	+ + + + − −	A 型
检材 2 有血处	− − − − − −	+ + + + + −	+ − − − − −	
检材 3 无血处	+ + + + + −	+ + + + + −	+ + + + − −	B 型
检材 3 有血处	+ + + + + −	− − − − − −	+ − − − − −	
检材 4 无血处	+ + + + + −	+ + + + + −	+ + + + − −	AB 型
检材 4 有血处	− − − − − −	− − − − − −	+ − − − − −	

【注意事项】

1. 抗 A、抗 B 血清的效价为 1∶32，如抗血清的效价高于 1∶32，吸收不完全。

2. 测定吸收前后的抗体效价时，所用的红细胞应相同。

3. 如果抗 A 与抗 B 抗体未被吸收，有以下几种可能性：

（1）该血痕属于 O 型，如要确定，需用抗 H 试剂做吸收试验。

（2）因血痕太陈旧，抗体不能溶于生理盐水中，或因其他因素作用血型物质被破坏。

（3）抗 A 与抗 B 血清效价太高，吸收不完全。

（4）取材量太少，血型抗原含量不足以吸收抗体。

【思考题】

1. 血痕吸收试验的原理是什么？

2. 如何判断试验结果？

四、解离试验

【实验目的】

掌握血痕 ABO 血型测定解离试验的基本原理、方法及结果分析。

【基本原理】

血痕中 A、B、H 血型物质能与相应的抗 A、抗 B、抗 H 抗体发生特异性的结合反应。这种特异性结合是可逆的，56℃加热后，血痕上抗原结合的抗体可以解离下来。用已知的 A、B、O 指示红细胞检测解离液中抗体。解离液中的抗体与指示红细胞发生凝集反应为解离试验阳性，不发生凝集者为解离试验阴性。综合反应结果，可判断血痕的 ABO 血型。

【仪器设备与试剂】

1. 仪器设备　剪刀、分离针、载玻片、盖玻片、滴管、凹玻板、56℃恒温箱、离心机、显微镜。

2. 试剂　甲醇、抗 A 血清、抗 B 血清、1% A 型与 B 型红细胞生理盐水悬液。

【实验方法】

1. 剪取 2 段长 0.3cm 的血痕纤维，分细或剪碎后放入凹玻板孔内。

2. 加甲醇数滴固定 10min，之后用滤纸吸干。

3. 将血痕纤维分别放入两凹孔内，并标记 A、B，按标记各加入效价为 1∶64 或 1∶128 的抗 A 与抗 B 血清 2 滴，使检材浸在血清内。

4. 室温放置 0.5～1h。

5. 取出检材用滤纸吸至半干后放入另 2 孔内，用生理盐水洗 3～5 次。

6. 取出检材用滤纸吸至半干后，分别放入 2 支已标记好的试管内。

7. 于抗 A 管加 1% 的 A 型红细胞悬液 2 滴，于抗 B 管加 1% B 型红细胞悬液 2 滴。

8. 将试管放入 56℃恒温箱内 5～10min。

9. 以 2000～3000r/min 的速度离心 1～2min。

10. 摇匀，将试管内容物倒在载玻片上，盖上盖玻片，镜检。

【结果判断】

红细胞凝集者为阳性反应，不凝集者为阴性反应，综合反应结果，可判断血痕的 ABO 血型（表 14-3）。

表 14-3　解离试验血痕的 ABO 血型判断

	检材				对照试验			
	检材 1	检材 2	检材 3	检材 4	无血检材	已知 A 型	已知 B 型	已知 O 型
抗 A + A 型红细胞	+	–	+	–	–	+	–	–
抗 B + B 型红细胞	–	+	+	–	–	–	+	–
抗 H + O 型红细胞	+	+	+	+	–	+	+	+
血型判断	A	B	AB	O	对照正确			

【注意事项】

1. 指示红细胞必须新鲜，浓度不宜过高，以 1% 为宜。

2. 用大小相同的 A 型与 B 型血痕和检材上无血痕部分作阳性与空白对照。

3. 洗涤时间要严格控制，时间过短或过长会出现假阳性与假阴性反应。

4. 同一检材，必须重复 2～3 次，结果一致才能做出结论。

5. 所有检材均不能用手直接触摸，以免汗液污染。

【思考题】

1. 血痕解离试验的原理是什么？

2. 如何判断试验结果？

五、混合凝集试验

【实验目的】

掌握血痕混合凝集试验的基本原理、方法及结果分析。

【基本原理】

抗原抗体发生特异性结合后，抗体又与相应的指示红细胞发生特异性结合，形成抗原-抗体-指示红细胞的复合物。显微镜下可见血痕纤维周围附着许多指示红细胞为阳性反应，无指示红细胞附着为阴性反应，根据红细胞是否凝集判断血痕的血型。

【仪器设备与试剂】

1. 仪器设备 浅塑料盒盖、载玻片、滴管、显微镜、保湿盒。

2. 试剂 抗A及抗B血清（效价在1：128以上）、1% A型及B型红细胞生理盐水悬液、小牛血清。

【实验方法】

1. 剪取长0.5cm的血痕纤维2段，分细或剪碎。

2. 用蛋清黏附在载玻片两端，分别标记抗A与抗B。

3. 分别加抗A与抗B血清各1滴，室温湿盒反应30min。

4. 用生理盐水反复冲洗3～5次，除去多余的抗血清与游离抗体。

5. 加小牛血清1～2滴。

6. 加1% 指示红细胞生理盐水悬液1～2滴，室温湿盒反应30min。

7. 将载玻片的反应面朝下，放在浅塑料盒盖的边缘上，于盒盖内轻轻注入生理盐水，使载玻片反应面与之接触，令多余的红细胞下沉。

8. 用低倍镜观察并记录结果。

【结果判断】

在纤维周围附有许多红细胞者为阳性反应，无指示红细胞附着为阴性反应。ABO血型判断同解离法。

【注意事项】

1. 血痕纤维要尽量分细，以便于观察。

2. 令红细胞下沉时，载玻片反应面与生理盐水接触的时间为3～5min。

六、凝集素的测定

【实验目的】

掌握血痕凝集素测定的基本原理、方法及结果分析。

【基本原理】

血痕的血清成分含有抗A、抗B凝集素，用凝集原来测定血痕中的凝集素，也可判断血痕的ABO血型。

【仪器设备与试剂】

1. 仪器设备　剪刀、载玻片、盖玻片、保湿盒、37℃恒温箱、显微镜。

2. 试剂　2% A 型与 B 型红细胞生理盐水悬液。

【实验方法】

1. 剪取 0.5cm^2 大小 2 块血痕，分别放在载玻片两侧，并标记 A 与 B。

2. 于标记 A 侧滴加 2% A 型红细胞生理盐水悬液 2 滴，标记 B 侧滴加 2% B 型红细胞生理盐水悬液 2 滴。

3. 完全浸泡检材后盖上盖玻片，继续滴加红细胞生理盐水悬液，直至充满载玻片和盖玻片之间的空隙，排出气泡。

4. 将载玻片置于湿盒中，室温条件下，每 10 分钟镜检 1 次；观察 0.5h 后，每 3 分钟镜检 1 次，连续观察 2h。

【结果判断】

血痕周围出现红细胞凝集为阳性反应，表明检材中含有与红细胞对应的抗体，不凝集则为阴性反应。

血痕周围出现 A 型红细胞凝集时，表示血痕含有抗 A 凝集素；与 B 型红细胞凝集时，表示血痕含有抗 B 凝集素（表 14-4）。

表 14-4　凝集素测定血痕的 ABO 血型判断

血痕与已知 A 型、B 型红细胞反应		含有的凝集素	血型
A 型红细胞	B 型红细胞		
+	−	抗 A	B
−	+	抗 B	A
+	+	抗 A、抗 B	O
−	−	无	AB

【注意事项】

1. 加入的红细胞要新鲜，否则会发生假凝集反应。

2. 要剪取血痕边缘的检材进行实验。

3. 取空白和已知血痕作阴性和阳性对照。

4. 血痕纤维要尽量分细。

（苏丽娟）

第十五章　精斑检验

精斑是精液浸润或附着于基质上，干燥后形成的斑痕，是性犯罪案件中常见的法医物证检材。精斑多附着于犯罪嫌疑人或被害人的衣裤上，女性的外阴部或大腿内侧，现场的被褥、毛巾、纸张、草席、床板、沙石、泥土等。另外，阴道擦拭物也是常见的精斑检材。精斑外观常因附着物不同而有差异，无固定的形态。精斑中的主要成分是精子和前列腺液，新鲜精斑有特殊的麝香气味。精斑检验的主要目的是为案件的侦查提供线索，为分析与审理案件提供证据。精斑检验需要解决的问题有：可疑斑痕是否为精斑，若是精斑是否为人精斑，之后确定精斑的个体来源。精斑的检验步骤涉及肉眼观察、预试验、确证试验、种属鉴定及个人识别，本章就常见的检测试验进行介绍。

实验二十四　肉眼观察与紫外线检查

【实验目的】

掌握精斑的肉眼观察及紫外线检查原理、方法及结果分析。

【基本原理】

精囊液中的黄素在紫外线照射下显银白色荧光，斑痕边缘呈浅紫蓝色。

【仪器设备及试剂】

1. 仪器设备　紫外线灯、放大镜、标记笔。

2. 试剂　可疑精斑检材。

【实验方法】

1. 肉眼观察　观察并记录可疑斑迹的数目、位置、大小、光泽、形状、颜色、气味及分布情况等，必要时可用放大镜进行观察，实际工作中要进行拍照。

2. 紫外线检查　将可疑精斑检材置于紫外灯下进行观察，精斑在紫外线照射下发银白色荧光，周围较深，并带有紫蓝色边缘。查见后，将斑痕范围用标记笔划出，注意观察斑痕的形状、位置、大小及分布情况等。

【结果判断】

1. 精斑无固定的形态，其外观也因附着物的不同而有差异。在体表，精斑常呈白色鳞片状痂片。在浅色纺织品上，精斑边缘颜色较深，多呈黄白色地图状。用放大镜检查，布纤维表面或中间可见黄白色小鳞片。在深色纺织品上浓厚精斑呈灰白色糨糊状斑迹；较稀薄的精斑浸润于布纤维间，则不易观察到。在软质载体上的精斑手触之有硬感，新鲜精斑有特殊腥气味。

2. 紫外线下观察出现阴性结果，不要轻易否定精斑的存在。因为精斑过于稀薄或陈旧，或精斑受其他物质污染，均可无荧光产生。紫外线下观察出现阳性结果时，也不能断然确定为精斑。因为其他一些物质，包括阴道分泌物、尿液、鼻涕、唾液、乳汁、脓液、肥皂斑、洗涤剂、植物汁液、纺织品中的某些色素、燃料、漂白剂及含荧光素的各种载体等，在紫外线下也能发出类似的荧光。

【注意事项】

1. 观察时应仔细，耐心。

2. 注意污染物对实验结果的影响。

实验二十五　精斑预试验

一、磷酸苯二钠试验

【实验目的】

掌握磷酸苯二钠试验的基本原理、方法及结果分析。

【基本原理】

精液中的酸性磷酸酶可分解磷酸苯二钠，产生萘酚，后者经铁氰化钾作用并与氨基安替比林结合，生成红色醌类化合物。

【仪器设备及试剂】

1. 仪器设备　试管、试管架、剪刀、镊子、毛细滴管、恒温箱。

2. 试剂　缓冲液、显色液。

【实验方法】

1. 取可疑斑痕 0.1cm^2，最好取斑痕边缘部位，置于试管内，加缓冲液 3～4 滴，取同样大小无斑痕处检材及已知精斑作阴性与阳性对照。

2. 将试管置于 37℃恒温箱内温浴 5～10min。

3. 加等量显色液，振摇，观察结果。

【结果判断】

溶液立即出现红色为阳性反应，表明检材可能是精斑，颜色深浅与酸性磷酸酶浓度呈正比，浓度愈高，颜色愈深红，浓度过高可出现红色沉淀；呈橙黄色为阴性反应，表明检材不是精斑或精斑中的酸性磷酸酶被破坏。

【注意事项】

1. 磷酸苯二钠试验灵敏度较高，稀释 20 000 倍的精液仍呈阳性反应。被水洗过的淡薄精斑以及保存 10 余年的精斑，只要适当延长缓冲液温浸时间均可呈阳性结果。由于该试验灵敏度很高，所以操作时，一般按空白部位、可疑精斑、已知精斑的顺序剪取检材，避免污染。

2. 酸性磷酸酶试验的特异性较差，1g 内脏组织如肺、肝、肾、心、胃等，用 5ml 缓冲液浸泡的浸液及常见的人体分泌物或者排泄物如鼻涕、汗、唾液等也可呈弱阳性反应。精液中如混有血液并不影响检验，血痕在该试验中呈灰褐色。

【思考题】

何种情况会导致该试验出现假阳性结果？

二、碘化碘钾结晶试验

【实验目的】

掌握碘化碘钾试验的基本原理、方法及结果分析。

【基本原理】

精斑中卵磷脂析出胆碱，遇碘形成过碘胆碱结晶。

【仪器设备及试剂】

1. 仪器设备 滴管、剪刀、镊子、显微镜、载玻片、盖玻片、分离针。

2. 试剂 碘液。

【实验方法】

1. 取少许检材置载玻片上，分离纤维，加 1～2 滴试剂，盖上盖玻片，镜检。

2. 同时取无斑痕处检材及已知精斑检材做阴性与阳性对照。

【结果判断】

初见褐色颗粒，逐渐形成褐色或褐红色针状、菱形、长矛状结晶为阳性反应。该结晶不稳定，于生成后 1～2h 可自然消失，再加试剂又再次出现。阳性结果说明检材可能是精斑。阴性结果则无结晶形成。

【注意事项】

1. 本试验灵敏度不高，精液混有大小便、血液或其他化学药品时，将阻碍结晶的生成。

2. 本试验容易受多种因素的干扰，精斑太新鲜或稍陈旧、经水洗、细菌污染均可呈阴性结果。

3. 本试验特异性不强，凡含有胆碱的物质如唾液、脓液及肝、肾浸液或某些昆虫或植物汁液等均可形成类似的结晶，故只能作为精斑的预试验。

实验二十六 精斑的确证试验与种属鉴定

一、精斑的确证试验——精子检出法

【实验目的】

掌握精子检出法的基本原理、检材的处理、染色及结果分析。

【基本原理】

精子具有典型而稳定的形态，不易受其他因素影响而改变。10 余年的陈旧精斑也可能查见精子。镜下观察精子是无色的，一般情况下精子头部有折光，尾部很细。检材浸泡后涂片观察，完整的精子呈蝌蚪状，但常见精子头部和尾部分离。因而只要检见典型的精子头部，也可以确证精斑。在实际的精斑检验中，常选择合适的浸液和适当的染色方法，以提高精子的检出率。

【仪器设备及试剂】

1. 仪器设备 试管、试管架、剪刀、玻璃棒、载玻片、盖玻片、显微镜、离心机。

2. 试剂 生理盐水、95% 乙醇、1% 盐酸、二甲苯、中性树胶、酸性品红亚甲蓝染液、靛蓝胭脂红染液。

【实验方法】

1. 检材处理

（1）剪取斑迹的中央部分约 1cm^2，剪碎置于试管内。

（2）加生理盐水 0.5ml。

（3）室温放置 2h，期间可用玻璃棒搅拌和挤压检材，或置于 4℃冰箱过夜。

（4）吸出全部浸液置于另一试管内。

（5）以 2500r/min 的速度离心 5min，上清液留作抗人精液沉淀反应和中和试验。

（6）沉淀物涂片，干燥后甲醇固定 5min，之后染色，镜检。

2. 染色方法

（1）酸性品红亚甲蓝染色

1）涂片干燥后滴加酸性品红亚甲蓝染液染色 5min。

2）用 1% 盐酸漂洗。

3）干燥后二甲苯透明，用中性树胶封片，镜检。

（2）酸性品红靛蓝胭脂红染色

1）涂片滴加酸性品红靛蓝胭脂红染液的第一液染色 30s。

2）用 1% 盐酸洗去第一液。

3）滴加酸性品红靛蓝胭脂红染液的第二液染色 15s。

4）用 95% 乙醇冲洗。

5）干燥后二甲苯透明，用中性树胶封片，镜检。

【结果判断】

1. 酸性品红亚甲蓝染色　精子头部染成红色，尾部染成蓝色，只要见到一个典型的精子，即可确认为精斑。陈旧精斑或浸泡处理过分粗暴，往往只见精子头部，如果见到数个典型的精子头部也可以确证精斑。

2. 酸性品红靛蓝胭脂红染色　精子头部染成深紫红色，颈段呈白色，尾部主段和末段呈紫蓝色。

【注意事项】

1. 冲洗涂片时要小心，切忌用力过猛。另外，严格控制染色时间。

2. 精斑陈旧、取材部位不准或遇到少精子症者，涂片往往仅见到少量精子，故染色后须仔细观察，只要找到一个完整的精子，即能确证人精斑。

3. 在浸渍处理过程中，精子尾部断落，常只见精子头部，应注意与其他物质鉴别。

二、精斑的种属鉴定——抗人精液血清沉淀反应

【实验目的】

掌握抗人精液血清沉淀反应的基本原理、检材的处理、染色及结果分析。

【基本原理】

可溶性抗原与相应抗体在适当条件下，可以发生特异性结合，当抗原抗体比例合适时，能够形成肉眼可见的抗原抗体复合物沉淀，出现白色的沉淀线。

【仪器设备及试剂】

1. 仪器设备　滴管、试管、沉降管、剪刀、镊子。

2. 试剂　生理盐水、抗人精液沉淀素血清。

【实验方法】

1. 检材处理　取少量检材置于生理盐水中浸泡，浸出液经离心沉淀，留取上清液做环状沉淀反应，同时做空白及已知精斑检材的阴性与阳性对照。

2. 采用直接观察法或发烟硝酸法测定精斑检材浸出液的蛋白质浓度，具体方法同血痕环状沉淀实验，并用生理盐水将浸出液的蛋白质含量稀释为 1∶1000。

3. 在沉淀管底部加入抗人精液血清，将精斑浸出液（蛋白质含量约 1∶1000）层叠于抗血清之上，使两者之间保持一清晰的界面，60min 内观察两液接触面是否出现沉淀环。

【结果判断】

经 5min、15min、30min、1h 各观察 1 次。1h 内两液接触面出现白色沉淀环为阳性反应，1h 内不出现白色沉淀环为阴性反应。

【注意事项】

1. 检验时必须做空白、阴性与阳性对照，只有对照反应正确，才能判定结果。

2. 该实验灵敏度较高，要求抗血清与检材浸液清亮，高温、腐败等各种能导致蛋白质变性或降解的因素，均能影响沉淀反应的结果。

3. 沉淀反应最适 pH 为 6.4～7.4，pH 增大可使反应减弱，pH 减小可使反应增强。

4. 用做沉淀反应的抗人精液血清效价应达 2000 以上，用此血清做环状沉淀试验的灵敏度为稀释 2000 倍的精液。

【思考题】

1. 如何制备抗人精液血清？

2. 抗原抗体比例不合适会出现什么现象？

实验二十七　精斑的个人识别

【实验目的】

掌握精斑的 ABO 血型测定的基本原理、检测方法及结果分析。

【基本原理】

精斑检材中的可溶性血型 A、B、H 抗原与相应的抗体结合，使抗体的效价下降或消失，凝集红细胞的能力下降或消失。用已知型别的指示红细胞检测中和后的抗体效价，凝集能力下降或消失，红细胞不凝集为试验阳性反应，说明精斑检材具有相应的血型抗原。精斑检材分别与抗 A、抗 B、抗 H 试剂做中和试验，综合三者的反应结果，判断分泌型精斑的 ABO 血型。

【仪器设备及试剂】

1. 仪器设备　滴管、剪刀、镊子、凹玻板、试管。

2. 试剂　生理盐水、抗 A、抗 B、抗 H 抗血清，A、B、O 型指示红细胞。

【实验方法】

1. 抗血清效价标定

（1）取凹玻板 1 块，以 2 滴抗血清加 2 滴生理盐水做倍比系列稀释，直至 1∶2048，最后一孔为空白生理盐水对照。

（2）向每孔加入 1 滴 2% 指示红细胞生理盐水悬液，摇匀，室温静置 30min，观察结果。能使红细胞凝集的抗体最高稀释倍数即为该抗血清的效价，若抗血清的效价为 128 时，要将之标化为 4，应该稀释 32 倍。

2. 中和试验

（1）取精斑检材 $0.5cm^2$，剪碎置于试管内，加 0.5ml 生理盐水，搅拌后室温下放置 2h，

4℃冰箱中过夜，离心后取上清液为精斑浸出液。

（2）取精斑浸出液，在凹玻板内分 3 列用生理盐水做倍比稀释，稀释度由 1/2～1/128。

（3）于 3 列稀释液中分别加入等体积的、效价为 4 的抗 A、抗 B 抗体及抗 H 试剂，摇匀，室温下中和 30min。

（4）再向 3 列各孔加入 2% 指示红细胞生理盐水悬液各 1 滴，摇匀后静置 30min，观察红细胞凝集情况。

（5）以已知 ABO 血型的分泌型人唾液作阳性对照，以检材无斑痕部分作阴性对照。

【结果判断】

在已知对照正确的情况下，精斑检材与无精斑检材的抑制凝集相差 3 级以上，证明精斑中含有相应的血型物质，综合抗 A、抗 B 及抗 H 中和的结果，判断精斑的 ABO 血型（表 15-1）。

表 15-1　中和试验测定精斑的 ABO 血型

精斑编号	抗血清	指示红细胞	精斑浸出液稀释倍数							结果判断
			2	4	8	16	32	64	128	
1	抗 H	O	−	−	−	+	+	+	+	
	抗 A	A	−	−	−	−	−	−	+	A 分泌型
	抗 B	B	+	+	+	+	+	+	+	
2	抗 H	O	−	−	−	+	+	+	+	
	抗 A	A	+	+	+	+	+	+	+	B 分泌型
	抗 B	B	−	−	−	−	−	−	+	
3	抗 H	O	−	−	+	+	+	+	+	
	抗 A	A	−	−	−	−	−	+	+	AB 分泌型
	抗 B	B	−	−	−	−	−	+	+	
4	抗 H	O	−	−	−	−	−	−	+	
	抗 A	A	+	+	+	+	+	+	+	O 分泌型
	抗 B	B	+	+	+	+	+	+	+	

【注意事项】

1. 抗血清效价要准确标定，通常采用效价为 4 的抗血清，抗血清效价过高易导致假阴性结果。

2. 浸泡检材的生理盐水不宜过多，检材浸液与抗血清中和的时间至少在 30min 以上，这些均可以减少假阴性的发生。

3. 检材浸液浑浊时，可水浴煮沸 10min，离心，以除去蛋白质、细菌、酶类等干扰。

4. 中和试验操作简单，灵敏度较高，在检测中一般不会出现假阳性结果。

【思考题】

1. 抗血清效价标定应注意哪些问题？

2. 哪些情况可以导致假阴性结果，应该如何避免？

（苏丽娟）

第十六章　唾液及唾液斑检验

唾液与唾液斑是法医物证检验中常见的生物检材之一。现场的烟蒂、手帕、口罩、纸巾、瓜子皮、果核、茶杯、尸体皮肤及其他物品上的咬痕等均可遗留有唾液斑。唾液是唾液腺的分泌物，分泌量及性质受精神因素、刺激的强度和性质影响，与食物种类也有一定关系。正常纯净的唾液无色，无味，接近中性，唾液中除了含有黏蛋白、唾液淀粉酶与麦芽糖酶等大量的有机物质外，还包括血型物质。另外，唾液中还含有口腔黏膜脱落上皮细胞、大量细菌及食物残渣等。唾液及唾液斑检验的主要目的是个人识别。唾液中含有的血型物质及口腔黏膜脱落上皮细胞中的DNA，在斑痕中能长期保存，少量唾液斑即可进行个人识别。唾液及唾液斑检验需要首先确定检材是否唾液斑，确证唾液斑后再做个人识别，从而判定斑痕的个体来源。

实验二十八　淀粉酶试验

【实验目的】

掌握唾液淀粉酶试验的基本原理、操作过程及结果分析。

【基本原理】

唾液中含有大量的淀粉酶，能将淀粉分解为糖。淀粉遇碘呈蓝色，而糖遇碘不显蓝色。将已知淀粉溶液与唾液斑作用后，再加碘，若不显蓝色，说明检材中含有淀粉酶，将淀粉分解成糖。然后再利用糖的还原作用验证淀粉分解产物糖的存在，便可判断检材中含有淀粉酶，即可证明检材可能是唾液斑。

【仪器设备与试剂】

1. 仪器设备　试管、试管架、滴管、剪刀、镊子、37℃恒温箱、记号笔。

2. 试剂　0.01% 淀粉液、碘液、1% 氯化三苯基四氮唑液。

【实验方法】

1. 取待检样品 0.5cm^2 置于一试管中，做好标记。

2. 分别剪取 0.5cm^2 的已知唾液斑与无唾液斑处做阳性和阴性对照。

3. 每支试管加 0.01% 淀粉液 0.1ml。

4. 置于 37℃恒温箱中消化 1h。

5. 取试管内液体 1 滴，加碘液 1 滴。

6. 观察并记录结果。

7. 取阳性管液体 1 滴于另一试管中。

8. 加单糖反应试剂 1 滴，在火焰上短时间加热，观察并记录结果。

【结果判断】

1. 唾液淀粉酶测定　出现蓝色为阴性反应，不显示蓝色为阳性反应。

2. 单糖反应　出现红色沉淀者为单糖生成阳性，反之则为阴性。

【注意事项】

1. 检测烟头唾液斑的淀粉酶时，要注意烟草浸出液所出现的假阳性结果。

2. 陈旧检材中酶的活性减弱甚至消失，可出现假阴性结果。

实验二十九　口腔黏膜脱落上皮细胞检查

【实验目的】

掌握口腔黏膜脱落上皮细胞检查的基本原理、方法及结果分析。

【基本原理】

唾液中含有口腔黏膜脱落上皮，为复层扁平上皮，又称复层鳞状上皮。该细胞形态多样，以多角形为主，经苏木素-伊红染色后，胞质呈粉色，胞核呈圆形，核小，蓝染。显微镜下如观察到非角化扁平上皮细胞，同时结合淀粉酶结果，可判断为唾液斑。

【仪器设备与试剂】

1. 仪器设备　镊子、剪刀、试管、玻璃棒、载玻片、盖玻片、染色器皿、离心机。

2. 试剂　生理盐水、蛋白甘油（将鸡蛋清用玻璃棒充分搅拌后用数层纱布过滤，然后加等量的甘油搅均匀，再加数颗麝香草酚）、甲醇、苏木素、0.5%～1% 的盐酸乙醇（在 70%～80% 的乙醇中加入浓盐酸配制而成）、伊红、70% 乙醇、80% 乙醇、90% 乙醇、100% 乙醇、二甲苯、中性树胶。

【实验方法】

1. 剪取 $1cm^2$ 大小的待测样品置于试管中，加 1ml 生理盐水浸泡 1h 以上，期间反复用玻璃棒挤压。弃去纱布，3000r/min，离心 10min，弃上清液，留沉渣，备检。

2. 于载玻片上涂少许蛋白甘油，之后将上述检测样品的沉渣均匀涂于载玻片上，干燥后，待检。

3. 用甲醇固定检测样品，待固定液干燥后，直接染苏木素 2～5min。

4. 水洗去掉浮色，之后加入 1% 的盐酸乙醇分化（浸 1～2 次即可），流水冲洗载玻片 5min 以上。

5. 伊红染色 2～5min，脱水，即将载玻片分别按顺序放入 70%、80%、90% 乙醇及 95% 的乙醇中各数秒，最后放入 100% 乙醇（Ⅰ）和 100% 乙醇（Ⅱ）中各 5～10min，以彻底脱水。

6. 脱水后的样本放入二甲苯（Ⅰ）和二甲苯（Ⅱ）中透明各 5～10min。

7. 用中性树胶封片，干燥后，显微镜下观察结果。

【结果判断】

1. 染色后的细胞形态多样，但以多角形为主；胞质呈粉色伊红染色；胞核呈圆形，较小，蓝染。

2. 若同时可检见食物残渣、嗜氧菌、厌氧菌等可以进一步确证是唾液斑；若查见呼吸道黏膜脱落的纤毛柱状上皮，证明是唾液中有痰液存在，也可证明是唾液斑。

【注意事项】

1. 试验时要设置阳性和阴性样品的对照。

2. 由于口腔、食管和阴道等处均分布有未角化的复层扁平上皮细胞，因此，使用该方法单纯检出细胞并不能证明一定是来源于口腔的脱落细胞。

【思考题】

若脱落细胞检测为未角化的复层上皮细胞，是否可以确定为唾液斑?

实验三十 唾液（斑）的ABO血型测定

【实验目的】

掌握唾液（斑）的ABO血型测定的基本原理、检测方法及结果分析。

【基本原理】

唾液与唾液斑中的水溶性A、B、H抗原与相应的抗A、抗B、抗H抗血清中的抗体比例适当时，可完全中和抗体，此时若再加入对应型别的指示红细胞，红细胞不会出现凝集现象。然而，唾液检材中ABH物质与抗血清的比例不能完全匹配，因此常用标准化的抗血清检测稀释的唾液检材，最后加入指示红细胞，以便最大限度地消除假阴性结果，故也被称为半定量中和试验。

【仪器设备及试剂】

1. 仪器设备 试管、剪刀、镊子、离心机。

2. 试剂 生理盐水，抗A、抗B、抗H抗血清，2% A型、B型、O型指示红细胞生理盐水悬液。

【实验方法】

1. 抗血清标化

（1）抗血清稀释：分别加入0.1ml抗A、抗B、抗H血清于3个试管中，各加入0.1ml的生理盐水，然后采用2倍稀释法稀释至10管（至1024倍稀释）。

（2）抗血清效价测定：于每个试管中分别加入1滴对应型别的2%标准指示红细胞生理盐水悬液，以1000r/min离心1min。

2. 半定量中和试验（中和试验）

（1）设3排试管，每排10支，分别吸取唾液或唾液斑浸出液2滴，再加2滴生理盐水，采用2倍稀释法稀释至1024倍，最后一管弃去2滴。

（2）按排向每管中分别加入已标准化的抗A、抗B、抗H抗体各2滴，室温下反应30min。

（3）分别向加入抗A、抗B、抗H抗体的试管中对应地加入2% A型、B型或O型指示红细胞生理盐水悬液1滴，于室温下放置15min，之后以1000r/min，离心1min，观察结果。

【结果判断】

1. 抗血清标化的观察 轻轻弹起离心后沉降的红细胞，观察凝集反应，以反应强度“++”的最大抗血清稀释倍数稀释抗血清的原液，即得到标化的抗血清。

2. 半定量中和试验结果的观察 发生凝集反应者为中和试验阴性，说明未测出唾液中能与抗体相对应的凝集原；反之，不发生凝集反应者为中和试验阳性，说明唾液中存在与抗体相对应的凝集原，不出现凝集的管数越多，说明唾液中所含相对应的凝集原越多，反之则越少。

【注意事项】

1. 检测用标准红细胞应现用现配，所用抗血清应实验前标化。

2. 来源于植物血凝素的抗 H 抗体，其凝集反应较强，因此加入指示红细胞后应立即离心，不需要通常室温放置的 15min 静置作用时间。

【思考题】

半定量中和试验出现假阴性结果的原因是什么？如何解决？

（苏丽娟）

第十七章　毛发检验

毛发是常见法医物证，是个人识别的重要依据。人体表面除唇、手掌、足底、手指、足趾末节等少数部位外均长有毛发。毛发是人体上皮组织的一部分，含有蛋白质、脂肪、水、金属元素等各种有机物和天然成分。毛发是一种角蛋白，在沸水、中性盐溶液中不溶解，不被胃蛋白酶和胰蛋白酶破坏，耐腐败。毛发生长周期分为生长期、退行期、休止期，休止期毛根发生角化萎缩，并向表皮推移，与毛乳头分离，故毛发较易脱落并遗留于案发现场。通过对毛囊的核 DNA 分析可以进行个人识别，毛干则可通过线粒体 DNA 分析进行身份鉴定。毛发检验的目的是个人识别，毛发检验需解决的问题如下：第一，是毛发还是纤维；第二，是人毛还是动物毛发；第三，若确定为人毛发，要对人毛发的部位、损伤及附着物进行检验；最后，判定毛发的个体来源。

实验三十一　形态学观察

【实验目的】

1. 掌握毛发的形态结构。

2. 掌握人毛、兽毛与纤维的鉴别。

【基本原理】

毛发是皮肤的一种特殊的附属器，是由皮肤毛囊细胞产生的一种富有弹性的角质体。毛发具有特殊的形态结构，根据形态结构可确定样本是否为毛发，区分人毛和动物毛。毛发的角质蛋白抗腐败能力强，可长期保存。毛发位于体表，在受到机械外力作用时，可损伤脱落，遗留在现场。毛发检材经过洗涤，干燥后即可在显微镜下观察微细结构，有时因毛发色素的干扰，宜做脱色处理。毛发是常见的法医物证，其形态学检查对毛发鉴定十分重要。

【仪器设备与试剂】

1. 仪器设备　载玻片、盖玻片、镊子、显微镜、醋酸纤维片、滤纸。

2. 试剂　丙酮、3% 过氧化氢溶液、生理盐水。

【实验方法】

1. 用镊子镊取毛发，置于白纸上。肉眼观察其色泽、形态、粗细并测量其长度，然后将检材放在载玻片上，盖上盖玻片，镜检，观察有无异物附着。镜检后，将毛发置于盐水中洗涤后再镜检，一般可见到皮质和髓质，可鉴别毛发与植物纤维及人毛与兽毛，如果色素过浓，分不清皮质与髓质，则考虑脱色。

2. 毛发脱色。用清水洗净毛发之后放在载玻片上，滴加 3% 的过氧化氢数滴，置于显微镜下观察，一旦褪色立即将毛发取出，用清水洗去过氧化氢，再置于另一载玻片上镜检，可见髓质的形态。

3. 毛小皮压印法

（1）将毛发放在醋酸纤维片上，用 2 块载玻片将醋酸纤维片及毛发夹住固定，使玻片倾斜 45° 左右。

（2）从上端滴加数滴丙酮，使丙酮沿毛发快速流下，轻轻压迫 2 张载玻片。

（3）待丙酮干后，除去载玻片，轻轻剥掉毛发。

（4）将压有痕迹的醋酸纤维片置于显微镜下观察毛小皮的花纹结构。

【结果判断】

见表 17-1。

表 17-1　人毛与动物毛的鉴别

毛的结构	人毛	兽毛
毛小皮	鳞片小而薄，纹理呈波浪状，游离缘呈细锯齿状	形状多变，鳞片大而厚，纹理粗大，游离缘呈粗锯齿状
皮　质	宽，占毛干直径的 2/3 左右，色素颗粒分布较均匀，多数位于皮质边缘	窄，占毛干直径的 1/2 ~ 1/3 以下，色素颗粒大小不一，分布不均匀或靠近髓质边缘
髓　质	窄，不连续（个别部位可出现连续状），占毛干直径的 1/4 ~ 1/5，毛尖与部分毳毛有时缺如	宽，连续，占毛干直径的 1/3 以上，一般至毛尖部
外表颜色	一般为 1 种颜色	常见 1 根毛发上有数种颜色

【注意事项】

1. 有 1 根以上的毛发，可取其中 1 根或数根进行脱色处理；若只有 1 根，则不宜脱色，应做毛发的血型鉴定。

2. 滴加丙酮效果不佳时，可用棉签将丙酮刷在放置毛发的醋酸纤维片上。

3. 脱色时间不宜过长，否则难以观察到毛发的髓质。

【思考题】

人毛与动物毛在形态上应该如何鉴别？

实验三十二　毛发的 ABO 血型测定

【实验目的】

1. 掌握毛发的 ABO 血型测定原理及结果判断。

2. 熟悉毛发 ABO 血型的检测方法与注意事项。

【基本原理】

毛发的 A、B、H 血型物质能够与抗 A、抗 B 及抗 H 抗体结合，抗原 - 抗体复合物在 56℃解离，当加入指示红细胞时，解离的抗体可使指示红细胞发生凝集，根据红细胞是否出现凝集判断血型。

【仪器设备与试剂】

1. 仪器设备　试管、剪刀、凹玻板、滤纸、恒温箱、载玻片、盖玻片、显微镜、毛发压榨器。

2. 试剂　无水乙醇、抗 A 与抗 B 血清（效价 1∶128 以上）、生理盐水、2% A 型与 B 型红细胞生理盐水悬液。

【实验方法】

1. 剪取人毛 2cm，用生理盐水洗涤，干燥后用无水酒精脱脂 10min。

2. 酒精挥发后，将毛发放入毛发压榨器压扁。

3. 将压扁的毛发平分为 2 份，分别置于凹玻板的 2 个孔内，标明“抗 A”与“抗 B”。

4. 于抗 A 及抗 B 凹孔内各加 1∶128 的抗 A 及抗 B 血清 2 滴，使毛发浸在血清中 40～60min。

5. 将检材取出，用滤纸吸干多余的抗血清，再将检材放入两凹孔内。

6. 用生理盐水洗涤 3～5 次，然后取出检材用滤纸吸干多余水分。

7. 取两支试管标明抗 A 及抗 B，于 A 管内加入 2% A 型红细胞生理盐水悬液 1～3 滴，B 管内加入 2% B 型红细胞生理盐水悬液 1～3 滴，使毛发全部浸在红细胞悬液中。

8. 将试管放入 56℃温箱中解离 10min。

9. 以 2000～3000r/min 的速度离心 1～2min。

10. 轻摇试管，将试管内容物倒在载玻片两端，盖上盖玻片，镜检并记录结果。

【结果判断】

见表 17-2。

表 17-2 毛发的 ABO 血型测定结果

抗血清		血型判断
抗 A	抗 B	
+	−	A
−	+	B
+	+	AB
−	−	O

【注意事项】

1. 洗涤次数是毛发血型测定的关键，否则易造成假阴性和假阳性结果。

2. 毛发须压扁，充分暴露毛皮质和髓质细胞，才能获得阳性结果。

3. 酒精可挥发干也可用滤纸吸干。

4. 抗 A、抗 B 血清效价≥128，毛发与抗血清作用的时间不宜过短，有时需要在 4℃条件下吸收过夜，有利于提高阳性检出率。

【思考题】

影响毛发 ABO 血型测定结果的因素有哪些?

（苏丽娟）

第十八章　法医物证检材的 DNA 分析

短串联重复序列（short tandem repeats, STR）是法医物证鉴定中常用的 DNA 水平的遗传标记。自从 20 世纪 80 年代 DNA 分析技术问世以来，人类 DNA 遗传标记便成为法医物证学应用研究的热点。随着 DNA 遗传标记研究的日渐深入，DNA 分型已经成为法医物证学鉴定的重要手段。这一高新技术使法医物证鉴定由蛋白质水平进入到 DNA 分子水平，能够直接对检材样品的 DNA 分子作出个体特征分析与判定。另外，凡是含有细胞、组织的生物检材，均能够提取到 DNA 并作出分型检测，使得物证取材更具有广泛性。因此，应用 DNA 分型技术才真正使物证鉴定实现了从否定向认定的飞跃。通过对法医物证检材进行 DNA 分析，使得物证鉴定更为准确，微量检材也能提供重要的信息。本章对案件中常见法医物证检材的 DNA 检材进行逐一介绍。

实验三十三　血液的 DNA 提取及 STR 分析

【实验目的】

1. 掌握 Chelex-100 法提取血液 DNA 的原理及操作过程。
2. 掌握 PCR 技术的基本原理、反应体系及反应程序。
3. 掌握聚丙烯酰胺凝胶电泳进行 DNA 分型的原理、操作方法及结果分析。
4. 熟悉有机溶剂提取 DNA 的原理及操作步骤。
5. 熟悉 PCR 仪、电泳仪及电泳槽的使用方法。
6. 了解 PCR 扩增产物鉴定的其他分型与染色方法。

【检材的收集与处理】

1. 样本　人外周静脉抗凝血。
2. 方法　采集外周静脉血 5ml，加 2% 乙二胺四乙酸二钠（EDTA-Na_2）抗凝待用。
3. 要求　采血至分离白细胞的间隔时间，在室温下放置不超过 2h，4℃放置不超过 5h。

【DNA 提取方法】

1. Chelex-100 法

（1）原理：Chelex-100 是由苯乙烯与二乙烯基苯共聚体组成的一种化学螯合树脂，它对多价金属离子有亲和力，其亚氨基二乙酸侧链起着螯合金属离子的作用。Chelex-100 通过螯合金属离子，抑制核酸酶对 DNA 的酶解作用。在低离子强度、碱性及煮沸条件下，可以使细胞膜破裂，并使蛋白质变性，催化 DNA 的释放，防止 DNA 在沸水中降解。

（2）仪器设备：高速离心机、微量可调移液器、漩涡振荡器、水浴锅、Eppendorf 灭菌离心管、冰盒。

（3）试剂：灭菌去离子水、TE 缓冲液、5% Chelex-100 储备液。

（4）步骤

1）在 1.5ml 灭菌离心管中加入 1ml 去离子水或 TE 缓冲液，加入 50μl 全血。

2）室温放置 15～30min，间歇倒置振荡或轻微漩涡振荡。

3）室温下以 12 000～15 000r/min 速度离心 2～4min。

4）小心且尽可能多地弃去上清，在离心管中保留量不超过 20μl。

5）加入 5% Chelex-100 至终体积为 200μl，漩涡振荡混匀。

6）56℃水浴中温浴 20～30min。

7）剧烈漩涡振荡样本 5～10s。

8）将样本在 100℃沸水中煮 8～10min。

9）立即冰浴 3min 或剧烈振荡 5～10s。

10）室温下以 12 000～15 000r/min 的速度离心 2～4min，留上清液备用。

11）在 4℃或 20℃保存样本，重新使用时在室温中解冻并重复步骤 10。

（5）所取全血和最终 DNA 含量之间的关系

全血（μl）	理论 DNA 产量（μg）
1	0.04～0.06
10	0.2～0.4
100	2～4
200	4～6
400	8～10

（6）注意事项

1）Chelex-100 放置后会沉淀，使用前必须摇匀。

2）Chelex-100 法提取 DNA 时煮沸非常关键，温度和时间要足够。

3）提取的DNA应在短时间内使用，若放置时间较长应充分混匀并离心后取上清液扩增。

4）Chelex-100 法提取的 DNA 纯度不高，仅适用于 PCR 反应模板的制备。

2. 酚 / 氯仿 / 异戊醇法

（1）原理：酚 / 氯仿 / 异戊醇法是经典的有机溶剂提取法。在碱性与螯合剂 EDTA 存在的条件下能溶解细胞膜和核膜，利用阴离子去污剂 SDS 和蛋白酶 K 消化核蛋白，分离 DNA；用苯酚和氯仿有机溶剂萃取 DNA，除去蛋白酶、去污剂和残留蛋白；异戊醇则有助于消除抽提过程中出现的泡沫；用乙醇沉淀 DNA，去除残留氯仿得到纯净的检材 DNA。该法可以从检材中提取到 20kb 以上的大分子 DNA，适用于各种生物性检材的提取，尤其适用于 RFLP。

（2）仪器设备：离心机、干燥箱、微量可调移液器、漩涡振荡器、水浴锅、Eppendorf 灭菌离心管。

（3）试剂：STE（或称 TNE）缓冲液、10% SDS、蛋白酶 K（PK）溶液（10mg/ml）、饱和重蒸酚、酚 / 氯仿混合液（V/V=1：1）、氯仿 / 异戊醇（V/V=24：1）、NaAC 溶液（3mol/L, pH5.2）、无水乙醇、70% 乙醇、灭菌双蒸水、1×TE 溶液。

（4）步骤

1）吸取 50～100μl 全血，放入 1.5ml Eppendorf 灭菌离心管中，加入 1.4ml 灭菌双蒸水，混匀静置 10min，以 8000r/min，离心 5～10min，弃上清，获得细胞沉淀，若上清液颜色较深，则重复本步骤。

2）在沉淀中加入 STE 400μl、10% SDS 40μl 和 10mg/ml PK 4μl，混匀，封口，56℃孵育 1～3h，期间不时倒转混匀，若为 37℃孵育，时间可延长 1～2h。

3）加入等体积（约 450μl）饱和酚，以上下颠倒离心管方式混匀液体 5min，至管内液体混合成乳状液，以 5000r/min 离心 5min。

4）吸取上层水溶液转移至新管，加入等体积（约 450μl）酚 / 氯仿（V/V=1：1）混合液，倒转混匀 5min，以 5000r/min 离心 5min。

5）吸取上层水溶液转移至新管，加入等体积（约 450μl）氯仿 / 异戊醇（V/V=24：1）混合液，倒转混匀 5min，以 5000r/min 离心 5min。

6）吸取上层水溶液转移至新管，加入 1/10 体积（约 45μl）的 3mol/L NaAC 和 2 倍体积（约 1ml）的预冷无水乙醇（-20℃）轻柔倒转混匀，沉淀 DNA。

7）4℃条件下，以 12 000r/min 离心 15min，弃上清，收集 DNA 沉淀。

8）加入 70% 冷乙醇 1.5ml 混匀，4℃条件下，以 12 000r/min 离心 5min，弃上清液。重复此步骤 2～3 次。

9）真空抽干或置超净工作台内自然晾干 DNA 沉淀至 DNA 成无色透明状。

10）加适量（100～500μl）1×TE 缓冲液或灭菌双蒸水溶解 DNA，4℃保存备用。

（5）注意事项

1）沉淀的 DNA 晾干时，不宜完全干燥，否则难以溶解。

2）酚具有腐蚀性，氯仿具有神经毒性，操作时必须注意。

3）沉淀和洗涤 DNA 所用的无水乙醇和 70% 乙醇均需预冷以提高产量。

4）吸取上层水溶液转移至新管的过程中，当吸至上清液与苯酚交界面时，注意动作要轻柔，不要吸到交界面白色的蛋白质。

5）溶血的目的是裂解红细胞以去除血红蛋白，由于其中所含的血红素会抑制 PCR 反应，因此一定去除彻底。

【聚合酶链反应】

1. 原理　聚合酶链反应（polymerase chain reaction，PCR）是体外酶促合成、扩增特异性 DNA 片段的技术，可在数小时内获得近百万个靶 DNA 片段的拷贝。由于它的扩增能力强大，并且可与其他分子生物学方法相结合广泛应用于生命科学各个领域，已经成为近十数年来发展和普及最迅速的分子生物学新技术之一。PCR 扩增 DNA 过程类似于体内 DNA 半保留复制机制。双链模板 DNA 加热至临近沸点的温度下会变性成 2 条单链 DNA，之后在适当的 dNTP、缓冲液和 Mg^{2+} 条件下，与一对特定的引物退火形成引物与模板的复合物，最后在 DNA 聚合酶的催化下，引物延伸产生新的双链 DNA。它包括 3 个基本步骤：变性，即通过加热至 94℃左右，使模板 DNA 双链解离成两条单链；退火，指反应体系温度降至 55℃左右，引物寡核苷酸与模板 DNA 的互补序列复性，形成模板 - 引物杂交双链；延伸，是将反应温度升至 72℃，在 DNA 聚合酶的作用下，模板 - 引物杂交双链以 dNTP 为原料，靶序列为模板，按照碱基配对与半保留复制的原理，合成 1 条与模板 DNA 互补的新链。变性、退火、延伸 3 个步骤为 1 个循环，由于每一个循环所产生的 DNA 片段均能成为下一次循环的模板，所以 PCR 的产物呈指数级增加。以 1 个双链 DNA 模板分子为例，第 n 次循环时，产生在两引物间的靶 DNA 片段数量为 2^n-2 条。通常循环 25～30 次比较合适，循环次数过多易引起非特异性产物量的增加。

2. 仪器设备　PCR 扩增仪、漩涡振荡器、高速离心机、微量可调移液器、Eppendorf 灭菌离心管。

3. 试剂　10× 扩增缓冲液、dNTP 混合物、引物、Taq DNA 聚合酶、Mg^{2+}、双蒸或三蒸水。

4. PCR 反应体系与反应条件

（1）反应体系中各物质的浓度

1）引物：0.1～0.5μmol/L。

2）dNTP：各为 50～200μmol/L，且 4 种 dNTP 浓度应均衡。

3）反应体系：10 mmol/L Tris-HCl（pH8.3），50mmol/L KCl，1.5mmol/L Mg^{2+}。

4）Mg^{2+} 浓度：0.5～2.5mmol/L。

5）Taq DNA 聚合酶：0.5～5U/100μl。

（2）标准的 PCR 反应体系，见表 18-1。

表 18-1 标准的 PCR 反应体系

组分	使用量
10× 扩增缓冲液	10μl
4 种 dNTP 混合物	各 200μmol/L
引物	各 10～100pmol
模板 DNA	0.1～2μg
Taq DNA 聚合酶	2.5U
Mg^{2+}	1.5mmol/L
加双蒸或三蒸水至	100μl

（3）37.5μl PCR 反应体系，见表 18-2。

表 18-2 37.5μl PCR 反应体系

组分	使用量
10× 扩增缓冲液	3.75μl
4 种 dNTP 混合物（各 200μmol/L）	6μl
引物（50pmol/μl）	各 0.3μl
模板 DNA	2.5～3μl
Taq DNA 聚合酶	0.3μl
Mg^{2+}	2.25μl
加双蒸或三蒸水至	37.5μl

（4）采用 Mix 试剂盒，内含有 Taq DNA 聚合酶、Mg^{2+}、扩增缓冲液、4 种 dNTP 混合物等，反应体系见表 18-3。

表 18-3 Mix 试剂盒 PCR 扩增反应体系

组分	使用量
Mix	12.5μl
引物（10 μmol/L）	各 0.5μl
模板 DNA	2.5μl
加双蒸或三蒸水至	25μl

5. PCR 反应程序，见表 18-4。

表 18-4　PCR 反应程序

温度	时间	程序	循环数
95℃	2min	预变性	
94℃	50s	变性	
58℃	50s	退火	循环 30 个
72℃	50s	延伸	
72℃	10min	后延伸	
4℃		保存	

6. 实验步骤

（1）启动 PCR 扩增仪，设置程序并确定扩增条件，扩增仪的使用方法参见实验室的《PCR 扩增仪操作说明》。

（2）取 0.2ml 灭菌离心管并编号，将 PCR 反应的各种物质加入管内。

（3）将扩增管置于 PCR 仪上，开始扩增程序。

（4）结束反应后，将 PCR 产物放于 4℃冰箱待电泳检测或 -20℃长期保存。

7. 注意事项

（1）PCR 反应应该在专用的 PCR 实验室且没有 DNA 污染的干净环境中进行。

（2）所有试剂都应该无核酸和核酸酶的污染，操作过程中均应戴手套。

（3）试剂或样品准备过程中都要使用 Eppendorf 灭菌离心管，玻璃器皿应洗涤干净并高压灭菌。

（4）PCR 扩增内容物的配制最好在冰浴上进行，并且要充分混匀，配制过程中尽量减少酶在常温下的放置时间。

（5）扩增体系、扩增条件与诸多因素有关，因而须根据具体情况进行调整。

（6）扩增时，要将扩增管盖严，防止液体蒸发。

（7）扩增使用的试剂量极少，抽取过程中一定要小心仔细。

【扩增产物的鉴定】

1. 原理

（1）凝胶电泳的基本原理：生物大分子如蛋白质、核酸、多糖等常以颗粒分散在溶液中，它们的净电荷取决于介质的 H^+ 浓度或与其他大分子的相互作用。在电场中，带电颗粒向正极或负极迁移，迁移的方向取决于它们所带的电荷，这种迁移现象即为电泳。核酸分子具有两性电解质性质，当介质 pH 为 8.0～8.3 时，核酸分子中的碱性基团几乎不解离，磷酸则全部解离，核酸分子呈负电荷，在电场中向正极泳动。线性双链 DNA 片段的电泳迁移率与分子量的对数成反比关系，短片段的电泳速度快，长片段的较慢，据此可分离不同长度的 DNA 片段。聚丙烯酰胺凝胶（PAG）是常用的凝胶类电泳支持介质，其化学性质稳定，机械强度好，具有分子筛效应，通过调整凝胶浓度，控制凝胶孔径，使分子质量和空间构象不同的 DNA 分子获得最大的分离效果。

（2）银染显色的基本原理：银离子能渗入聚丙烯酰胺凝胶中与 DNA 分子结合成稳定的氨银络合离子复合物，用甲醛作为还原剂可使金属银析出，呈现黑褐色银沉淀从而显现出

DNA 条带。

2. 仪器设备　电泳仪、垂直电泳槽、玻璃、封边条、夹子、点样梳、脱色摇床、微量进样器、染色托盘。

3. 试剂　30% 聚丙烯酰胺、10×TBE 溶液、TEMED、10% 过硫酸铵、1×TBE 溶液、10% 乙醇、0.1% 硝酸、0.2% 硝酸银、3%Na_2CO_3- 甲醛、0.25% 二甲苯氰蓝、0.25% 溴酚蓝、10% 冰醋酸、2% 琼脂糖、凡士林、双蒸水、蒸馏水。

（1）电泳槽玻璃板的处理：洗涤剂清洗玻璃板，用自来水反复冲洗，再用双蒸水冲洗 3 次，烘干。按要求用凡士林或琼脂糖将电泳槽的各边密封，并组装好电泳槽。

（2）制胶：加 50μl TEMED 和 10% 过硫酸铵 500μl 至 40ml 7% 聚丙烯酰胺溶液中混匀，以 60° 角缓慢注入两玻璃板的间隙内，直至灌满模具顶部，立即插入相应的点样梳。小心加少许胶液于梳子处，水平放置电泳槽，室温下聚合 1h。向电泳槽内注入 1×TBE 电泳缓冲液，小心取出点样梳，用槽内的缓冲液反复冲洗点样孔，以除去可能存在的未聚合的聚丙烯酰胺和气泡。

（3）加样：取 2～4μl 扩增产物和 2μl 上样缓冲液混匀，用微量进样器小心加入样品槽中，若 DNA 含量偏低，则可适当增加上样量，但总体积不可超过样品槽容积。

（4）电泳：电泳槽接上电极开启电源，根据扩增片段的大小及电泳槽和凝胶的大小，决定电泳的电压和电泳时间，通常室温下以 10～20V/cm 的速度电泳，当溴酚蓝条带移动到接近玻璃板下边缘时停止电泳；倒掉电泳槽内的电泳缓冲液后，取下玻璃板，剥离凝胶；根据扩增产物的大小及溴酚蓝和二甲苯氰蓝的相对位置，大致判断扩增产物所在的部位并进行标记，将凝胶放入显色盘内。

4. 银染法显色

（1）向显色盘内加入 10% 乙醇溶液固定 10min，用纯水洗 1 次。

（2）用 0.1% 硝酸浸泡凝胶 3min，用蒸馏水洗 2 次。

（3）用 0.2% 硝酸银溶液浸泡凝胶 10min，用去离子水洗 3 次。

（4）用 3% Na_2CO_3- 甲醛溶液显色至满意为止，用适量 10% 冰醋酸终止显色。

5. 分型　参照基因电泳谱带进行分型。

6. 注意事项

（1）玻璃各边应充分密封，防止胶液外漏。

（2）TEMED 和过硫酸铵的加入量根据胶凝的速度进行加量或减量调整。

（3）插点样梳时要小心勿使梳齿下带进气泡，且不要将梳齿全部插入胶内，留约 2mm 梳齿于玻璃板上端，以免拔梳时将胶拔断。

（4）每加完一个样品要清洗微量进样器，以防止互相污染。

（5）注意上样时要小心操作，避免损坏凝胶或将样品槽底部凝胶刺穿。

（6）以指示剂泳动的位置判断电泳的距离。

（7）银染时显色液配制好在 4～10℃预冷可以减轻胶板的底色，银染后胶板在水中漂洗时间控制在 10s 以内。

【思考题】

1. Chelex-100 法与酚 - 氯仿法提取 DNA 有何优缺点？

2. 聚合酶链反应的原理是什么？

3. 聚丙烯酰胺凝胶作为电泳支持介质有何特点？

4. DNA 银染显色应注意哪些问题？

实验三十四　血痕的 DNA 提取及 STR 分析

【实验目的】

1. 掌握血痕检材的收集与处理。

2. 掌握 Chelex-100 法提取血痕 DNA 的原理及操作过程。

3. 掌握 PCR 技术的基本原理、反应体系及反应程序。

4. 掌握聚丙烯酰胺凝胶电泳进行 DNA 分型的原理、操作方法及结果分析。

5. 熟悉有机溶剂提取 DNA 的原理及操作步骤。

6. 熟悉 PCR 仪、电泳仪及电泳槽的使用方法。

【检材的收集与处理】

1. 血纱布则剪取 $1cm^2$ 大小，不可过多。

2. 微量血痕可直接用微量进样器吸取 20～40μl 灭菌去离子水，之后在血痕处反复吹打，将血痕尽可能地洗下来并装入灭菌离心管内。

3. 血痂可用刀片刮取后放入灭菌离心管内。

【基本原理】

血痕是血液在人体外干燥以后形成的斑痕，是常见的法医物证检材，血液中基因组 DNA 主要存在于白细胞中，红细胞无细胞核，但含有血红蛋白，对 PCR 反应具有较强的抑制作用。因此，提取基因组 DNA 时，需除去红细胞，提取白细胞中的 DNA。

【仪器设备与试剂】

1. 仪器设备　高速离心机、微量可调移液器、漩涡振荡器、水浴锅、Eppendorf 灭菌离心管、冰盒、剪刀、镊子、干燥箱。

2. 试剂　STE（或称 TNE）缓冲液、10% SDS、蛋白酶 K 溶液（10mg/ml）、饱和重蒸酚、酚 / 氯仿混合液（V/V=1∶1）、氯仿 / 异戊醇（V/V=24∶1）、NaAC 溶液（3mol/L，pH5.2）、无水乙醇、70% 乙醇、灭菌双蒸水、1×TE 溶液、5% Chelex-100 储备液。

【DNA 的提取】

1. Chelex-100 法

（1）取 $1cm^2$ 血痕检材置于 1.5ml 灭菌离心管中，加 1ml 灭菌去离子水浸泡 15～30min。

（2）以 12 000～15 000r/min 的速度离心 3～5min，弃上清液。

（3）加入 200μl 5% Chelex-100，振荡混匀。

（4）56℃水浴中消化 20～30min，振荡混匀。

（5）100℃沸水浴中煮沸 10min。

（6）混匀后，立即冰浴 3min。

（7）以 12 000～15 000r/min 的速度离心 2～4min，留上清备用。

2. 酚 - 氯仿法

（1）取 $1cm^2$ 血痕检材，剪碎置于 1.5ml 灭菌离心管中，加入 1.5ml 灭菌双蒸水，室温轻轻倒转混匀，浸泡约 10min，以 8000r/min，离心 5～10min，弃上清液，获得细胞沉淀。

（2）在沉淀中加入 STE 400μl、10% SDS 40μl 和 10mg/ml PK 4μl，混匀，封口，56℃孵育 1～3h，期间不时倒转混匀，若为 37℃孵育，时间可延长 1～2h。

（3）加入等体积（约 450μl）饱和酚，以上下颠倒离心管方式混匀液体 5min，至管内液体混合成乳状液，以 5000r/min 离心 5min。

（4）吸取上层水溶液转移至新管，加入等体积（约 450μl）酚 / 氯仿（V/V=1∶1）混合液，倒转混匀 5min，以 5000r/min 离心 5min。

（5）吸取上层水溶液转移至新管，加入等体积（约 450μl）氯仿 / 异戊醇（V/V=24∶1）混合液，倒转混匀 5min，以 5000r/min 离心 5min。

（6）吸取上层水溶液转移至新管，加入 1/10 体积（约 45μl）的 3mol/L NaAC 和 2 倍体积（约 1ml）的预冷无水乙醇（-20℃）轻柔倒转混匀，沉淀 DNA。

（7）4℃条件下，以 12 000r/min 离心 15min，弃上清，收集 DNA 沉淀。

（8）加入 70% 冷乙醇 1.5ml 混匀，4℃条件下，以 12 000r/min 离心 5min，弃上清液。重复此步骤 2～3 次。

（9）真空抽干或置超净工作台内自然晾干 DNA 沉淀至 DNA 成无色透明状。

（10）加适量（100～500μl）1×TE 缓冲液或灭菌双蒸水溶解 DNA，4℃保存备用。

【STR 基因座的 PCR 扩增及电泳检测】

参见“实验三十三 血液的 DNA 提取及 STR 分析”。

【结果分析】

以等位基因标准物的谱带作为参照物进行基因分型。

【注意事项】

1. 对部分陈旧或污染有多量泥沙、载体吸附力强或色素深的血痕检材，经 Chelex-100 处理，仍不能扩增成功，可能由于血痕过于陈旧，血色素无法溶解下来，使血色素对扩增的抑制增强，导致扩增失败；血痕受泥沙或载体色素的影响，使扩增受到抑制；血痕载体吸附力强，导致 DNA 提取率降低；血痕量太少，超出检验灵敏度。

2. 针对以上几种影响因素，进行一些改良处理：对难于溶解的陈旧血痕，可加入 1/10 体积的 10%SDS，促进血色素的溶解，易于洗涤，减少血色素对扩增的抑制；对受泥沙或载体色素影响的血痕，可对首次 DNA 提取液进行二次提取，使模板被稀释，减少载体的干扰，进一步去除模板中的扩增抑制物；对载体吸附力强的血痕，可增加浸泡时间，同时也可结合上述方法；对于少量而受污染的血痕，经上述处理后，再经超滤柱浓缩，使模板 DNA 浓度达到可检测范围。

3. 酚 / 氯仿法是目前最常用、最可靠的方法之一，适用于所有生物性检材，对腐败、陈旧、污染检材及指甲、毛发等无核细胞检材更有效。所提取的 DNA 纯度高，可满足各种分子生物学检测技术的需要，但该法操作较为繁琐、耗时长，影响了其在实践工作中的广泛应用。

【思考题】

对于较难提取的血痕应采取什么措施？

实验三十五　唾液斑的 DNA 提取及 STR 分析

【实验目的】

1. 学会用棉签拭子提取并制备唾液斑。

2. 掌握 Chelex-100 法提取唾液斑 DNA 的原理及操作过程。

3. 掌握 PCR 技术的基本原理、反应体系及反应程序。

4. 掌握聚丙烯酰胺凝胶电泳进行 DNA 分型的原理及操作方法。

5. 熟悉 PCR 仪、电泳仪及电泳槽的使用方法。

【检材的收集与处理】

1. 用 2～3 根医用棉签在口腔颊黏膜上用中等力度擦拭 1～2min 以提取口腔脱落上皮细胞。

2. 将上述口腔拭子置于 37℃烤箱中烤干或自然风干，备用。

【基本原理】

唾液中含有大量口腔脱落上皮细胞，可以从中提取 DNA，进行基因组 DNA 与线粒体 DNA 多态性分析，通过检测 STR 基因座进行个人识别和亲缘关系的鉴定。

【仪器设备与试剂】

1. 仪器设备　高速离心机、微量可调移液器、漩涡振荡器、水浴锅、Eppendorf 灭菌离心管、冰盒、剪刀、镊子、干燥箱。

2. 试剂　STE（或称 TNE）缓冲液、10% SDS、蛋白酶 K 溶液（10mg/ml）、饱和重蒸酚、酚 / 氯仿混合液（V/V=1：1）、氯仿 / 异戊醇（V/V=24：1）、NaAC 溶液（3mol/L，pH5.2）、无水乙醇、70% 乙醇、灭菌双蒸水、1×TE 溶液、5% Chelex-100 储备液。

【DNA 的提取】

1. Chelex-100 法

（1）将口腔拭子表面部分约 $1cm^2$ 分离下来，剪碎置于 1.5ml 灭菌离心管中。

（2）加入 1ml 灭菌去离子水，浸泡 15～20min。

（3）以 12 000～15 000r/min 的速度离心 3～5min，弃上清液。

（4）加入 200μl 5% Chelex-100，10mg/ml PK 5μl，置于 56℃水浴锅中消化 30min。

（5）在 100℃沸水浴中煮沸 10min。

（6）混匀后，立即冰浴 3min。

（7）以 12 000～15 000r/min 的速度离心 3～5min，留上清液备用。

2. 酚 - 氯仿法

（1）取约 $1cm^2$ 唾液斑（或口腔拭子 1 根），剪碎置于 1.5ml 灭菌离心管中，加入 1.5ml 灭菌双蒸水，室温轻轻倒转混匀，浸泡约 10min，以 8000r/min，离心 5～10min，弃上清液，获得细胞沉淀。

（2）加入 STE 400μl、10% SDS 40μl 和 10mg/ml PK 4μl，混匀，封口，56℃孵育 1～3h，期间不时倒转混匀。

（3）加入等体积（约 450μl）饱和酚，以上下颠倒离心管方式混匀液体 5min，至管内液体混合成乳状液，以 5000r/min 离心 5min。

（4）吸取上层水溶液转移至新管，加入等体积（约 450μl）酚 / 氯仿（V/V=1：1）混合液，倒转混匀 5min，以 5000r/min 离心 5min。

（5）吸取上层水溶液转移至新管，加入等体积（约 450μl）氯仿 / 异戊醇（V/V=24：1）混合液，倒转混匀 5min，以 5000r/min 离心 5min。

（6）吸取上层水溶液转移至新管，加入 1/10 体积（约 45μl）的 3mol/L NaAC 和 2 倍体积（约 1ml）的预冷无水乙醇（-20℃）轻柔倒转混匀，沉淀 DNA。

（7）4℃条件下，以 12 000r/min 离心 15min，弃上清液，收集 DNA 沉淀。

（8）加入 70% 冷乙醇 1.5ml 混匀，4℃条件下，以 12 000r/min 离心 5min，弃上清液。重复此步骤 2～3 次。

（9）真空抽干或置超净工作台内自然晾干 DNA 沉淀。

（10）加适量（100～500μl）1×TE 缓冲液或灭菌双蒸水溶解 DNA，4℃保存备用。

【STR 基因座的 PCR 扩增及电泳检测】

参见“实验三十三 血液的 DNA 提取及 STR 分析”。

【结果判断】

以等位基因标准物的谱带作为参照物进行基因分型。

【注意事项】

1. 洗脱时也可直接将棉签放入灭菌离心管中浸泡，期间反复转动棉签，以便充分洗脱。

2. 浸泡液中检材微量时，可将 2 支棉签拭子的检材合并在 1 支灭菌离心管中进行实验。

3. 唾液斑的 DNA 量较多，故扩增时模板的稀释倍数应稍加大。

实验三十六 毛发 DNA 提取及 STR 分型

【实验目的】

1. 掌握毛发的 DNA 提取原理及操作过程。

2. 掌握 PCR 技术的基本原理、反应体系及反应程序。

3. 掌握聚丙烯酰胺凝胶电泳进行 DNA 分型的原理及操作方法。

4. 熟悉 PCR 仪、电泳仪及电泳槽的使用方法。

【基本原理】

毛发由角蛋白、微量金属元素、代谢产物、气泡及色素颗粒组成，其中色素颗粒是强 PCR 抑制剂。通常认为，拔脱的毛根（带毛囊）存在有核细胞，可进行 STR 分析；而已角化的毛干和自然脱落的毛囊的核 DNA 降解，只含线粒体 DNA 和短片段的核 DNA，因而大多数的法庭科学实验室都是将毛干作为检测线粒体 DNA 非编码区序列的检材。毛发生长过程中，毛发的细胞在离开毛囊以后会脱水，蛋白质角质化、并通过胱氨酸的双硫键形成交联，因此在提取过程中需加入二硫苏糖醇（DTT）。

【仪器设备与试剂】

1. 仪器设备 高速离心机、微量可调移液器、漩涡振荡器、水浴锅、Eppendorf 灭菌离心管、冰盒、剪刀、镊子、干燥箱。

2. 试剂 1mol/L DTT、STE（或称 TNE）缓冲液、10% SDS、蛋白酶 K 溶液（10mg/ml）、NaAC 溶液（3mol/L，pH5.2）、无水乙醇、70% 乙醇、灭菌双蒸水、1×TE 溶液、饱和重蒸酚、

酚 / 氯仿混合液（V/V=1∶1）、氯仿 / 异戊醇（V/V=24∶1）、5% Chelex-100 储备液。

【DNA 的提取】

1. 毛囊 DNA 的提取

（1）Chelex-100 法

1）剪取拔脱毛发的毛囊 1 ~ 5 个，按顺序依次用无水乙醇、灭菌双蒸水、无水乙醇各冲洗 1 次，挥干。

2）加入 5% Chelex-100 80μl、10mg/ml PK 1μl，56℃孵育 0.5 ~ 1h 或至完全溶解。

3）100℃沸水浴中煮沸 10min，取出后振荡 5 ~ 10s。

4）混匀后，立即冰浴 3min。

5）以 12 000 ~ 15 000r/min 的速度离心 3 ~ 5min，留上清液备用。

（2）酚 - 氯仿法

1）剪取拔脱毛发的毛囊 5 ~ 10 个，按顺序依次用无水乙醇、灭菌双蒸水、无水乙醇各冲洗 1 次，挥干。

2）加入 STE 200μl、10% SDS 20μl 和 10mg/ml PK 2μl，56℃消化 0.5 ~ 3h。

3）加入等体积（220μl）饱和酚，以上下颠倒离心管方式混匀液体 5min，至管内液体混合成乳状液，以 5000r/min 离心 5min。

4）吸取上层水溶液转移至新管，加入等体积（约 220μl）酚 / 氯仿（V/V=1∶1）混合液，倒转混匀 5min，以 5000r/min 离心 5min。

5）吸取上层水溶液转移至新管，加入等体积（约 220μl）氯仿 / 异戊醇（V/V=24∶1）混合液，倒转混匀 5min，以 5000r/min 离心 5min。

6）吸取上层水溶液转移至新管，加入 1/10 体积（约 22μl）的 3mol/L NaAC 和 2 倍体积（约 0.5ml）的预冷无水乙醇（−20℃）轻柔倒转混匀，沉淀 DNA。

7）4℃条件下，以 12 000r/min 离心 15min，弃上清液，收集 DNA 沉淀。

8）加入 70% 冷乙醇 1.5ml 混匀，4℃条件下，以 12 000r/min 离心 5min，弃上清液。重复此步骤 2 ~ 3 次。

9）真空抽干或置超净工作台内自然晾干 DNA 沉淀。

10）加适量（20 ~ 100μl）1 × TE 缓冲液或灭菌双蒸水溶解 DNA，4℃保存备用。

2. 毛干的 DNA 提取

（1）Chelex-100 法

1）取长 1 ~ 2cm 的毛干，剪成小段后，放入 0.5ml 离心管中，依次用无水乙醇、灭菌双蒸水、无水乙醇各冲洗 1 次，挥干。

2）加入 5% Chelex-100 80μl、10mg/ml PK 1μl，1mol/L DTT 2μl，56℃孵育 5h 或过夜至完全溶解。

3）100℃沸水浴中煮沸 10min，取出后振荡 5 ~ 10s。

4）混匀后，立即冰浴 3min。

5）以 12 000 ~ 15 000r/min 的速度离心 3 ~ 5min，留上清液备用。

（2）酚 - 氯仿法

1）剪取毛干 1 ~ 5cm，放入 0.5ml 离心管中，按顺序依次用无水乙醇、灭菌双蒸水、无水乙醇各冲洗 1 次，挥干。

2）加入 STE 200μl、10% SDS 20μl 和 10mg/ml PK 2μl，1mol/L DTT 8μl，混匀后 37℃水

浴保温 5h 以上，至毛干完全消化。

3）加入等体积（220μl）饱和酚，以上下颠倒离心管方式混匀液体 5min，至管内液体混合成乳状液，以 5000r/min 离心 5min。

4）吸取上层水溶液转移至新管，加入等体积（约 220μl）酚 / 氯仿（V/V=1：1）混合液，倒转混匀 5min，以 5000r/min 离心 5min。

5）吸取上层水溶液转移至新管，加入等体积（约 220μl）氯仿 / 异戊醇（V/V=24：1）混合液，倒转混匀 5min，以 5000r/min 离心 5min。

6）吸取上层水溶液转移至新管，加入 1/10 体积（约 22μl）的 3mol/L NaAC 和 2 倍体积（约 0.5ml）的预冷无水乙醇（-20℃）轻柔倒转混匀，沉淀 DNA。

7）4℃条件下，以 12 000r/min 离心 15min，弃上清液，收集 DNA 沉淀。

8）加入 70% 冷乙醇 1.5ml 混匀，4℃条件下，以 12 000r/min 离心 5min，弃上清液。重复此步骤 2～3 次。

9）真空抽干或置超净工作台内自然晾干 DNA 沉淀。

10）加适量（20～100μl）1×TE 缓冲液或灭菌双蒸水溶解 DNA，4℃保存备用。

【STR 基因座的 PCR 扩增及电泳检测】

参见“实验三十三 血液的 DNA 提取及 STR 分析”。

【结果判断】

以等位基因标准物的谱带作为参照物进行基因分型。

【思考题】

毛发的 DNA 含量较少，提取时应注意哪些问题？

实验三十七 绒毛的 DNA 提取及 STR 分析

【实验目的】

1. 掌握绒毛的 DNA 提取原理及操作过程。
2. 掌握 PCR 技术的基本原理、反应体系及反应程序。
3. 掌握聚丙烯酰胺凝胶电泳进行 DNA 分型的原理及操作方法。
4. 熟悉 PCR 仪、电泳仪及电泳槽的使用方法。

【基本原理】

绒毛是胎儿的附属物，来源于胚胎组织的一部分，能反映胎儿的遗传特征。在法医物证检案工作中，有时会对早期终止妊娠（药物流产或人工流产）排出的胎儿组织进行 DNA 检验。

【仪器设备与试剂】

1. 仪器设备 高速离心机、微量可调移液器、漩涡振荡器、水浴锅、Eppendorf 灭菌离心管、冰盒、剪刀、镊子、干燥箱。

2. 试剂 STE（或称 TNE）缓冲液、10% SDS、蛋白酶 K 溶液（10mg/ml）、饱和重蒸酚、酚 / 氯仿混合液（V/V=1：1）、氯仿 / 异戊醇（V/V=24：1）、NaAC 溶液（3mol/L，pH5.2）、无水乙醇、70% 乙醇、灭菌双蒸水、1×TE 溶液、5% Chelex-100 储备液。

【DNA 的提取】

1. Chelex-100 法

（1）将送检的组织样物质用灭菌双蒸水清洗 3 次，在漂浮的组织中仔细分辨绒毛组织。

（2）剪取 0.1cm × 0.1cm 大小的绒毛组织，放入 1.5ml 离心管中，加入灭菌双蒸水 1.5ml，冲洗 1 次，弃水。

（3）加入 5% Chelex-100 190μl、10mg/ml PK 5μl，56℃孵育 30min 至 1h 或至绒毛组织完全溶解。

（4）100℃沸水浴中煮沸 10min，取出后振荡 5 ~ 10s。

（5）混匀后，立即冰浴 3min。

（6）以 12 000 ~ 15 000r/min 的速度离心 3 ~ 5min，留上清液备用。

2. 酚 - 氯仿法

（1）将送检的组织样物质用灭菌双蒸水清洗 3 次，在漂浮的组织中仔细分辨绒毛组织。

（2）剪取 0.5cm × 0.5cm 大小的绒毛组织，放入 1.5ml 离心管中，加入灭菌双蒸水 1.5ml，冲洗 1 次，弃水。

（3）加入 STE 400μl、10% SDS 40μl 和 10mg/ml PK 4μl，56℃消化 1 ~ 3h，使绒毛组织完全溶解。

（4）加入等体积（约 450μl）饱和酚，以上下颠倒离心管方式混匀液体 5min，至管内液体混合成乳状液，以 5000r/min 离心 5min。

（5）吸取上层水溶液转移至新管，加入等体积（约 450μl）酚 / 氯仿（V/V=1 : 1）混合液，倒转混匀 5min，以 5000r/min 离心 5min。

（6）吸取上层水溶液转移至新管，加入等体积（约 450μl）氯仿 / 异戊醇（V/V=24 : 1）混合液，倒转混匀 5min，以 5000r/min 离心 5min。

（7）吸取上层水溶液转移至新管，加入 1/10 体积（约 45μl）的 3mol/L NaAC 和 2 倍体积（约 1ml）的预冷无水乙醇（−20℃）轻柔倒转混匀，沉淀 DNA。

（8）4℃条件下，以 12 000r/min 离心 15min，弃上清，收集 DNA 沉淀。

（9）加入 70% 冷乙醇 1.5ml 混匀，4℃条件下，以 12 000r/min 离心 5min，弃上清液。重复此步骤 2 ~ 3 次。

（10）真空抽干或置超净工作台内自然晾干 DNA 沉淀至 DNA 成无色透明状。

（11）加适量（100 ~ 500μl）1 × TE 缓冲液或灭菌双蒸水溶解 DNA，4℃保存备用。

【STR 基因座的 PCR 扩增及电泳检测】

参见“实验三十三　血液的 DNA 提取及 STR 分析”。

【结果分析】

以等位基因标准物的谱带作为参照物进行基因分型。

实验三十八　羊水的 DNA 提取及 STR 分析

【实验目的】

1. 掌握羊水的 DNA 提取原理及操作过程。

2. 掌握 PCR 技术的基本原理、反应体系及反应程序。

3. 掌握聚丙烯酰胺凝胶电泳进行 DNA 分型的原理及操作方法。

4. 熟悉 PCR 仪、电泳仪及电泳槽的使用方法。

【基本原理】

羊水在整个妊娠过程中是维持胎儿生命不可缺少的重要成分，是妊娠时子宫羊膜腔内的液体。羊水中 98% 是水，另有少量无机盐类、有机物和脱落的胎儿细胞，因而可以从羊水中收集胎儿细胞进行产前亲子鉴定。

【仪器设备与试剂】

1. 仪器设备 高速离心机、不同量程的微量可调移液器、漩涡振荡器、水浴锅、Eppendorf 灭菌离心管、冰盒。

2. 试剂 STE 缓冲液、5% Chelex-100 储存液、蛋白酶 K 溶液（10mg/ml）、1 × TE 溶液。

【Chelex-100 法提取 DNA】

1. 混匀羊水，取 1.5ml 加入 1.5ml 灭菌离心管中，以 13 000r/min 离心 3min，弃上清液。

2. 再加入羊水 1.5ml，以 13 000r/min 离心 3min，弃上清，收集 2 次的细胞沉淀。

3. 加入 STE 缓冲液 1ml，充分悬浮细胞并转移至 1.5ml 灭菌离心管中，以 13 000r/min 离心 3min，弃上清液。

4. 加入 5% Chelex-100 200μl, 10mg/ml PK 5μl, 混匀，56℃水浴中孵育 30min。

5. 100℃沸水浴中煮沸 10min，取出后振荡 5 ~ 10s。

6. 混匀后，立即冰浴 3min。

7. 以 12 000 ~ 15 000r/min 的速度离心 3 ~ 5min，留上清液备用。

【STR 基因座的 PCR 扩增及电泳检测】

参见“实验三十三 血液的 DNA 提取及 STR 分析”。

【结果分析】

以等位基因标准物的谱带作为参照物进行基因分型。

实验三十九 软组织 DNA 提取及 STR 分析

【实验目的】

1. 掌握软组织的 DNA 提取原理及操作过程。

2. 掌握 PCR 技术的基本原理、反应体系及反应程序。

3. 掌握聚丙烯酰胺凝胶电泳进行 DNA 分型的原理及操作方法。

4. 熟悉 PCR 仪、电泳仪及电泳槽的使用方法。

【基本原理】

软组织在人体内分布极其广泛，皮肤、肌肉、胃肠、膀胱、心、肝、脾、肾等内脏器官，未钙化的软骨组织（如肋软骨）等都属于软组织。由于软组织中含大量的有核细胞，DNA 的含量也较高，因此可以用于 DNA 分型鉴定。

【仪器设备与试剂】

1. 仪器设备 高速离心机、微量可调移液器、漩涡振荡器、水浴锅、Eppendorf 灭菌离心管、冰盒、剪刀、镊子、干燥箱。

2. 试剂 STE（或称 TNE）缓冲液、10% SDS、蛋白酶 K 溶液（10mg/ml）、饱和重蒸酚、

酚 / 氯仿混合液（V/V=1：1）、氯仿 / 异戊醇（V/V=24：1）、NaAC 溶液（3mol/L，pH5.2）、无水乙醇、70% 乙醇、灭菌双蒸水、1×TE 溶液、5% Chelex-100 储备液。

【DNA 提取】

1. Chelex-100 法

（1）剪取肌肉组织 0.1cm×0.1cm，放入 1.5ml 离心管中，加入灭菌双蒸水 1.5ml，冲洗 1 次，弃水。

（2）加入 5% Chelex-100 190μl 和 10mg/ml PK 5μl，56℃孵育 30min 至 1h 或至完全溶解。

（3）100℃沸水浴中煮沸 10min，取出后振荡 5～10s。

（4）混匀后，立即冰浴 3min。

（5）以 12 000～15 000r/min 的速度离心 3～5min，留上清液备用。

2. 酚 - 氯仿法

（1）取大小为 0.5cm^2 的软组织，放入 1.5ml 离心管中，加入灭菌双蒸水 1.5ml，冲洗 1 次，弃水。

（2）加入 STE 400μl、10% SDS 40μl 和 10mg/ml PK 4μl，56℃消化 1～3h，使肌肉组织完全溶解。

（3）加入等体积（约 450μl）饱和酚，以上下颠倒离心管方式混匀液体 5min，至管内液体混合成乳状液，以 5000r/min，离心 5min。

（4）吸取上层水溶液转移至新管，加入等体积（约 450μl）酚 / 氯仿（V/V=1：1）混合液，倒转混匀 5min，以 5000r/min，离心 5min。

（5）吸取上层水溶液转移至新管，加入等体积（约 450μl）氯仿 / 异戊醇（V/V=24：1）混合液，倒转混匀 5min，以 5000r/min，离心 5min。

（6）吸取上层水溶液转移至新管，加入 1/10 体积（约 45μl）的 3mol/L NaAC 和 2 倍体积（约 1ml）的预冷无水乙醇（−20℃）轻柔倒转混匀，沉淀 DNA。

（7）4℃条件下，以 12 000r/min 离心 15min，弃上清液，收集 DNA 沉淀。

（8）加入 70% 冷乙醇 1.5ml 混匀，4℃条件下，以 12 000r/min 离心 5min，弃上清液。重复此步骤 2～3 次。

（9）真空抽干或置超净工作台内自然晾干 DNA 沉淀至 DNA 成无色透明状。

（10）加适量（100～500μl）1×TE 缓冲液或灭菌双蒸水溶解 DNA，4℃保存备用。

【STR 基因座的 PCR 扩增及电泳检测】

参见“实验三十三　血液的 DNA 提取及 STR 分析”。

【结果判断】

以等位基因标准物的谱带作为参照物进行基因分型。

【注意事项】

由于软组织中含有大量的蛋白质，易于腐败，DNA 会发生降解，因此，对于软组织的保存和及时检验十分重要。另外，软组织含有的有核细胞多，DNA 产量和质量都比较好，进行 PCR 扩增时，注意稀释模板 DNA 到适宜的浓度，以达到良好的效果。

实验四十　混合斑 DNA 提取及 STR 分析

【实验目的】

1. 掌握混合斑的 DNA 提取原理及操作过程。

2. 掌握 PCR 技术的基本原理、反应体系及反应程序。

3. 掌握聚丙烯酰胺凝胶电泳进行 DNA 分型的原理及操作方法。

4. 熟悉 PCR 仪、电泳仪及电泳槽的使用方法。

【基本原理】

混合斑是法医物证性犯罪案件中常见的检材，这类检材多含有阴道上皮细胞和精子细胞，属于男、女个体成分的混合物。这两种细胞的性质不同，可以采用“二步消化法”进行区分。由于精子细胞膜和核膜含有大量硫醇蛋白，含有丰富的二硫键，运用二硫苏糖醇（DTT）可以打开二硫键。因而可以利用精子的这种特性，通过第一步消化阴道上皮细胞，采用离心的方法与精子细胞分离，收集被消化的精子头部；第二步加入 DTT，消化精子细胞，从而得到精子 DNA。这种用于分离混合样品中阴道上皮细胞和精子细胞的方法也被称为“差异裂解法”。

【仪器设备与试剂】

1. 仪器设备　高速离心机、微量可调移液器、漩涡振荡器、冰箱、恒温水浴锅、Eppendorf 灭菌离心管、冰盒、磁分离架。

2. 试剂　STE 缓冲液、10% SDS、蛋白酶 K 溶液（10mg/ml）、饱和重蒸酚、酚 / 氯仿混合液（V/V=1∶1）、氯仿 / 异戊醇（V/V=24∶1）、NaAC 溶液（3mol/L，pH5.2）、无水乙醇、70% 乙醇、灭菌双蒸水、1×TE 溶液、5% Chelex-100 储备液、1mol/L DTT、异丙醇、3mol/L NaCl、1×TE 溶液。

【实验步骤】

1. Chelex-100 法

（1）取混合斑检材 1cm^2 剪碎，置于 1.5ml 离心管中。

（2）加入 STE 400μl、10% SDS 40μl、10mg/ml PK 4μl，56℃消化 1～3h。

（3）在上述离心管（简称上管）底部用烧热的针扎 1 个小孔后，套在另一个 1.5ml 离心管（简称下管）上，以 5000r/min 离心 10min，弃去上管。

（4）吸取下管的上清液，收集到另一个干净离心管内提取女性 DNA。

1）吸取 150μl 下管中的上清液至 1.5ml 离心管，加入 50μl 20% Chelex-100 储存液，摇匀，56℃消化 1h 以上，期间应不时倒转混匀。

2）100℃沸水浴中煮沸 10min，取出后振荡 5～10s。

3）混匀后，立即冰浴 3min。

4）以 12 000～15 000r/min 的速度离心 3～5min，留上清液备用。

（5）下管的沉淀含有男性精子细胞，提取精子 DNA。

1）下管沉淀中加入 STE 1ml 漂洗，以 10 000r/min，离心 5min，弃上清液。重复此步骤 2～3 次。

2）加入 5% Chelex-100 200μl，10mg/ml PK 4μl、1mol/L DTT 10μl 摇匀，56℃消化 1h 以

上，期间应不时倒转混匀。

3）100℃沸水浴中煮沸 10min，取出后振荡 5 ~ 10s。

4）混匀后，立即冰浴 3min。

5）以 12 000 ~ 15 000r/min 的速度离心 3 ~ 5min，留上清液备用。

2. 酚 - 氯仿法

（1）取混合斑检材 1.0cm^2 剪碎，置于 1.5ml 离心管中。

（2）加入灭菌双蒸水 1.5ml，混匀，室温浸泡 10min，以 8000r/min 离心 5min，弃上清，收集细胞沉淀。

（3）加入 STE 400μl、10% SDS 40μl 和 10mg/ml PK 8μl，56℃消化 3h，期间不时倒转混匀。

（4）在上述离心管（简称上管）底部用烧热的针扎 1 个小孔后，套在另一个 1.5ml 离心管（简称下管）上，以 5000r/min 离心 10min，弃去上管。

（5）吸取下管的上清液，收集到另一个干净离心管内提取女性 DNA。

1）在下管的上清液中加入等体积（约 450μl）饱和酚，以上下颠倒离心管方式混匀液体 5min，以 5000r/min 离心 5min。

2）吸取上层水溶液转移至新管，加入约 450μl 酚 / 氯仿（V/V=1：1）混合液，倒转混匀 5min，以 5000r/min 离心 5min。

3）吸取上层水溶液转移至新管，加入约 450μl 氯仿 / 异戊醇（V/V=24：1）混合液，倒转混匀 5min，以 5000r/min 离心 5min。

4）吸取上层水溶液转移至新管，加入 1/10 体积（约 45μl）的 3mol/L NaAC 和 2 倍体积（约 1ml）的预冷无水乙醇（-20℃）轻柔倒转混匀，沉淀 DNA。

5）4℃条件下，以 12 000r/min 离心 15min，弃上清液，收集 DNA 沉淀。

6）加入 70% 冷乙醇 1.5ml 混匀，4℃条件下，以 12 000r/min 离心 5min，弃上清液。重复此步骤 2 ~ 3 次。

7）真空抽干或置超净工作台内自然晾干 DNA 沉淀至 DNA 成无色透明状。

8）加适量（100 ~ 500μl）1 × TE 缓冲液或灭菌双蒸水溶解 DNA，4℃保存备用。

（6）下管的沉淀含有男性精子细胞，提取精子 DNA。

1）加入 STE 1ml，混匀洗涤，以 5000r/min 离心 10min，弃上清液。重复此步骤 2 ~ 3 次。

2）在沉淀中加入 STE 400μl、10% SDS 40μl 和 10mg/ml PK 8μl，1mol/L DTT 20μl，56℃消化 3h，期间不时倒转混匀。

3）加入等体积（约 450μl）饱和酚，以上下颠倒离心管方式混匀液体 5min，至管内液体混合成乳状液，以 5000r/min 离心 5min。

4）吸取上层水溶液转移至新管，加入约 450μl 酚 / 氯仿（V/V=1：1）混合液，倒转混匀 5min，以 5000r/min 离心 5min。

5）吸取上层水溶液转移至新管，加入约 450μl 氯仿 / 异戊醇（V/V=24：1）混合液，倒转混匀 5min，以 5000r/min 离心 5min。

6）吸取上层水溶液转移至新管，加入 1/10 体积（约 45μl）的 3mol/L NaAC 和 2 倍体积（约 1ml）的预冷无水乙醇（-20℃）轻柔倒转混匀，沉淀 DNA。

7）4℃条件下，以 12 000r/min 离心 15min，弃上清液，收集 DNA 沉淀。

8）加入 70% 冷乙醇 1.5ml 混匀，4℃条件下，以 12 000r/min 离心 5min，弃上清液。重复此步骤 2～3 次。

9）真空抽干或置超净工作台内自然晾干 DNA 沉淀至 DNA 成无色透明状。

10）加适量（100～500μl）1×TE 缓冲液或灭菌双蒸水溶解 DNA，4℃保存备用。

【STR 基因座的 PCR 扩增及电泳检测】

参见“实验三十三　血液的 DNA 提取及 STR 分析”。

【结果判断】

以等位基因标准物的谱带作为参照物进行基因分型。

【注意事项】

1. 在实际案例中，由于检材样品的条件不同，女性阴道上皮细胞与精子细胞不能彻底分离，得到的仍是混合斑检验结果，此时需重新调整消化时间等条件，并按照混合斑分析的原则分析和解释分型结果。

2. 混合斑检材包括阴道拭子和纸巾、床单、内裤、外生殖器的拭子及其他各类物品等上面的斑迹，混合斑进行二步消化前需要进行精斑确证试验确证是否存在精子，并观察阴道上皮和精子细胞的比例，调整第一步消化时间，从而使上皮细胞完全消化。

【思考题】

1. 混合斑检验中检验女性 DNA 有何作用？

2. 何种情况下，经二步消化法得到的精子 DNA 仍为混合样本？

（苏丽娟）

第十九章　STR 基因座荧光检测分析

随着科技的不断发展，DNA 检测技术日渐成熟与完善。目前，STR 自动分型技术以其自身独特的优势广泛应用于法医物证鉴定中，具有自动化程度高、快速、灵敏、准确、稳定、重复性好等特点。常用的 STR 自动分型技术主要步骤包括：多色荧光标记 STR 复合扩增、扩增产物自动毛细管电泳结合激光诱导的荧光检测、自动数据采集并分型。首先是设计引物并标记荧光染料，进行 PCR 扩增；然后对 PCR 产物电泳前处理，进行计算机控制的自动化毛细管电泳分离，分离后的荧光标记 DNA 片段由设备自动检测并数据化存储；再用软件对采集的数据进行荧光颜色分离，计算片段大小，与分型标准物 ladder 比对，确定各基因座的基因分型。本章着重介绍 STR 单基因座与多基因座荧光检测分析技术。

实验四十一　常规 STR 单基因座荧光检测分析

【实验目的】

1. 掌握常规 STR 单基因座荧光检测基本原理及操作过程。

2. 熟悉仪器设备的使用。

【基本原理】

使用荧光检测分析平台分析常规 STR 基因座时，需要将荧光染料与一条 PCR 引物相连接，扩增后目的片段上连接有荧光染料，通过毛细管电泳检测平台进行检测，分析扩增产物的片段大小进行分型。

毛细管电泳的基本分离原理为：毛细管的两端分别浸在含有电解液的储液槽中，管内也同样充满电解质，其中一端与检测器相连接。当样品被引入后，便开始施加电压，样品中各组分向与自身所带电荷极性相反的电极方向移动，各组分因其分子大小、所带电荷数、等电点等性质的不同而迁移率不同，依次移动至毛细管输出端附近的光检测器，检测、记录吸光度，并在屏幕上以迁移时间为横坐标、吸光度为纵坐标将各组分以吸收峰的形态直观地记录下来，实现样本组分的分离。

【仪器设备与试剂】

1. 仪器设备　PCR 扩增仪、微量移液器、毛细管电泳仪。

2. 试剂　荧光标记引物，10 × PCR buffer，25mmol/L $MgCl_2$，dNTPs 混合物，灭菌超纯水，蒸馏水或去离子水。

【实验步骤】

1. 制备模板 DNA。

2. 将提取的模板进行 PCR 扩增，得到扩增产物。

3. 毛细管电泳仪检测分析（参见 ABI-3130 遗传分析仪使用说明）。

（1）仪器准备：①启动系统；②启动数据收集软件；③检查储胶装置，选择毛细管阵列和分离胶；④制备缓冲液并充满储液瓶。

（2）仪器运行：①准备样品和反应板；②将反应板放在自动进样器上；③链接反应板；④设置一次运行；⑤运行仪器；⑥设置连续运行；⑦在数据收集软件中查看完成运行的数据；⑧查看自动提取的结果；⑨使用自动分析管理软件；⑩查看分析数据。

【结果判断】

扩增产物经毛细管电泳仪检测，数据通过 GeneMapper 分析软件进行分析，获得目的片段的大小及分型。

【注意事项】

1. 在安装 3130 型基因分析仪数据收集软件之前，为仪器计算机指定了一个唯一的名称。一旦安装数据收集软件之后，不得重命名计算机，否则可能引起数据收集软件故障。

2. 向导中定义的毛细管阵列长度必须匹配正在使用的阵列长度，这样才能得到正确的自动分析结果。

3. 处理 POP 胶、毛细管阵列、隔片或缓冲液水杯时，应戴上手套。

4. 若反应板隔板和隔片条带的孔没有正确对齐，可能会损坏毛细管阵列尖。

5. 暂停仪器太长时间，特别是注射样品后，会对数据质量产生不良影响。

实验四十二　常规 STR 多基因座荧光检测分析

【实验目的】

1. 掌握常规检材的试剂盒提取方法。

2. 掌握常规检材的试剂盒扩增方法。

3. 熟悉 ABI-3130 型 DNA 分析仪的检测方法。

【基本原理】

经过筛选的 STR 基因座，扩增条件基本相同，可以在同一个 PCR 体系中同时扩增多个靶基因座即复合扩增，可以满足实际检案对微量检材的用量和检测时间的明确要求，提高了单次检测信息量和个人识别率，降低了成本及检材消耗等。荧光标记复合扩增系统中，同一荧光染料标记的各基因座间扩增产物片段大小不能重叠，但是不同荧光染料标记的基因座间扩增产物片段大小可以重叠。目前，法医 DNA 实验室应用的 STR 复合扩增系统，主要采用 4 色或 5 色荧光标记。

【仪器设备与试剂】

1. 仪器设备　PCR 扩增仪、ABI-3130 型 DNA 分析仪、超净工作台、游涡振荡器、冰箱、微量移液器。

2. 试剂　基因座系统、Hi-Di（TM）甲酰胺、POP-4 胶、1 × Buffer 缓冲液、分子量内标 LIZ500 与 ORG500、分子量分型标准物 Allelic Ladder。

【实验步骤】

1. ABI Identifiler 试剂盒

（1）DNA 提取

1）将血液浸于采血卡上，约 1cm，制成血痕检材。

2）用直径为 2mm 的打孔器打一片血痕。

3）加入 5% 的 Chelex-100 195μl，PK 5μl，混匀。

4）56℃水浴锅中孵育 30～50min，混匀。

5）100℃煮沸 10min，混匀。

6）12 000r/min 离心 5min，留上清，备用。

（2）PCR 复合扩增体系与条件，见表 19-1 与表 19-2。

表 19-1　ABI Identifiler 试剂盒 PCR 复合扩增反应体系

组分	使用量
Mix 混合液	4.0μl
混合引物	2.0μl
模板 DNA	1.0μl
灭菌超纯水	3.0μl
反应总体积	共 10μl

表 19-2　ABI Identifiler 试剂盒 PCR 复合扩增反应条件

反应温度	反应时间	循环次数
95℃	11min	
94℃	20s	循环 29 次
59℃	3min	
60℃	10min	
4℃	保温	

2. Golden eye DNA 身份鉴定系统 20A 试剂盒扩增反应体系与条件，见表 19-3 与表 19-4。

表 19-3　Golden eye DNA 20A 试剂盒 PCR 复合扩增反应体系

组分	使用量
灭菌超纯水	3.84μl
反应缓冲液	4.0μl
引物混合物	2.0μl
Taq DNA 聚合酶	0.16
血痕	直径 1.2mm
反应总体积	共 10μl

表 19-4 Golden eye DNA 20A 试剂盒 PCR 复合扩增反应条件

反应温度	反应时间	循环次数
95℃	5min	
94℃	30s	
60℃	1min	循环 28 次
70℃	1min	
60℃	60min	
4℃	保温	

3. 用 ABI-3130 型 DNA 分析仪电泳分离扩增产物。

【结果判断】

根据各基因座 Allelic Ladder 判断各个样本不同基因座的基因型。

【注意事项】

1. 实验条件如模板上样体积、扩增循环数及电泳进样时间等需要根据本实验室仪器的性能进行优化。

2. 甲酰胺为刺激性的致畸剂，应避免吸入以及直接接触皮肤。

3. 试剂盒所有组分必须避光于 4℃或 −20℃保存。

【思考题】

与 STR 单基因座荧光检测分析相比，多基因座荧光检测分析具有哪些优势？

（苏丽娟）

第二十章　DNA 浓度与质量检测

对于大多数 PCR 反应，确定样本中 DNA 的量是极其重要的，如果作为模板用的 DNA 严重降解或有其他污染物，质量不佳，会直接导致 PCR 扩增失败，尤其是在使用多个 STR 基因座复合扩增试剂盒时，更容易导致 1 个或多个基因座扩增失败或其他异常现象。由于 PCR 反应的最佳模板浓度范围狭窄，扩增反应的效率受 DNA 模板的质量（特别是降解程度）、纯度和浓度的影响很大。因此，为了进一步确保从生物检材中提取的 DNA 能够用于法医物证鉴定，对提取的 DNA 进行浓度与质量的测定至关重要。常见的 DNA 定量检测方法较多，本章介绍紫外分光光度法与琼脂糖凝胶电泳法两种 DNA 定量分析方法。

实验四十三　紫外分光光度法

【实验目的】

1. 掌握紫外分光光度法进行 DNA 定量的基本原理。
2. 掌握紫外分光光度法测定 DNA 质量和浓度的操作方法。

【基本原理】

主要测定 DNA 溶液对光的吸收，DNA 中含有共轭双键，使 DNA 具有 260nm 处的紫外光吸收特征。在 260nm 紫外光下，1 OD 值相当于 50μg/ml 浓度的双链 DNA，40μg/ml 浓度的单链 DNA 溶液。每一种碱基有其不同的吸收峰，A 为 260nm，T 为 264nm，C 为 275nm，G 为 148nm，核酸为 260nm，蛋白质为 280nm，在测定样本 DNA 液 OD_{260} 值的同时测定 OD_{280} 值，然后计算 OD_{260}/OD_{280} 比值，如果比值为 1.8 ~ 2.1，说明样本 DNA 比较纯，如果比值＜1.6，证实样本液中含有过多的蛋白质杂质，需要重新纯化。

【仪器设备与试剂】

1. 仪器设备　试管、试管架、滴管、各种规格移液器、紫外分光光度计。
2. 试剂　DNA 样本、DNA 标准品、去离子水。

【实验步骤】

1. 取每个样本 20μl 用 380μl 去离子水稀释（稀释比例为 1∶20）。
2. 预置紫外分光光度计零点，可以 20μl TE 加 380μl 去离子水。
3. 使每个样本充分混匀，读取在 260nm 与 280nm 的 OD 值。
4. 计算 OD_{260}/OD_{280}，即 OD_{260} 除以 OD_{280} 读数，保留小数点后两位，比值＞1.6，表示结果理想，得到比较纯的 DNA。
5. DNA 浓度计算　未稀释样本 DNA 浓度（μg/ml）＝ OD_{260} × 50μg/ml × 稀释倍数。
6. 每个样本总的 DNA 含量　未稀释样本 DNA 浓度（μg/ml）× 样本总体积（ml）= 总的 DNA 含量（μg）。

【结果判断】

不同 DNA 样本的 OD 值不同，DNA 含量不同。

【注意事项】

1. 检测样品时需设置对照组。

2. 每次检测前后必须将比色杯用超纯水或无水乙醇冲洗干净。

【思考题】

1. 设置 DNA 标准品的作用是什么？

2. 如何判断 DNA 样品的纯度？

实验四十四 琼脂糖凝胶电泳法

【实验目的】

1. 掌握琼脂糖凝胶电泳法进行 DNA 定量的基本原理。

2. 掌握琼脂糖凝胶电泳法测定 DNA 质量和浓度的操作方法。

【基本原理】

DNA 分子是两性分子，在 pH 为 3.5 时，碱基上的氨基基团解离，而 3 个磷酸基团只有第一个磷酸基团解离，整个分子带正电荷，在电场中向负极移动；在 pH 为 8.0 ~ 8.3 时，碱基几乎不解离，磷酸全部解离，核酸分子带负电荷，向正极移动。琼脂糖主要是由 D- 半乳糖和 3, 6- 脱水 L- 半乳糖连接而成的一种线性多糖。琼脂糖加热溶解后分子呈随机线团状分布，当温度降低时链间糖分子上的羟基通过氢键作用相连接而形成孔径结构，随着琼脂糖浓度不同形成的孔径大小也不同。所以，采用适当浓度的琼脂糖介质作为电泳支持物，发挥分子筛功能，使不同大小和构象不同的 DNA 分子泳动率出现较大差异，达到分离的目的。将提取的 DNA 液与一系列已知浓度的 DNA 样品液在同一琼脂糖凝胶上加样电泳，然后用溴乙锭（EB）染色。溴乙锭分子能够嵌入 DNA 双链分子间，在紫外光激发下显示红色荧光，荧光强度与 DNA 的浓度成正比。观察并比较标准含量样本 DNA 荧光强度，定量检材 DNA 浓度。EB 荧光测定法灵敏度高，可以检测出 1 ~ 5ng DNA，是一种半定量方法。

【仪器设备与试剂】

1. 仪器设备 电泳仪、电泳槽、琼脂糖凝胶制胶用槽、移液器、烧杯、电炉、水平仪、移液器、紫外分光光度计、凝胶自动成像仪。

2. 试剂 0.8% 琼脂糖、5 × TBE 电泳缓冲液、6× 上样缓冲液、5μg/ml EB 染色液。

【实验步骤】

1. 琼脂糖凝胶的制备 预先制作 8cm × 10cm 大小，两侧有 0.8cm 高边的制胶用有机玻璃槽，与电泳槽的大小合适。槽的两端敞开，用透明胶纸封紧，形成 8cm × 10cm × 0.8cm 的灌胶用凹槽。透明胶纸封紧的一端放置一个加样槽梳子。将灌胶用槽按水平位置放置在工作台面。将烧杯中的 0.8% 琼脂糖凝胶液约 50ml 在电炉中加热使其完全熔化。待冷至 60℃时，将胶液倒入制胶用凹槽内。待胶液冷凝，然后置于 4℃约 10min。取出后，轻轻拔出加样槽梳子，凝胶上便会形成与梳子齿数相应数量的加样凹槽。除去凝胶槽两端的透明胶纸，将槽连同凝胶一起置入电泳槽中，加入 1 × TBE，使电泳缓冲液的液平面高于凝胶面 5mm 左右。

2. 加样 将待测 DNA 样本和作为参照物的已知浓度的 DNA 溶液各自按 5 : 1（V/V）的比例加入上样缓冲液，混匀后，按序分别加入各个加样凹槽中。

3. 电泳　接通电源，按 20V/cm 的电压电泳，至溴酚蓝染料电泳至接近凝胶另一侧的 1 ~ 2cm 距离时，停止电泳。

4. 染色　将制胶用槽连同凝胶一起放入 EB 染色液中染色，10min 后取出。

5. 观察与拍照　将凝胶板置于暗箱的紫外灯下，观察结果并拍照。

【结果判断】

1. 观察待测 DNA 样本的分子量大小　用 DNA 分子量标准物质的迁移距离作为参照，比较待测 DNA 样本的迁移距离。如果待测 DNA 条带仍然停留在加样槽附近，与标准物中最大分子量的 DNA 条带接近，且条带边界清晰，表示 DNA 样本为大分子。如果 DNA 条带呈涂布状，甚至有部分 DNA 分子电泳至接近溴酚蓝染料带，则表示 DNA 分子已经降解成小片段。

2. 观察待测 DNA 样本的浓度　同样用 DNA 分子量标准物作为参照比对荧光强度，可以估算出待测 DNA 样本的浓度。

【注意事项】

1. EB 染色液具有致癌性，操作时要戴手套。

2. 观察结果时，要注意有效的防护措施。

（苏丽娟）

第二十一章　法医物证司法鉴定文书的书写

鉴定是指在诉讼过程中，司法机关指派或聘请具有专门知识的人就案件中的专门性问题做出判断性结论的科学活动。这种判断性结论是鉴定人在进行实验分析和研究案件有关材料后，对案件中的特定问题所做出的判断性意见，书面表现形式是鉴定书。为了保证鉴定结论的准确与可靠，鉴定人必须是由获得相应鉴定资格、具有专业知识与专业技能的人承担。鉴定人出具的法医物证鉴定书作为一种独立的诉讼证据，具有客观性、证明性、科学性、可重复性和非法律评价性的特点。因此，鉴定书的书写内容与文本格式必须具有严格的规范与要求。本章介绍法医物证司法鉴定文书的书写规范并给出相应的范文以供参考。

一、法医物证司法鉴定文书的内容

（一）基本情况

介绍法医物证检验的一般项目，包括委托单位名称和委托负责人、委托日期、委托鉴定事项、鉴定日期、鉴定材料、鉴定地点、被鉴定人的情况等。

（二）检案摘要

根据委托单位的介绍，记录案件的详细情况、鉴定要求及鉴定用途。

（三）检材的描述

对送检检材的名称、检材数量、种类及保存方式进行详细描述，并注明其他需要说明的情况。

（四）检验过程

简要说明检验使用的仪器设备的名称、试剂、方法与步骤，详细记录检测结果数据。

（五）分析说明

说明本检验系统使用的遗传标记与系统效能指标（如个人识别率、非父排除概率等）；根据检验结果进行分析，并讨论做出“鉴定意见”的依据；提供能够表明“鉴定意见”可靠程度的数据，如亲权指数、似然率等。

（六）鉴定意见

根据委托鉴定要求，依据检验结果做出科学的鉴定意见。

（七）附件

被鉴定人有效身份证件复印件，被鉴定人照片复印件，检材照片复印件，×× 司法鉴定中心和鉴定人执业许可证复印件。

（八）司法鉴定人签名，司法鉴定机构盖章

二、法医物证司法鉴定文书范文

×× 司法鉴定中心法医物证鉴定

×× 司法鉴定中心 [2014] 物鉴字第 ×× 号

（一）基本情况

委托人：××

委托鉴定事项：亲子鉴定

受理日期：2014 年 ×× 月 ×× 日

鉴定材料：血痕

鉴定日期：2014 年 ×× 月 ×× 日

鉴定地点：×× 司法鉴定中心

在场人员：××

被鉴定人：××，男，身份证号 ×××，现住址：×××；
　　　　××，女，身份证号 ×××，现住址：×××；
　　　　××，女，身份证号 ×××，现住址：×××。

（二）检案摘要

受 ×× 委托，对 ××（被检父，AF）、××（被检母，AM）与 ××（孩子，C）进行亲缘关系鉴定，鉴定 ×× 是否为 ×× 的生物学父亲。鉴定用于 ×××。

（三）检验过程

1. 检材提取　在 ×× 司法鉴定中心采集 ××、×× 与 ×× 的血液，载于采血卡上，制成血痕检材，每人各 2 份。

2. STR 多态性检验　取适量血痕检材，用基点认知公司 Golden eye DNA 身份鉴定系统 20A 试剂盒（直扩型）进行 PCR 复合扩增，扩增产物经 ABI-3130 型基因分析仪电泳分离和激光扫描分析，得到 DNA 分型结果。

（四）检验结果

检查结果见表 21-1。

（五）分析说明

DNA 是人类的遗传物质，由父、母各提供一半组成，故每一个体的 DNA 一半与父亲相同，一半与母亲相同。D19S433、D5S818、D21S11、D18S51、D6S1043、D3S1358、D13S317、D7S820、D16S539、CSF1PO 、Penta D、vWA、D8S1179、TPOX、Penta E、TH01、D12S391、D2S1338、FGA 19 个基因座均是人类的遗传标记，遵循孟德尔遗传规律，联合应用进行亲子关系鉴定，其累积非父排除率（CPE）为 0.9999999987，为高效能的遗传分析系统。本案例中，“孩子” ×× 的等位基因一半均可在母亲 ×× 的基因型中找到来源，另一半均可在“被检父” ×× 的基因型中找到来源。根据上述结果，按照“19 个 STR 基因座的等位基因分布频率”的数据统计信息，计算“被检父” ×× 作为“孩子” ×× 生物学父亲的累积亲权指数（CPI）为 8.3115×10^{10}，支持 ×× 是 ×× 的生物学父亲。

（六）鉴定意见

在排除同卵双胞胎、近亲及外源干扰的前提下，×× 是 ×× 的生物学父亲，从遗传学角度已经得到科学合理的确认。

表 21-1 检查结果

检测系统	××（AF）	××（AM）	××（C）	PI
D19S433	15-15.2	15-15.2	12-15.2	2.3441
D5S818	12-13	10-13	10-11	2.2026
D21S11	29-30	29-29	29-30	2.4143
D18S51	16-21	13-16	13-17	3.5613
D6S1043	14-19	14-18	12-18	2.8719
D3S1358	15-16	15-16	16-18	0.6941
D13S317	8-9	8-10	10-14	3.0807
D7S820	11-11	11-12	12-12	4.8757
D16S539	11-12	10-12	10-12	2.8058
CSF1PO	12-14	12-14	11-12	1.4693
Penta D	9-11	11-13	8-13	4.1494
vWA	16-19	14-19	14-18	1.7908
D8S1179	12-13	13-15	12-15	2.5088
TPOX	8-10	8-10	8-11	1.6773
Penta E	5-10	10-10	10-14	12.500
TH01	9-9	7-9	7-7	3.4904
D12S391	15-22	15-20	20-22	147.0588
D2S1338	18-22	18-24	24-24	6.9252
FGA	24-24	20-24	20-21	10.9170

附件：1. 被鉴定人有效身份证件复印件。
2. 被鉴定人照片复印件。
3. 检材照片复印件。
4. ×× 司法鉴定中心和鉴定人执业许可证复印件。

司法鉴定人：××
《司法鉴定人执业证》证号：×××
司法鉴定人：××
《司法鉴定人执业证》证号：×××
二〇一四年 ×× 月 ×× 日
（司法鉴定机构盖章）

（苏丽娟）

第三篇

法医临床学实验

第二十二章　鉴定程序

实验四十五　案件受理、鉴定人以及鉴定书的书写

鉴定是指公安、检察、审判机关为了查明案情，解决案件中某些专门性问题，需要运用专门知识和技能，对某事物进行鉴别和判定的一种活动。鉴定程序是指司法鉴定机构和司法鉴定人进行鉴定活动应当遵循的方式、方法、步骤以及相关的规则和标准。司法鉴定机构和司法鉴定人进行司法鉴定活动，应当遵守法律、法规、规章，遵守职业道德和职业纪律，尊重科学，遵守技术操作规范。

【实验目的】

使学生掌握司法鉴定程序，依法受理法医临床学案件，规范鉴定书的书写格式，使鉴定结论能够更好地为民事、刑事案件或委托人的其他诉讼要求提供科学证据。

【实验要求】

掌握鉴定受理的基本事项，掌握鉴定书的规范格式和书写方法，了解与鉴定有关的法律知识，了解鉴定人的权利、义务和出庭质证的有关问题。

【实验内容】

包括鉴定委托与受理、鉴定人与鉴定书、鉴定的形式、法医临床学鉴定相关国家标准等。

一、鉴定委托与受理

（一）鉴定委托

鉴定委托是启动法医临床学司法鉴定工作的第一步，没有委托的鉴定属非法鉴定，其鉴定结论不能作为证据使用。

1. 法律依据　中华人民共和国司法部令 107 号《司法鉴定程序通则》(2007 年) 第十一条：司法鉴定机构应当统一受理司法鉴定的委托。第十二条：司法鉴定机构接受鉴定委托，应当要求委托人出具鉴定委托书，提供委托人的身份证明，并提供委托鉴定事项所需的鉴定材料。委托人委托他人代理的，应当要求出具委托书。

鉴定委托是鉴定的委托主体向鉴定的实施主体提出的进行鉴定的要求。司法机关、党政机关、企事业单位、社会团体等均可委托司法行政机关批准及注册的司法鉴定机构及司法鉴定人进行鉴定。

2. 委托书　委托人在委托鉴定时应当出具鉴定委托书，委托人委托他人代理的，应当出具委托代理证明。委托书内容应包括：拟委托的鉴定机构、委托鉴定的内容、简要案情、委托鉴定提供的鉴定材料以及被鉴定人的自然情况 (姓名、性别、年龄、工作单位或住址等)、委托机关或单位、委托人、委托日期。

委托鉴定事项属于重新鉴定的，应当在委托书中注明。委托人应当向司法鉴定机构提供真实、完整、充分的鉴定材料，并对鉴定材料的真实性、合法性负责。

委托人不得要求或者暗示司法鉴定机构和司法鉴定人按其意图或者特定目的提供鉴定意见。

（二）鉴定受理

1. 资料审查 鉴定机构接受委托时，应当对委托的鉴定事项进行审查，对属于本机构司法鉴定业务范围，委托鉴定事项的用途及鉴定要求合法，提供的鉴定材料真实、完整、充分的鉴定委托，应当予以受理。对提供的鉴定材料不完整、不充分的，司法鉴定机构可以要求委托人补充，委托人补充齐全后方可受理。

法医临床学鉴定的资料通常包括简要案情、有关案件的书面资料，如对案件的调查笔录、现场的勘查记录等，还有伤者的病历资料、影像学和血清学检查报告单、照片等。详细了解案件发生的原因、时间、地点、事件经过和参与人员；了解伤者受伤部位、致伤物、伤后经过和治疗情况，以便在检查时做到思路清晰、主次分明，及时识别诈病、诈伤。

2. 受理答复时间 司法鉴定机构对符合受理条件的鉴定委托，应当即时做出受理的决定；不能即时决定受理的，应当在七个工作日内做出是否受理的决定，并通知委托人；对通过信函提出鉴定委托的，应当在十个工作日内做出是否受理的决定，并通知委托人；对疑难、复杂或者特殊鉴定事项的委托，可以与委托人协商确定受理的时间。

3. 具有下列情形之一的鉴定委托，司法鉴定机构不得受理：

（1）委托事项超出本机构司法鉴定业务范围的；

（2）鉴定材料不真实、不完整、不充分或者取得方式不合法的；

（3）鉴定事项的用途不合法或者违背社会公德的；

（4）鉴定要求不符合司法鉴定执业规则或者相关鉴定技术规范的；

（5）鉴定要求超出本机构技术条件和鉴定能力的；

（6）不符合《司法鉴定程序通则》第二十九条规定的；

（7）其他不符合法律、法律、规章规定情形的。

（三）协议书

鉴定机构决定受理鉴定委托的，应当与委托人在协商一致的基础上签订司法鉴定协议书。

1. 司法鉴定协议书应当载明下列事项：

（1）委托人和鉴定机构的基本情况；

（2）委托鉴定的事项；

（3）委托鉴定的要求；

（4）委托鉴定事项涉及的案件的简要情况；

（5）委托人提供的鉴定材料；

（6）鉴定过程中双方的权利、义务；

（7）鉴定费用及收取方式；

（8）鉴定风险提示；

（9）其他需要载明的事项。

2. 因鉴定需要耗尽或者可能损坏检材的，或者在鉴定完成后无法完整退还检材的，应当事先向委托人讲明，征得其同意或者认可，并在协议书中载明。

3. 在进行鉴定过程中需要变更协议书内容的，应当由协议双方协商确定。

4. 协议书范例见表 22-1。

（四）被鉴定人检查

1. 一般检查 包括身体发育、营养状况、意识状态、体位、步态等，必要时测量脉搏、血压、呼吸和体温。

表 22-1 ×× 司法鉴定中心法医临床鉴定协议书

案件编号：________________

<table>
<tr><td>委 托 方</td><td></td><td>联 系 人</td><td></td></tr>
<tr><td>联系地址</td><td></td><td>联系电话</td><td></td></tr>
<tr><td>委托日期</td><td>年 月 日</td><td>送 检 人</td><td></td></tr>
<tr><td>司法鉴定机构</td><td colspan="3">1. 名称：×× 司法鉴定中心； 2. 许可证号：×××××××××</td></tr>
<tr><td>委托鉴定事项</td><td colspan="3"></td></tr>
<tr><td>委托鉴定要求</td><td colspan="3"></td></tr>
<tr><td rowspan="2">案情摘要</td><td colspan="3">被鉴定人姓名： 性别： 年龄： 民族： 职业：</td></tr>
<tr><td colspan="3"></td></tr>
<tr><td>鉴定材料</td><td colspan="3"></td></tr>
<tr><td colspan="4">报告发送：
☐自取（凭身份证、协议书副本等有效凭证领取鉴定文书） ☐邮寄：邮编： 收件人：
邮寄地址：</td></tr>
<tr><td colspan="4">协议事项：
1. 鉴定工作按照司法部《司法鉴定程序通则》进行。
2. 委托方应如实提供案件情况和检验材料。因提供虚假情况或不真实材料而产生的后果，由委托方负责。
3. 接受委托后，经审查，有下列情形之一的，鉴定人有权终止协议书的履行：①出现不可抗力使鉴定无法继续进行的；②确需补充鉴定材料而无法补充的；③发现自身难以解决的技术问题的。
4. ☐委托方申请鉴定人回避。 申请回避鉴定人：________________
5. 鉴定时间从协议书签订之日起 ____个工作日完成。需补充鉴定材料或遇疑难问题等确需延长鉴定时限的，由双方另行商定。
6. 本例鉴定按照（标准 / 协议）收费____元。</td></tr>
<tr><td>鉴定风险提示</td><td colspan="3">1. 鉴定意见属专业性意见，其是否被采信取决于办案机关的审查和判断，鉴定人和鉴定机构无权干涉；2. 由于鉴定材料和客观条件限制，并非所有的鉴定都能得出明确的意见；3. 鉴定活动遵循独立、客观、公正的原则，因此，鉴定意见可能对当事人各方有利，也可能不利。</td></tr>
<tr><td>备 注</td><td colspan="3"></td></tr>
<tr><td colspan="4">委托单位（人）________（签名或盖章） 受理机构鉴定人________（签名、公章）
年 月 日 年 月 日</td></tr>
</table>

注：1. 此件一式两份，一份留鉴定机构，一份交委托方。
2. 涉及选择项目，确定后选择项目在☐上画“√”。

2. 法医检查　仔细地检查全身各部位有无损伤，损伤的部位、类型、数目、大小、颜色、形态、形状和方向、有无遗留物。详细描述损伤的准确位置及毗邻关系。描述损伤的形状时应用几何术语，如圆形、椭圆形、线性、弧形等。对于所有的损伤检查及影像学资料要做好实时记录并照相（必须放置比例尺、本案唯一标志的鉴定编码），如有必要还应进行现场录像。

3. 辅助检查　包括血、尿、脑脊液的生化检查；CT、X 线检查、磁共振及超声检查；心电图、肌电图、诱发电位等各种电生理检查以及其他检查，在检查时注意诈伤及诈病等的鉴别诊断。

4. 女性妇科检查　应当由女性司法鉴定人进行；若无女性司法鉴定人，应当有女性工作人员在场。

5. 损伤鉴定的时限　活体损伤案件鉴定，时间过早或过晚均对鉴定结论有较大影响。法医临床工作者必须掌握好适当的鉴定时限，一般要在医疗终结后进行（是指伤者在治疗和恢复后伤情稳定，不再需要进行临床治疗——不包含取内固定、颅骨修补及后遗症门诊随访等），这对损伤、评残案件的准确定论至关重要。

《人体损伤程度鉴定标准》鉴定原则：遵循实事求是的原则，坚持以致伤因素对人体直接造成的原发性损伤及由损伤引起的并发症或者后遗症为依据，全面分析，综合鉴定；对于以原发性损伤及其并发症作为鉴定依据的，鉴定时应以损伤当时伤情为主，损伤的后果为辅，综合鉴定；对于以容貌损害或者组织器官功能障碍作为鉴定依据的，鉴定时应以损伤的后果为主，损伤当时伤情为辅，综合鉴定。

以原发性损伤为主要鉴定依据的，伤后即可进行鉴定；以损伤所致的并发症为主要鉴定依据的，在伤情稳定后进行鉴定。

以容貌损害或者组织器官功能障碍为主要鉴定依据的，在损伤 90 日后进行鉴定；在特殊情况下可以根据原发性损伤及其并发症出具鉴定意见，但须对有可能出现的后遗症加以说明，必要时应进行复检并予以补充鉴定。

疑难、复杂的损伤，在临床治疗终结或者伤情稳定后进行鉴定。

二、鉴定人与鉴定书

（一）鉴定人

1. 鉴定人是指接受公安、检察、审判机关指派、聘请后运用专门的知识和技能对案件中某些专门性问题，进行鉴定和判定的人。

法医临床学鉴定人是指受司法机关聘请或司法鉴定部门指派，具有法医临床学知识和司法鉴定权，从事法医临床学鉴定的人。

法医临床学鉴定人需经省级司法行政机关审核登记，取得《司法鉴定人执业证》，按照登记的司法鉴定执业类别（法医临床鉴定），从事司法鉴定工作。司法鉴定人只能在一个司法鉴定机构中执业。

2. 鉴定机构受理鉴定委托后，应当指定本机构中具有该鉴定事项执业资格的鉴定人进行鉴定。对同一鉴定事项，应当指定或者选择两名鉴定人共同进行鉴定；对疑难、复杂或者特殊的鉴定事项，可以指定或者选择多名鉴定人进行鉴定。

（二）法医临床学鉴定的形式

法医临床学鉴定的形式主要有：一般鉴定、联合鉴定、补充鉴定和重新鉴定等。

（三）鉴定人的权利和义务

1. 鉴定人的权利

（1）了解、查阅与鉴定事项有关的情况和资料，询问与鉴定事项有关的当事人、证人等。

（2）要求鉴定委托人无偿提供鉴定所需要的鉴材、样本。

（3）进行鉴定所需的检验、检查和模拟实验。

（4）拒绝接受不合法、不具备鉴定条件的鉴定或超出登记的执业类别的鉴定委托。

（5）拒绝解决、回答与鉴定无关的问题。

（6）鉴定意见不一致时，保留不同意见。

（7）接受岗前培训和继续教育。

（8）获得合法报酬。

（9）法律、法规规定的其他权利。

2. 鉴定人的义务

（1）受所在司法鉴定机构指派，按照规定时限独立、客观、公正地完成鉴定工作，并出具鉴定意见。

（2）对鉴定意见负责。

（3）依法回避。

（4）妥善保管送检的鉴材、样本和资料。

（5）保守在执业活动中知悉的国家秘密、商业秘密和个人隐私。

（6）依法出庭作证，如实回答与鉴定有关的咨询。

（7）自觉接受司法行政机关的管理和监督、检查。

（8）参加司法鉴定岗前培训和继续教育。

（9）法律、法规规定的其他义务。

（四）鉴定人出庭

1. 鉴定人出庭质证的法律依据　鉴定意见作为一种法定的证据形式，同其他形式的证据一样，必须经过查证属实方可成为定案的依据，这是证据法的基本要求。我国有关法律法规对鉴定人出庭作证已有明确规定，如我国《新刑事诉讼法》第106条、182条、185条、189条，《新民事诉讼法》第44条、73条、74条、78条、79条、136条、137条等，《最高人民法院关于民事诉讼证据若干规定》和《最高人民法院关于行政诉讼证据若干问题规定》中对鉴定人出庭作了具体规定。

2. 鉴定人出庭的主要任务

（1）陈述鉴定意见和结论。

（2）阐明鉴定人作出鉴定结论的依据和科学道理。

（3）接受来自当事人、当事人委托的辩护人、诉讼代理人、公诉人及审判人员等针对鉴定意见提出的质证。

（4）对他们围绕鉴定意见提出的有关问题进行回答、解释和说明。

3. 鉴定人出庭的意义　第十届全国人大常委会第十四次会议通过的《关于做好司法鉴定管理问题的决定》中第十一条规定：在诉讼中当事人对鉴定意见有异议的，经人民法院依法通知，鉴定人应当出庭作证。2007年司法部颁发的《司法鉴定程序通则》第七条：司法鉴定人经人民法院依法通知，应当出庭作证，回答与鉴定事项有关的问题。以上对进一步规范司法鉴定，保障诉讼活动的顺利进行，具有重要意义。

（1）适应审判方式的改革需要：1996年我国刑事诉讼法重新修订后，庭审方式由纠问式转变为抗辩式，控辩双方谁主张谁举证，坚持在法庭上举证、质证和辩论，强调有证举在法庭、事实查明在法庭。司法鉴定人对其所作的法医学鉴定出庭进行解释并接受各方质证，其结果是使鉴定结论经受考验成为合法证据。

（2）有利于司法公正：鉴定人出庭接受质证，对有关疑问和意见做出解答。由于鉴定结论涉及一些复杂的专业性问题，单凭鉴定文书的有限内容，往往难以让非专业领域的人士充分理解其中的科学含义，所以由鉴定人出庭对鉴定结论成立的理由和方法加以系统地、严谨地分析论证，使当事人的异议解除。

（3）推动法医临床学鉴定的规范化进程和有利于对鉴定人的监督：2007 年通过的《司法鉴定程序通则》中规定：司法鉴定人应当依据本专业领域的技术标准和技术规范进行鉴定。这一规定推动了法医临床学鉴定更加制度化、标准化。由于鉴定活动受到鉴定人的职业经验、业务水平、专业经验和鉴定条件等因素的影响，鉴定人不出庭而将对鉴定结论的采信完全依赖法官的自由心证，不仅不利于对鉴定人的监督，也不利于激励、鞭策鉴定人客观、公正地出具鉴定结论，排除案外因素的干扰。鉴定人出庭就是要将案件中的专门知识向当事人及案件审理人员呈现，是鉴定客观性、科学性的体现。只有鉴定人出庭制度得到真正落实，提高鉴定的透明度和审判的透明度才真正能够得以实现，对鉴定人的监督才真正得以落实到位。

（4）鉴定人出庭作证对解决现阶段“多次鉴定”、“重复鉴定”问题有重要意义。由于我国目前面向社会服务的司法鉴定机构快速增加，在这种体制下，一方面是鉴定机构的重复配制，造成资源的浪费；另一方面，各司法鉴定机构水平参差不齐，重复鉴定不可避免，导致纠纷不断。因此也就出现了多头鉴定、重复鉴定现象，且越是复杂、专业性越强的案件就越容易出现这些问题，使得当事人的纠纷转为鉴定的纠纷，不仅不利于社会的和谐，反而增加矛盾，降低了司法鉴定的公信力。

4. 出庭前的注意事项

（1）重温案情，详细复查鉴定工作：再次熟悉案件的现场勘察、侦查、检查情况，了解控辩双方所掌握和提出的关键性问题，对检案的受理、检验鉴定、结论重新仔细检查。包括对鉴定书的格式、鉴定日期、结案日期和受案的程序的合法性，检材的真实有效性，鉴定书所引用的由各专业实验室或临床医师、临床相关科室提供的报告的真实有效性，检验方法的科学性和先进性，论证的严谨性和结论的正确性等做到严格审查，心中有数。

（2）准备答问提纲：司法鉴定人接到出庭通知后，仔细分析、预测法庭上会对哪些问题质疑。其中，律师提的问题最多，而且会对一个问题从不同角度询问，寻找漏洞，其目的是想找出破绽。鉴定人应当在开庭前针对这些问题，做好详细的解答提纲，做到有的放矢，对答如流。

（3）备齐资料：鉴定过程中形成的全部资料应随时准备调用，包括鉴定委托书及协议书的复印件、鉴定程序合法性的说明、鉴定书复印件、鉴定结果的真实性、科学性的记录材料等。必要时准备多媒体文件、模型、示意图等。

（4）相关资质凭证的准备：鉴定机构资质证明、个人资格证件及执业证书、个人身份证件等。

（5）了解鉴定结论和鉴定人在诉讼活动中的地位和作用：鉴定结论只是诉讼活动中证据的一种，它是鉴定人根据自己的专业知识、技能和经验对案件的某些专门性问题在分析、鉴别后做出的判断性认识，受到一定的条件和环境的制约。即使是最优秀的鉴定人采用最先进的设备和方法做出的鉴定，有时也难免由于主客观的限制而造成失误。鉴定人需具备科学、客观、独立、公正的鉴定立场。

5. 出庭时的注意事项

（1）准时出庭：应按法院规定的时间到达法院，并与该案的书记员联系，提供相关资质凭证，等候安排。

（2）注意自身形象、维护法庭尊严：出庭时，衣冠整洁，举止大方，态度诚恳，冷静、自信，尊重对方，遵守法庭纪律。

（3）鉴定人证词必须真实、精确：特别是一些关键性的证词，鉴定人在多次回答时应当保持一致。当有人询问时，鉴定人要全神贯注，认真倾听，对所提问题必须当场完全准确地理解。回答质疑，尤其是解答专业性较强的问题时，语言上要尽量通俗易懂、准确，切忌含糊其辞。

（4）有礼貌地拒绝回答与鉴定无关的问题：提高警觉，避免被诱导上当。对未经审判长许可或与鉴定结论无关的发问，不应回答，对于无理取闹和纠缠者应提请审判长予以制止。

（5）鉴定人出庭作证，使审判工作增加了科技含量：科学、可靠的鉴定是由鉴定人所负的神圣使命所决定的。鉴定人在法庭上只能讲述自己专业内的技术问题与自己亲眼所见的事实和检验结果，或者自己亲自验收、认定的由他人检验的结果以及由此得出的结论。绝对不能把自己的推测或是自己不确定的检验结果当成是结论在法庭上陈述。

（6）由于技术水平、认识程度和鉴定条件等主、客观条件的限制，难免会出现鉴定质量不高或错误结论，一经发现，作为鉴定人要正视现实，坚持实事求是的科学态度，勇于承认错误，及时加以纠正。若遇有争议的问题，以至影响到鉴定结论的科学可靠程度，又不能当庭解决的，可由法庭决定进行补充鉴定或重新鉴定。

（7）熟悉一般律师质证要点：①鉴定文书表面内容是否存在瑕疵（签名、盖章）；②申请和委托程序及申请时间是否符合规定；③鉴定机构和鉴定人是否具备相应资质；④鉴定人是否应当回避；⑤是否存在影响公正鉴定的因素；⑥鉴定程序是否合法完善；⑦鉴定材料是否真实有效；⑧鉴定方法是否科学、实用；⑨鉴定结论是否合理，是否与其他证据矛盾。

6. 出庭后的工作

（1）如果鉴定工作还需要补充，应在指定的时间内努力完成。

（2）总结经验，为完善和改进技术工作提供借鉴。

（3）及时将出庭所用的资料和证据以及庭审前后形成的全部材料一并归纳整理存档，妥善保存。

（五）鉴定书

1. 鉴定书格式及基本要求

（1）鉴定书应包括的内容：法医临床学鉴定文书是司法鉴定机构和鉴定人依照法定条件和程序，运用临床医学和法医学的理论和技术对诉讼中涉及的人体伤、残和其他生理、病理等专门性问题进行分析、鉴别和判断后出具的记录和反映法医临床学鉴定过程和法医临床学鉴定意见的书面载体。

法医临床学鉴定文书一般由封面、正文和附件组成。法医临床学鉴定文书的封面应当写明司法鉴定机构的名称、司法鉴定文书的类别和司法鉴定许可证号；封二应当写明声明、司法鉴定机构的地址和联系电话。

（2）法医临床学鉴定文书正文应当符合下列规范和要求

1）标题：写明司法鉴定机构的名称和委托鉴定事项（损伤程度、伤残程度、护理依赖程度、医疗过错……）。

2）编号：写明司法鉴定机构缩略名、年份、专业缩略语、文书性质缩略语及序号。

3）基本情况：写明委托人、委托鉴定事项、受理日期、鉴定材料、鉴定日期、鉴定地点、在场人员、被鉴定人及相关临床资料摘录等内容。鉴定材料应当客观写明委托人提供的与委托鉴定事项有关的检材和鉴定资料的简要情况，并注明鉴定材料的出处；临床资料摘录包括急诊、门诊及住院病历、各种辅助检查报告。

4）案情摘要：写明委托鉴定事项涉及案件的简要情况，包括事件发生的原因、时间、地点、人物、致伤物、致伤经过、受伤部位及症状等。

5）检验过程：写明鉴定的实施过程和科学依据，包括检材处理、鉴定程序、所用技术方法、技术标准和技术规范等内容。

6）检验结果：写明对委托人提供的鉴定材料和伤者进行检验、检查后得出的客观结果。

7）分析说明：根据鉴定时提供的案情、临床资料、法医学检查结果，运用医学和法医学理论，针对鉴定事项进行论述。一要明确诊断，二要明确因果关系，三要明确适用的鉴定标准条款。在论述过程中，尽量运用医学专业以外的人员能够理解的语言和文字，要注意运用证据的客观性、知识的科学性、论述的逻辑性和采用检查手段的先进性。"分析说明"能够体现鉴定人的专业水平、业务能力和文学修养，因此，该部分是鉴定书中最重要的内容，也是鉴定书能否被采信的关键。

8）鉴定意见：根据检验结果和分析说明，给出损伤性质、损伤程度及伤残程度等结论。

9）落款：由法医临床学鉴定人签名或者盖章，并写明鉴定人的执业证号，同时加盖司法鉴定机构的司法鉴定专用章，并注明文书制作日期等。

10）附注：对司法鉴定文书中需要解释的内容，可以在附注中作出说明。法医临床学鉴定文书附件应当包括与鉴定意见、检验报告有关的关键图表、照片等，以及有关音像资料、参考文献等的目录。

2. 鉴定书范本　见图 22-1。

3. 鉴定书示例　见图 22-2。

（六）鉴定书完成时限

1. 鉴定人应当在与委托人签订司法鉴定协议书之日起三十个工作日内完成委托事项的鉴定。

2. 鉴定事项涉及复杂、疑难、特殊的技术问题或者检验过程需要较长时间的，经鉴定机构负责人批准，完成鉴定的时间可以延长，延长时间一般不得超过三十个工作日。

司法鉴定机构与委托人对完成鉴定的时限另有约定的，从其约定。

在鉴定过程中补充或者重新提取鉴定材料所需的时间，不计入鉴定时限。

（七）终止鉴定

鉴定过程中，遇有下列情形之一的，可以终止鉴定：

1. 发现委托鉴定事项的用途不合法或者违背社会公德。

2. 委托人提供的鉴定材料不真实或者取得方式不合法。

3. 因鉴定材料不完整、不充分或者因鉴定材料耗尽、损坏，委托人不能或者拒绝补充提供符合要求的鉴定材料。

4. 委托人的鉴定要求或者完成鉴定所需的技术要求超出本机构的技术条件和鉴定能力。

5. 委托人不履行司法鉴定协议书规定的义务或者被鉴定人不予配合，致使鉴定无法继续进行。

6. 因不可抗力致使鉴定无法继续进行。

7. 委托人撤销鉴定委托或者主动要求终止鉴定。

×× 司法鉴定中心司法鉴定意见书

（司法鉴定机构的名称＋司法鉴定文书类别的标题：
一般 2 号或小 1 号宋体，加黑，居中排列）

司法鉴定许可证号：000000000

（司法鉴定机构许可证号：3 号仿宋体，居中排列）

声 明

（2 号宋体，加黑，居中排列）

1. 委托人应当向鉴定机构提供真实、完整、充分的鉴定材料，并对鉴定材料的真实性、合法性负责。

2. 司法鉴定人按照法律、法规和规章规定的方式、方法和步骤，遵守和采用相关技术标准和技术规范进行鉴定。

3. 司法鉴定实行鉴定人负责制度。司法鉴定人依法独立、客观、公正地进行鉴定，不受任何个人和组织的非法干预。

4. 使用本鉴定文书应当保持其完整性和严肃性。

（声明内容：3 号仿宋体）

地址：×× 市 ×× 路 ×× 号（邮政编码：000000）
联系电话：0000-0000000

（司法鉴定机构的地址及联系电话：4 号仿宋体）

共 页 第 页

图 22-1 鉴定书范本

标题

（司法鉴定机构名称＋委托鉴定事项，小 2 号黑体，居中排列）

编号：×× 司法鉴定中心 [201×] × 鉴字第 × 号

（编号：包括司法鉴定机构缩略名、年份、专业缩略语、文书性质缩略语及序号；年份、序号采用阿拉伯数字标志，年份应标全称，用方括号“[]”扩入，序号不编虚位。5 号宋体，居右排列。编号处加盖司法鉴定机构的司法鉴定专用章钢印）

一、基本情况（3 号黑体）

委托人：××××（二级标题：4 号黑体，段首空 2 字）

（文内 4 号仿宋体，两端对齐，段首空 2 字，行间距一般为 1.5 倍。日期、数字等均采用阿拉伯数字标志。）

委托鉴定事项：

受理日期：

鉴定材料：

鉴定日期：

鉴定地点：

在场人员：

被鉴定人：

二、检案摘要

三、检验过程

四、分析说明

五、鉴定意见

司法鉴定人签名或盖章：××

《司法鉴定人执业证》证号：×××

（司法鉴定机构司法鉴定专用章）

二〇一×年×月×日

（文书制作日期：用简体汉字将年、月、日标全，“零”写为“○”，居右排列。日期处加盖司法鉴定机构的司法鉴定专用章红印）

图 22–1　鉴定书范本（续）

×× 司法鉴定中心伤残等级鉴定

××司法鉴定中心 [2013] 临鉴字第 ×× 号

一、基本情况

委托人：×××× 人民法院。

委托鉴定事项：伤残等级评定。

受理日期：2013 年 12 月 4 日。

鉴定材料：×× 医院住院病历复印件 23 页，X 线片 5 张，MRI 片 2 张。

鉴定日期：2013 年 12 月 4 日。

鉴定地点：×× 司法鉴定中心检验室。

在场人员：张 ××，李 ××。

被鉴定人：张 ××，男，45 岁，身份证号 000000000000000000，现住 ×× 省 ×× 市 ×× 县。

二、检案摘要

（一）据委托书记载：2013 年 06 月 30 日，张 ×× 在 ×× 市 ×× 路骑自行车与李 ×× 驾驶的小轿车发生碰撞，致使其受伤，现申请对其伤残等级进行法医学评定。

（二）2013 年 06 月 30 日 ×× 医院住院病历（住院号：635302）载：张 ×× 因"右膝、右踝肿痛、活动受限 3 小时"收入院。T 36℃，P 78 次 / 分，R 20 次 / 分，BP 139/91mmHg。专科情况：右膝部略有肿胀，无明显畸形，局部皮温正常，触压痛阳性，足跟纵向叩击痛（+），因疼痛右膝部主、被动活动受限，右下肢无明显短缩，右足背动脉搏动有力，左侧正常，右足诸趾感觉无明显减退，血运佳，活动自如。右外踝略肿胀，压痛阳性。2013 年 07 月 02 日行"右胫骨平台骨折切开探查、复位内固定术"，术后对症治疗，于 2013 年 09 月 04 日出院。出院诊断：右胫骨平台骨折；右踝外伤；右膝前交叉韧带损伤；右膝外侧副韧带损伤；右膝内侧半月板损伤。

图 22-2 鉴定书示例

三、检验过程

受检人拄单拐右下肢跛行步入检查室，神清语晰，问答切题，查体合作。右膝外侧至右小腿中上段见长 15cm 手术切痕，右小腿中段前见 2 处直径约 0.5cm 瘢痕；右膝关节屈曲 80°，伸 0°，抽屉试验（—），侧方应力试验（—）；右踝关节活动尚可；四肢肌力、肌张力正常。

复阅送检 2013 年 6 月 30 日 X 线片（片号：45438）示：右胫骨平台骨折。2013 年 7 月 1 日 MRI 片（片号：17506）示：右胫骨平台骨折，关节积液；右膝前交叉韧带部分撕裂；右膝内侧半月板体部损伤；右膝外侧副韧带部分撕裂；右膝髌韧带松弛。2013 年 8 月 19 日 X 线片（片号：323267）示：右胫骨平台骨折内固定术后，内固定在位，骨折端对位对线良好。

四、分析说明

2013 年 6 月 30 日张 ×× 因交通事故受伤，于 ×× 医院经"右胫骨平台骨折切开探查、复位内固定术"治疗，诊断为右胫骨平台骨折；右踝外伤；右膝前交叉韧带损伤；右膝外侧副韧带损伤；右膝内侧半月板损伤。本次法医临床学检查张 ×× 右膝关节活动差，右下肢负重差，致使其右下肢功能丧失达 10% 以上（未达 25%）。根据送检材料，结合本次法医临床学检查，其损伤符合 GB18667-2002《道路交通事故受伤人员伤残评定》第 4.10.10i）条"一肢丧失功能 10% 以上"之规定，评定为 X 级伤残。

五、鉴定意见

被鉴定人张 ×× 右下肢损伤评定为 X 级伤残。

司法鉴定人：××

《司法鉴定人执业证》证号：×××

司法鉴定人：××

《司法鉴定人执业证》证号：×××

二〇一三年十二月五日

鉴定机构鉴定专用章

图 22-2　鉴定书示例（续）

8. 委托人拒绝支付鉴定费用。

9. 司法鉴定协议书约定的其终止鉴定的情形。

终止鉴定的，鉴定机构应当书面通知委托人，说明理由，并退还鉴定材料。

终止鉴定的，鉴定机构应当根据终止的原因及责任，酌情退还有关鉴定费用。

（八）补充鉴定

鉴定过程中，遇有下列情形之一的，可以补充鉴定：

1. 委托人增加新的鉴定要求。
2. 委托人发现委托的鉴定事项有遗漏。
3. 委托人在鉴定过程中又提供或者补充了新的鉴定材料。
4. 其他需要补充鉴定的情形。

补充鉴定是原委托鉴定的组成部分。

三、法医临床学鉴定相关的国家标准

1. 司法部、最高人民法院、最高人民检察院、公安部《人体损伤程度鉴定标准》。
2.《中华人民共和国国家标准》GB/18667-2002《道路交通事故受伤人员伤残评定》。
3.《中华人民共和国国家标准》GB/T16180-2006《劳动能力鉴定职工工伤与职业病致残等级》。

【思考题】

1. 司法鉴定案件的受理需要注意哪些问题？
2. 如何把握鉴定时限？
3. 在什么情况下可以终止鉴定？
4. 在什么情况下可以补充鉴定？
5. 如何写好法医临床学鉴定书？

（贾富全）

第二十三章　中枢神经系统损伤

实验四十六　中枢神经系统检查法

【实验目的】

通过掌握中枢神经系统的检查方法，准确地进行中枢神经系统损伤的“定位”和“定性”诊断，从而得到正确、公平、公正的鉴定结论，为各种刑事、民事案件的处理提供科学依据。

【实验要求】

掌握中枢神经系统的常规检查方法及结果判定；熟悉中枢神经系统损害的主要症状和体征；了解中枢神经系统的一般检查以及其他辅助检查手段。

【实验内容】

包括病史的采集、一般检查、局部检查、中枢神经系统检查和鉴定案列。

一、病史的采集

在中枢神经系统损伤的法医学鉴定中，病史的采集是最基本的，病史采集的是否准确、完整，直接影响到诊断的准确性。

（一）询问病史

1. 案件发生的时间、地点和过程。
2. 既往有无外伤、手术及疾病史（如高血压、冠心病、糖尿病）等。
3. 有无致伤物，致伤物的种类等。
4. 成伤方式。
5. 外伤的部位、种类、程度及数目，受伤后有哪些症状。
6. 受伤后先后就诊的医院及如何处理、有无手术等。
7. 在治疗过程中有无其他伴发症状和体征。
8. 受伤后是否遗留后遗症。

（二）询问病史应注意的问题

采集病史要客观真实，既不要主观臆断，也不要仓促疏漏，要耐心细致地听取伤者的叙述，以取得全面翔实的第一手资料。当伤者自己无法诉说时，应向最了解情况的亲属或当事人询问病史并做好详尽的客观记录。在病史的采集中，还应注意不要忽视阴性症状的询问，这些对于鉴别诊断非常重要。在询问中切忌使用诱导性或暗示的询问方式。

二、局部检查

法医工作者在检查时既要细致全面，也要有所侧重。如颅脑损伤应侧重检查头部损伤的部位、大小、数目，以及有无神经系统阳性体征。检查时因头皮上布满毛发，给检查带来一定困难，必要时应剔除毛发。发现损伤或者瘢痕后应注意以下几点。

1. 损伤或者瘢痕的部位。根据解剖标志进行描述和记录，要求定位准确。

2. 损伤或者瘢痕的大小和性状。由于法医临床学鉴定时伤口多已愈合，因此对瘢痕的检查尤其重要，应细致观察瘢痕的走向、形状、类型和边缘等。创口的长度是损伤程度评定的依据之一，因此，必须用刻度尺准确测量瘢痕的长度。

3. 损伤处颅骨情况。有无颅骨凹陷或缺损。

4. 检查有无神经系统阳性体征。

三、中枢神经系统检查

（一）意识状态的检查

所谓意识状态是指人们对自身和周围环境的感知状态，可通过言语及行动来表达。临床上把意识状态分为清醒及意识障碍。意识障碍是指大脑皮质和皮质下网状结构受到抑制，致使人们对自身和环境的感知发生障碍，或人们赖以感知环境的精神活动发生障碍的一种状态。意识障碍一般的分类方法如下。

1. 根据意识障碍的程度分类

（1）嗜睡：是最浅的一种意识障碍，患者经常处于睡眠状态，给予较轻微的刺激即可被唤醒，醒后意识活动接近正常，但对周围环境的鉴别能力较差，反应迟钝，刺激停止后又进入睡眠状态。

（2）昏睡：是较嗜睡更深的意识障碍，患者处于深度睡眠状态不易唤醒。只有在极强的刺激下才可唤醒，如大声呼叫或施以疼痛刺激等，患者对疼痛仍有躲避反应，但对语言反应差，对反复问话仅做简单回答，回答时含混不清，常答非所问。

（3）昏迷：是指意识活动丧失，即对外界各种刺激或自身内部的需要均不能感知。通过观察患者对言语（呼叫姓名、对话）和各种刺激（推摇肩臂、压迫眶上切迹、针刺皮肤等）的反应情况来判定意识丧失的程度。根据昏迷程度分为浅昏迷、中度昏迷、深昏迷和极度昏迷。

1）浅昏迷：随意运动消失，对周围事物的变化及声、光等刺激无反应，可有无意识的自发动作，眼睑可以半开，对强烈的刺激（如压眶上神经沟时）才能做出较弱的反应（如身体的微弱活动），但不能回答问题或执行简单的命令。非条件反射（瞳孔对光反射、角膜反射、吞咽反射、咳嗽反射等）、腱反射存在。生命体征一般在正常范围。可伴谵妄或躁动。

2）中度昏迷：对周围事物及各种刺激全无反应，对强大的刺激才能出现防御反应，但非常弱。很少有无意识的自发动作，生命体征开始出现不稳定或异常，非条件反射（角膜反射、瞳孔对光反射）减弱，腱反射减弱或消失，肌张力减低或增高，此时出现病理征。

3）深昏迷：对外界任何刺激全无反应。全身肌肉松弛，各种反射消失，生命体征异常（如体温增高、血压下降、呼吸频率及节律异常、心率增快或减慢、心律失常等），大、小便失禁或尿潴留，可以有去大脑强直。

4）极度昏迷：是深昏迷的进一步发展。此时患者濒临死亡状态，用人工辅助呼吸和药物维持生命体征，表现为中枢神经活动消失，全身肌张力低下，眼球固定，双侧瞳孔散大、固定，体温低下或不稳。

根据是否发生意识障碍、意识障碍的过程及时间，对颅脑损伤的轻重给予初步的判定。一般情况下意识障碍程度和持续的时间与损伤的严重程度成正相关（表 23-1）。

2. 特殊类型的意识障碍（也称醒状昏迷）

（1）去皮质综合征：为一种特殊类型的意识障碍。它与昏迷不同，是大脑皮质受到严重

表 23-1　脑损伤的程度与意识障碍、持续时间的相关性

脑损伤的类型	意识障碍	意识障碍的时间	神经系统体征
脑震荡	伤后立即发生	＜30min	无
脑内血肿	多有中间清醒期或进行性加深	数小时，数天	迟出现或进行加重
脑挫伤	无好转期，意识进行性加深	数天，十数天	早期出现

的广泛损害，功能丧失，而大脑皮质下及脑干功能仍然保存的一种特殊状态。有觉醒和睡眠周期，觉醒时睁开眼睛，各种生理反射如瞳孔对光反射、角膜反射、吞咽反射、咳嗽反射存在，喂之能吃，貌似清醒，但缺乏意识活动，呼之不应、不语，四肢完全无活动，形成一固定状态，上肢完全屈曲状，下肢呈伸直状，可以有病理征，故有“瞪目昏迷”、“醒状昏迷”（coma vigil）之称。患者常可较长期存活。常见于各种急性缺氧、缺血性脑病、癫痫大发作、癫痫持续状态、各种脑炎、严重颅脑外伤后等。

（2）无动缄默症：患者不动、不语，但是仍保持吞咽、咀嚼反射。可以有不典型的去大脑强直，有睁眼、闭眼和睡眠（也称之为觉醒周期），表现出“觉醒状态”降低、意识丧失而貌似清醒的表现，为脑干上部或丘脑网状激活系统及额叶边缘系统受损所致。

（3）持续性植物状态：是一种特殊的意识障碍状态。患者意识不清晰，昼夜睁眼，正常的睡眠-觉醒周期消失。不食、不饮、不会排尿和排粪便，对外界刺激无反应。伴有自主神经功能紊乱，如多汗、皮脂腺分泌旺盛、心搏或呼吸节律不规则、尿便潴留或失禁等。

（二）精神状态的检查

包括记忆、情感与智能状态的检查。可根据记忆力、计算力、定向力、理解力和判断力来决定。此种检查一般通过与患者交谈，了解患者的记忆状态、遗忘程度及特征，判断是近事遗忘还是远事遗忘。了解患者情感有无异常，必要时应向家属了解患者的情绪反应，有无妄想、幻觉，有无思维及联想障碍，有无欣快、淡漠、抑郁、焦虑、恐惧、激惹、暴躁或反常情绪。智能的评价应根据患者的文化程度进行，从简单常识着手，由浅入深，进行综合分析评价，必要时可做智商测定。

（三）言语的检查

1. 失语检查　检查时应注意患者的精神状态，在注意力集中、能配合、定向力正常、肢体无瘫痪及视、听力正常的情况下才能获得可靠的结果。

（1）言语表达能力，如自发言语、回答问题、言语模仿能力等。

（2）言语的理解能力。

（3）检查书面文字的理解力，如读报或读书，或执行写在纸上的命令。

（4）检查书写能力，如自发书写、听写、抄写等。

（5）运用不能的检查，如自发动作、执行命令动作等。

2. 失语的类型及表现

（1）运动性失语：发音与构音功能正常，而言语的表达发生困难或不能，但能看懂文字与听懂别人的讲话。见于优势半球额下回后部及岛盖区（Broca 区）病变。检查时可仔细倾听患者讲话，注意是否流利清楚，词汇是否丰富，可要求其复述别人的讲话。

（2）感觉性失语：为接受和分析语言的功能发生障碍。轻者仅能听懂简单的生活用语，重者对任何言语均不能理解。由于患者不能听懂自己的话且无法及时纠正错误，因此，虽能

说话但多错乱，无法听懂。见于优势半球颞上回后部的病变。检查时可让患者指出被告知的物品或执行简单的口述动作，如闭眼、张口等，观察其是否理解。

（3）命名性失语：对人名或物名失去记忆，但对其用途和特点仍熟悉，并用描绘其特点的方式加以回答。当告知正确名字或名称后，可立即同意并叫出，但片刻后又忘掉。见于优势半球角回损害或脑部弥散性病变，也见于运动性失语的恢复期，或为感觉性失语的早期或其后遗症。检查时令患者说出所示物品名称，不能回答时可以将正确或错误名称告之，看其反应。

（4）失用症：是指丧失了正确使用物品完成一系列有目的的动作的能力的总称。即在无肢体瘫痪或共济失调等运动障碍的情况下，不能或不会按一定顺序正确完成上述有目的的动作。管理动作的中枢主要在优势半球的缘上回，并通过胼胝体和对侧运动区联系，但指导完成各个动作的要领则为整个大脑皮质的功能，故上述部位的病变和大脑广泛性病变，均可引起失用症。检查时可观察患者的各种自发性动作，或将火柴、牙刷、梳子等置于手中，嘱其做出用火柴点烟、刷牙、梳头等动作，观察能否正确完成，有无反复而不知所措，或错把火柴放入口中，或去别处擦划等情况。

（5）失认症：各种感受通路正常，但不能通过感知认识熟悉的物体，如不能识别触摸到的物体（体觉失认症，即实体觉丧失）；不能辨别看到的熟人，但可通过触摸或听音加以识别（视觉失认症）等，分别见于中央后回和枕顶叶交界区的病变。对自己躯体的失认症称“体象障碍”，常见者有手指失认（不知手指名称）和左、右定向障碍（分不清躯体的左右侧），多见于优势半球顶下小叶病变。也有的表现为病觉（否认一侧肢体是自己的），主要见于优势半球以角回和缘上回为中心的广泛病变。检查时可询问患者手指名称，对于偏瘫患者可询问有无偏瘫，并了解其是否关心偏瘫侧肢体情况等。

上述失语应与其他疾病引起的发音困难（聋哑人）及诈病（失音）相鉴别。与聋哑人的鉴别比较容易，可行双耳听觉诱发电位检查以明确诊断。对于诈病患者，如法医在进行各项检查后仍无法找到造成失语的器质性病变的相应部位，则不能排除诈病的可能性。

（四）脑神经的检查

脑神经共12对，主要支配头面部，其中单纯属于感觉神经的有嗅神经、视神经和听神经；单纯属于运动神经的有动眼神经、滑车神经、展神经、副神经和舌下神经；兼有运动和感觉功能的神经有三叉神经、面神经、舌咽神经和迷走神经。脑神经检查对颅脑损伤或疾病的定位诊断具有十分重要的意义。

1. 嗅神经的检查　嗅神经司嗅觉。嗅神经感受器在鼻黏膜，嗅觉中枢位于大脑的颞叶。

检查时先让患者闭目，然后嘱患者用手指压闭一侧鼻孔，将散发特殊气味的物品，如醋、酒、香水等放于患者鼻前，让患者仔细嗅闻，要求分别分辨出各种物品的气味，再用同样方法检查对侧。必要时可重复。

一侧嗅觉丧失，常为同侧嗅球、嗅束或嗅丝的损害，常见于颅前凹占位病变、颅底脑膜结核和肿瘤等。双侧嗅觉丧失，多见于鼻黏膜的病变，如感冒、萎缩性鼻炎等。有些患者嗅出原本不存在的某种气味，如恶臭或怪味，这叫嗅幻觉，多为癫痫发作的先兆。

2. 视神经的检查　视神经司视觉。视神经感受器在视网膜，视觉中枢位于大脑的枕叶。视神经的检查主要包括视力、色觉、视野及眼底检查。

3. 动眼神经、滑车神经、展神经的检查　动眼神经、滑车神经和展神经共同参与支配眼球的运动，故一起检查。

动眼神经起自中脑上丘平面的动眼神经核，其纤维向腹侧发射，经红核，由大脑脚间窝穿出，在大脑后动脉和小脑上动脉之间穿过后，与后交通动脉平行，向前经过蝶鞍两侧海绵窦之侧壁，从眶上裂进入眶内，分布于上睑提肌、上直肌、下直肌、内直肌、下斜肌、瞳孔括约肌和睫状肌。

滑车神经自中脑下丘平面动眼神经核下端的滑车神经核发出，其纤维走向顶盖，在顶盖与前髓帆交界处交叉后穿出，再绕向腹面，穿过海绵窦，与动眼神经平行，经眶上裂进入眶内，分布于上斜肌。

展神经起自脑桥中部背面中线两侧之展神经核，其纤维由脑桥腹面与延髓交界处穿出，向前上方走形，越颞骨岩尖部及鞍旁海绵窦之外侧壁，经眶上裂进入眶内，分布于外直肌。

（1）眼睑：正常人睁眼时，上眼睑边缘覆盖角膜上部 1~2mm。一侧眼睑下垂，多见于动眼神经麻痹，此时常伴有瞳孔散大和对光反射消失。

（2）眼球突出度：眼球可因不同的原因而突出或下陷。双侧突眼多为甲状腺功能亢进症引起。单侧突眼多因眼眶内或眶颅交通肿瘤引起，如视神经胶质瘤、脑膜瘤等。颈动脉海绵窦漏常有单侧搏动性突眼，在眼部可闻及血管杂音。

（3）瞳孔：观察两侧瞳孔是否圆形、等大，位置是否居中，边缘是否整齐。检查瞳孔反射：①直接对光反射，在暗室内用聚光手电或裂隙灯光照射受检眼，另一眼则严密遮盖，观察受检眼瞳孔有无迅速缩小的反应；②间接对光反射，在暗室内用聚光手电或裂隙灯光照射受检的对侧眼，避免受检眼受到光照，观察受检眼瞳孔有无迅速缩小的反应；③集合反射，嘱被检者注视 1m 远的手指，然后迅速将手指移近至 15cm 处，观察两眼瞳孔有无缩小。

（4）眼球运动：患者头部固定不动，注视前方医生的手指，并随手指做上、下、左、右及旋转动作，观察有无运动受限、复视及眼球震颤。

动眼神经损伤时，眼球向上、下方活动均受限，眼球转向外下方有外斜视和复视，瞳孔扩大，对光反射、调节反射、集合反射均消失。见于颅底肿瘤、结核性脑膜炎、脑出血合并脑疝的患者。单纯滑车神经麻痹很少见，受损时患者多无斜视、眼球向下及外展运动减弱，眼向下看时出现复视。展神经麻痹眼球不能外展，出现内斜视和复视。颅内高压时可出现两侧展神经麻痹；一侧脑干或颈交感神经节病变可出现霍纳（Horner）综合征，表现为患侧眼睑下垂、瞳孔缩小、眼球内陷及伴有同侧面部少汗或无汗。

4. 三叉神经的检查　三叉神经属于混合神经，既有感觉纤维，又有运动纤维。三叉神经的感觉纤维共分 3 支，第一支（眼支）分布于额部、上眼睑、角膜和鼻部；第二支（上颌支）分布于下眼睑、上颌、颊部和上唇；第三支（下颌支）分布于下唇及下颌部。三叉神经运动纤维支配咀嚼肌群。

（1）运动功能

1）让患者张口，观察有无翼肌瘫痪，如有瘫痪时下颌偏向同侧。

2）让患者咬合，用手触摸双侧颞肌和咀嚼肌，检查有无肌肉松弛和萎缩。如果双侧颞肌和咀嚼肌瘫痪，表现为下颌下垂，不能咬合。

3）让患者左、右移动下颌，可施于阻力，观察翼肌收缩力。

4）让患者将下颌前伸和后缩，观察翼肌、颞肌和二腹肌。三叉神经运动核接受双侧皮质支配，因此核性或核下性病变常造成咀嚼肌功能障碍。

（2）感觉功能：分别检查 3 支分布区域的触觉、痛觉和温度觉，检查时注意两侧对比。

（3）反射功能

1）角膜反射：让患者向一侧注视，检查者用棉絮细束轻触对侧角膜，由外向内，不让患者窥视，注意观察双眼瞬目情况。受试侧三叉神经眼支损害，造成感觉丧失时，双侧瞬目减弱或消失，但检查对侧时正常；患者同侧面瘫时，同侧角膜反射消失，对侧存在；昏迷患者，双侧角膜反射均可消失。

2）下颌反射：让患者略张口，检查者将1个手指放于下颏中部，用叩诊锤轻击手指，观察有无下颌闭合动作。正常人反射轻微，双侧皮质延髓束受损时反射亢进。结果的判定：下颌反射正常或亢进。其反射弧的传入纤维为三叉神经感觉纤维，脑桥为反射中枢，传出纤维为三叉神经运动纤维。

3）头部后仰反射：让患者头部稍前倾，检查者用叩诊锤突然轻叩患者上唇中部，正常人无反应；如双侧皮质延髓束病变时，患者头部呈后仰状。其反射弧的传入纤维是三叉神经，反射中枢在延髓上段，传出纤维为颈神经。

5. 面神经的检查 面神经也属于混合神经，检查应包括运动、味觉、反射和分泌。

（1）运动功能：观察患者在安静、言语和做表情时两侧面肌是否对称，如有无额纹、眼裂大小、鼻唇沟深浅等。患者做睁眼、皱眉、露牙、鼓腮、吹哨等动作。观察有无缺陷和不对称。如果有面瘫，需区分周围性或中枢性面瘫：一侧面神经周围性（核或核下性）损害时，该侧额纹减少，眼裂增宽，鼻唇沟变浅，皱眉、闭目不能，露齿时口角偏向健侧，鼓腮或吹哨时病侧漏气；中枢性（核上的皮质脑桥束或运动区皮质）受损时，上半部面肌活动不受影响，仅出现病灶对侧下半部面肌瘫痪。

（2）味觉功能：患者伸舌，检查者用棉签蘸少许有味的溶液，如醋、盐、糖等，涂于舌前部的一侧，漱口后再试另一侧。一般舌尖对甜、咸味最敏感，舌边对酸味最敏感。

（3）反射功能

1）角膜反射：用棉絮轻触角膜，观察患者闭目情况，面神经麻痹者一侧闭目动作缺失。

2）眼轮匝肌反射：响声、强光、面部刺激、软腭刺激等均可引起双侧眼轮匝肌的反射性收缩。

3）口轮匝肌反射：双侧额叶或弥散性脑损害时，叩击嘴唇可引起双侧口轮匝肌和额肌的收缩，称为吸吮反射。刺激一侧掌心或大鱼际肌，可引起同侧口轮匝肌和颏肌收缩，称为掌颏反射。

6. 听神经的检查 包括蜗神经及前庭神经。蜗神经起自内耳螺旋神经之双极细胞，周围支终止于柯蒂器，中枢支进入内听道，组成蜗神经。前庭神经纤维起自内耳前庭神经节的双极细胞，周围支至三半规管的壶腹、椭圆囊和球囊，中枢支组成前庭神经，与蜗神经一起经内耳孔进入颅腔，终止于脑桥及延髓的各前庭核。

（1）蜗神经的检查：主要进行听力检查，可根据具体情况采用语言测听、音叉检查及听力计检查等。

（2）前庭神经：眼球震颤是检查前庭神经功能的主要指标。

眼球震颤是一种不自主的节律性往返运动。检查时嘱患者头部固定不动，两眼注视检查者上、下、左、右移动的手指（向外侧方向移动时，勿超过45°），观察有无眼球震颤及其类型、幅度和速度。临床上以有快慢相（以快相为眼球震颤方向）的前庭型眼球震颤最多见，可为水平性、垂直性、旋转性或混合性，表明前庭系统有刺激性病变。当眼球震颤阴性而疑有前庭系统病变时，可用迅速变换体位的方法，观察各个位置是否出现眼球震颤，称位置性眼震试验。

7. 舌咽神经的检查　舌咽神经包含有感觉、运动和副交感神经纤维。舌咽神经的运动纤维起自疑核，接受双侧皮质延髓束的支配，分布于茎突咽肌，支配咽穹隆运动；舌咽神经的感觉纤维起自颈静脉孔附近的岩神经节和上神经节，其周围支分布于：①舌后1/3的味蕾，传导味觉；②至咽部、软腭、舌后1/3、扁桃体、两侧腭弓、耳咽管以及鼓室，接受黏膜感觉；③至颈动脉窦和颈动脉球即窦神经（与呼吸、脉搏、血压的调节反射有关），它们的中枢支皆终止于延髓的孤束核；舌咽神经的副交感纤维起自延髓下涎核，经鼓室神经、岩浅小神经，终止于耳神经节，支配腮腺分泌。

（1）咽反射：用压舌板轻触左侧及右侧咽后壁，正常时，各侧咽部肌肉和舌部收缩，常常有作呕反应，有舌咽神经损害时，患侧咽反射迟钝或消失。

（2）软腭反射：用压舌板将舌压下，将检查棒触碰两侧软腭或腭垂，正常时会引起各侧软腭提高或腭垂后缩。

8. 迷走神经的检查　迷走神经也包含感觉、运动和副交感神经纤维。其运动纤维起自疑核，并与舌咽神经并行，穿出脑干后经颈静脉孔出颅，供应除软腭肌和茎突咽肌以外的所有咽喉、软腭的肌肉；其躯体感觉纤维起自颈静脉孔附近颈神经节和结状神经节，周围支分布于外耳道及耳郭凹面的一部分皮肤（耳支），中枢支终止于三叉神经脊束核；其内脏纤维起自于睫状神经节，分布于胸腹腔内诸脏器，中枢支至孤束核。迷走神经是分布最广泛的脑神经，但临床上主要检查其运动功能和反射功能。

（1）运动功能：观察腭垂静止时是否居中，发“啊”音时软腭动作是否对称。一侧迷走神经麻痹时，该侧软腭变低，腭垂被牵向健侧；双侧麻痹，则双侧软腭上抬困难，饮水容易从鼻腔呛出，并有严重的声音嘶哑、失声、吸气困难、咳嗽反射缺如等。必要时用间接咽喉镜检查声带运动情况。

（2）反射功能：①眼心反射。用手指压迫双侧眼球可使心率每分钟减慢6~8次，传入纤维为三叉神经，反射中枢在延髓，输出纤维为迷走心支。此反射对于迷走神经功能亢进者增强，对于交感神经功能亢进、迷走神经动能减退或麻痹者减弱、消失。②颈动脉窦反射。压迫一侧颈总动脉分叉处可使心率减慢，传入神经为舌咽神经，传出神经为迷走神经，反射中枢在延髓。

9. 副神经的检查　副神经是运动神经，主要支配胸锁乳突肌和斜方肌。

检查胸锁乳突肌时，检查者在患者头部向两侧旋转时施加压力，并注意收缩中的肌肉轮廓和坚硬度。检查斜方肌时，嘱患者做耸肩动作，并施加阻力，观察两侧肌力及肌肉收缩时的轮廓并触摸其坚硬度。若副神经受损时，向对侧转头及病侧耸肩无力，该肌肉可有萎缩。

10. 舌下神经的检查　舌下神经起自延髓背侧部近中线的舌下神经核，其神经根从延髓锥体外侧的前外侧沟穿出，经舌下神经管到颅外，支配舌肌。舌下神经只接受对侧皮质延髓束支配。

检查时，观察舌的位置，是否居中，有无左（右）偏斜，舌肌有无萎缩，舌肌肌束是否颤动。一侧麻痹时伸舌偏向麻痹侧，双侧麻痹时舌不能伸出口外。核下性病变时有同侧舌肌萎缩，核性病变时可见肌束颤动。

（五）运动系统的检查

运动系统检查是神经系统检查中的重要部分，必须系统、有序地进行检查。

1. 肌容量　是指肌肉的体积。检查时应注意观察肌肉有无萎缩、肥大，同时还应观察其分布和范围，进行两侧比较。可以用软尺测量肢体周径，即在双侧肢体同一水平部位对比测量，并记录，这样可以确定肌肉萎缩或肥大的程度。检查时如果发现肌肉组织体积缩小，触之松软无力，而且两侧不对称时，可认定为肌萎缩。脊髓前角细胞及脑干运动神经核的细胞与其周围神经通路中任何部位的损害均可造成肌肉萎缩。

2. 肌张力　是指肌肉静止状态时肌肉的紧张度。可通过触摸肌肉的硬度及根据关节被动运动时的阻力来判断。

记录结果为：消失、减低、增高。

肌张力的检查：受检者肢体处于完全放松的状态，被动运动以测其肌肉阻力，受检者肢体肌肉未完全放松将影响检查结果的准确性。

肌张力减低时，被动运动阻力减小或消失。还可表现为肌肉不能保持正常的外形，触诊时肌肉软无弹性。见于周围神经病变、小脑疾病、低血钾、深度昏迷及肌肉疾病。

肌张力增高时，被动运动阻力增大，肌肉触之坚硬。肌张力增高一般可分为痉挛性和强直性，痉挛性肌张力增高呈折刀状，被动运动开始时阻力很大，到一定角度阻力突然降低，有如折刀感。见于锥体束受损引起的肌张力增高，其肌张力增高主要在上肢的屈肌和下肢的伸肌。强直性肌张力增高，被动运动时阻力增大始终保持均匀，可以停留在任何位置，称为“铅管样”或“齿轮样”强直。见于锥体外系损伤引起的肌张力增高，其屈肌与伸肌的肌张力皆增高。

3. 肌力　是人体做随意运动时肌肉收缩的力量。肌力检查有主动法和被动法。主动法是受检者做主动运动时观察其运动的幅度、速度和力量，被动法是检查时给予阻力，受检者用力抵抗以测其肌力。检查者嘱受检者依次做各关节运动，观察肌力是否正常、减退或瘫痪，注意瘫痪的部位。并根据肌力测定标准分级，肌力大小程度分6级，采用0~5度分级法，即0级，完全瘫痪；1级，肌肉能轻微收缩，但不能产生动作；2级，肢体能在床面上移动，但不能抬起；3级，肢体能抬离床面，但不能抵抗阻力；4级，肢体能做抗阻力动作，即患者能做全幅度的活动，但肌力有不同程度的减弱；5级，正常肌力。

肌力测定标准是肌力大小的一个量化指标，其准确性取决于患者的配合及检查者对标准的掌握。如果肌力减退不易确定时，可嘱患者双上肢持续平伸或双下肢持续屈曲平抬（仰卧位，双膝、髋关节均屈曲成直角），如经过一段时间后一侧肢体逐渐下落，则表明该侧有轻瘫。意识障碍者或婴幼儿，可给予疼痛刺激，观察肢体活动的幅度和范围，进行肌力的判断。上运动神经元性瘫痪和下运动神经元性瘫痪不同，其鉴别见表23-2。

表23-2　上运动神经元性瘫痪与下运动神经元性瘫痪的鉴别

	上运动神经元性瘫痪	下运动神经元性瘫痪
浅反射	消失	消失
肌萎缩	无或轻度萎缩	明显萎缩
肌张力	增强	减低
腱反射	亢进	减弱或消失
病理反射	有	无

根据病变部位，可将瘫痪分为4类：①单瘫，为单一肢体的瘫痪，常见于大脑皮质运动区及脊髓前角损害；②偏瘫，一侧上、下肢瘫痪，伴有同侧脑神经损害，常见于大脑半球的损伤或病变；③交叉瘫，一侧脑神经损害及对侧肢体偏瘫，见于一侧脑干损伤或病变；④截

瘫，双侧下肢或四肢瘫痪，见于脊髓横贯性损伤。

4. 共济运动　是由小脑、脊髓、前庭、锥体外系共同参与、协调完成的运动。共济失调是指肌力正常的情况下运动的协调障碍，如运动笨拙、不协调，可累及四肢、躯干、咽喉肌，出现姿势、步态、语言障碍。常见的共济失调有小脑性的、大脑性的、感觉性的和前庭性的。肢体随意运动的幅度及协调发生紊乱，以及不能维持躯体姿势和平衡；但不包括肢体轻度瘫痪时出现的协调障碍、眼肌麻痹所致的随意运动偏斜、视觉障碍所致的随意运动困难及大脑病变引起的失用症。

检查时睁眼、闭眼各做 1 次。首先排除肌力、肌张力异常者。观察被检者日常活动，如吃饭、穿衣、系扣、书写、讲话等精细动作，然后做以下检查。

（1）指鼻试验：嘱患者用示指尖触及前方距其 0.5m 检查者的示指，再触自己的鼻尖，用不同方向和速度、睁眼与闭眼反复进行，两侧比较。小脑半球病变可见指鼻不准，接近目标时动作迟缓或出现动作（意向）性震颤，常超过目标（过指），称为辨距不良。感觉性共济失调睁眼指鼻时无困难，闭眼时发生障碍。

（2）闭目难立（Romberg）征：闭目，并足站立，两臂前伸，观察有无晃动和站立不稳。

（3）误指试验：被检者上肢向前伸直，从高处向下指向检查者伸出的示指。睁眼、闭眼对比，左、右两侧对比。

（4）快复轮替试验：请患者快速反复做以下动作。

1）前臂的内旋和外旋，如手掌来回翻旋或以掌背面交替接触台面。

2）以一手连续拍击另一手或桌面。

3）反复伸指及握拳。

4）以足趾叩击地板等。

小脑性共济失调患者病侧动作速度明显缓慢且节律不均，持续动作时更为明显。

（5）反跳试验：嘱患者外展肩膀，弯曲肘部，外旋前臂并攥紧拳头，检查者拉直其手臂时嘱患者施以阻力保持屈曲，检查者再突然撤除拉力。正常情况下，受试者在肱三头肌收缩的同时前臂屈肌也收缩，当撤除拉力时屈曲运动及时被阻止，而小脑疾病患者无法抑制屈曲收缩或触发伸肌收缩来迅速阻止手臂击向自己的面部或肩部。

（6）跟 - 膝 - 胫试验：仰卧，抬起一侧下肢，然后将足跟放在对侧膝盖上，再使足跟沿胫骨前缘向下移动。此外，也可观察患者做各种精细动作如穿衣、扣扣、写字时的表现。

（7）无撑坐起试验：被检者仰卧，不用手臂支撑而试行坐起时，正常人躯干屈曲同时下肢下压，而小脑性共济失调者髋部和躯干同时屈曲，双下肢抬离床面，坐起困难，称联合屈曲征。

5. 不自主运动　是指不自主发生的无目的的异常运动。注意观察其形式、部位、速度、幅度、频率、节律等，并注意与自主运动、休息、睡眠和情绪改变的关系，两侧对比。

（1）震颤：为主动肌与拮抗肌交替收缩的节律性摆动样运动，可分为生理性和病理性。后者按与随意运动的关系，分为：①静止性震颤，指肢体静止状态下出现的震颤，如帕金森病（震颤麻痹），震颤多见于手及手指，典型者呈“搓药丸”样；②运动性（意向性）震颤，指肢体运动且指向一定目标时出现的震颤。震颤在肢体快到达目标时开始出现或变得更明显，多见于小脑病变。

（2）肌纤维震颤和肌束震颤：局限于肌肉的细小、快速或蠕动样颤动，不引起关节的活动。发生于下运动神经元变性期，肌肉极度萎缩时可消失。

（3）抽搐：分为以下两种。

1）强直性抽搐：阵发性发作的肌肉或肌群持续性强直收缩。可局限于某一肌肉（如腓肠肌痛性痉挛）、某一肌群（如手足搐搦）或全身（如强直性痉挛性癫痫发作的强直期）。

2）挛性抽搐：阵发性发作的主动肌群与拮抗肌群的有节律的交替性收缩。可见于颜面（如面肌抽搐）、肢体（如局限性运动性癫痫）或全身（如强直性痉挛性癫痫发作的痉挛期）。

（4）舞蹈样动作：为不规律的、不对称的、幅度不等的急促动作。如突发的肢体伸展、挤眉、眨眼、伸舌、摆头等。见于锥体外系病变。

6. 姿势与步态 一个人要维持直立和活动需要许多神经通路的正常协调，因此，对步态的深入分析有助于进行损伤或疾病的定位诊断。

（1）痉挛性截瘫步态：双下肢强直内收（内收肌张力增高），行走时呈交叉到对侧的剪刀样步态。见于双侧锥体束损害和脑性瘫痪等。

（2）痉挛性偏瘫步态：瘫侧上肢内收、旋前、屈曲，并贴近身体不摆动；下肢则伸直，不能屈曲，行走似划圈。见于上运动神经元损害。

（3）慌张步态：又称急行步态。帕金森病或帕金森综合征患者行走时步伐细小，双足擦地而行，躯干强硬前倾，常见碎步前冲，起步及止步均困难，双上肢协同摆动动作消失。

（4）小脑步态：小脑性共济失调者行走时双下肢分开较宽，呈阔基底步态；左、右摇晃，常向侧方倾斜，走直线困难，状如醉汉，易与醉酒步态混淆，但绝非醉酒步态。小脑步态常见于多发性硬化、小脑肿瘤（特别是不对称累及蚓部的病变，如成神经管细胞瘤）、脑卒中及某些遗传性疾病（遗传性小脑共济失调，橄榄 - 脑桥 - 小脑萎缩、迟发性小脑皮质萎缩症等）。

（六）感觉系统的检查

感觉是机体对体外和体内各种刺激和信号的一种感受，是神经系统的基本功能。感觉是通过各种周围感受器、传导束而到达中枢神经系统，使神经系统对环境变化做出适当的反应。

感觉系统的检查和运动系统的检查有所不同，主要是根据伤者主观感觉的叙述，不能用客观的方法直接进行测定，而且经常受到伤者精神状态、分辨能力、言语表达等很多其他因素的影响。不同的人对同等强度的刺激可有轻重程度不同的感觉。对于感觉系统障碍的判断必须综合有关外伤史、感觉检查情况、其他症状和体征一起进行分析。

1. 感觉检查注意的事项

（1）检查时伤者的精神状态与意识状态必须正常，而且伤者对检查情况有表达的能力。

（2）检查时间不宜过长，以免疲劳，影响结果的准确性。

（3）检查时环境应安静，要求伤者闭目，或遮住检查的部位，最好在伤者无自发疼痛的情况下检查。

（4）检查时应注意双侧比较及远近比较。可由感觉障碍区向正常区逐步移行，如果感觉过敏也可由正常区向感觉障碍区移行。

（5）检查时发现感觉障碍时，应注意障碍的程度、性质及范围。应反复检查核实，做出详细记录或图示。

2. 感觉系统的检查 见第二十四章实验四十七。

（七）反射的检查

1. 脑膜刺激征的检查 当脑膜或脑膜邻近器官的病变波及脑膜时，可刺激脊神经根，使相应的肌群发生痉挛，当牵拉这些肌群时，患者出现防御性反应，这种现象称为脑膜刺激征。脑膜刺激征常见于脑膜炎症、蛛网膜下腔出血、颅内高压等，对急性剧烈头痛、呕吐、意识障碍患者均应做脑膜刺激征检查。

（1）凯尔尼格（Kernig）征：患者仰卧，一侧下肢伸直，将另一侧下肢的髋关节、膝关节均屈成直角，检查者左手置于膝关节上，另一手握住踝部渐将膝关节伸直，如小腿与大腿夹角不能伸到 135°，且感到小腿屈肌疼痛，则为 Kernig 征阳性。

（2）屈颈试验或布鲁津斯基（Brudzinski）征：患者仰卧，双下肢伸直，检查者左手托住患者枕部，并被动屈颈测试其颈肌抵抗力。正常人下颏在屈颈时可贴近前胸，如患者下颏不能贴近前胸且检查者左手在屈颈时有抵抗感，或患者感颈后疼痛，即为颈强直。正常人在屈颈时双下肢运动不明显，如屈颈时双下肢膝关节、髋关节反射性屈曲，则为 Brudzinski 征阳性。

2. 病理反射的检查

（1）巴宾斯基（Babinski）征：是经典的病理反射，提示锥体束受损。以钝物划足跖外侧，阳性反应踇趾背屈，有时可伴有其他足趾呈扇形展开。

（2）奥本海姆（Oppenheim）征：用拇指和示指自上而下用力沿胫骨前缘下滑，反应结果同（1）。

（3）查多克（Chaddock）征：由外踝下方向前划至足背外侧，反应结果同（1）。

（4）戈登（Gordon）征：用手挤压腓肠肌，反应结果同（1）。

（5）夏菲（Schaeffer）征：用手挤压跟腱，反应结果同（1）。

（6）霍夫曼（Hoffmann）征：检查上肢的病理反射。检查时左手握被检者手腕，右手示、中指夹住其中指，将腕稍背屈，各指半屈放松，以拇指急速轻弹其中指指甲，引起拇指及其余各指屈曲者为阳性。此征可见于 10%~20% 的正常人，故一侧阳性者才有意义。

四、鉴定案例

【简要案情及病历摘录】

某年 5 月 18 日，宋某因交通事故致头部、左下肢等部位受伤。受伤后立即送往某县人民医院住院治疗，医院以“头部、肢体外伤，具体时间不详，右耳出血”收入院。检查：T 36.8℃，P 80 次 / 分，R 20 次 / 分，BP 122/76mmHg。专科情况：发育正常，营养中等，平车推入病房，精神状态差，昏睡状态，痛刺激可醒，可对答，颜面部软组织损伤明显，右额皮肤不规则裂伤，出血，右耳道活动性出血，鼻腔血迹，未见活动性出血及漏液，双瞳孔等大等圆，直径约 3mm，对光反射敏感，角膜反射敏感，颈部无疼痛，双上肢活动良好，气管居中，胸廓对称，双肺呼吸音粗，未闻及啰音，腹平软，无压痛及反跳痛，左大腿中段肿胀畸形，疼痛明显，可触及骨擦感，足背动脉搏动可，全身皮肤多处擦伤，生理反射存在，未引出病理征。头颅 CT 示：右颞骨多发骨折；右额急性硬膜外血肿；双侧额顶急性硬膜下血肿；蛛网膜下腔出血；蝶窦积液。X 线片示：左股骨中段粉碎性骨折。5 月 19 日行“左额颞顶硬膜下血肿清除去骨瓣减压术”，6 月 8 日行“左股骨干闭合性粉碎性骨折切开复位钢板内固定术”，于 10 月 7 日出院。出院诊断：急性开放性颅脑损伤；左股骨干闭合性骨折；全身多处软组织损伤；贫血。

【鉴定事项】

对宋某的损伤进行伤残等级评定。

【法医检查】

被鉴定人在家人搀扶下步入检查室，精神状态差，表情淡漠，问话不答，查体欠合作。左顶颞头皮可见长约27.0cm弧形瘢痕，左颞部可触及13.5cm×10cm颅骨缺损；左大腿外侧可见长约21.0cm手术切痕；右上肢、右手各指肌张力增高；右上肢、右下肢肌力Ⅳ级；定向力、理解力、计算力不能进行；左髋关节、膝关节活动在正常范围。复阅送检颅脑CT复查片示：左颞顶颅骨部分缺如；双侧颞叶、左侧基底节及左侧顶叶软化灶形成。

【问题】

1. 本案例中被鉴定人主要遗留哪些后遗障碍？

2. 如果要进行伤残等级评定，还应补充哪些检查？

3. 依据GB18667-2002《道路交通事故受伤人员伤残评定》标准，评定为几级伤残较为合理？

【思考题】

1. 意识障碍的程度如何进行分类？

2. 失语的类型及表现包括什么？应如何区别中枢性失语和伪装失语？

3. 如何检查嗅神经，结果如何判定？

4. 如何检查视神经，结果如何判定？

5. 如何检查面神经，结果如何判定？

6. 如何检查听神经，结果如何判定？

7. 运动系统的检查包括哪些内容？上运动神经元性瘫痪与下运动神经元性瘫痪的鉴别要点有哪些？

8. 常见的病理反射有哪些？

（贾富全）

第二十四章　周围神经系统损伤

实验四十七　周围神经系统检查法

【实验目的】

使学生掌握周围神经系统检查的基本操作方法和技巧，根据检查结果准确地进行周围神经系统损伤的定性和定位诊断。

【实验要求】

掌握运动系统、感觉系统及反射的检查方式、结果判定及其法医学意义；熟悉脊神经的组成、走行、分支及其支配区，了解肌电图及体感诱发电位在法医临床学鉴定中的意义。

【实验内容】

包括病史的采集、脊神经的组成与走行、运动系统检查、感觉系统检查、反射检查、自主神经系统检查以及辅助检查、肌电图及体感诱发电位在法医临床学鉴定中的意义。

一、病史的采集

周围神经损伤后，除了需进行一般病史的询问外，还应注意着重询问以下几个方面。

1. 询问外伤的部位、性质和受力方向　询问外伤的部位，可以初步判定有无神经损伤的可能，并判断有可能损伤哪个神经；询问受伤的性质和受力方向对神经损伤的程度及范围的判断也具有重要意义，如颈部及上肢的牵拉伤常造成臂丛神经损伤，牵拉的程度及方向对于判定受损的范围至关重要。

2. 询问神经功能障碍出现的时间及演变过程　如果伤后立即出现神经功能丧失，表明损伤直接伤及神经；如果伤后未出现神经功能障碍症状，但经过一段时间后却出现了，应考虑可能因伤后处理不当引起神经损伤；如果神经功能障碍逐渐加重，应考虑可能因瘢痕、骨痂等压迫所致。

3. 询问有无异常疼痛　神经损伤后常伴有异常疼痛，应询问疼痛的性质及严重程度、疼痛开始的时间、有无诱发因素等。

二、脊神经的组成与走行

脊神经属混合性神经，共 31 对，借主司运动的前根和主司感觉的后根与脊髓相连。在椎间孔处，前根和后根合并而成脊神经，出椎间孔后，脊神经分为 4 个分支，即前支、后支、脊膜支和交通支。前支分布于躯干前外侧和四肢，后支分布于枕部和躯干背侧的肌肉和皮肤。除胸神经前支为阶段性分布外，其余神经均交织成神经丛，如颈丛（$C_{1\sim4}$ 神经）、臂丛（$C_{5\sim8}$ 神经，T_1 神经）、腰丛（$L_{1\sim4}$ 神经）、骶丛（L_5 神经，$S_{1\sim5}$ 神经、C_0 神经），分别分布于颈部、上肢、腰部、下肢、会阴部。

（一）颈丛的组成和走行

颈丛由 $C_{1\sim4}$ 神经的前支组成，位于胸锁乳突肌上部深面、中斜角肌和肩胛提肌起端的前方。颈丛分为浅支和深支。

1. 浅支

（1）枕小神经：分布于枕部及耳郭背面上部的皮肤。

（2）耳大神经：分布于耳郭及其附近的皮肤。

（3）颈横神经：分布于颈部皮肤。

（4）锁骨上神经：分布于颈侧部、胸壁上部和肩部的皮肤。

2. 深支

（1）膈神经：主要支配膈肌。

（2）颈神经降支：主要支配颈部深肌、肩胛提肌和舌骨下肌群。

（二）臂丛的组成和走行

臂丛神经由 $C_{5\sim8}$ 和 T_1 前支组成，它是支配整个上肢运动和绝大部分感觉的混合神经。$C_{5\sim8}$ 和 T_1 前支出椎间孔后，从前斜角肌和中斜角肌之间传出，组成臂丛神经干。$C_{5\sim8}$ 组成上干，C_7 单独组成中干，C_8 和 T_1 组成下干，每干在锁骨的上方又分为前、后两股，随后，又重新组合，上干、中干前股组成外侧束，下干前股组成内侧束，上干、中干、下干后股组成后束，再由这 3 个束发出神经支，分别为桡神经、正中神经、尺神经、腋神经和肌皮神经。

1. 正中神经的走行及分支　正中神经（$C_{6\sim8}$、T_1）由 2 个根组成，即内侧根和外侧根，内侧根来自于臂丛神经的内侧束，外侧根来自于臂丛神经的外侧束。正中神经在上臂无分支，在肘部以下发出肌支和皮支，肌支支配前臂和前肌群（肱桡肌、尺侧腕屈肌和指深屈肌尺侧半除外）、手的鱼际肌（拇收肌除外）和第 1、2 蚓状肌。前臂的前群肌包括旋前圆肌和旋前方肌（具有前臂的旋前和屈曲功能）、桡侧腕屈肌和掌长肌（具有屈腕和外展功能）、指浅屈肌（第 2、3、4、5 指中节屈曲功能）、指深屈肌（第 2、3 指中节、末节屈曲功能）、拇长屈肌（拇指末节屈曲功能）；手的鱼际肌包括拇短展肌（具有拇指外展功能）、拇对掌肌（具有拇指对掌功能）、拇短屈肌（具有拇指掌指关节屈曲功能）；第 1、2 蚓状肌具有屈掌指关节、伸指间关节的功能。皮支分布于掌心、鱼际、桡侧三个半手指的掌面及其中节和远节背面的皮肤。

2. 桡神经的走行及分支　桡神经（$C_{5\sim8}$，T_1）是臂丛神经中最大的 1 支，也最易受伤。发自臂丛神经后束，由上臂肱骨干上部内侧向下入桡神经沟，此处桡神经紧贴肱骨，骨折时最易受损，随后桡神经绕肱骨中段背侧旋向外下，分为深、浅两终支，沿途发出皮支和肌支。桡神经肌支支配肱三头肌、肱桡肌、桡侧腕长伸肌、旋后肌、指总伸肌、尺侧腕伸肌、拇长屈肌、拇短伸肌、示指固有伸肌、小指固有伸肌。皮支支配腕、手背部桡侧两个半手指皮肤的感觉。

3. 尺神经的走行及分支　尺神经（C_8、T_1）发自臂丛神经内侧束，是内侧束最大的分支。最初在肱动脉内侧下降，随后离开肱动脉向后下至内上髁后方的尺神经沟，此处位置表浅，手可触及。尺神经在上臂无分支，在肘关节附近发出两个肌支，支配尺侧腕屈肌（屈腕和手内收）及指深屈肌尺侧头（第 4、5 指末节屈曲），在手部支配小鱼际肌群、全部骨间肌、第 3、4 蚓状肌、拇收肌和拇短屈肌。尺神经皮支支配手部尺侧一个半手指。

（三）腰丛的组成和走行

由 T_{12} 神经前支的一部分及 $L_{1\sim3}$ 神经前支和 L_4 神经前支的一部分组成。腰丛位于腰大肌深面，除发出肌支支配髂腰肌和腰方肌外，发出以下分支分布于腹股沟区及大腿的前部和内侧部。

1. 髂腹下神经　皮支分布于臀外侧、腹股沟区及下腹部皮肤，肌支支配腹壁肌。

2. 髂腹股沟神经　皮支分布于腹股沟部和阴囊前部，肌支支配腹壁肌。

3. 股外侧皮神经　皮支分布于大腿外侧部皮肤。

4. 股神经　皮支分布于大腿和膝关节前面的皮肤，肌支支配耻骨肌、股四头肌和缝匠肌。

5. 闭孔神经　皮支分布于大腿内侧面的皮肤，肌支支配闭孔外肌、大腿内侧肌群。

（四）骶丛的组成和走行

由 $L_{4、5}$ 及 $S_{1\sim4}$ 和 C_0 神经前支组成。骶丛位于骨盆内，在骶骨及梨状肌前面，髂内动脉的后方。骶丛除直接发出许多短小的肌支支配梨状肌、闭孔内肌、股方肌等，还发出臀上神经、臀下神经、阴部神经、股后神经、坐骨神经、胫神经和腓总神经。

1. 坐骨神经的走行及分支　坐骨神经（$L_{4、5}$，$S_{1\sim3}$）来自腰骶丛神经，是全身最粗大的神经，坐骨神经由梨状肌下经坐骨大切迹出骨盆后，进入臀部，在臀大肌的深面经坐骨结节与股骨大转子之间下降到大腿后面，在大腿下 1/3 处分为胫神经和腓总神经。其肌支支配半腱肌、半膜肌、股四头肌及大内收肌。

2. 腓总神经的走行及分支　腓总神经（$L_{4、5}$，$S_{1、2}$）自大腿下 1/3 处从坐骨神经分出，在腓骨头前面分为腓浅神经和腓深神经。腓浅神经肌支支配腓骨长肌和腓骨短肌（外展和提举足外缘，并使足背屈曲），皮支支配小腿外侧、足背及趾背皮肤。腓深神经肌支支配胫骨前肌（伸足、内收和提举足内缘）、踇长伸肌（伸踇趾、伸足、足内收）、踇短伸肌和趾短伸肌（伸踇趾及各趾，并使其稍向外侧分开）。皮支支配第 1、2 趾间背侧皮肤。

3. 胫神经的走行及分支　胫神经（$L_{4、5}$，$S_{1\sim3}$）为坐骨神经的直接延续，在腘窝内，胫神经与腘血管相伴行，在小腿比目鱼肌深面伴胫后动脉降至内踝后面，在此处分为足底内侧神经和足底外侧神经。胫神经支配小腿后群肌和全部足底肌，包括腓肠肌（屈曲膝关节和踝关节）、比目鱼肌（屈曲膝关节）、腘肌（参与屈曲膝关节及小腿内旋）、跖肌（足跖曲）、胫骨后肌（屈曲踝关节及足内肌）、趾长屈肌（第 2、3、4、5 趾末节屈曲）、踇长屈肌（踇趾屈肌），以及足的全部短肌（足内收、外展、各趾屈曲）。胫神经皮支支配小腿后面及足底皮肤感觉。

三、运动系统的检查

周围神经损伤后其支配的肌肉发生自主运动障碍，主要表现为肌肉的肌容量、肌力、肌张力、主动运动和腱反射改变，因此，可以通过上述各项的检查来判定有无周围神经损伤及其损伤程度。肌容量、肌张力和肌力的检查见第二十三章实验四十六“运动系统检查”的内容。

（一）检查肌力应注意的问题

1. 进行肌力检查时，要逐块肌肉进行检查，而不是按肌群检查。

2. 熟知不同肌肉的起止点及功能，尽可能将不被检查的肌肉置于松弛状态，被查肌肉处于伸长紧张位置，单独表现出被查肌肉的肌力。

3. 检查部位要完全暴露，一是可以观察肌肉有无萎缩及萎缩的程度，二是可以观察肌肉收缩的情况。

4. 检查者应固定被查肢体的近端。因为肢体近端稳定时，肌肉收缩才能引起关节定向运动。

5. 为了排除关节僵硬、对抗肌痉挛，应先检查关节的被动活动范围。

（二）姿势与步态

有些周围神经损伤后可以出现特有的姿势与步态，如腓总神经损伤后所致的跨阈步态，因足下垂导致伤者在行走时需高抬患肢，如跨越门槛样，患者没有平衡失调，但常被地毯的边缘或足下的小物体绊倒。

四、感觉系统的检查

感觉分为浅感觉（痛觉、触觉、温度觉）、深感觉（运动觉、位置觉、震动觉）、复合感觉（触觉定位觉、两点辨别觉、图形觉、形体觉）和特殊感觉（视觉、味觉、嗅觉、听觉）。

感觉系统检查具有很强的主观性，易出现偏差。因此，感觉检查时要求被检者清醒，充分配合，左右、远近对比，多次重复，避免暗示性问话等，力求客观。同时检查者需耐心细致，并按一定顺序检查，一般选择与神经径路垂直的方向（四肢环行、躯干纵行），自内而外、自上而下依次检查，且两侧对比。感觉系统检查包括：

1. 浅感觉检查　浅感觉是指来自皮肤、黏膜的感觉，包括痛觉、触觉及温度觉。

（1）痛觉：用大头针或叩诊锤的针尖轻刺皮肤，询问患者有无疼痛感觉。

（2）触觉：用棉签或软纸轻触皮肤，询问患者有无感觉。

（3）温度觉：用 2 支分别装有冷水（5~10℃）和热水（40~50℃）的玻璃试管或金属管，交替接触患者皮肤，让其辨出冷、热。

2. 深感觉检查　深感觉是指来自肌腱、肌肉、骨膜和关节的感觉，包括运动觉、位置觉和震动觉。

（1）运动觉：被检者闭目，检查者用手指夹住被检者手指或足趾两侧，上下移动 5° 左右，嘱其说出移动方向，如感觉不明确，可加大运动幅度或测试较大关节。

（2）位置觉：被检者闭目，检查者将其肢体摆成某一姿势，嘱其描述该姿势或用对侧肢体模仿。

（3）震动觉：将震动的音叉柄置于骨隆起处，如手指、尺骨茎突、鹰嘴、桡骨小头、锁骨、内外踝、胫骨、髂前上棘和脊椎棘突等处，询问有无震动感和持续时间，两侧对比。

3. 复合感觉（精细觉）检查　是指皮质感觉，是大脑顶叶皮质对深浅等各种感觉进行分析、比较和综合而形成的，包括形体觉、触觉定位觉、两点辨别觉和图形觉。

（1）形体觉：被检者闭目，令其用单手触摸常用物品，如钥匙、纽扣、钢笔、硬币等，说出物体形状和名称。两手比较。

（2）触觉定位觉：被检者闭目，用手指或棉签轻触患者皮肤后，让其指出受触部位，正常误差手部＜3.5mm，躯干部＜1mm。

（3）两点辨别觉：被检者闭目，用分开一定距离的钝角双角规或叩诊锤的两尖端接触其皮肤，如感觉为两点，则缩小其间距，直至感觉为一点为时，两点需同时刺激，用力相等；正常时指尖为 2~8mm，手指为 2~3mm，躯干为 6~7mm。

（4）图形觉：被检者闭目，检查者用钝针在其皮肤上画出简单图形，如三角形、圆形或写出 1、2、3 等数字，请其辨认。双侧对照进行。

五、反射的检查

反射包括浅反射、深反射、阵挛、病理反射等。反射检查比较客观，检查时嘱被检查者放松，操作时叩诊锤力量要适当。

（一）浅反射

1. 腹壁反射　被检者仰卧，双下肢屈曲使腹肌松弛，以钝针、竹签或叩诊锤尖端由外向内分别轻划两侧腹壁皮肤，引起一侧腹肌收缩，脐孔向该侧偏移，上腹壁（$T_{7、8}$神经）、中腹壁（$T_{8、9}$神经）、下腹壁（$T_{11、12}$神经）反射系沿肋弓下缘、脐孔水平、腹股沟上的平行方向轻划。

2. 提睾反射　用棉签自上而下轻划大腿内侧皮肤，正常反应为该侧提睾肌收缩使睾丸上提。主要检查：$L_{1、2}$神经和生殖股神经功能。

3. 肛门反射　用大头针轻划肛门周围皮肤，正常反应为肛门外括约肌收缩。主要检查：$S_{4、5}$神经和肛尾神经。

4. 跖反射　用棉签轻划足底外侧，自足跟向前至小趾根部足掌时转向内侧，正常反应为各足趾跖屈。主要检查：$S_{1、2}$神经和股神经。

（二）深反射

深反射又称腱反射、本体反射，是刺激肌腱、骨膜引起的肌肉收缩反应。

1. 肱二头肌反射　被检者肘部屈曲成90°，检查者以左手拇指置于被检者肱二头肌腱，右手持叩诊锤叩击左手拇指指甲，正常反应为肱二头肌收缩引出屈肘动作。主要检查：$C_{5、6}$神经和肌皮神经。

2. 肱三头肌反射　被检查上臂外展、肘部半屈，检查者以左手托其前臂，并用叩诊锤直接叩击被检者鹰嘴上方的肱三头肌腱，正常反应为肱三头肌收缩而引起前臂伸展。主要检查：$C_{6、7}$神经和桡神经。

3. 桡反射　被检者肘部半屈、前臂半旋前，检查者用叩诊锤叩击其桡骨下端，正常反应为肱桡肌收缩而致肘部屈曲、前臂旋前。主要检查：$C_{5、6}$神经和桡神经。

4. 膝反射　被检者坐位时，小腿完全松弛下垂与大腿成90°角，卧位时，检查者左手托起被检者两膝关节使小腿与大腿部成120°，用叩诊锤叩击髌骨下的股四头肌肌腱，正常反应为股四头肌收缩而致膝关节伸直、小腿突然前伸。主要检查：$L_{2\sim4}$神经和股神经。

5. 踝反射　被检者仰卧位或俯卧位时，膝部屈曲约90°，检查者以左手使其足部背屈约90°，叩击跟腱；或被检者跪于床边，足悬于床外，叩击跟腱。正常反应为腓肠肌和比目鱼肌收缩而致足跖屈。主要检查：$S_{1、2}$神经和胫神经。

（三）阵挛

1. 髌阵挛　被检者仰卧、下肢伸直，检查者用手指捏住其髌骨上缘，用力向远端快速连续推动数次后，维持推力，髌骨则发生连续交替性上下颤动。

2. 踝阵挛　检查者用左手托住被检者腘窝，以右手握其足前部，突然使足背屈并维持，可见足跟腱发生节律性收缩动作而致足部呈现交替性屈伸动作。

六、自主神经功能检查

自主神经分为交感神经和副交感神经，支配内脏器官、腺体、血管和竖毛肌等。

（一）一般检查

1. 皮肤黏膜　皮肤颜色有无异常，如苍白、潮红、发绀、红斑、色素沉着等；触摸皮肤，注意其质地和温度有无异常，如光滑、变硬、增厚、变薄、脱屑、干燥、潮湿、发热、发凉；同时注意皮肤有无水肿、溃疡、压疮、血管功能异常等。

2. 毛发和指甲营养状况　毛发有无多毛、少毛、脱毛等异常；指甲有无裂痕、起纹、松脆等改变。

3. 出汗　全身或局部有无出汗过多、过少或无汗等情况。

（二）内脏及括约肌功能

注意胃肠功能如胃下垂、腹胀、便秘等；排尿障碍及其性质（尿急、尿频、排尿困难、尿潴留、尿失禁、自动膀胱等），检查下腹部膀胱区膨胀程度。

（三）自主神经反射

1. 竖毛反射 皮肤局部受寒冷或搔划刺激，引起竖毛肌（由交感神经支配）收缩，局部出现竖毛反应，毛囊处隆起，状如鸡皮，并逐渐向周围扩散，但至脊髓横贯性损害平面处停止；刺激后 7~10s 反射最明显，以后逐渐消失。

2. 皮肤划纹试验 用竹签在胸腹壁两侧皮肤上适度加压划一条线，数秒后出现白色划痕，稍后变为红色，为正常反应；如划线后白色划痕持续较久，为交感神经兴奋性增高；如红色划痕持续较久且明显增宽，甚至隆起，为副交感神经兴奋性增高或交感神经麻痹。

3. 眼心反射 检查者用中指和示指对双侧眼球逐渐施加压力，为 20~30s，正常人脉率每分钟可减少 10~12 次。此反射由三叉神经眼支传入，迷走神经心支传出，迷走神经功能亢进者此反射加强（每分钟脉率减少 12 次以上），迷走神经麻痹者此反射减退或缺失，交感神经亢进者脉率不减少甚至增加（称倒错反应）。

4. 卧立位试验 平卧位和直立位分别计数 1min 脉率，如平卧位至直立位每分钟脉率加快超过 10~12 次，或直立位变为平卧位每分钟脉率减少超过 10~12 次，提示自主神经兴奋性增高。

5. 发汗试验（碘淀粉法） 先将碘 1.5g、蓖麻油 10.0ml 与 96% 乙醇溶液 100ml 配制成的碘液涂满全身，待干后再涂淀粉，皮下注射毛果芸香碱 10mg 使全身出汗，汗液与淀粉、碘发生反应，使出汗处淀粉变蓝，而无汗处淀粉颜色不变，可指示交感神经功能障碍的范围。

6. 颈动脉窦反射 检查者以示指和中指按压一侧颈总动脉分叉处亦可使心率减慢，此反射由舌咽神经传入，由迷走神经传出；部分患者如颈动脉窦过敏者按压时可引起心率过缓、血压降低、晕厥甚至昏迷，须谨慎行之。

七、辅助检查

（一）肌电图检查

肌电图（electromyography，EMG）是通过电子学仪器记录肌细胞在静息、收缩及给予电刺激后的反应的一种生理检查方法。通过此检查可以确定周围神经、神经元、神经 - 肌肉接头及肌肉本身的功能状态。

肌电图检查的意义如下：

1. 确定有无损伤及损伤的程度 完全损伤时肌肉不能自主收缩，记录不到电位，或出现纤颤电位、正锐波等；部分损伤时可见平均时限延长，波幅及电压降低，变化程度与损伤的轻重有关。

2. 有助于鉴别神经源性或肌源性损害 一般认为，自发电位的出现是神经源性损害的特征。

3. 有助于观察神经再生情况 神经再生早期出现低波幅的多相性运动单位波，并逐渐形成高电压的巨大电位波。定期观察其变化，可以判断神经再生的质量和进展。如再生电位数量增多，波型渐趋正常，纤颤波减少，提示预后良好，否则提示预后不佳或需手术治疗。

（二）体感诱发电位

体感诱发电位（somatosensory evoked potential，SEP），是指给予感觉神经干或末梢刺激，在感觉神经通路相应部位所记录到的诱发反应。体感诱发电位可评估外围神经的近端乃至中枢神经的整个传导径路。

SEP 在法医学鉴定中的应用如下：

1. 周围神经损伤　周围神经损伤致感觉神经通路传导障碍可引起 SEP 的异常。主要表现为潜伏期延长、波幅降低或消失。异常程度一般与周围神经损伤程度相一致。周围神经不完全损伤的早期，有时神经传导速度检测难以确认。但 SEP 检测可以证实受损神经轴索与中枢是否保持联系。通过 SEP 可以判断神经损伤的范围、程度、预后等情况。

2. 脊髓损伤　SEP 与脊髓损伤的程度有很好的相关性。脊髓完全横断性损伤，损伤部位的脊髓电位和相应的皮质电位消失。脊髓不完全损伤，相应的脊髓电位和皮质电位潜伏期延长、波幅降低。在临床上，有时脊髓完全横断性损伤的早期与脊髓震荡难以区分，但通过 SEP 可以识别。对于脊髓损伤部位的认定，通过 SEP 的特定波的异常和不同部位 SEP 的检查可以认定。

3. 脑损伤　脑干与背侧丘脑病变时，皮质反应的早成分潜伏期延长、波幅降低。脑干以上皮质病变时，潜伏期往往不延长，仅表现波幅的降低。深感觉障碍时，SEP 的早、晚成分均出现异常。痛、温觉障碍时，多选择 N_{35} 和 P_{45}。如 SEP 均消失，则表示脑死亡。

八、鉴定案例

【简要案情及病历摘录】

周某，女，某年 2 月 6 日被人打伤右上臂。伤后被送往某大学附属医院住院治疗，医院以“右上臂肿痛、畸形、伴活动受限 5 小时余”收入院。查体：T 36.8℃，P 78 次 / 分，R 19 次 / 分，BP 120/80mmHg。疾病特点：患者被人搀扶步入病房，右上臂吊带固定，未见皮下瘀斑，右肱骨下段部压痛阳性，可触及骨擦感，闻及骨擦音，右肩部及右肘部主动活动功能受限，被动活动尚可。患者腕关节、指关节及拇指下垂明显，右手虎口区皮肤麻木，右侧尺、桡动脉搏动良好，末梢血供佳，皮温正常，余肢未见明显异常。X 线片示右侧肱骨下段骨折，骨折线清晰，折端移位明显。2 月 7 日行“右肱骨下段骨折切开复位内固定术，右桡神经损伤探查术”，术后对症治疗。于 2 月 22 日出院，最后诊断：右肱骨下段骨折，右桡神经损伤。

【鉴定事项】

对周某进行损伤程度评定。

【法医检查】

被检人自行步入检查室，神清语晰，问答切题，查体合作。右上臂见长约 12.5cm 线性手术切痕。右肩关节前屈上举 120°，外展上举 120°，内收 30°，后伸 20°，内旋 50°，外旋 40°，右肘关节屈曲 90°，伸 0°。右手腕背伸肌力Ⅳ级，右手各指伸掌指关节肌力Ⅳ级。

【问题】

1. 周某的临床表现是否符合桡神经损伤？

2. 本案例的材料是否全面，如果不全面，还应补充哪些材料？

3. 周某的损伤程度如何？

【思考题】

1. 上肢神经及其重要分支走行是怎样的？

2. 上肢神经及其重要分支损伤后的主要临床表现是什么？

3. 下肢神经及其重要分支走行是怎样的？
4. 下肢神经及其重要分支损伤后的主要临床表现是什么？
5. 感觉系统的检查主要包括哪些内容？
6. 常见的浅反射有哪些？其临床意义是什么？
7. 常见的深反射有哪些？其临床意义是什么？
8. 肌电图检查有何法医学意义？

（贾富全）

第二十五章　口腔、颌面部损伤

实验四十八　口腔、颌面部检查法

【实验目的】

通过本实验使学生掌握口腔颌面部损伤的一般检查方法，熟悉辅助检查方法，为学生今后进行口腔颌面部损伤的法医临床学鉴定奠定基础。

【实验要求】

掌握口腔颌面部损伤的一般检查方法；熟悉辅助检查方法。

【实验内容】

包括口腔颌面部损伤的检查方法和鉴定案例。

一、检查方法

（一）一般检查

1. 口腔检查

（1）口腔前庭检查：依次检查舌、腭、口底等部位的颜色、质地、形态和大小。注意有无溃疡、新生物、缺损和畸形。

（2）固有口腔及口咽部检查：依次检查舌、软腭、腭垂、舌腭弓、咽腭弓的发育和运动有无异常；发音、吞咽、鼓腮、吹哨等功能活动时有无腭咽闭合不全；扁桃体有无肿大，并记录肿大的程度；舌系带的位置、形态有无异常；口底颌下腺导管口有无红肿、溢脓，挤压颌下腺区其导管口唾液分泌情况。对舌的味觉检查，可用酸、甜、苦、咸等液体滴在舌上，以明确味觉是否迟钝、丧失或异常。

（3）牙的检查：注意牙的数目、位置、形态、色泽、活动度，有无牙缺失和缺牙的数目，有无龋齿，牙体表面有无牙结石和软垢沉积，有无填物或修复体，有无牙折和牙脱位，牙有无磨耗及磨耗的程度。观察牙有无缺损、叩痛或松动。注意牙龈组织的颜色、形态，注意有无牙龈充血、水肿或萎缩，观察牙列是否完整，中线是否偏斜，咬合关系有无紊乱，是否有力。

1）牙的记录：在人的一生中有两副牙，根据萌出的时间和形态分为乳牙和恒牙。

乳牙共 20 枚，上、下颌左、右各 5 个，其名称从中线起向两侧，分别为乳中切牙（Ⅰ）、侧切牙（Ⅱ）、乳尖牙（Ⅲ）、第 1 乳磨牙（Ⅳ）、第 2 乳磨牙（Ⅴ）。记录方法见图 25-1。

恒牙共 32 枚，上下颌左右各 8 个，其名称从中线起向两侧，分别为中切牙（1）、侧切牙（2）、尖牙（3）、第 1 前磨牙（4）、第 2 前磨牙（5）、第 1 磨牙（6）、第 2 磨牙（7）、第 3 磨牙（8）。记录方法见图 25-2。

Ⅴ Ⅳ Ⅲ Ⅱ Ⅰ	Ⅰ Ⅱ Ⅲ Ⅳ Ⅴ
Ⅴ Ⅳ Ⅲ Ⅱ Ⅰ	Ⅰ Ⅱ Ⅲ Ⅳ Ⅴ

图 25-1 乳牙牙式

87654321	12345678
87654321	12345678

图 25-2 恒牙牙式

2）牙松动度检查：牙松动分 3 度。

Ⅰ度松动：牙向唇颊舌侧方向活动幅度在 1mm 以内。

Ⅱ度松动：牙向唇颊舌侧方向活动幅度在 1~2mm，且伴有远近中方向活动。

Ⅲ度松动：牙向唇颊舌侧方向活动幅度在 2mm 以上，且伴有远近中及垂直方向活动。

2. 颌面部检查 注意观察被检人的表情、神态、发育及营养等整体情况。注意观察颌面部两侧是否对称，上下中比例是否协调，有无肿胀、畸形，皮肤有无瘢痕、颜色改变。开放性损伤应该仔细观察伤口局部，由浅至深进行检查，注意是否与口腔贯通及有无深部组织结构损伤。观察鼻唇沟是否对称，嘱被检人做皱眉、闭眼、吹口哨、鼓腮等动作，以观察面神经功能情况。

3. 颞下颌关节检查

（1）下颌运动检查

1）开闭颌运动：检查张口度是否正常及张口型有无偏斜，是否出现关节交锁等异常现象。

2）前伸运动：检查下颌前伸的距离及前伸时下颌中线有无偏斜。

3）侧颌运动：检查左、右侧颌运动是否对称，髁状突动度是否一致，并比较咀嚼肌运动中发挥功能的大小。

在下颌做以上各种运动时，还应注意观察有无疼痛、关节弹响或杂音出现，观察弹响出现的时间、性质、次数和响度。

（2）髁状突动度检查：检查时，应将双手示指放在被检人两侧耳屏前方，或以双手小指末端伸入外耳道前壁，拇指固定在颧骨处，然后令被检人做张闭口运动，两侧对比进行检查。

（3）张口度检查：张口度是指被检人最大张口时上、下中切牙近中切角之间的垂直距离，正常时相当于被检人自身的示指、中指、环指 3 指末节横面的宽度。张口受限分为以下 3 度。

1）轻度张口受限：上、下切牙间仅可伸入 2 横指。

2）中度张口受限：上、下切牙间仅可伸入 1 横指。

3）重度张口受限：上、下切牙间不能伸入 1 横指。

（二）辅助检查

1. 口腔颌面部 X 线检查 口腔颌面部 X 线检查，不仅是对牙、牙周及上下颌骨的检查，而且还包括对颜面诸骨、颞下颌关节、颜面部软组织的检查。由于颌面部解剖结构复杂，具有左、右对称的结构特性，摄片时常因各层组织结构重叠而干扰图像质量，不便观察，尤其

表 25-1　常用口腔颌面部 X 线检查技术及使用指征

X 线检查技术	使用指征
口内摄片	用于观察牙损伤、牙周病患者的牙槽骨吸收情况
曲面体层摄影	用于观察颌骨骨折、多发性病变、上颌牙槽骨和上颌窦底部病变，观察牙列及咬合关系
华氏位摄片	观察鼻旁窦
颅底位摄片	观察颅底及颧骨、颧弓
颧骨后前位摄片	观察面颅骨及鼻旁窦
下颌骨正侧位摄片	观察下颌骨
颞下颌关节侧斜位摄片	观察颞下颌关节

是侧位像。所以，在做口腔颌面部 X 线检查时，应根据检查的部位和目的不同，选用不同的拍摄方式和方位（表 25-1）。

2. 口腔颌面部 CT 检查　口腔颌面部外伤后，根据外伤史、临床表现、普通 X 线检查，基本可确定诊断。但对重叠多或复杂性骨折，CT 检查更易于全面了解颌面部骨折与脱位、数目、类型、移位或脱位的程度以及颅内并发症等。三维 CT 重建图像，更直观清晰，有助于对骨折的整形与修复。

二、鉴定案例

【简要案情及病历摘录】

李某，男，某年 8 月 27 日，因交通事故致头面部、左下肢受伤。伤后 5h 被送往省人民医院住院治疗，医院以“头面部出血，左大腿出血疼痛、活动受限 5h 余”收入院。查体：T 36.8℃，P 100 次 / 分，R 20 次 / 分，BP 110/70mmHg。专科情况：颜面部、下颌部、口唇部创口已缝合包扎，口腔内可见出血。双侧眼睑水肿。左大腿前内侧有一 12cm × 8cm 不规则撕脱创口，创口周围皮肤大面积脱套伤，创口内可见软组织外露挫伤，创口污染严重；创口局部压痛，未触及明显骨擦感，因伤口疼痛左下肢活动受限，足趾活动好，趾端血供好，因患者欠配合皮肤感觉未查及。CT 片示右侧上颌骨牙槽突骨折；右侧上颌窦前壁及外侧壁骨折；下颌骨体多发骨折；下颌骨左侧下颌支髁状突骨折，伴左侧颞下颌关节半脱位。8 月 28 日行“左大腿撕脱伤清创探查缝合术”，9 月 2 日行“下颌骨多发骨折切开复位内固定术”，9 月 11 日行“左大腿清创、VSD 引流术”，9 月 23 日行“左大腿植皮术”，术后对症治疗，于 12 月 3 日出院。出院诊断：下颌骨骨折；右侧上颌骨牙槽突骨折；右侧上颌窦前壁及外侧壁骨折；左大腿撕脱伤；头面部外伤。

【鉴定事项】

对李某的损伤进行伤残等级评定。

【法医检查】

被鉴定人自行步入检查室，神清语晰，问答切题，查体合作。颏部见长 4cm 瘢痕，左大腿中上段内侧见 16cm × 10cm 植皮瘢痕，外侧见 13cm × 8cm 取皮瘢痕；双侧颌面部基本对称；双侧颞状突活动度小，大张口时有压痛，开口度 2 横指，左上 1 牙、右上 1、2、3、4、5、6 牙和右下 1 牙缺失，牙槽突丰满，余牙无松动；复阅送检影像片与疾病诊断一致。

【问题】

1. 本案例中被鉴定人张口受限是几度?

2. 如何进行伤残等级评定?

【思考题】

1. 如何进行牙松动度的检查?

2. 如何进行张口度的检查?

3. 口腔颌面部损伤的辅助检查主要包括什么?

(贾富全)

第二十六章 骨、关节损伤

实验四十九 关节活动度与肢体长度的测量

关节活动度与肢体长度的测量是法医学骨、关节损伤鉴定最基本的评价方法之一。关节内外控制关节运动的神经及邻近肌肉、纤维组织损伤均会造成关节运动不同程度的障碍。关节活动度的测量是反映关节运动障碍的主要指标。另外，肢体缺失也是导致肢体功能障碍的表现形式之一。

【实验目的】

使学生掌握关节活动度、肢体长度与肢体缺失的测量方法。

【实验要求】

掌握关节活动测量的具体步骤与记录方法；学会使用关节活动测量器，并掌握角度计与肢体轴线的正确排列；掌握肢体长度测量骨性标志的选择与测量注意事项；熟悉各类关节功能障碍的关节活动的终末感。

【实验内容】

四肢关节活动度的测量与记录、肢体长度与肢体缺失的测量及鉴定案例。

一、关节活动度的测量与记录

（一）关节活动度的测量方法

关节是骨连接的最高形式，主要功能是运动，关节的运动形式多种多样，且与关节面的形态密切有关。根据关节的3种轴面可分为3组拮抗性的动作，三轴之间呈相互垂直关系。屈伸、展收和旋转运动是关节运动的3种基本形式。

关节运动方式与关节运动范围的检查，均以中立位时为起算点。中立位时人体直立，上肢垂直于身体两侧，手掌面贴于大腿外侧。

测量关节运动范围，首先应了解关节的正常运动范围。正常运动范围亦因人而异，与年龄、性别、职业、生活方式及锻炼等有关，因此，还应与健侧肢体相应关节对比。

关节活动角度的测量如下。

1. 目测比拟法　让受检者完成规定的动作，观察各个关节的最大活动范围。如能完成，则视为关节活动大致正常。如某项运动不能完成时，再进一步详细检查相应关节的活动度。该方法简便、迅速，可快速大致了解肢体各关节活动状况，并能较快地评估异常功能，但不能准确地反映关节的活动范围。故仅适用于粗略筛选和初步评价。

（1）上肢：①受检查者站立位，双侧上肢自然下垂，观察对比肘关节伸直活动；②双侧上肢上举，两手合拢，放在颈后，观察对比肩关节外展、外旋及肘关节屈曲活动；③双手置于背后，手指触及对侧肩胛骨下角，观察对比肩关节内旋、后伸活动；④两肘屈曲，靠紧胸壁，掌心向上下翻转，观察对比桡尺关节的旋转活动；⑤合掌法观察对比桡腕关节的屈伸活动；⑥让受检者完成握拳及完全伸展手指的动作，粗略了解手指整体的活动状况。

（2）下肢：双足跟提起，足尖着地，缓慢下蹲，至足跟能触及臀部再站起，观察对比髋关节屈曲、外展，膝关节屈曲、伸直，踝关节背伸、跖屈活动状况。让受检者用前足行走，以检查踝关节屈曲活动；用足跟行走检查背伸运动；用足外 / 内缘行走检查内翻 / 外翻运动。

2. 量角器测量法：能准确测量关节活动度具体数值，并计算关节功能丧失程度。量角器有双臂式、罗盘式和指关节量角器。可根据具体情况选用适宜的量角器。如选用双臂式量角器测量大关节的屈伸、内收、外展等活动；而前臂旋前、旋后活动度的测量，则选择罗盘式量角器；指关节活动用指关节量角器更为准确、方便。常用关节活动测量角度计，一般角度计是与刻度盘连接成活动臂和固定臂，固定臂是刻度盘结构的一部分，活动臂是由一个类似螺钉的装置附着在刻度盘的中心轴上，允许活动臂在刻度盘上自由活动。角度计的放置是以解剖标志做参照，通常是骨性标志。一般来说，固定臂与关节近端部分的长轴平行排列，而活动臂与关节远端部分的长轴平行排列。量角器的中心点放置在代表关节旋转中心的骨性标志点上，固定臂与活动臂分别排列放置在相应的骨性标志点上。

（二）关节活动度测量原则

关节活动度的测量采用两种方法，即“中立位 0°”法和“邻肢夹角法”。前者现为国际通用，测量关节相邻一肢段和另一肢段（或躯干）延长虚线的夹角。后者已废弃，即确定被测量关节相邻肢段（或躯干）轴线的夹角。

关节活动度有时个体差异较大，且受年龄、性别和其他因素的影响，目前尚无统一的与年龄和性别相关的各关节平均活动范围的标准。应注意关节过去的功能状况，并与健侧关节活动度相比较。

1. 体位　关节活动测量起始为中立位 0°，即以中立位 0° 判断活动范围，测量偏离中立位的度数。不同体位测量活动度的结果不尽一致，是因为体位影响关节周围软组织（关节囊、韧带和肌肉）的紧张度。因此，同一体位对同一关节进行连续测量，其结果才具有可比性。因此，法医临床学关节活动度测量，首先应制订统一测量体位。选择关节测量体位原则：①关节处于中立 0°位；②易于关节近端部分适当稳定；③保证该关节能充分完全活动。

2. 稳定　适当的体位有助于稳定受检关节近端部分，以便该关节能单独活动，保证真实的单一关节活动，排除邻近关节的联合运动假象，如采取卧位测量髋关节的内旋活动度，仅受检者自身重量尚不能完全稳定骨盆（近端部分），检查者须用手下压该侧髂嵴，否则髋关节内旋活动的同时，伴有骨盆侧方倾斜和脊柱侧屈，其内旋活动范围比真实范围大，实际混杂有骨盆和躯干的活动。因此，关节远端活动中必须由检查者用手做附加稳定，充分固定关节近端部分。

3. 确定关节活动终末感　关节被动活动范围，由每个关节自身独特的结构所决定，限制关节活动的因素有两关节面的接触特征、关节囊周围韧带、被动性或反射性肌紧张程度、邻近软组织等。当关节向某方向被动活动达到终点时，检查者能感知该关节的阻抗，此即终末感。关节运动终末感是关节的一些结构限制关节活动的终点。此类结构有关节囊、韧带、关节面的接触、被动或反射性肌紧张、软组织的靠近等。

关节被动运动达最大时，再进一步活动，检查者体验到的来自上述结构的阻抗感觉即为终末感。准确把握终末感，有助于对关节运动范围的准确测量，同时有助于鉴别关节活动受限的原因。常见的各类生理与病理性终末感见表 26-1 和表 26-2。

检查者对终末感的辨别能力，是实践中逐渐感受，以正确识别各类终末感特征。准确掌握关节活动的终点和终末感，才能确定关节的最大活动范围。正常生理终末感有 3 类：①柔

表 26-1　生理性终末感及相应构造

终末感类型	构　造	举　例
柔软	软组织相互靠近而限制活动	膝关节屈曲
硬	肌肉牵伸	髋关节屈曲并膝关节伸直（腘绳肌牵伸）
	关节囊紧张	手掌指关节伸直
	韧带紧张	前臂旋后
坚硬	骨与骨之间的接触	肘关节伸直

表 26-2　病理性终末感及相应原因

终末感类型	表　现	举　例
柔软	在活动范围中比一般正常早些或晚些出现终末感，或在一个正常为硬或坚硬终末感的关节出现泥沼样终末感	软组织水肿、滑膜炎
硬	在活动范围中比一般正常早些或迟些出现终末感，或者在某关节正常应是柔软或坚硬的终末感出现硬的终末感	增加肌肉的紧张，关节囊、肌肉和邻近关节软组织瘢痕挛缩
坚硬	在活动范围中比一般正常早些或迟些出现终末感，或者在某关节正常应是柔软或硬的终末感出现坚硬的终末感、骨擦感或感到骨性阻挡	骨性关节炎、软骨硬化、关节内游离体、骨化性肌炎、骨折
空感	不能感受达到活动范围的终点，被动检查有明显肌阻感即无法感觉到终末感；受检者肌肉痉挛	急性关节炎、滑囊炎精神因素、检查不合作

软，如肘关节屈曲，前臂腹侧的肌肉和上臂腹侧的肌肉之间接触出现柔软终末感；②硬感，如踝关节背屈，跟腱三角韧带后束、距腓后韧带、跟腓韧带和后关节囊的张力引起限制关节进一步背屈的硬的终末感；③坚硬终末感，如肘关节伸直，由尺骨鹰嘴和肱骨鹰嘴窝接触，限制关节进一步伸直的坚硬的终末感。

主动活动是指受检者主动肌肉收缩产生的关节活动。关节主动活动受限可能是神经、肌肉、肌腱的损害。主要评价肌力及活动的协调性，既能反映关节功能，又能反映肌力、肌腱及神经的功能状况。

被动活动是在控制关节运动的肌肉松弛的情况下，通过外力使关节活动。通常是由检查者活动受检者的肢体来检查其关节活动范围。通常用于评价关节面完整性及关节囊、韧带及邻近肌肉伸展性。关节被动活动受限常常是由关节本身的病变、拮抗肌或者肌腱的短缩、挛缩等造成的。检查时，应该先检查关节主动活动度，如果受检者主动活动度在正常范围，就不必进一步检查被动活动。当被检查的关节主动活动度小于正常范围，必须进一步检查关节被动活动度。若被动运动和主动运动同样受限，则提示为关节及邻近病变。结合检查过程中对关节运动终止时的感觉，可以初步判断是关节内（骨）的病变，还是关节外（软组织）的病变。若关节运动终末感觉“硬”，活动受限突然发生，则多属关节内（软组织）的病变；若触摸起来是“橡皮样感觉”，在压力下稍有弹性，多是关节外（软组织）的病变。检查时，当受检者配合欠佳，活动关节时可表现为明显的拮抗肌主动收缩，即产生明显肌阻感。检查时，可用一手扪诊拮抗肌肌腹来判断有无肌阻感。感觉拮抗肌收缩，需要嘱被检者放松肌肉，并与关节外病变所致的关节运动受限相鉴别。

4. 正确放置关节活动测量器 使用双臂关节活动测量器时，其轴心必须与关节活动的轴心一致，双臂与关节两端肢体长轴平行，关节活动时，关节活动测量轴心及双臂不得偏移，原则上量角器应放置在待测关节的外侧，否则均会影响关节活动度测量的准确性与可靠性。

（三）关节活动度测量步骤

1. 正确确定待测关节的体位，排除关节周围的附加活动。如测量肩肱关节活动时，应固定肩胛骨；而测量肩部（肩关节复合体）活动度时，无需固定肩胛骨，因为肩胛骨的运动参与了肩关节复合体的运动。

2. 确定待测关节活动的起始点（中立位）。

3. 稳定关节的近端部分，同时还应排除相邻关节的互相影响或互相补偿。如髋关节运动限制时，可由腰部活动代偿。测量肩关节复合体的活动时，应该注意保持躯干垂直位，防止脊柱侧弯的代偿。

4. 嘱受检者移动关节的远端部分完成主动活动，此后检查者缓缓进行被动活动，最终确定关节活动的终点及感知关节活动的终末感，初步了解关节活动范围。

5. 以相应的骨性标志为准，确定待测关节的运动轴心及夹角相邻的肢段的测量轴线。

6. 关节远端部分返回中立位，触摸骨性标志，放置角度计，关节运动至最大活动范围后阅读量角器角度。稳定关节的近端部分，再次移动关节远端部分完成整个活动范围，并阅读量角器的所示角度。

7. 反复进行数次关节的主 / 被动运动，准确体会终末感及关节运动进程中的感觉，确定最大活动度后进行测量。准确放置量角器，轴心对准关节中心或者规定的标志点，量角器轴线与肢段轴线一致，记录角度。比较、分析 2 次测量值后进行记录。

8. 条件允许的情况下，最好对关节运动的起始位和终末位进行影像学摄片，摄片时应同时放置角度计和受检者姓名标签。

（四）关节活动度记录

1. 记录方法

（1）中立位“0°”法：目前是国际统一的方法。先确定每一关节的中立位为 0° 。关节以一定的方式活动，自中立位开始，逐渐偏离中立位，活动角度计为正值；如关节该向活动受限，未能达到中立位，计为负值；达中立位计为 0 值。

关节活动方向加上具体数字（度），当达不到 0°者“引进负数”，在数字前加“-”表示。此种描述最大优点是 2 个相对方向的活动度相加就是该关节在此平面的活动范围，简便清楚。例如，肘关节屈曲 145°，过伸 0°，关节活动范围就是（145°+ 0°）=145°。若屈曲 145°，过伸 5°，关节活动范围就是（145°+ 5°）=150°。若屈曲 145°，过伸 25°到 0°中立位，则描述为屈曲 145°，伸 -25°，关节活动范围就是 [145°+（-25°）]=120°，如果肘关节屈曲为 90°，过伸为 -90°，两者相加为 0°，说明该关节处于屈曲 90°功能位强直。

（2）邻肢夹角法：以夹角的 2 个相邻肢段互相移近时形成的角度来计算，表示两相邻肢段的位置关系。目前临床医师仍有用此种方法。关节完全伸直时定为 180°，随着关节屈曲程度的加大，夹角度数逐渐减小。如膝关节伸直时为 180°，屈曲时，相邻肢段夹角为 120° ，则关节活动范围为 60°。

（3）测量长度来表示关节功能范围：对有些不易精确测量角度的关节可采用此法。如拇指的外展范围，可在掌面垂直位直立一把尺子，测定拇指沿直尺移动的距离。

2. 记录内容 记录关节运动应包括以下项目：关节的名称与左右、关节强直或挛缩的位置、主动运动和被动运动的范围、运动方向、关节运动的方式（中立位 0°法还是邻肢夹角法）等。

为避免记录混乱，在检查同一关节活动时，不宜同时使用两种记录方法。并要注明记录方法。对有些关节活动度，有时还可用示意图或计算式表示，以避免理解上的混乱。例如，肘关节活动度：屈 50°、伸 170°，活动范围 120°（邻肢夹角法）；或者记录为：屈 130°、伸 -10°，活动范围 120°（中立位 0°法）。如右手腕关节背伸 30°关节强直，规范记录右手腕关节掌屈 -30°、背伸 30°、尺桡偏曲 0°（中立位 0°法）。

二、四肢关节活动度的检查法

（一）肩关节

肩关节由肱骨、肩胛骨和锁骨及其附属结构组成，实际上由盂肱关节、肩锁、胸锁 3 个解剖学关节和肩胛胸壁、肩峰下（第 2 肩关节）2 个关节样结构及喙锁间的韧带连接 6 个部分构成肩关节复合体。肩关节是上肢与躯干的连接部分，也称肩胛带，因受颈肩部肌肉的悬吊和肩胛、胸壁间肌肉的牵引固定于胸廓上部两侧，是上肢功能活动的基础。

日常生活中肩部的活动实际上是肩带的运动，不只限于盂肱关节。肩关节是人体最大的运动单位，其运动以盂肱关节为主，其他关节为辅。

1. 关节活动范围、功能位与中立位

（1）关节正常活动度：前屈 70°~90°、前屈上举 150°~170°、后伸 40°~45°、内收 20°~40°、外展上举 160°~180°、水平位（或外展 90°位）内旋 70°~90°、水平位（或外展 90°位）外旋 40°~50°。

（2）功能位：外展 45°~50°、前屈 15°~25°，内旋 25°~30°位。

（3）中立位：上肢自然下垂贴于身体两侧，肘部伸直。此时肩胛骨轴线与身体冠状面约成 30°夹角，肩胛盂面朝向前外方，肱骨与重力线平行。肱骨头内下缘与肩胛盂下缘的软骨和纤维盂唇相接触，完全放松时，肩胛盂关节面约有 5°的下倾角。

2. 肩关节活动度测量

（1）前屈 / 后伸

1）角度计定位：角度计的支轴放在肩峰上，角度计的固定臂放在胸壁的腋中线上，活动臂放在肱骨外侧中线上，以肱骨外上髁为骨性标志。

2）测量方法：检查盂肱关节运动时，检查者站在受检者背后，一手放在受检者肩峰上以稳定肩胛骨，并固定住全身；另一手放在肘关节的近位端，前屈臂部，正常可达 90°，向后伸，正常可达 45°，前屈超过 90°，继续向上运动，称作“上举”运动，是肩关节复合体的运动，此时伴有肩胛骨的运动，可达 180°，检查时注意保持躯干垂直，避免腰椎活动的代偿。

（2）外展 / 内收

1）角度计的定位：角度计的支轴放在肩峰的前侧，角度计的固定臂平行于胸骨的前侧中线，活动臂放在肱骨内侧中线上，以肱骨内上髁为骨性标志。

2）测量方法：检查盂肱关节运动时，受检者面对检查者，屈肘 90°，检查者一手固定住肩胛骨下角，一手握受检者肘部使上臂外展，正常可达 90°。继续向上运动，则带动肩胛骨沿胸壁随之向上滑动，此时盂肱关节外展已完成，进行的是肩关节的外展上举运动，可达 170°~180°。然后将受检者的臂部放回体侧，并使横过身前而内收，可达 20°~40°。需要稳定胸廓防止脊柱向侧方弯曲。

（3）外旋 / 内旋

1）角度计的定位：角度计的支轴放在尺骨鹰嘴上，角度计的固定臂放在平行或垂直于地面的位置上，活动臂沿尺骨放置，用尺骨鹰嘴和尺骨茎突作为参照标志。

2）测量方法：检查盂肱关节运动时，受检者屈肘 90°，靠在腰部，防止肩关节外展运动影响内旋运动及内收运动影响外旋运动测量。臂部外旋时，将肩部作为一个活动点，前臂作为活动的指针，检查者扶其前臂向外移动，即为外旋，正常可达 45°，然后再从开始的位置，将其前臂旋过至背后部，做内旋动作，正常可达 90°。测量肩关节复合体的旋转运动，嘱受检者肩关节外展 90°、屈肘 90°，前臂向上转动为外旋，向下转动为内旋。

（二）肘关节

肘关节是由肱骨下端、桡骨小头和尺骨近端所组成，包括肱尺关节（屈戍关节）、肱桡关节（球窝关节）和桡尺近侧关节（圆柱关节），这 3 个关节构成以肱尺关节为主的运动单位。肘关节只有 1 个滑膜腔，3 个关节的关节面紧密相贴，关节囊围绕复合关节周围，肱骨的内、外上髁在关节囊外。

肘关节是上肢中间部位的关节，构成前臂和上臂的机械性连接。对完成腕部和手部功能，调整肢体位置有重要作用。

1. 关节活动范围、功能位与中立位

（1）关节正常活动度：屈曲 135°~150°、过伸 5°~10°，前臂旋前 80°~90°、旋后 80°~90°。

（2）功能位：屈曲 90°。

（3）中立位：前臂与上臂成一直线，尺桡关节拇指在上为中立位。

2. 肘关节活动度的测量

（1）屈肘 / 伸肘

1）角度计的定位：角度计的支轴放在肱骨外上髁的外侧，角度计的固定臂放在肱骨的外侧中线上，以肩峰为骨性标志，活动臂放在桡骨外侧中线上，以桡骨茎突为骨性标志。

2）测量方法：检查时，让受检者屈肘，尽量用手触摸同侧肩部，正常时可以触到肩部，屈肘角度约 150°。然后再让受检者尽可能伸直肘关节，正常情况下可达到 0°~5°。

（2）旋后 / 旋前

1）角度计的定位：测量旋前活动时，角度计的支轴放在尺骨茎突的外侧，角度计的固定臂平行于肱骨的前侧中线，活动臂横过前臂的背侧面；测量旋后活动范围时，角度计的支轴放在尺骨茎突的内侧，角度计的固定臂平行于肱骨的前侧中线，活动臂横置于前臂的掌侧面，恰好位于桡骨和尺骨茎突的近侧。

2）测量方法：检查肘关节旋转运动时，受检者屈肘 90°，肘部靠紧腰部，以防止肩部内收或外展运动代偿前臂的旋转运动。受检者握拳，鼻咽窝向上，或手握 1 支笔，笔尖向上，或平伸手指，桡侧向上，此为前臂的中立位。手桡侧向外旋转，直到掌面向上，测量旋后角度；手桡侧向内旋转，直到掌面向下，测量旋前角度；在旋后受限时，要防止上臂内收动作代替肘关节旋后动作或者旋前受限时由上臂外展和内旋来代偿肘关节旋前动作。

（三）腕关节

腕关节由掌骨基底、腕骨、桡尺骨远端、三角纤维软骨复合体、韧带及关节囊组成，其中包括桡腕关节、桡尺远侧关节以及腕骨中间关节，此种结构有利于手功能的发挥。腕关节是以桡腕关节为主的运动单位，舟骨、月骨和三角骨相连的弧状关节面与桡骨远端关节面构成桡腕关节，属于椭圆关节，桡腕关节的屈伸幅度因腕骨间关节的联合滑动而有所增大。8块腕骨分为远、近2排，各有4块，2排腕骨间的关节称为腕中关节。

1. 关节活动范围、功能位与中立位

（1）关节正常活动度：背伸30°~60°、掌屈50°~60°、桡偏25°~30°、尺偏30°~40°。

（2）功能位：背伸20°~30°，尺偏5°~15°。

（3）中立位：手伸直与前臂成一直线，手掌向下。

2. 腕关节活动度的测量

（1）掌伸/背伸

1）角度计的定位：角度计的支轴放在腕关节的外侧，接近三角骨的位置，角度计的固定臂放在尺骨外侧中线上，以尺骨鹰嘴为骨性标志，活动臂放在第5掌骨外侧中线上。

2）测量方法：一手放在受检者前臂远端，另一手握住受检者的手，然后掌屈背伸腕部，正常时掌屈可达60°，背伸达60°。

（2）尺偏/桡偏

1）角度计的定位：角度计的支轴放在腕关节背侧中央、头状骨的位置，角度计的固定臂放在前臂背侧中线上，以肱骨外上髁为骨性标志，活动臂放在第3掌骨的背侧中线上。

2）测量方法：手法与检查腕关节屈伸运动时相同，使受检者的腕部尺偏或桡偏。

（四）手的关节

手的关节包括腕掌关节、掌骨间关节、掌指关节和指间关节等。①腕掌关节不参与桡腕关节的运动，拇指腕掌关节是鞍状关节，仅能做屈伸、收展和对掌运动，是决定拇指功能的重要关节；第2、3腕掌关节稍有滑动，第4、5腕掌关节只能做轻微的屈伸运动。②掌骨间关节介于第2~5掌骨底之间，借掌深横韧带相连。③拇指的掌指关节只能在屈伸60°范围内活动，其他四指的掌指关节不仅能在屈伸90°范围内活动，还能做收展和环转运动，是决定四指功能的重要关节。④指间关节属于屈戌关节，相对关节面呈滑车形，只能做屈伸运动。

手部各关节包括各掌骨与相应各指近端指骨构成的掌指关节、各指指骨间的关节。拇指只有2节指骨，仅有1个指间关节，而第2~5指均有3节指骨，故有近端、远端2个指间关节。

手的运动包括掌指关节的屈伸、指间关节的屈伸、掌指关节的外展和内收、拇指掌指关节和指间关节的屈伸、拇指掌腕关节的外展、内收和对掌。

手指关节活动度测量需要先将腕关节固定在中立位，前臂旋前位（手掌向下）。测量每一个关节活动度，被测关节近端的关节需要处于伸直位（如测量近侧指间关节活动度，腕关节、掌指关节需处于伸直位），保证只有被测关节做屈曲运动。

1. 关节活动范围、功能位与中立位

（1）关节正常活动度：各掌指关节背伸0°、屈曲60°~90°；近端指间关节背伸0°、屈曲90°，远端指间关节背伸0°、屈曲60°~90°；拇指外展（拇指在与手掌面垂直的平面上远离掌面）40°，对掌（拇指指腹与环指、小指远端指腹相触），内收0°（拇指与示指桡侧紧贴），屈曲（拇指平行与掌面偏向尺侧）掌指关节20°~50°，指间关节可达90°。

（2）功能位：拇指关节为外展对掌，指间关节微屈；掌指关节和指间关节均为屈曲45°位，各指微张开。

（3）中立位：各指自然伸直，拇指贴于示指桡侧，即拇指沿示指方向伸直。

2. 手关节活动度的测量

（1）第 2~5 指掌指关节屈伸

1）角度计的定位：角度计的支轴放在掌指关节的背侧，角度计的固定臂放在掌骨的背侧中线上，活动臂放在近节指骨的背侧中线上。

2）测量方法：腕关节中立位，第 2~5 指指间关节及掌指关节尽量屈曲（握拳动作），测量掌指关节屈曲度，被动运动时，检查者帮助受检者握拳。受检者第 2~5 指并拢，尽量伸直，测量掌指关节背伸度。

（2）第 2~5 指指间关节的屈伸

1）角度计的定位：角度计的支轴放在待测关节的背侧，角度计的固定臂放在近侧指骨背侧中线上，活动臂放在远端指骨背侧中线上。

2）测量方法：腕关节及掌指关节中立位，嘱受检者尽量屈曲第 2~5 指远侧和近侧指间关节，分别测量远 / 近侧指间关节的屈曲度，受检者第 2~5 指并拢，尽量伸直，测量指间关节背伸度。

（3）拇指屈曲 / 背伸

1）角度计的定位：角度计的支轴放在待测关节的背侧，角度计的固定臂放在近侧掌 / 指骨背侧中线上，活动臂放在远端指骨背侧中线上。

2）测量方法：掌指关节检查时嘱受检者运动拇指，在掌平面横过手掌，触向小指基底部即屈伸；向外侧（桡侧）伸开拇指与其他诸指分开为伸直。指间关节检查时，掌指关节及腕关节处于中立位，屈伸指间关节。

（4）拇指外展 / 内收：拇指垂直于掌面的运动为外展、内收。该活动是腕掌关节的功能。检查时，一手在鼻咽窝和桡骨茎突水平固定住拇指近位端，另一手捏住第 1 掌骨，使拇指离开掌面，再回到掌面。拇指最大限度外展时，沿冠状面测量第 1 掌骨与第 2 掌骨骨间的夹角为桡侧外展运动度。测量时需同时记录桡侧外展角度与沿同一平面内收运动的角度。

（5）对掌活动：对掌的大部分活动是拇指腕掌关节的活动。正常时能触到其他手指的指间和第 5 掌骨头。测量对掌运动时，拇指、手掌及四指在冠状面处于伸直位，拇指尽量离掌心外展并与第 2 指同处于一个矢状面内，测量拇指掌侧指间横纹中点至远端掌横纹与第 3 掌指关节交点处之间的距离（用 cm 表示）。正常范围 0~8cm。

（五）髋关节

由股骨头与髋臼构成典型的多轴向的球窝关节，此结构既坚固又灵活，关节窝包绕股骨头近 2/3，负重是髋关节最重要的功能。

在进行髋部运动功能检查时，如果受检者有运动功能障碍，常会以骨盆或腰椎的活动来代偿活动受限的髋关节。为了准确地评价髋关节的活动范围，应该防止这种代偿活动。在进行下面各项检查时，应该固定住骨盆，防止腰椎的代偿动作，可嘱受检者一下肢屈曲，另一下肢伸直，或双下肢外展。

1. 关节活动范围、功能位与中立位

（1）正常活动度：屈曲 130°~140°、后伸 10°~15°、内收 20°~30°、外展 30°~50°、内旋 40°~50°、外旋 30°~40°。

（2）功能位：屈曲 20°~30°、外展 10°~15°、旋转 0°位。

（3）中立位：平卧，髋关节伸直，髌骨向上，腿伸直平放于水平面。

2. 关节活动度的测量

（1）屈曲

1）角度计的定位：以股骨大粗隆为标志，将角度计的支轴放置在髋关节的外侧，角度计的固定臂放在骨盆的外侧中线上，活动臂放在股骨外侧中线上，以股骨外上髁为骨性标志。

2）测量方法：受检者仰卧在检查床上，骨盆放平，通过两髂前上棘之间的假想线与身体中线垂直。检查者一手放于受检者腰骶部，另一手协助屈髋屈膝，前屈到一定角度时，受检者背部触及检查者手，提示腰部前凸变平，骨盆被固定，再进一步屈曲，只能是髋关节前屈运动。以此时位置为测量起始点，进一步屈髋。检查时要注意对侧肢体必须保持伸直位，同时防止骨盆旋转。正常时髋关节屈曲可使大腿靠近胸部，屈曲角度为130°~140°。

（2）后伸

1）角度计的定位：与屈曲运动测量一致。

2）测量方法：俯卧位，双下肢伸直。受检侧下肢抬离床面。检查时注意防止腰椎代偿运动，骨盆不能离开床面，检查者可用手按压受检者骶骨部固定骨盆。检查被动运动的时候，受检者可微屈膝关节，以松弛腘绳肌和股二头肌。

（3）外展/内收

1）角度计的定位：角度计的支轴放置在待测肢体的髂前上棘处，角度计的固定臂放在两髂前上棘的水平连线上，活动臂放在股骨前侧中线上，以髌骨中线为骨性标志。

2）测量方法：仰卧位，受检者屈曲一侧髋关节、膝关节，双手抱住膝关节以固定骨盆和腰椎。被检下肢主动外展和内收。检查被动运动，受检者仰卧，两下肢取中立位，检查者一侧前臂横放在受检者骨盆前方，用手握住对侧髂前上棘固定骨盆，然后用另一手握住踝部，尽量使检查侧下肢外展。下肢外展到最大限度时，检查者可以感到骨盆开始移动。使被检测下肢横过身体中线和对侧下肢的前方。内收到最大限度时，检查者可感觉到骨盆开始移动。

（4）内旋/外旋

1）角度计的定位：角度计的支轴放置在髌骨前方，角度计的固定臂垂直于地面，活动臂放在小腿前侧中线上，以胫骨嵴或内外踝连线的中点为标志。

2）测量方法：受检者坐位，双侧小腿悬垂于检查床外。检查者一手固定其大腿，以大腿为轴，小腿向内/外侧摆动的角度即是髋关节内/外旋的角度。

（六）膝关节

膝关节由股骨髁和胫骨髁之间的关节（内、外侧胫股关节）以及髌骨和股骨髌面之间的关节（髌股关节）组成，是人体关节中负重多且运动量最大的关节。膝关节是下肢的枢纽，仍以负重为主要功能。它虽为屈伸关节，但其运动是三维的，屈伸和旋转是主动的，而内外翻是被动的。膝关节内部有交叉韧带和半月板等重要结构，以维持关节的稳定性。膝关节在伸直位具有最大稳定性，屈曲时又非常灵活。膝关节位于身体2个最大杠杆臂（股骨与胫骨）之间，承受的力较大，且主要运动为屈伸。

膝关节中立位为膝关节伸直在0°位。主要活动有屈曲/伸直、内旋/外旋。屈伸运动主要是股骨和胫骨之间的运动，而内旋和外旋除了胫骨与股骨之间的运动外，还有半月板在胫骨上面的滑动，伸膝是股四头肌的运动，屈膝则是由腘绳肌和股二头肌完成的。

1. 关节活动范围、功能位与中立位

（1）正常活动度：屈曲120°~150°、过伸5°~10°。屈膝时内旋10°、外旋20°。

（2）功能位：屈曲 5°~20°。

（3）中立位：大腿与小腿成一直线。

2. 关节活动度的测量

（1）屈曲

1）角度计的定位：角度计的支轴放置在股骨外上髁的外侧，角度计的固定臂放在股骨外侧中线，以股骨大粗隆为骨性标志，活动臂放在腓骨外侧中线上，以外踝为骨性标志。

2）测量方法：检查主动活动，受检者俯卧位，两下肢伸直，令受检者屈曲膝关节，观测屈曲角度。检查被动活动时，受检者仰卧，两下肢并拢伸直，检查者一手握住踝部，另一手放在被检侧腘窝部下方，起支点作用，但不影响膝关节的活动，然后抬高膝部，尽量屈曲膝关节、髋关节，注意足跟与臀部之间的距离。然后拉小腿向下伸直其膝关节。

（2）伸直

1）角度计的定位：与屈曲运动一致。

2）测量方法：受检者从蹲位站起，观察是否能够直立，膝关节能否完全伸直；或在站立的过程中，是否有一条腿依靠另一条腿的情况。也可以让受检者坐位，嘱其充分伸直膝关节。

（七）踝关节

踝关节是由胫、腓骨的下端和距骨的滑车构成。胫骨的下关节面及其内踝和后踝，与腓骨的外踝共同构成一个关节窝，称为踝穴，距骨的滑车嵌合在踝穴中构成屈戍关节。在关节的周围有一系列的韧带及软组织加固，使得该关节有着独特的结构及运动形式。关节囊紧贴着它的关节面附着，关节囊前、后壁薄弱，内、外侧均有韧带加强。踝关节的主要功能为负重，其运动只限于背屈和跖屈。跟距关节运动使足内翻、外翻，可与踝关节的运动视为一个运动单位。

1. 关节活动范围、功能位与中立位

（1）正常活动度：跖屈 40°~50°、背屈 20°~30°。距下关节内翻 30°、外翻 30°~35°。

（2）功能位：中立位。

（3）中立位：足的纵轴与小腿轴线成 90°。

2. 关节活动度的测量

（1）背屈 / 跖屈

1）角度计的定位：角度计的支轴放置在外踝的外侧，角度计的固定臂放在腓骨的外中线上，以腓骨头为骨性标志，活动臂与第 5 跖骨平行，或者平行于足跟底面。

2）测量方法：量角器中点放置在踝关节处，从中立位（从侧面看足长轴与胫骨轴呈直角位）起算，让受检者做最大程度的足跖屈运动。检查者用手推前足向上，检查被动背屈运动。从中立位起算，让受检者足跖屈。检查者一手固定小腿下端，另一手推前足向下，检查被动跖屈运动。

（2）内翻 / 外翻

1）角度计的定位：角度计的支轴放置在两踝之间前方的中点上，角度计的固定臂放在小腿前中线上，以胫骨嵴为标志，活动臂放在第 2 跖骨的背侧中线上。

2）测量方法：跟骨向胫侧移动而足长轴不变称为内翻。足长轴不变而跟骨向腓侧移动称为外翻。检查时受检者坐位，检查者一手握住股骨远端固定小腿，然后另一手紧握跟骨，使足跟部交替地内翻和外翻。

（八）足趾关节

26 块足骨间形成许多关节，并具减震功能，足的几个关节常作为一个整体发挥作用，它们包括跗骨间关节、跖趾关节和趾间关节。足部的韧带有关节副韧带、骨间韧带和独立的韧带，这些韧带对关节活动、维持足弓起重要作用。①跗骨间关节：包括距跟关节、跟骰关节、距跟舟关节、跗横关节、楔舟关节、楔骨间关节和舟骰关节。主要韧带有距跟前韧带、距跟后韧带、距跟内侧韧带和距跟外侧韧带。②趾间关节：趾间关节由趾骨间的关节、远节趾骨底与近节趾骨滑车构成。趾间关节两侧有强韧的副韧带加强，跖侧有纤维软骨性的跖侧副韧带。

1. 关节活动范围、功能位与中立位

（1）关节正常活动度：跗趾跖趾关节屈 45°、伸 90° ，跗趾趾间关节屈 90°、伸 0°，第 2~5 跖趾关节屈 40°、伸 0°，第 2~5 近端趾间关节屈 35°、伸 0°，第 2~5 远端趾间关节屈 60°、伸 30°。

（2）功能位：中立位。

（3）中立位：踝关节呈中立位，各足趾放松，伸直位。

2. 足趾关节活动度测量

（1）跖趾关节屈伸 / 收展

1）角度计定位：角度计的支轴放置于跖趾关节的背侧，固定臂放在跖骨背侧中线上，活动臂沿近端趾骨的背侧中线放置。

2）测量方法：受检者仰卧位或坐位，踝关节保持中立 0°位，检查者右手固定角度计，嘱受检者足趾向下运动屈曲跖趾关节，左手保持跖趾关节屈曲，分别测量其屈曲度，受检者第 1~5 趾并拢，足趾向上运动尽量伸直，测量跖趾关节背伸度。

（2）近端趾间关节屈伸

1）角度计定位：角度计的支轴放置于待测趾间关节的背侧，固定臂放在跖骨背侧中线上，活动臂放置于远节趾骨的背侧中线上。

2）测量方法：受检者踝关节和跖趾关节保持中立 0°位，嘱受检者尽量足趾向下或向上运动，屈曲或伸直趾间关节，分别测量屈曲度和伸直度。

三、肢体长度与缺失测量

肢体长度与缺失测量首先须将两侧肢体放置对称位置，特别是下肢测量必须保持骨盆左、右两侧连线与躯干纵轴垂直，并正确触摸两侧髂前上棘，若骨盆病变导致变形、倾斜或髋关节位置变形，则应另选测量标志点（如脐部）。其次分析肢体短缩与长度差的病理学基础，分别测上肢长、上臂长、前臂长或下肢长、大腿长、小腿长，测量皮尺左右两侧尽可能松紧适度，以保证测量的准确性。应采用恒定的骨性标志进行测量。定点越小，准确性越高。若肢体缺失平面有疑问，如有皮瓣或软组织包裹，则采用放射影像学检查。两侧肢体必须放置在相对应的伸直位置，如患侧关节有畸形，一般是健侧仿效患侧姿势，以免产生误差。

1. 上肢长度　肩峰至桡骨茎突部或中指尖的长度。上臂长度是肩峰至尺骨鹰嘴的长度。前臂长度是测量尺骨鹰嘴尖至尺骨茎突的长度。

2. 下肢长度　分真性长度和假性长度。①真性长度，髂前上棘经髌骨中点，到内踝尖的长度；②假性长度，脐孔至内踝尖的距离。若下肢不能伸直，应分段测量。大转子顶端至膝关节外侧间隙的长度或髂前上棘至髌骨上缘的距离为大腿长度。膝关节外侧间隙至外踝尖的长度或膝关节内侧间隙至内踝尖的距离为小腿长度。

3. 肢体长度差 真性长度差为股骨或胫骨确实存在长度的差别。假性长度差即外观及功能上显示有短缩，但实际上两侧下肢长度是相等的，见于关节挛缩、强直于畸形位，站立时出现两下肢长短的差别。导致形式上短缩畸形常见为髋关节屈曲、内收等；导致形式上过长畸形常见为髋关节强直于外展位等。

四、鉴定案例

案例一

【简要案情及病历摘录】

某年3月11日，张某因交通事故受伤致左上肢、左下肢受伤。4h后被送往某医科大学附属医院住院治疗，医院以“左上肢、左膝部疼痛、肿胀伴活动受限4h”收入院。查体，T 36.7℃，P 110次/分，R 20次/分，BP 110/57mmHg。专科情况：患者平车推入病房，左上臂畸形肿胀明显，左腕部轻度肿胀，左上肢局部压痛明显，轴向叩击痛阳性，反常活动存在。可触及骨擦感，骨擦音。左上肢主动活动与被动活动惧痛不敢活动。左桡动脉搏动有力。左手感觉及运动正常。末梢血供好。左膝部肿胀明显，局部压痛明显，轴向叩击痛阴性，无反常活动。未触及骨擦感，骨擦音。左膝关节主动活动与被动活动惧痛不敢活动。左足背动脉搏动有力。左足感觉及运动正常。末梢血运好。X线片示左肱骨干粉碎性骨折，MRI片示左膝内、外侧半月板前后角、内侧半月板体部损伤；左膝前交叉韧带撕裂；左膝胫骨平台及股骨外髁、腓骨头骨髓水肿；左膝关节积液。3月14日行“左肱骨干骨折闭式复位髓内针内固定术”，4月3日行“左膝关节镜下探查清理前后交叉韧带重建术、内侧副韧带损伤转位加强术”，术中见内侧半月板后角混合撕裂，给予部分切除，前交叉韧带断裂，仅有少量纤维组织连接；后交叉韧带Ⅱ度损伤，术后对症治疗。于4月11日出院，出院诊断：左肱骨干骨折，左膝前交叉韧带断裂，左膝后交叉韧带损伤，左膝内侧副韧带断裂，左膝内侧半月板损伤。

【鉴定事项】

对张某的损伤进行伤残等级评定。

【法医检查】

被鉴定人自行步入检查室，神清语晰，问答切题，查体合作。左肩上部见长约5.5cm瘢痕，左肩前可见长分别为1.5cm、2.0cm瘢痕，左上臂内侧可见两处长分别为2.0cm瘢痕，左膝关节上见6cm×2cm挫伤瘢痕，左膝关节内侧可见长约6cm瘢痕，左膝下方可见长约2cm瘢痕，左膝外侧可见长1cm瘢痕，左小腿上段内侧可见长4.0cm瘢痕；左肩关节功能为前屈上举120°，外展上举120°，后伸30°，内收30°，内旋60°，外旋50°；左腕关节活动尚可；左膝关节功能为屈曲90°，伸0°，抽屉试验（-），侧方应力试验（-）。复阅送检4月11日X线片示左膝前交叉韧带、内侧副韧带损伤修复术后，螺钉内固定在位。5月14日X线片示左肱骨骨折内固定术后，内固定在位，骨折端对位对线良好。

【问题】

1. 本案例中被鉴定人主要遗留哪些后遗障碍？

2. 如果要进行伤残等级评定，是否还需做其他检查？

3. 依据GB18667-2002《道路交通事故受伤人员伤残评定》标准，评定为几级伤残较为合理？

案例二

【简要案情及病历摘录】

某年7月1日凌晨1时20分左右，刘某在某矿业公司选矿场维修机器时，不慎跌下来，没站稳，右足被拉入输送带滚筒内，致右小腿受伤，伤后立即送往某县医院住院治疗。医院以“右小腿剧痛、畸形，活动受限约3h”收入院。查体见：右下肢皮肤多处擦伤，右小腿中下段畸形，肿胀，局部压痛，并可及骨擦感，主动活动踝关节不能，末梢血供差。X线片示右胫骨骨折。入院诊断：①右胫骨骨折；②右下肢血管神经损伤。入院后给予患肢支具外固定、抬高患肢、积极抗炎、消肿，对症治疗。患肢肿胀明显，右足背动脉摸不着，末梢无感觉。长期医嘱，7月1日3：50时，骨科入院护理常规，二级护理，禁食水，留陪人。9时，静脉滴注左氧氟沙星，右小腿支具外固定，抬高患肢观察末梢血供。17：30时静滴甘露醇、地塞米松。7月2日8：00时静滴克林霉素。临时医嘱：7月1日3：50时做相关检查及静滴液体。8：30留置尿管。17：30时静滴右旋糖酐-40液。7月2日8：00时静脉滴注右旋糖酐-40、碳酸氢钠。9：40时出院。出院诊断：①右胫腓骨骨折；②右下肢血管神经损伤。出院后立即转入某市医院住院治疗，医院以“右下肢外伤后右小腿、右足进行性肿胀、麻木、青紫，皮温下降36h”收入院。专科情况：右大腿前外侧及右膝关节后侧可见大面积皮下瘀斑，右小腿高度肿胀，皮肤张力高，表面散在张力性水疱及皮肤挫擦伤，右小腿中下1/3段肢体血供、感觉、运动丧失，右足背皮肤呈大理石花纹改变，右足背动脉及胫后动脉搏动未触及，右小腿中下段骨擦音、骨擦感阳性，右膝关节肿胀，内外侧应力试验阳性，膝关节不稳，活动受限。外院X线片示右胫骨骨折，右腓骨头撕脱骨折。7月2日行“右小腿骨筋膜室综合征切开减压术、右腘窝部血管神经探查、右小腿血管探查术、右胫骨骨折切开复位钢板内固定术”，术中见小腿肌肉肿胀明显，肌肉缺血改变；右腘动脉在腘窝中点下5cm处，腘动脉有血栓形成，血栓以下血管无动脉搏动，动脉分支有1支断裂，断口已栓塞；右小腿部分肌肉有渗血；右腓总神经挫伤明显，未断裂。8月3日行“右小腿清创、右小腿中段截肢、右腘窝部植皮（游离）术”，术后预防感染、对症支持治疗。9月5日出院。出院诊断：右小腿挤压伤：右小腿截肢术后，右腓骨头骨折并腓总神经损伤，右膝交叉韧带、侧副韧带损伤，右腘窝处皮肤缺损，右腘静脉损伤。

【鉴定事项】

对刘某的伤残等级进行法医学评定；某县医院在给刘某的治疗过程中有无过错，如存在过错，其过错与刘某的损害后果有无因果关系。

【法医检查】

受检人拄双拐步入检查室，神清语晰，问答切题，查体合作。右小腿髌骨下缘下21cm以远缺失，残留端前侧可见长9cm横行瘢痕，外侧见长14cm纵行瘢痕，内侧见长12cm纵行瘢痕。右膝关节屈曲120°，伸0°。阅11月4日X线片示右胫腓骨中段以远缺如。

【问题】

1. 本案例中被鉴定人的伤残等级如何？

2. 某县医院在对被鉴定人的治疗过程中是否存在过错？

【思考题】

1. 简述关节活动度的测量方法、原则和步骤。
2. 如何测量肩关节、肘关节、腕关节的活动度？
3. 如何测量手的各关节的活动度？
4. 如何测量髋关节、膝关节、踝关节的活动度？
5. 如何测量足趾各关节的活动度？
6. 简述肢体长度与肢体缺失测量的注意事项。

（贾富全）

参考文献

1. 中华人民共和国司法部令第107号《司法鉴定程序通则》（2007年）.
2. 刘兴本. 法医临床学实验指导. 北京: 人民卫生出版社, 2008.
3. 何家弘. 司法鉴定导论. 北京: 法律出版社, 2003.
4. 秦启生. 临床法医学. 3版. 北京: 人民卫生出版社, 2004.
5. 刘技辉. 法医临床学. 4版. 北京: 人民卫生出版社, 2009.
6. 邓振华, 陈国弟. 法医临床学理论与实践. 成都: 四川大学出版社, 2004.
7. 周良辅. 现代神经外科学. 上海: 复旦大学出版社, 2001.
8. 梁碧玲. 骨与关节疾病影像诊断学. 北京: 人民卫生出版社, 2006.
9. 朱大年, 王庭槐. 生理学. 8版. 北京: 人民卫生出版社, 2013.
10. 贾建平, 陈生弟. 神经病学. 7版. 北京: 人民卫生出版社, 2013.
11. 陈孝平, 汪建平. 外科学. 8版. 北京: 人民卫生出版社, 2013.
12. 柏树令, 应大君. 系统解剖学. 8版. 北京: 人民卫生出版社, 2013.
13. 张志愿, 俞光岩. 口腔科学. 8版. 北京: 人民卫生出版社, 2013.
14. 王保捷, 侯一平. 法医学. 6版. 北京: 人民卫生出版社, 2013.

第四篇

法医毒理学实验

第二十七章　呼吸功能障碍性毒物中毒

实验五十　一氧化碳中毒

【实验目的】

1. 通过观察一氧化碳中毒死亡案例的组织切片，掌握一氧化碳造成脏器中毒损害的主要病理组织学特点，加深对一氧化碳中毒机制的理解。

2. 综合分析案例的案情、尸体检查肉眼所见、切片组织学观察所见和毒化检测结果，掌握一氧化碳中毒死亡原因的鉴定要点。

【案例简介】

1. 案情摘要　死者张某，女，42 岁，20××年 12 月 9 日晚与王某同居一室，次日，王某起床后发现张某已死亡。

2. 尸体检验

（1）尸表检验：尸斑呈樱红色，分布于项背部未受压处，指压不褪色。尸僵已缓解。角膜中度浑浊，双侧瞳孔隐约可见，直径约 0.5cm。

（2）内部检验：脑、心、肺、肝等脏器呈樱红色。全脑重 1200g，脑水肿。心脏重 360g，左心室壁肌厚 1.3cm，右心室壁肌厚 0.2cm，冠状动脉未见异常。左肺重 450g，右肺重 600g，双肺淤血、水肿。肝、肾、脾、胃等多脏器淤血。

3. 毒化检测　所送张某血液中检出碳氧血红蛋白，饱和度为 62%。

【实验内容】

观察该案例的主要组织切片，观察要点：

1. 脑　切片编号 D1-1：脑实质内血管扩张、充血，轻度脑水肿，并见大脑软化灶（图 27-1A 和 B）

2. 心脏　切片编号 D1-2：心外膜下及心肌间质内有小片出血（图 27-1C 和 D）。

3. 肺　切片编号 D1-3：肺间质血管及肺泡壁毛细血管扩张、充血，肺水肿（图 27-1E 和 F），部分肺泡腔内有出血，并见灶状炎细胞浸润。

4. 肝　切片编号 D1-4：肝窦扩张、充血，肝细胞脂肪变性（图 27-2A 和 B），汇管区炎细胞浸润。

5. 肾　切片编号 D1-5：肾近曲小管上皮细胞水变性（图 27-2C 和 D）。

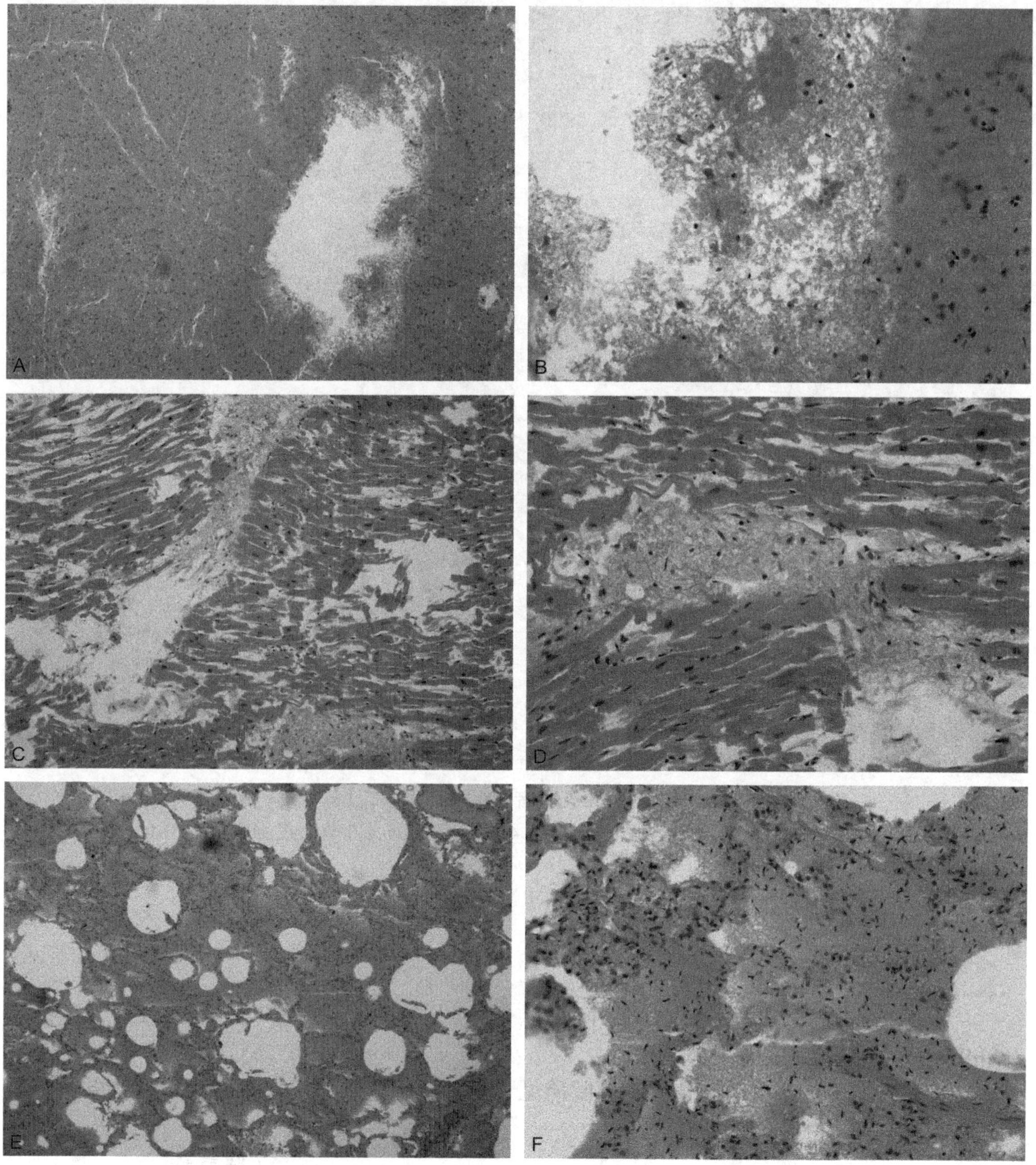

图 27–1　一氧化碳中毒死亡者组织学图片（一）　[附彩图]

A. 大脑脑软化灶（×100）; B. 大脑脑软化灶（×400）; C. 心肌间质出血（×200）; D. 心肌间质出血（×400）; E. 肺水肿（×100）; F. 肺水肿（×400）

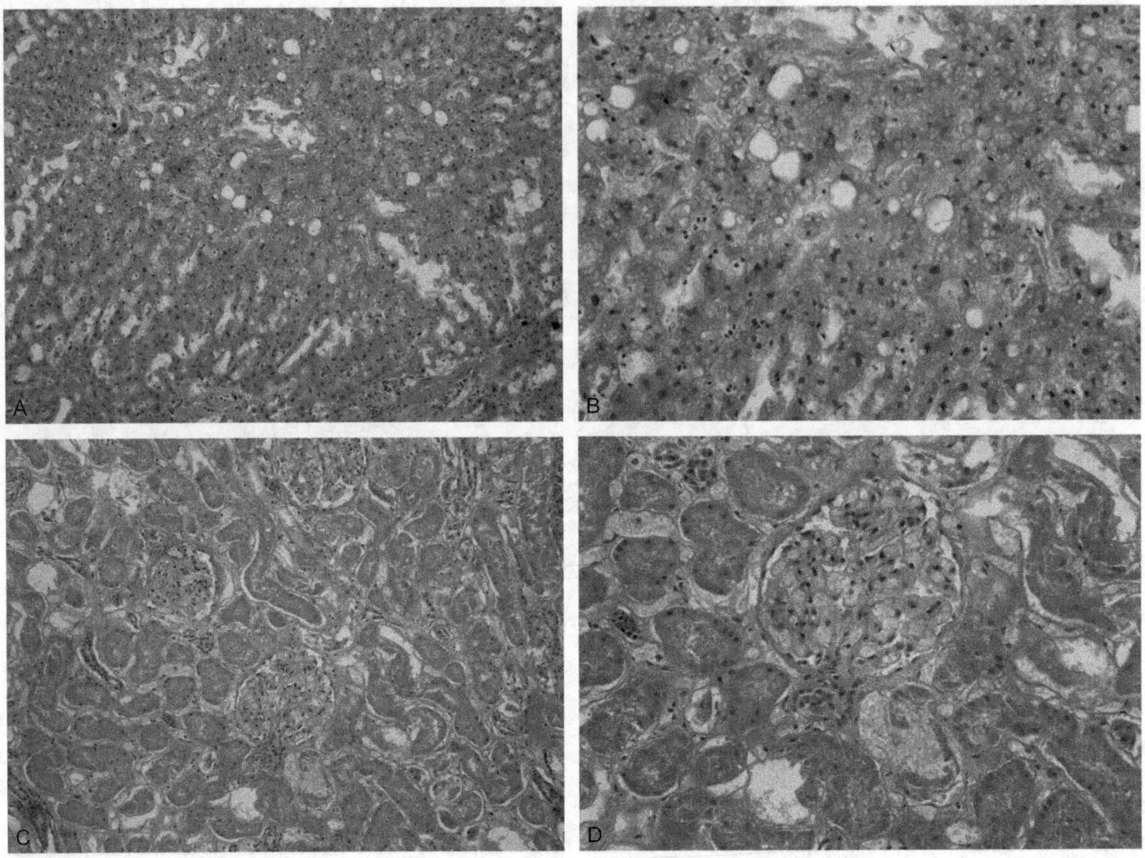

图 27-2 一氧化碳中毒死亡者组织学图片（二） ［附彩图］

A. 肝细胞脂肪变性（×200）；B. 肝细胞脂肪变性（×400）；C. 肾近曲小管上皮细胞水变性（×200）；D. 肾近曲小管上皮细胞水变性（×400）

【思考题】

1. 在实验报告中绘出本案例死者肺、心、脑、肝、肾的主要病理组织学改变，这些是一氧化碳中毒的特异性病理改变吗？

2. 综合本案例的案情、尸体检查肉眼所见、切片组织学观察所见和毒化检测结果，鉴定死者一氧化碳中毒死亡的依据有哪些？

（陈丽琴　武　彦）

第二十八章　杀鼠剂中毒

实验五十一　毒鼠强中毒

【实验目的】

1. 通过观察毒鼠强中毒死亡案例的组织切片，掌握毒鼠强造成脏器中毒损害的主要形态学特点，加深对毒鼠强中毒机制的理解。

2. 综合分析案例的案情、尸体检查肉眼所见、切片组织学观察所见和毒化检测结果，掌握毒鼠强中毒死亡原因的鉴定要点。

【案例简介】

1. 案情摘要　死者王某，男，18 岁，20××年 2 月 3 日晚饭中，出现头晕、呕吐症状，送往医院抢救中有抽搐、脸色发绀、呕吐，后死亡。

2. 尸体检验

（1）尸表检验：尸斑暗红色，分布于项背部未受压处，指压不褪色。尸僵已缓解。角膜轻度浑浊，双侧瞳孔可见，直径约 0.6cm。

（2）内部检验：肺膜略皱缩，肺切面褐色、实性。大脑蛛网膜下腔血管扩张、充血。其余送检脏器淤血，肉眼未见其他异常。

3. 毒化检测　所送王某胃内容物和心血中均检出毒鼠强成分。

【实验内容】

观察该案例的主要组织切片，观察要点：

1. 脑　切片编号 D2-1：脑水肿，脑实质内血管及神经细胞周围见空隙（图 28-1A 和 B），蛛网膜下腔血管扩张、充血。

2. 肺　切片编号 D2-2：部分肺泡腔内充满均质、嗜伊红染色的水肿液（图 28-1C 和 D），肺间质血管扩张、充血，部分区域可见代偿性肺气肿。

3. 肝　切片编号 D2-3：肝窦扩张、充血（图 28-1E 和 F），肝细胞水样变，胞质疏松化，汇管区炎细胞浸润。

4. 脾　切片编号 D2-4：脾红髓淤血，白髓内淋巴细胞数目相对减少（图 28-2A 和 B）。

5. 肾　切片编号 D2-5：肾部分远曲小管上皮细胞坏死、脱落，细胞核固缩（图 28-2C 和 D），肾间质血管扩张、充血。

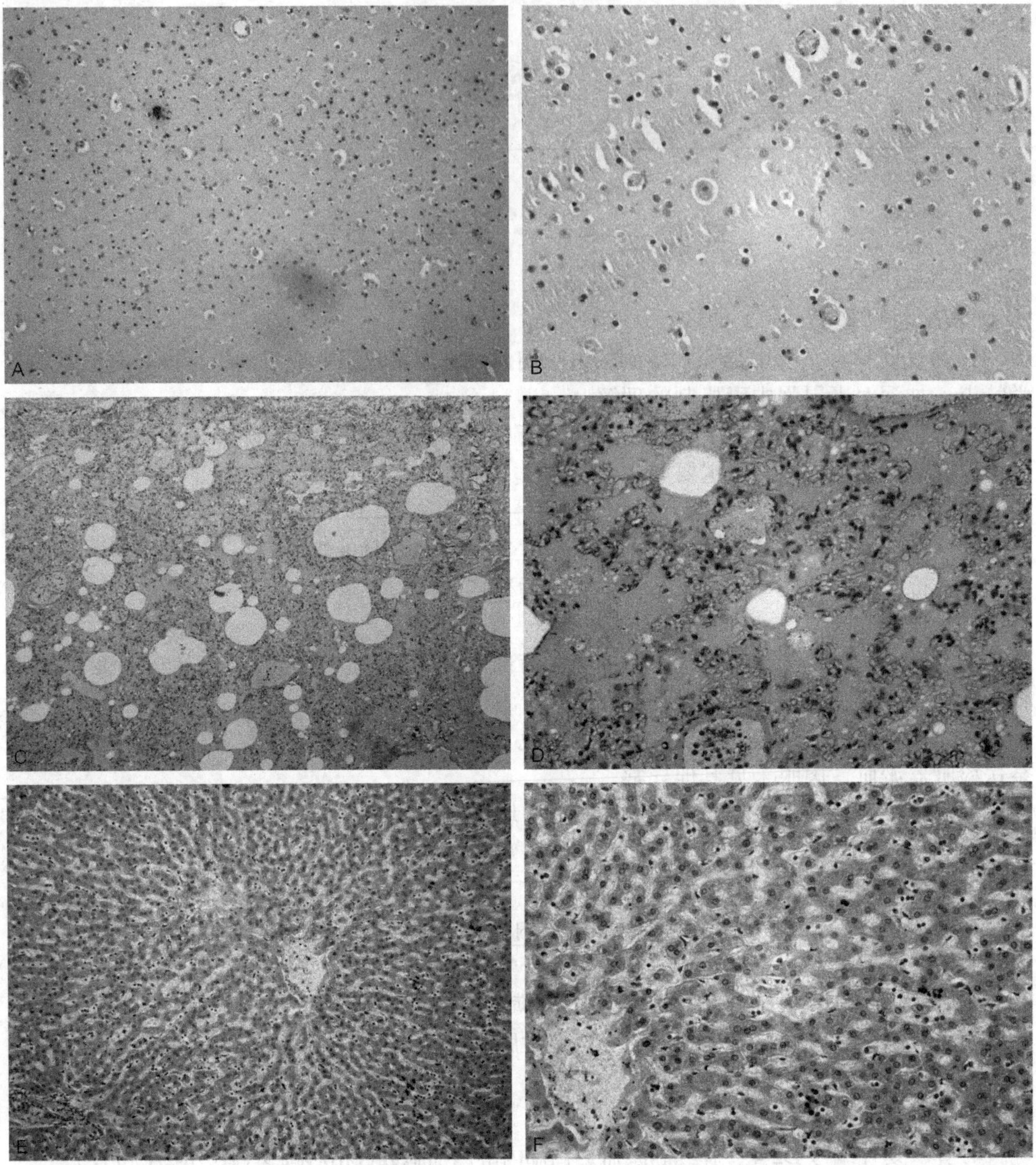

图 28-1 毒鼠强中毒死亡者的组织学图片（一） [附彩图]

A. 脑水肿（×200）; B. 脑水肿（×400）; C. 肺水肿（×100）; D. 肺水肿（×400）; E. 肝窦扩张、充血（×200）; F. 肝窦扩张、充血（×400）

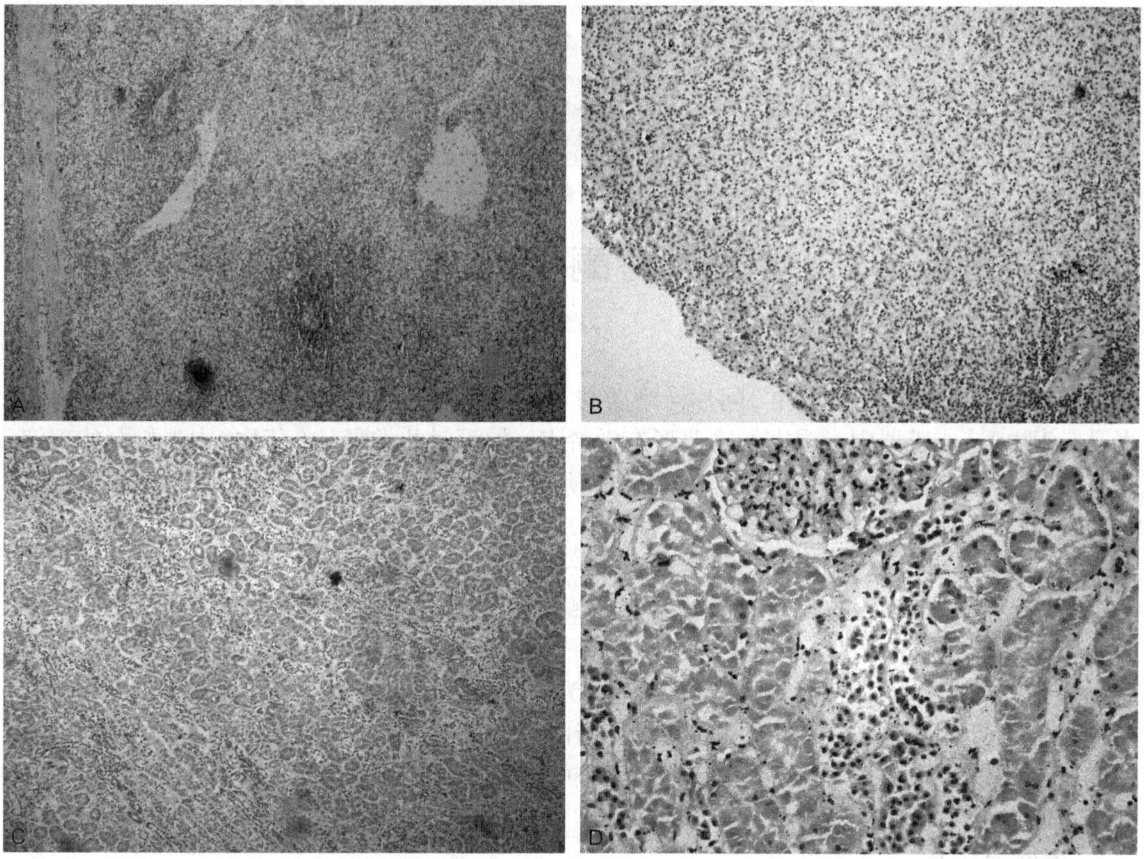

图 28-2 毒鼠强中毒死亡者的组织学图片（二） [附彩图]

A. 脾红髓淤血，白髓内淋巴细胞数目相对减少（×200）；B. 脾红髓淤血，白髓内淋巴细胞数目相对减少（×400）；C. 肾远曲小管上皮细胞坏死（×100）；D. 肾远曲小管上皮细胞坏死（×400）

【思考题】

1. 在实验报告中绘出本案例死者脑、肺、肝、脾、肾的主要病理组织学改变。这些是毒鼠强中毒的特异性病理改变吗？

2. 综合本案例的案情、尸体检查肉眼所见、切片组织学观察所见和毒化检测结果，鉴定死者毒鼠强死亡的依据有哪些？

（陈丽琴 武 彦）

第二十九章　毒品中毒

实验五十二　氨酚羟考酮（阿片类药物）滥用中毒

【实验目的】

1. 通过观察氨酚羟考酮片（阿片样激动剂）药物滥用中毒死亡的案例切片，掌握阿片类毒品（药物）造成脏器中毒损害的主要形态学特点，加深对此类毒品（药物）中毒机制的理解。

2. 综合分析案例的案情、尸体检查肉眼所见和切片观察组织学所见，掌握阿片类毒品（药物）中毒死亡原因的鉴定要点。

【氨酚羟考酮简介】

氨酚羟考酮为对乙酰氨基酚和盐酸羟考酮的复方制剂，适用于各种原因引起的中重度急、慢性疼痛。严重不良反应包括：呼吸抑制、呼吸暂停或停止、循环衰竭、低血压和休克、肝损害等。盐酸羟考酮是一种阿片类镇痛药，为纯阿片受体激动剂，其主要治疗作用为镇痛，此类药物是药物滥用者、成瘾者和违法倒卖者的寻找目标。对乙酰氨基酚主要作用是解热和镇痛，解热作用是通过作用于下丘脑体温调节中枢发挥的，镇痛作用涉及外周作用，但具体作用机制尚不清楚。

【案例简介】

（一）案情摘要

死者王某，男，41岁，20××年7月6日在某市某建筑工地自己宿舍内突然倒地死亡，现场发现有氨酚羟考酮包装盒1个。

（二）尸体检验

1. 尸表检验　死者上身穿黑色皮夹克，左内兜有注射器针头1枚。死者角膜轻度浑浊，瞳孔圆形散大，直径0.6cm。左上臂中段外侧、左前臂内侧、左肘部及左手背有多处针眼样改变区。左大腿外侧有一龙形文身，左小腿前侧有多处针眼样改变区。

2. 内部检验

（1）右肺与胸壁、膈肌粘连。慢性肺淤血，肺内形成异物肉芽肿，肺出血。

（2）心脏心底部见散在出血点，心血呈暗红色流动状。左心室壁肌厚1.9 cm，右心室壁肌厚0.9 cm，室间隔厚1.8 cm。左冠状动脉粥样硬化，左心室陈旧性心肌梗死。

（3）脾较大，淤血。

（4）肝质硬，肝淤血、肝细胞萎缩变性、肝慢性炎症改变。

（三）毒化检测

所送王某尿液和心血中均检出对乙酰氨基酚成分，王某上衣内装的针头及宿舍内提取的氨酚羟考酮包装盒检出对乙酰氨基酚和氨酚羟考酮成分。

【实验内容】

观察该案例的主要组织切片，观察要点如下。

（一）肺

切片编号 D3-1-1：慢性肺淤血（图 29-1A）。

切片编号 D3-1-2：肺内见弥漫、散在分布的异物肉芽肿（图 29-1B），巨细胞内可见吞噬的淡绿色、具有折光性的异物（图 29-1C），并见钙化。

切片编号 D3-1-3：部分区域肺出血，部分区域代偿性肺气肿。

（二）肝

切片编号 D3-2-1：肝被膜下淋巴细胞灶状浸润，肝窦显著扩张、充血，肝细胞受压萎缩（图 29-1D），肝细胞小灶状坏死伴炎细胞浸润（图 29-1E）；部分肝细胞水变性（图 29-1F）。

切片编号 D3-2-2：肝硬化，肝汇管区纤维增生并见互相连接成片（图 29-2A），汇管区淋巴细胞增生，可见淋巴滤泡形成（图 29-2B）。

（三）脾

切片编号 D3-3-1：脾被膜皱缩，红髓淤血。

（四）心脏

切片编号 D3-4-1：心脏左冠状动脉旋支粥样硬化伴钙化，管腔狭窄Ⅱ级（图 29-2C）。

切片编号 D3-4-2：左心室可见数处心肌梗死瘢痕，并互相连接成片（图 29-2D）。

【思考题】

1. 在实验报告中绘出本案例死者肺、肝、脾、心的主要病理组织学改变。肺内异物肉芽肿与成瘾性药（毒）物滥用有何关系？

2. 综合本案例的案情、尸体解剖所见、毒化检测结果，考虑王某的死亡原因是什么？主要鉴定依据是什么？

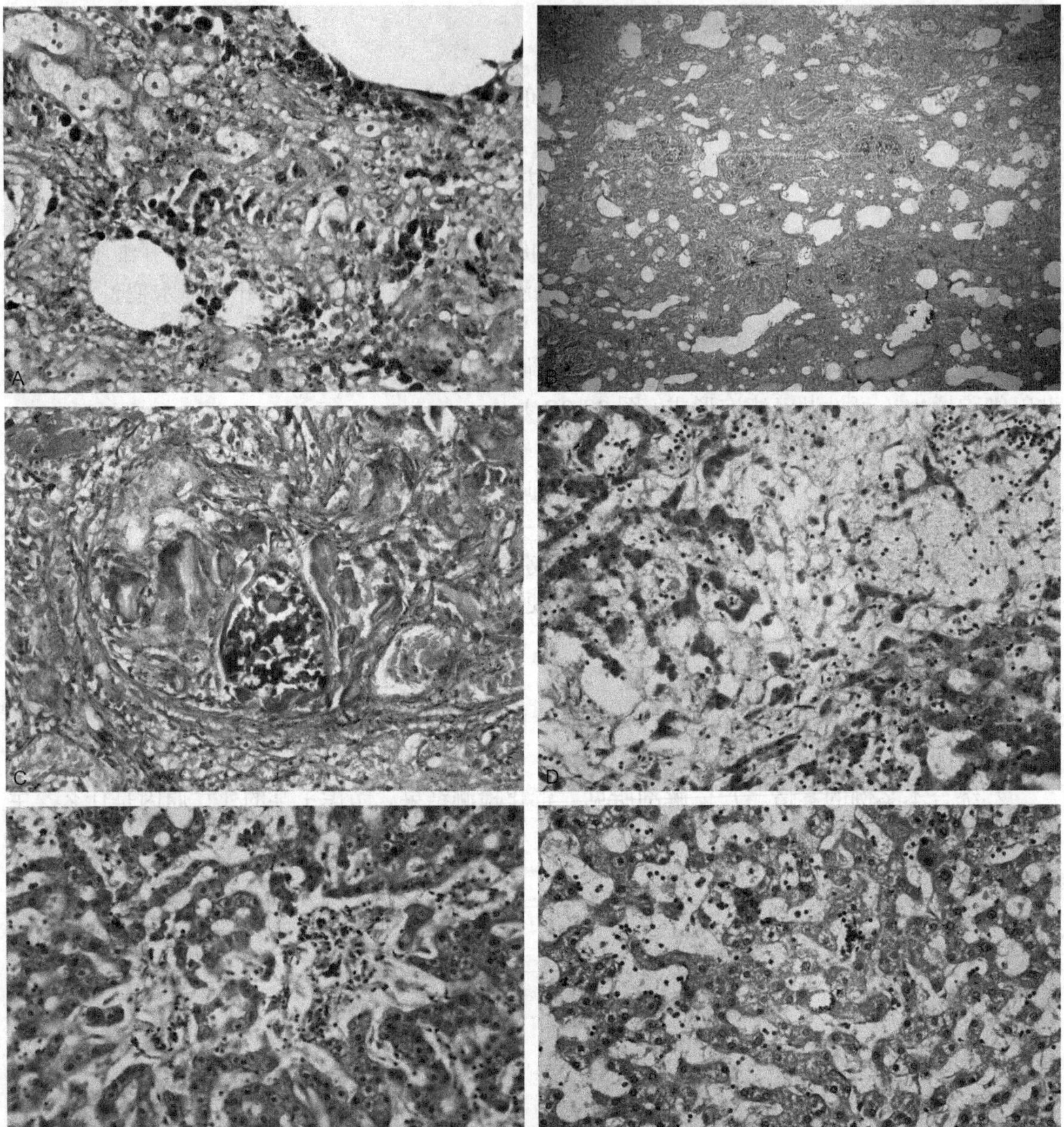

图 29-1 氨酚羟考酮(阿片类药物)滥用中毒死亡者的组织学图片(一) [附彩图]

A. 慢性肺淤血(×400);B. 肺异物肉芽肿(×40);C. 肺异物肉芽肿(×400);D. 肝窦扩张、充血,肝细胞受压萎缩(×400);E. 肝细胞小灶状坏死伴炎细胞浸润(×400);F. 肝细胞水变性(×400)

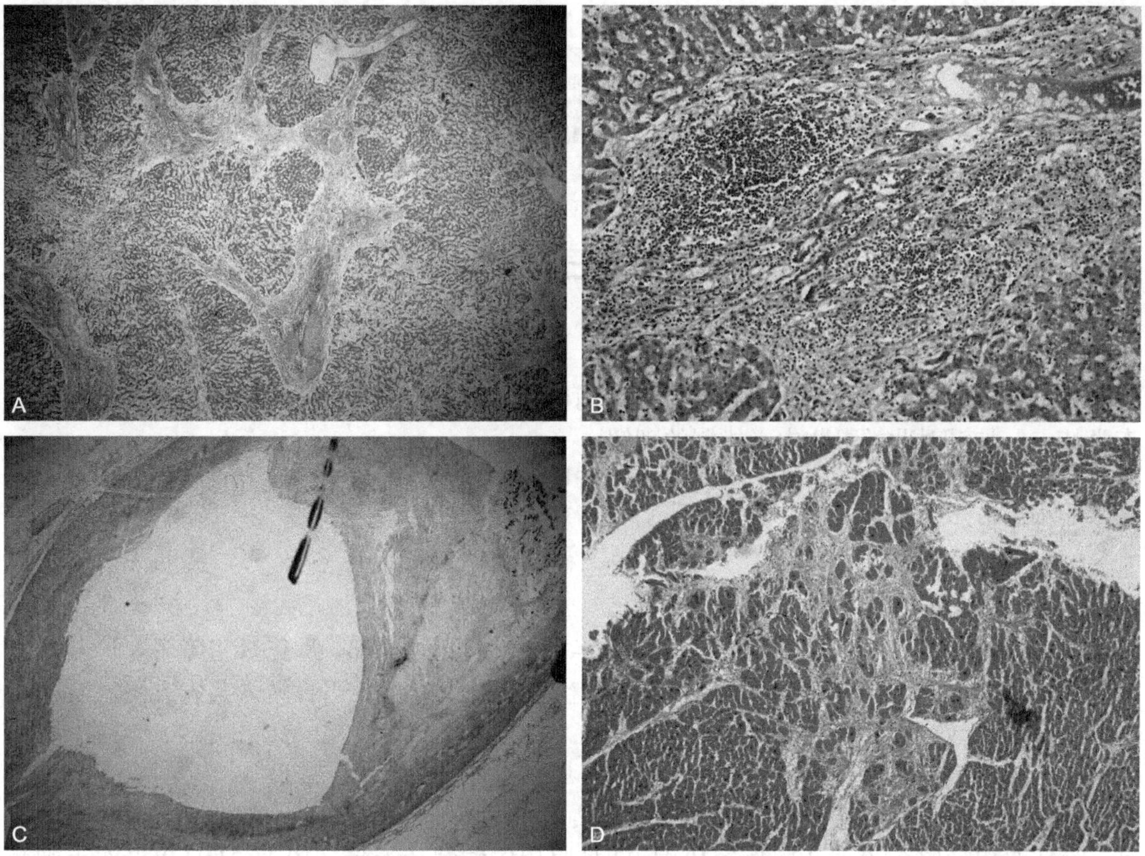

图 29-2　氨酚羟考酮（阿片类药物）滥用中毒死亡者的组织学图片（二）　[附彩图]

A. 肝汇管区纤维增生（×40）；B. 肝汇管区淋巴细胞增生，淋巴滤泡形成（×200）；C. 心左冠状动脉粥样硬化，管腔狭窄Ⅱ级（×40）；D. 左心室心肌梗死瘢痕（×100）

（陈丽琴）

第三十章　金属毒物中毒

实验五十三　锂中毒

【实验目的】

1. 通过观察碳酸锂药物中毒死亡者的案例切片，掌握金属锂造成脏器中毒损害的主要形态学特点，加深对此类毒物中毒机制的理解。

2. 综合分析案例的案情、尸体检查肉眼所见、切片观察组织学所见和毒化检查结果，掌握金属锂中毒死亡原因的鉴定要点。

【案例简介】

（一）案情摘要

张某既往诊断精神病史 2 年，于 20××年 8 月 6 日以“抑郁 - 躁狂双相障碍”诊断在某省精神卫生中心住院治疗，10 月 24 日张某发生急性意识障碍，当日转入某省人民医院，10 月 28 日抢救无效死亡。

（二）病历摘要

1. 某省精神卫生中心住院病历记载　张某于 20××年 8 月 6 日收入院，入院诊断为“抑郁 - 躁狂双相障碍”。9 月 13 日至 10 月 23 日服用碳酸锂片治疗。10 月 21 日患者双手细微震颤，为防止药物中毒反应，减量碳酸锂。10 月 22 日患者表现意识清，但出现数次自语现象。10 月 23 日偶尔出现间断意识障碍，查体：双手震颤，但程度较轻，指鼻和跟膝胫试验欠稳准，加生理盐水促锂盐排泄。10 月 24 日 7 时 30 分，患者反应迟钝，查桡动脉搏动弱；9 时，患者处于嗜睡状态，刺激后能唤醒，呼唤名字能应答及扭头，心电图示窦性心动过缓、ST-T 改变，患者未排尿，导尿；10 时，患者突然出现意识障碍，血压偏低，四肢末端发冷，考虑为休克状态；12 时 30 分，患者处于浅昏迷状态，对疼痛刺激有较为明显的躲避反应，呼吸每分钟 18 ~ 20 次，血压 Bp 80/50mmHg，四肢皮温降低，心音钝，心率每分钟 50 ~ 60 次。患者意识障碍逐渐加深，呼之不应，瞳孔对光反射和压眶反应存在，11 时测 Bp 60/40mmHg，12 时 30 分患者转入其他医院继续治疗。

2. 某省人民医院住院病历记载　张某主因“记忆力减退、精神异常 2 年，意识不清 1d”于 20××年 10 月 24 日入院收入 ICU 病房。入院时患者神智不清，呼之不应，烦躁，呼吸急促，查体不合作。四肢湿冷，脉搏细弱。口唇有发绀，鼻腔及口腔可见血性分泌物，双瞳孔等大等圆，直径约 4.0mm，对光反射迟钝。听诊双肺呼吸音粗，可闻及湿啰音，心率每分钟 74 次，律齐，未及杂音。入院后给予气管插管有创通气，抗感染、化痰对症支持治疗；控制心力衰竭；补液扩容，应用升压药物抗休克治疗；行床旁持续血液净化治疗一次改善脏器功能；输注成分血纠正弥散性血管内凝血（disseminated intravascular coagulation，DIC）。虽经以上积极抢救，但患者休克持续不能纠正，发热，体温最高时达 40℃；在输注血制品的同时，血小板仍进行性下降，凝血功能异常，DIC，行血液净化治疗，但全身脏器功能仍进行性下降，肾衰竭，无尿。于 10 月 28 日 00：31 抢救无效死亡。

（三）尸体检验

1. 尸表检验　尸斑呈暗红色，分布于项部、背部、腰部未受压处，指压不褪色。尸僵已缓解。角膜重度浑浊，巩膜无黄染，结合膜苍白，指（趾）甲床中度发绀。左胸近季肋部可见抢救电击瘢痕；左手背、腕关节等处见多处医源性针孔。另见皮下出血和擦伤多处。

2. 内部检验

（1）头颈部：头皮内部无损伤，帽状腱膜下无出血。颅盖骨、颅底无骨折，硬膜外、下及蛛网膜下腔未见出血，全脑重 1430g，双侧大脑半球对称，脑回稍变窄，脑沟稍加深，大脑连续冠状切面皮质明显变薄。颈部浅深肌群未见出血。舌骨及甲状软骨无骨折。

（2）胸腔：心包无破裂，心包腔见血性积液 40ml。心脏重 375g。左心室壁肌厚 1.5cm，右心室壁肌厚 0.3cm，右心室壁脂肪层厚 0.6cm，室间隔厚 1.4cm。双肺表面暗红，左肺与胸膜粘连。左肺重 1120g，右肺重 1335g。

（3）腹腔：腹部皮下脂肪厚 4.0cm，大网膜位置正常。肝重 1320g，色黄，质地油腻感。脾重 140g，包膜完整，切面淤血。胰腺重 115g，切面无出血，无脂肪坏死。胃内有暗褐色黏稠物质约 5.0ml，胃黏膜无出血，胃浆膜面光滑。十二指肠、空肠、回肠、结肠、阑尾均无异常。左肾重 190g，右肾重 150g。肾上腺无异常。

（四）法医病理学诊断

1. 大脑呈慢性炎症性改变伴脑软化、脑萎缩、脑水肿。
2. 肺部感染伴肺水肿、肺出血，左肺部分区域与胸膜粘连。
3. 右冠状动脉粥样硬化，管腔狭窄 I 级。
4. 脂肪肝。
5. 甲状腺呈高功能腺瘤样改变。

（五）毒化检测

所送张某血液中锂元素质量浓度为 1.7 μg/ml，肝和肾中锂元素质量分数分别为 1.6 μg/g 和 2.6 μg/g。

（六）鉴定意见

张某符合碳酸锂药物蓄积引起的锂中毒死亡，肺部感染可能在一定程度上加速其死亡进程。

【实验内容】

观察该案例的主要组织切片，观察要点如下。

（一）脑

切片编号 D4-1-1：双侧大脑颞叶可见脑软化灶（图 30-1A）及血管“套袖现象”（图 30-1B），蛛网膜下腔可见少许炎性肉芽组织（图 30-1C）。

切片编号 D4-1-2：右侧大脑海马区可见血管“套袖现象”和软化灶（图 30-1D）。

切片编号 D4-1-3：枕叶小区出血（图 30-1E），见神经元变性、噬神经现象（图 30-1F）及胶质细胞增生（图 30-2A）。

（二）心脏

切片编号 D4-2-1：心冠状动脉粥样硬化，管腔狭窄 I 级（图 30-2B）；

切片编号 D4-2-2：心内膜下出血及灶状炎细胞浸润（图 30-2C）。

（三）肺

切片编号 D4-2-1：肺出血（图 30-2D），肺水肿（图 30-2E）；

切片编号 D4-2-1：肺部分区域呈化脓性肺炎改变，肺泡腔见多量中性粒细胞（图 30-2F），肺泡壁毛细血管和肺间质血管扩张、充血。

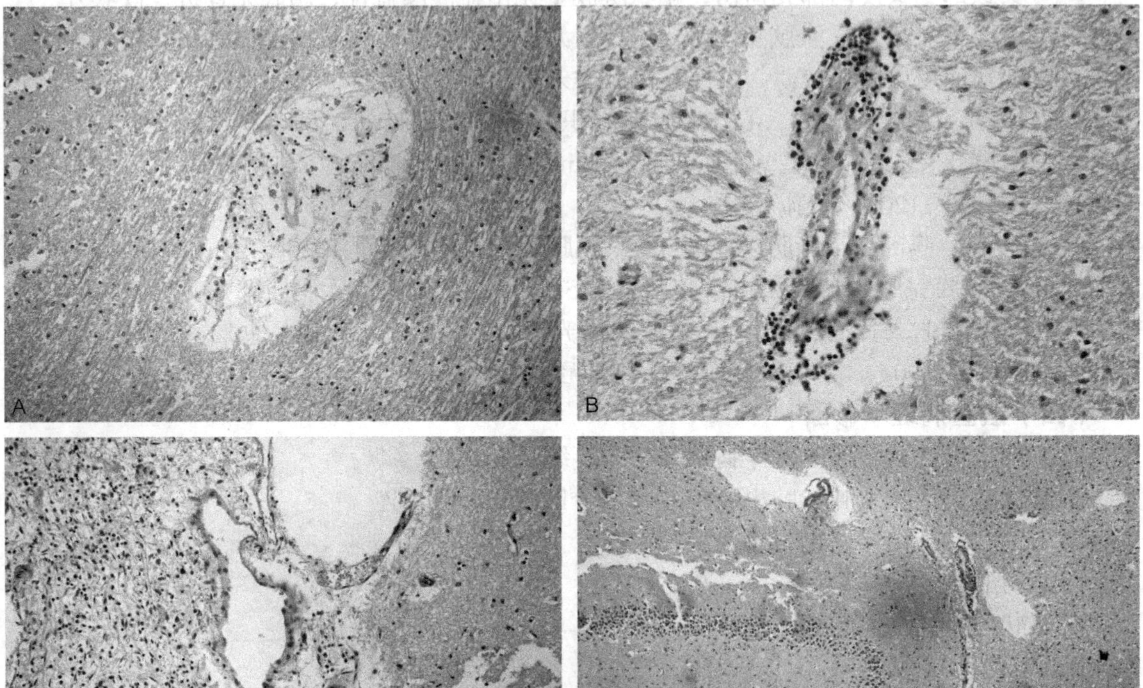

图 30–1 锂中毒死亡者的组织学图片（一） [附彩图]

A. 大脑颞叶脑软化灶（×200）；B. 大脑颞叶血管套袖现象（×400）；C. 大脑颞叶蛛网膜下腔炎性肉芽组织（×200）；D. 大脑海马区血管套袖现象（×40）；E. 枕叶小区出血（×200）；F. 枕叶噬神经现象（×400）

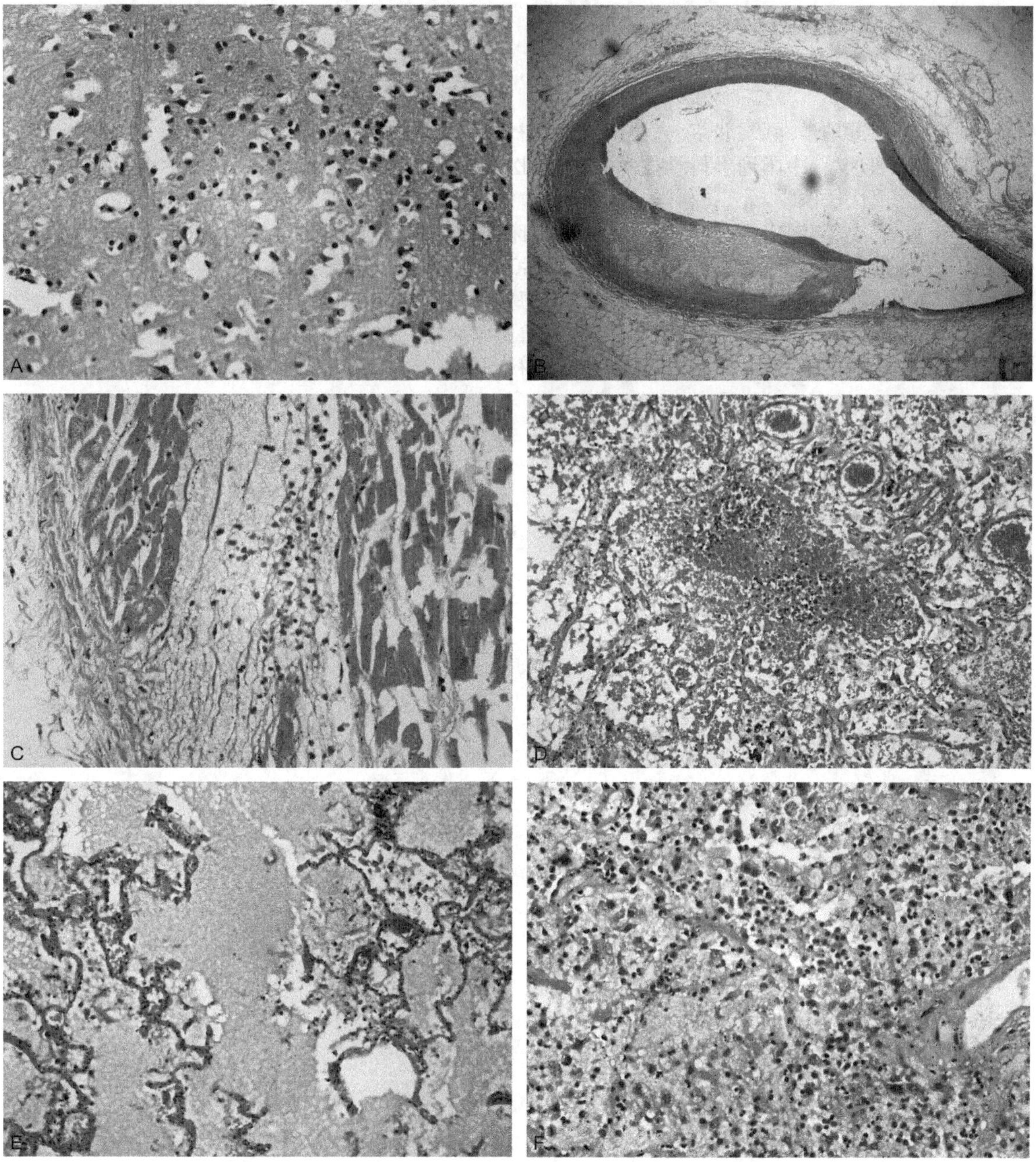

图 30-2　锂中毒死亡者的组织学图片（二）　[附彩图]

A. 枕叶胶质细胞增生（×400）; B. 心冠状动脉粥样硬化，管腔狭窄Ⅰ级（×40）; C. 心内膜下出血及灶状炎细胞浸润（×400）; D. 肺出血（×200）; E. 肺水肿（×400）; F. 肺泡腔内见多量中性粒细胞（×400）

【思考题】

1. 在实验报告中绘出本案例死者脑和肺的主要病理组织学改变。

2. 结合临床病历摘要和锂中毒机制，试分析死者脑慢性炎症性改变伴脑软化和肺部化脓性炎症与锂中毒的可能因果关系。

（陈丽琴）

参考文献

1. 刘良. 法医毒理学. 4版. 北京: 人民卫生出版社, 2009.
2. 黄光照, 麻永昌. 中国刑事科学技术大全: 法医病理学. 北京: 中国人民公安大学出版社, 2001.
3. 郭景元. 现代法医学. 北京: 科学技术出版社, 2000.
4. 贺佳丽, 罗小年. 锂中毒与血液透析治疗. 临床精神医学杂志, 2006, 16(4): 246.
5. 卓先义. 毒 (药) 物中毒鉴定理论与实践. 北京: 中国检察出版社, 2001.
6. 许昌麟. 药物依赖和精神疾病司法鉴定. 上海精神医学, 2006, 18: 412-414.
7. 孟国尧, 万好, 刘彩兴. 毒品依赖与防治. 齐鲁医学杂志, 2007, 22(6): 561-562.
8. 王世俊. 金属中毒. 2版. 北京: 人民卫生出版社, 1988.

第五篇

法医毒物分析实验

第三十一章 仪器分析

实验五十四 紫外分光光度计定性、定量检测巴比妥

【实验目的】

了解常用的光谱分析法所用仪器紫外分光光度计的基本构造、使用原理和操作规程。

【实验内容】

1. 简要讲解光谱分析法仪器——紫外分光光度计、荧光分光光度计的基本原理。

2. 紫外分光光度计、荧光分光光度计的基本构造由老师结合实物讲解。

3. 紫外分光光度计的基本操作方法是巴比妥药物的紫外吸收光谱测定。

【实验方法】

(一)基本原理

紫外吸收光谱特征是定性分析的依据，光吸收定律是定量检测的依据。巴比妥类药物的紫外线吸收光谱随溶液 pH 的改变而变化，随着溶液 pH 的增大，分子结构中的共轭体系增长，紫外吸收发生长移，例如 5,5- 二取代巴比妥类在不同 pH 溶液中可按下式发生一级电离或二级电离：

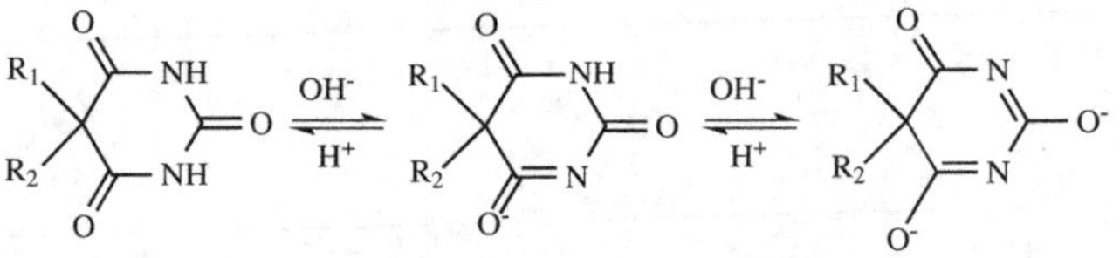

5,5- 二取代巴比妥类在 pH 10 溶液中，特征吸收峰在 240nm 附近；在 pH 14 溶液中，特征吸收峰移至 255nm 附近。不同类巴比妥药物的紫外吸收光谱随溶液 pH 改变的变化情况不同，可做类别筛选。

5,5- 二取代巴比妥类药物在一定浓度范围内（2～30μg/ml），其浓度与该药物在 pH 14 和 pH 10 溶液中于 260nm 处的吸光度差值成正比，可用于该药物的定量分析。即，外标标准曲线法中，横坐标为该药物的浓度，纵坐标为该药物在 pH 14 溶液与 pH 10 溶液的吸光度差值。

(二)仪器基本构造

光源、单色器、吸收池、检测器、信号处理器等。

(三)试剂

1. 1mg/ml 巴比妥甲醇液（或氯仿液）。准确称取巴比妥 50mg，用甲醇（或氯仿）溶解，转入 50ml 棕色容量瓶并以溶剂定容。

2. 100μg/ml 巴比妥 0.45mol/L 氢氧化钠（NaOH）标准应用液。取 1mg/ml 巴比妥甲醇液 2.5ml 于 50ml 小烧杯中，60℃水浴中（或室温下）挥去溶剂。用少许 0.45mol/L NaOH 溶解，转入 25ml 容量瓶中，以 0.45mol/L NaOH 液定容（临用时配制）。

3. 0.45mol/L NaOH 液。

4. 0.6mol/L 硼酸 - 氯化钾缓冲液。硼酸 18.55g 和 KCl 22.36g，纯水溶解（必要时过滤），

转入 500ml 容量瓶中，以纯水定容。

（四）操作步骤

1. 按表 31-1，取一定体积的 100μg/ml 巴比妥应用液，置于 10ml 试管或容量瓶中，加一定体积的 0.45mol/L NaOH 溶液，配制 5 ~ 30μg/ml 的巴比妥标准系列 pH 14 溶液，并在 260nm，以 0.45mol/L NaOH 为参比，用 1cm 比色皿测定它们的吸光度 ApH14。

表 31-1　系列巴比妥标准溶液（pH 14）的配制及吸光度测定（λ=260nm）

编　号	1	2	3	4	5	6	7
100μg/ml 巴比妥应用液（ml）	0.50	1.00	1.50	2.00	2.50	3.00	检样 3.00
0.45mol/ml 氢氧化钠液（ml）	9.50	9.00	8.50	8.00	7.50	7.00	7.00
巴比妥系列（μg/ml）	5.0	10.0	15.0	20.0	25.0	30.0	
260nm 吸光度（ApH14）							

2. 按表 31-2，取一定体积的 100μg/ml 巴比妥应用液，置于 10ml 试管或容量瓶中，加一定体积的 0.45mol/L NaOH 溶液和一定体积 0.6mol/L 硼酸 - 氯化钾缓冲液，配制成 5 ~ 30μg/ml 的巴比妥标准系列 pH 10 溶液，并在 260nm 处，以 0.45mol/L 氢氧化钠：0.6mol/L 硼酸 - 氯化钾＝ 1：1（V/V）混合液为参比，用 1cm 比色皿测定它们的吸光度 ApH10。

表 31-2　系列巴比妥标准溶液（pH 10）的配制及吸光度测定（λ=260nm）

编 号	1	2	3	4	5	6	7
100μg/ml 巴比妥应用液（ml）	0.50	1.00	1.50	2.00	2.50	3.00	检样 3.00
0.45mol/ml 氢氧化钠（ml）	4.50	4.00	3.50	3.00	2.50	2.00	2.00
0.6mol/L 硼酸 - 氯化钾液（ml）	5.00	5.00	5.00	5.00	5.00	5.00	5.00
巴比妥系列（μg/ml）	5.0	10.0	15.0	20.0	25.0	30.0	
260nm 吸光度（ApH10）							

3. 吸收光谱测绘　取上述两标准系列中最高浓度（30μg/ml）的溶液，在下列波长（λ）下分别测量 pH 14 溶液和 pH 10 溶液的吸光度（A）。以波长为横坐标、吸光度为纵坐标，在坐标纸上描点，分别连出 pH 14 溶液和 pH 10 溶液的光滑 A ~ λ 曲线，即巴比妥的紫外吸收曲线（光谱）（表 31-3）。

表 31-3　巴比妥的吸收光谱测绘（A ~ λ 曲线）

λ（nm）	205	208	210	215	218	220	224	226	228	230	232	235	238
A pH14													
A pH10													

λ（nm）	240	242	245	250	253	255	257	260	265	270	280
A pH14											
A pH10											

4. 标准曲线的绘制　根据所测得的 pH 14 和 pH 10 两标准系列的吸光度（260nm）ApH14 和 ApH10，以吸光度差值（△A = ApH14－ApH10）为纵坐标，浓度为横坐标，在坐标纸上描点，用到各点距离的代数和为最小的方法画出直线，即标准曲线。此直线应通过原点（因空白参比液的吸光度为零，吸光度差值也为零）。

5. 检样的测量　各取检样 3.00ml，按上述表中所示配制 pH 14 和 pH 10 溶液，同标准系列的测量一起在同样操作条件下测量 260nm 处它们的吸光度值 Ax（pH 14）和 Ax（pH 10），根据△Ax = Ax（pH 14）－Ax（pH 10），在标准曲线上查得测定条件下检样溶液的浓度 Cx（μg/ml）。

【思考题】

1. 紫外吸收光谱法的定性、定量分析依据分别是什么？影响测定结果的主要因素有哪些？

2. 吸收曲线的横、纵坐标是什么？标准曲线的横、纵坐标是什么？这两种曲线各有何用途？

3. 为什么巴比妥药物不是从某一 pH 溶液的该药物吸收光谱上找到最大吸收波长，用此波长的光为入射光测定标准品系列的吸光度，进而做 A ~ C 图来绘制其标准曲线，而是测定标准品系列在 260nm 处 pH 14 溶液和 pH 10 溶液的吸光度，做（ApH14－ApH10）~ C 图来绘制其标准曲线？为什么不同 pH 的药物溶液在测定其吸光度时要用其相应 pH 的空白参比溶液？

（陈丽琴）

实验五十五　顶空进样 - 气相色谱法定性、定量检测乙醇（示教）

【实验目的】

通过教师操作，示教顶空进样 - 气相色谱仪测定血液中乙醇的方法，理解顶空进样 - 气相色谱法的基本原理和仪器基本结构，了解如何用该法定性、定量测定血液中乙醇。

【实验内容】

1. 简要讲解顶空进样 - 气相色谱仪的基本构造和原理。

2. 教师进行仪器操作，示教顶空进样 - 气相色谱仪定性和定量检测血液中乙醇。

3. 学生根据定量检测结果，计算血液中乙醇的含量。

【实验方法】

（一）基本原理

利用乙醇的易挥发性，以叔丁醇为内标，用顶空气相色谱氢火焰离子化检测器进行检测；经与平行操作的乙醇对照品比较，以保留时间或相对保留时间定性；用内标法、峰面积比进行定量分析。

（二）仪器

1. 气相色谱仪。配有氢火焰离子化检测器（FID）。

2. 顶空自动进样器。

3. 样品瓶。

4. 硅橡胶垫。

5. 铝帽。

6. 密封钳。

7. 精密移液器（0.10ml，1.00ml）。

（三）试剂和材料

水为 GB/T 6682 规定的二级水。

1. 乙醇　色谱纯。

2. 乙醇标准溶液　精密称取适量乙醇，用水配成 10.00 mg/ml 乙醇标准储备溶液。储备液储存在 4℃冰箱中，保存有效期为 6 个月。试验中所用其他浓度的标准溶液均从上述储备液稀释而得，储存在 4℃冰箱中，保存期为 3 个月。

3. 叔丁醇　色谱纯。

4. 叔丁醇溶液　精密称取适量叔丁醇，用水配成 5.00 mg/ml 叔丁醇储备液。储备液储存在 4℃冰箱中，保存有效期为 1 年。将储备液用水稀释，得 1.00mg/ml 和 40.0μg/ml 叔丁醇内标工作液储存在 4℃冰箱中，保存有效期为 6 个月。

（四）样品处理

用精密移液器取样品血 0.10ml 及 0.50ml 40.0μg/ml 叔丁醇内标工作液，加入样品瓶内，盖上硅橡胶垫，用密封钳加封铝帽，混匀。

（五）检测

1. 顶空进样 - 气相色谱测定条件

（1）色谱柱：DB-ALC1（30m × 0.32mm × 1.8μm）石英毛细管柱；柱温为恒温 40℃。

（2）载气：氮气，纯度≥99.999%，流速 8ml/min。

（3）进样口温度：150℃。

（4）检测器：氢火焰离子化检测器（FID）。

（5）检测器温度：250℃。

（6）加热箱温度：65℃。

（7）定量环温度：105℃。

（8）传输线温度：110℃。

（9）气相循环时间：3.5min。

（10）样品瓶加热平衡时间：10.0min。

（11）样品瓶加压时间：0.10min。

（12）定量环充满时间：0.10min。

（13）定量环平衡时间：0.05min。

（14）进样时间：1.00min。

2. 定性测定　样品溶液按照顶空气相色谱测定条件测定，以叔丁醇为内标，计算色谱峰的相对保留时间，将样品色谱峰的相对保留时间（或保留时间）与乙醇标准对照品的相对保留时间（或保留时间）比较，误差＜2%，可以认为检材中含有乙醇。如果内标物色谱峰正常，而无乙醇的色谱峰时，可认为检验结果为阴性。

3. 定量测定　采用内标法 - 校准曲线法定量测定。

将乙醇对照品溶液进样，以乙醇和内标峰面积比为纵坐标，乙醇对照品工作溶液浓度为横坐标绘制标准曲线，用标准曲线对样品进行定量，所测量样品中乙醇的相应值应在仪器测定的线性范围内。

（六）结果计算

顶空气相色谱测定采用标准曲线法定量或按下式计算：

$$C_x = \frac{A \times Ai' \times C}{A' \times Ai}$$

式中：

C_x——血液样品中乙醇浓度，单位为 mg/ml。

A——血液样品中乙醇的峰面积。

A'——标准溶液中乙醇的峰面积。

Ai'——标准溶液中内标物的峰面积。

Ai——血液样品中内标物的峰面积。

C——标准溶液中被测物浓度，单位为 mg/ml。

【思考题】

1. 顶空进样法与手工进样相比有何优点？什么类型的检材适合用顶空进样法做气相色谱分析？

2. 气相色谱法定量检测乙醇含量，为何要在标准品溶液和样品溶液中添加内标物？什么样的物质适合作为内标物？

（陈丽琴）

第三十二章　气体毒物和挥发性毒物的检验

实验五十六　血中一氧化碳的化学定性检验

【实验目的】

1. 掌握血液中的一氧化碳的简单的化学定性检验方法及适用范围。

2. 掌握几种化学定性检验方法的基本 操作和实验技术。

3. 熟悉 Conway 扩散槽检测一氧化碳的基本原理及其方法。

【实验内容】

1. 简要讲述一氧化碳中毒者检材的采取及处理要领。

2. 通过几种化学分析方法定性检测血中一氧化碳。

【实验方法】

血液是检验一氧化碳的主要检材。一氧化碳可于死后透过皮肤进入浅表血管中，故采取心血较为可靠。采血时注意不要将心包液或胸腔积液混入。盛血瓶子的容量最好以刚装满血液为宜，不留空间，以防一氧化碳的损失，血液不应加任何防腐剂。

1. 加热反应　取检血 0.5 ~ 1.0ml 置于试管中，另等量水稀释，于沸水浴中加热 2 ~ 3min。取正常血对照，观察。含碳氧血红蛋白（HbCO）的血液凝固后呈砖红色，正常血则变为灰褐色，当血液中 HbCO 饱和度达 30% 以上可检出。

2. 氢氧化钠反应

（1）试剂：30% 氢氧化钠溶液。

（2）操作：检血和正常血均用蒸馏水稀释 20 倍。取稀释检血 2 ~ 3ml 置于试管中，加等体积 30% 氢氧化钠溶液混合后观察。同时取稀释正常血做对照。正常血形成绿褐色絮状物，含 HbCO 的血液则在液面上形成红色絮状物。血液中 HbCO 饱和度＞20% 时，红色可持续 1min 以上。

3. 钯镜试验

（1）原理：HbCO 与硫酸作用，即释放出一氧化碳，一氧化碳能使氯化钯还原形成钯镜。其反应式为：

$$PdCl_2+CO+H_2O \rightarrow Pb\downarrow +2HCl+CO_2\uparrow$$

（2）操作：取 Conway 扩散槽 1 个，于内槽中加入 5mmol/L $PbCl_2$ 溶液 0.5ml；于外槽一侧加入 10% H_2SO_4 0.5ml，加盖后由样品加入口在外槽另一侧加入检血 0.5 ~ 2 ml（先不要让它们接触），然后将装置密闭。轻轻摇晃使检血与 H_2SO_4 充分混合后，室温下放置 0.5 ~ 2h，观察结果。如果内槽中 $PdCl_2$ 溶液上有黑色钯镜或黑色沉淀生成，则检血中含 HbCO，若 $PdCl_2$ 溶液无变化，则为正常血。该方法灵敏度较高，血液中 HbCO 饱和度在 10% 以上即可检出。

【思考题】

1. 为什么要求装含一氧化碳的检血的瓶子上面不要留有空间?

2. 只用加热反应能否确定是否含有一氧化碳?

(顾 捷)

实验五十七 可见分光光度法定性定量分析血中一氧化碳

【实验目的】

1. 掌握一氧化碳中毒的轻重与血中碳氧血红蛋白饱和度的关系。

2. 掌握分光光度法定性定量分析血中一氧化碳的原理和方法，了解紫外可见分光光度计的操作方法。

【实验内容】

1. 测定几种碳氧血红蛋白（HbCO）饱和度标准血的吸收光谱。

2. 双波长吸收光度比值法定量分析血中一氧化碳。

【实验方法】

（一）吸收光谱测定

1. 原理 一氧化碳中毒血中的血红蛋白种类主要有3种形式：Hb、HbO_2、HbCO，高铁血红蛋白（MetHb）含量较低。在500～600nm的波长范围内，HbCO和HbO_2都是双吸收峰，HbO_2的2个最大吸收峰波长分别为540nm和576nm；HbCO的2个最大吸收波长分别为538nm和568nm。Hb是单吸收峰，最大吸收波长为555nm。MetHb在此区域内也有吸收，为单吸收峰。用连二亚硫酸钠将中毒血中HbO_2和MetHb还原为Hb（单峰），而HbCO则不被还原。测定还原后溶液的吸收光谱时，如检血中不含HbCO，原双峰吸收光谱应变为Hb的单峰吸收光谱；如检血中含有HbCO，则吸收光谱的形状出现HbCO的特征吸收光谱，且吸收光谱随HbCO的含量不同而变化。HbCO饱和度越大，吸收光谱的形状越趋近于HbCO的双峰吸收光谱。反之，则越接近于单峰吸收光谱。吸收光谱的形状可以定性检测血液中的HbCO，同时也可估算出血液中HbCO的饱和度。

2. 试剂

（1）0.5%Na_2CO_3。

（2）0.1%二连亚硫酸钠（$Na_2S_2O_4$）。

3. 仪器 紫外可见分光光度计。

4. 操作 配制HbCO饱和度为0%、30%、60%的标准血各1ml，分别取标准血和检血0.2ml，用0.5%Na_2CO_3稀释200倍，并加入0.1%连二亚硫酸钠（$Na_2S_2O_4$）少许，放置15min，于紫外可见分光光度计500～600nm的波长区域内进行光谱扫描，观察检血不同HbCO饱和度标准血的吸收光谱图（图32-1），并加以比较，估算检血中HbCO的饱和度。

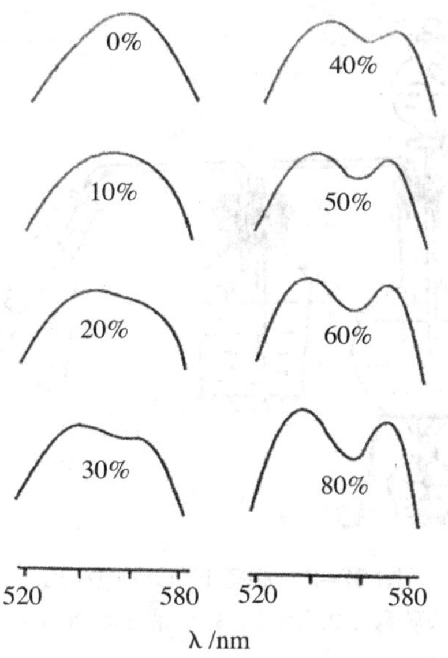

图 32-1　不同 HbCO 饱和度的血液经二亚硫酸钠还原后所呈现的吸收光谱图

（二）双波长吸收光度比值法（还原法）定量分析血中一氧化碳

1. 原理　一氧化碳中毒血经 $Na_2S_2O_4$ 还原后，随着血中 HbCO 饱和度的增大，555nm 处的吸光度减小，而 538nm 处的吸光度增大。538nm 与 555nm 处的吸光度之比 A_{538}/A_{555} 也随着 HbCO 饱和度的增高而增大，且有近似直线的关系，故可用下式计算血液中 HbCO 的饱和度。

$$HbCO(\%)=\frac{(A_{538}/A_{555})_x-(A_{538}/A_{555})_0}{(A_{538}/A_{555})_{100}-(A_{538}/A_{555})_0}\times 100\%$$

式中，括号外的下角标 x 表示未知 HbCO 饱和度的待测血样；0 与 100 分别表示 HbCO 饱和度为 0% 和 100% 的血样。

2. 操作　先将正常血样用 0.1% Na_2CO_3 稀释 200 倍，加入少许 0.1% $Na_2S_2O_4$，放置 15min 使 HbO_2 还原。然后分别在 538nm 与 555nm 处测其吸光度，计算（A_{538}/A_{555}）$_0$；再将此溶液通入 CO 气体 3min 以上，使血液中的 Hb 全部转化为 HbCO。在相同两波长处测定吸光度，计算（A_{538}/A_{555}）$_{100}$；检血也按上述方法稀释并加入还原剂后测（A_{538}/A_{555}）$_x$；将所得 3 个比值代入式中计算检血中 HbCO 饱和度。

3. 说明　此方法对 HbCO 饱和度较高的检血重现性较好，但不适用于测定 HbCO 饱和度较低的检血。对检血的稀释不要求很精确。HbCO 饱和度为 0% 和 100% 的比值，一次测定后只要条件不变，不必每次都测。通常（A_{538}/A_{555}）$_0$ 的比值为 0.775；（A_{538}/A_{555}）$_{100}$ 的比值为 1.233。

（三）HbCO 的制备

HbCO 的制备装置见图 32-2。

在烧瓶中放 30ml 浓硫酸，分液漏斗中放 20～30ml 甲酸，洗气瓶中放 20% 氢氧化钠溶液。将锥形瓶与洗气瓶、血液管连接好后，扭开分液漏斗活塞，往烧瓶中加入甲酸 10ml，关闭分液漏斗活塞，用酒精灯缓缓加热烧瓶，即有一氧化碳气体产生。20ml 血通一氧化碳

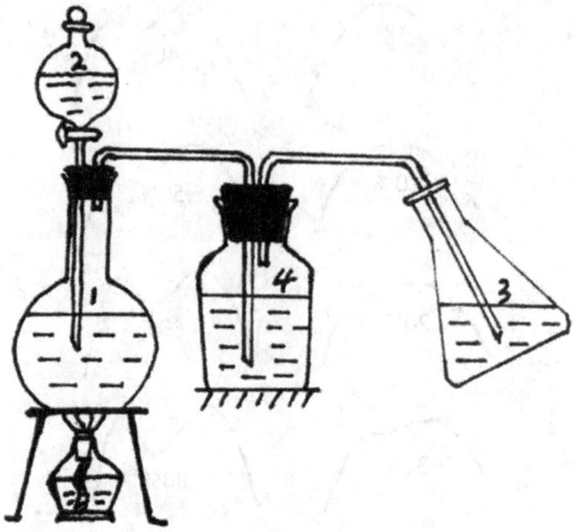

图 32-2 制备 HbCO 饱和血

1. 浓硫酸；2. 甲酸；3. 血液；4. 20%NaOH

20～30min，即可使 HbCO 浓度达 100%，为避免通气时产生大量泡沫外溢，可加 1 滴辛醇。

由于血色素的不同可使测定结果有较大误差。目前多用死者的血液进一步饱和后作为标准。

【思考题】

1. 采用双波长法测定血液中碳氧血红蛋白饱和度，如果血液通入 CO 时未能使 HbCO 达 100% 饱和度，对实验分析结果有何影响?

2. 采用双波长法测定血液中碳氧血红蛋白饱和度，如果正常血液中 HbCO 达一定浓度（约 2% 饱和度），对实验分析结果有何影响？

（顾 捷）

实验五十八 氰化物的检验

【实验目的】

1. 了解氰化物中毒的条件和毒性反应及氰化物中毒检材的采取和处理方法。

2. 掌握普鲁士蓝法检验氰根离子（CN^-）的原理和操作流程及氰络盐鉴别的原理和操作过程。

3. 了解顶空气相色谱法检测氰化物的原理及操作过程。

【实验内容】

1. 简要讲解氰化物中毒检材的采取及处理。

2. 通过普鲁士蓝快速检验法、顶空气相色谱法检测氰化物。

3. 通过普鲁士蓝法检测出有氢氰酸（氰化物）存在时，为了排除干扰或者确定检材中氢氰酸是否来自氰络盐，需进行氰络盐的鉴别。

【实验方法】

（一）检材的采取及处理

氰化物能对中枢神经产生刺激和麻痹作用，使血液中的氧化还原作用丧失，导致瞬间死亡。氰化物中毒死亡者的尸斑呈鲜红色，血液呈鲜红色且不易凝结，解剖时有时可以嗅到氢氰酸的苦杏仁气味。

检材可取现场的可疑物品、剩余食物、呕吐物、胃内容物，其次为血液、肝、脾、脑、肺等。吸入中毒的应采取血液为宜。

含氰化物检材应及时采取，密封，尽早检验。对于严重腐败或存放较长时间的检材，氰化物均有可能因生成氢氰酸而挥发使之不能检出。

（二）普鲁士蓝快速检验法

1. 原理　普鲁士蓝快速检验法是利用氢氰酸的易挥发性，在检材中加酸，氰化物变为氢氰酸逸出，遇硫酸亚铁 - 氢氧化钠试纸生成亚铁氰化物，再酸化后和试纸中的高铁离子作用生成普鲁士蓝。主要反应过程如下：

$$CN^- + H^+ \rightarrow HCN\uparrow$$

$$6HCN + 6OH^- + Fe^{2+} \rightarrow Fe(CN)_6^{4-} + 6H_2O$$

$$[H^+]\text{（酸化）}$$

$$3[Fe(CN)_6]^{4-} + 4Fe^{3+} \rightarrow Fe_4[Fe(CN)_6]_3\ \text{普鲁士蓝}$$

2. 试剂

（1）10% 硫酸亚铁溶液（使用前现配）。

（2）10% 氢氧化钠溶液。

（3）10% 酒石酸溶液。

（4）稀硫酸。

3. 方法　取适量检材置于锥形瓶中，加水振摇使检材成稀粥状。加 10% 酒石酸酸化，立即将一滤纸盖于瓶口，用橡皮筋绑好，加 1 滴新配置的 10% 硫酸亚铁（$FeSO_4$）试剂于滤纸上，待稍干后再加 1 滴 10% 氢氧化钠（NaOH）试剂，然后，用小火缓缓加热，待瓶内溶液沸腾后，去火，加 1 滴稀硫酸于滤纸上。观察滤纸颜色，若有氰化物则滤纸变蓝。

4. 说明

（1）氰化物是毒性极强的物质，酸性条件下易挥发，实验应严格遵守规范操作程序。

（2）该反应是专属反应，检出限 10μg。

（3）亚铁盐很易被空气中的氧氧化成高铁盐，$Fe(OH)_2$ 更不稳定。试剂中往往含有少量的 Fe^{3+}，因此，不加高铁盐也可生成普鲁氏蓝。但是，如果试剂中含有大量的 Fe^{3+}，则 CN^- 将先与 Fe^{3+} 形成 $NaFe[Fe(CN)_6]$，而这种化合物中只有少部分可被 Fe^{2+} 还原成 $Fe_4[Fe(CN)_6]_3$，因此，降低了反应灵敏度。

（4）检材腐败时可有硫化物的干扰作用，可使所产生的气体（硫化氢）先通过醋酸铅溶液或以醋酸铅溶液处理过的棉花除去，可用检砷器处理。

（三）氰络盐的鉴别

1. 原理　一些氰络盐如铁氰化钾、亚铁氰化钾、硫氰酸盐、亚硝酰铁氰化钠等在酸性条件下，长时间加热也能不同程度地产生氢氰酸。为了排除干扰或者确定检材中氢氰酸是否来自氰络盐，可取少量检材用水浸泡，过滤，分别作下列各项试验：

$$3[Fe(CN)_6]^{4-} + 4Fe^{3+} \rightarrow Fe_4[Fe(CN)_6]_3 \downarrow \quad \text{（滕氏蓝）}$$
$$2[Fe(CN)_6]^{3-} + 3Fe^{2+} \rightarrow Fe_3[Fe(CN)_6]_2 \downarrow \quad \text{（普鲁士蓝）}$$
$$3SCN^- + Fe^{3+} \rightarrow Fe(SCN)_3 \quad \text{（红色）}$$
$$Na_2S + Na_2Fe(CN)_5NO \rightarrow Na_4Fe(CN)_5(NOS) \quad \text{（紫红色）}$$

在检材中分别加入不同的试剂，若检材中含有铁氰化钾，即生成滕氏蓝沉淀；若有亚铁氰化钾，则生成普鲁士蓝；若有硫氰酸盐，则生成血红色的硫氰酸铁；若含有亚硝酰铁氰化钠，则生成紫红色，并不久褪去颜色。

2. 试剂

（1）铁氰化物。

（2）亚铁氰化物。

（3）硫氰酸盐。

（4）亚硝酰铁氰化钠。

（5）1% 三氯化铁溶液。

（6）硫酸亚铁溶液。

（7）0.5% 硫化钠溶液。

3. 操作　取 1 个白瓷反应板，按顺序滴加亚铁氰化物、硫氰酸盐、铁氰化物和亚硝酰铁氰化物各数滴，对应的下凹处滴加检材液，然后于上下凹处按顺序滴加 1% 三氯化铁溶液、1% 三氯化铁溶液、硫酸亚铁溶液、0.5% 硫化钠溶液各 1 ~ 2 滴。亚铁氰化物与三氯化铁溶液显蓝色，硫氰酸盐与三氯化铁显红色，铁氰化物与硫酸亚铁显蓝色，亚硝酰铁氰化物与硫化钠显紫红色，并不久即褪去，同时观察检材液是否显色，从而判别检材中是否含有相应的氰络盐。

（四）顶空气相色谱法检测氰化物

1. 原理　氰根离子（CN^-）不能直接被气相色谱检测器所检测，需衍生成能被检测器检测的物质形式。在酸性密闭条件下，检材中的氰根离子与氯胺 T（chloramine-T）的活性氯进行衍生化反应，生成氰化氯（ClCN）气体，由于其结构中含有电负性较大的氯元素，因此能通过电子捕获检测器（ECD）检测，可以间接地检测和计算检材中氰根离子及其含量。顶空瓶中氰根离子与氯胺 T 在一定条件下反应达到气液平衡后，吸取一定量的液上气体进样，采用电子捕获检测器检测，以氰化氯的保留时间定性，外标工作曲线法定量。

2. 试剂

（1）0.1mg/ml 氰化钾标准溶液。

（2）0.01mg/ml 氯胺 T 水溶液。

（3）浓磷酸。

（4）新制备的双蒸水。

3. 操作

（1）色谱条件：色谱柱为 RT-Q-PLOT 熔融石英柱（30m × 0.53mm × 1.2μm）；柱温 110℃，进样口 260℃，检测器 320℃；N2 流速为 3ml/min；进样量 50μl（n=3）。

（2）标准工作系列溶液和样品溶液的配制：取 6 份 1.0ml 空白血液于 12ml 顶空瓶中，均加入 2.0ml 蒸馏水稀释，再分别加入 2.0、5.0、10.0、20.0、50.0、100.0μl 的 0.1mg/ml 氰化钾标准溶液，另取 1 只 12ml 顶空瓶，加入氰化物中毒检血 1.0ml，加蒸馏水 2.0ml 稀释后制备成待测样品。

（3）衍生化处理：各样品中均加入 0.3ml 浓磷酸，然后用镊子将装有 0.8ml 10.0mg/ml 氯胺 T 水溶液的内衬小瓶分别置入各顶空瓶中，立即密封顶空瓶，65℃恒温加热，进行衍生化反应 2h，依次抽取各顶空瓶中的液上气体 50μl 注入气相色谱仪进行分析。

（4）定性、定量分析依据：顶空气相色谱法以氰化氯的保留时间定性。以标准氰化钾系列溶液浓度为横坐标（X），所测氰化氯峰面积为纵坐标（Y），计算回归方程（Y=a+bX）和相关系数（r），绘制氰根离子标准工作曲线。将中毒血的峰面积代入回归方程求得中毒血中氰根离子浓度，最终换算出检材中氰根离子的含量。

4. 说明　氰化物是毒性极强的挥发性毒物，实验中的操作应规范。检材中氰化物的含量受检材收集时间、保存环境、保存时间以及检验是否及时等诸多因素的影响。因此，应注意分析结果的综合性评价。

【思考题】

1. 简述氰化物的毒性、致死量、中毒和尸检的特点。
2. 氰化物检材的采集、包装、保存、检验应注意些什么？

（荣　荣）

第三十三章　合成药毒物的检验

实验五十九　巴比妥类药物的检验

【实验目的】

1. 掌握检材的一般处理、提取净化方法。

2. 掌握薄层色谱法的基本原理、方法和操作规范，理解 R_f 值的概念及意义。

3. 了解催眠镇静药的常见薄层系统。

【实验内容】

1. 根据巴比妥类药物的特点提取和分离检材中的巴比妥。

2. 通过硝酸钴反应检测检材中是否含有巴比妥。

3. 通过薄层层析法检测检材中是否含有巴比妥。

【实验方法】

（一）检材的采取及处理

催眠镇静类药物一般易溶于有机溶剂，可在不同的酸碱条件下用有机溶剂将它们从检材中提取出来。

巴比妥类是常见的酸性有机毒物，中毒检材以胃内容物、肠内容物、吃剩的药物和胃、肝、肾、脑、血液及尿为宜。急性中毒死亡者采取死者胃内容物及胃为宜。新鲜的内脏组织等检材可用盐酸酸化后，用适当的有机溶剂提取。

1. 试剂　无水乙醇。

2. 操作　取检材 3g 置于 100ml 具塞三角瓶中，用无水乙醇 1～2ml 提取 2 次，合并滤液于蒸发皿中，放置水浴锅上挥发无水乙醇，至剩余 0.5ml 待检（自然挥干可加无水乙醇数滴溶解）。

（二）硝酸钴反应

1. 原理　巴比妥类催眠药的分子结构中有 $-\overset{\overset{O}{\|}}{C}-NH-\overset{\overset{O}{\|}}{C}-NH-$ 基团，在碱性条件下可与钴盐生成紫堇色络合物。

2. 试剂

（1）1% 硝酸钴无水乙醇溶液。

（2）2% 氢氧化钾无水乙醇溶液。

3. 操作　取提取液 1～2 滴于瓷反应板穴中，加 1 滴 1% 硝酸钴无水乙醇溶液，再从边缘加 1 滴 2% 氢氧化钾无水乙醇试剂，若有巴比妥类药物即显紫蓝色至红紫色。此反应的关键是无水，检测限为 100μg。

（三）薄层层析

1. 原理　巴比妥类药物能和 Hg^{2+}、Ag^{+} 作用分别生成白色巴比妥汞盐和银盐，在酸性条件下与二苯偶氮碳酰肼（二苯卡巴腙）作用产生紫色络合物（灵敏度 1～5μg）。

2. 试剂

（1）0.1% 巴比妥无水乙醇液。

（2）吸附剂：硅胶或硅胶 CMC。

（3）展开剂：① 苯：二氧六环：二乙胺（7 ：2 ：1）；② 苯：丙酮（8 ：2）；③ 氯仿：无水乙醇（18 ：1）；④ 苯：乙酸乙酯（7 ：3）；⑤ 苯：醋酸（9 ：1）；⑥ 氯仿：二乙胺（10 ：1）；⑦ 氯仿：二氧六环：二乙胺（8 ：4 ：1）。

（4）显色剂：① 硫酸汞溶液；② 0.2% 二苯偶氮碳酰肼乙醇液。

3. 操作

（1）薄层板的制备：称取硅胶 G 3g 置于 100ml 烧杯中，按 1 ：2 比例加 0.4% 的羧甲基纤维素钠（CMC-Na）溶液 6ml，用玻璃棒搅匀（无干粉、颗粒、气泡），迅速均匀地倾倒和平摊在洁净干燥的玻璃板上，并用玻璃棒引散，在桌上轻轻振动玻璃板，使硅胶均匀涂布，成为 0.25 ~ 1mm 厚的薄层，放于水平台上，以保持板的厚度均匀。待其水分自然挥发干燥后，放入干燥箱，在 110℃活化 1h，放冷后使用。

（2）样品的制备及点样：将剩余的提取液置于蒸发皿供点样用。在距离薄层板边缘 2cm 处，用铅笔轻轻画一起始线，不能破坏薄层板。

点样：取两支毛细管 1 支吸取 0.1% 巴比妥无水乙醇液，1 支吸取样品无水乙醇液，点于起始线处，两点间隔 1.5cm。点样时轻轻接触薄层板面，使样液自然渗入吸附剂形成一圆形小斑，迅速离去，斑点直径以 2 ~ 4mm 为宜。如果一次加量不够，待其自然干燥（或吹风），干后方可点第 2 次。

（3）展开：选取展开剂约 30ml，倒入层析槽的一侧。在展开之前，将薄层板置于盛有展开剂的展开槽的另一侧饱和 10min（薄板不与展开剂直接接触，防止边缘效应）。饱和后将展开槽倾斜，使一侧的展开剂进入另一侧后，水平放置层析槽，这样薄层板点样的一端浸入展开剂中，展开剂浸没下端的高度不超过 0.5cm（整个过程不要打开展开槽）。观察展开情况，当展开剂前沿达一定距离（板的 2/3）时取出，在前沿处做出标记，晾干。

（4）显色：先喷硫酸汞溶液至薄层板均匀湿润，巴比妥类药物呈白色斑点，稍干后，再喷 0.2% 二苯偶氮碳酰肼乙醇液，开始时背景也出现蓝紫色，片刻后，背景蓝紫色消退，巴比妥类酸盐出现蓝紫色斑点。

（5）计算出巴比妥和样品的 R_f 值：见表 33-1。

表 33-1　巴比妥和样品的 R_f 值

药物＼展开剂	①	②	③	④	⑤
苯巴比妥	0.22	0.57	0.39	0.62	0.36
巴比妥	0.40	0.57	0.42	0.51	0.38
戊巴比妥	0.48	0.62	0.48	0.64	0.40
异戊巴比妥	0.52	0.63	0.47	0.64	0.42
速可眠	0.51	0.66	0.60	0.72	0.46
硫喷妥	0.60	0.95	0.90	0.80	0.73

【思考题】

1. 用乙醇提取巴比妥时，为什么要先将检材酸化？

2. 为什么薄层板在制备后要活化？

3. 简述薄层层析法的优缺点，及其在毒物检验中的实用意义和注意事项。

4. 在一次薄层层析中，检品与标准品有相同的 R_f 值和显色反应，能否做出确证判断？

（顾 捷）

第三十四章　杀鼠剂的检验

实验六十　磷化锌的检验

【实验目的】

1. 掌握磷化锌的快速检验方法。

2. 掌握检砷瓶的使用方法。

【实验内容】

1. 通过观察、闻嗅认识磷化锌。

2. 根据磷化锌的物理化学特性提取和分离检材中的磷化锌。

3. 通过溴化汞试验和双硫腙试验分别检测磷化锌中的磷和锌，从而确证检材中含有磷化锌。

【实验方法】

检材以吃剩的食物、饲料、呕吐物、胃组织及胃内容为最好。

如系胃组织，可仔细刮取黏膜上的黑色可疑物进行检验，或将胃组织在乙醇中反复漂洗，使黑色粉末状物沉淀于容器底部，倾去乙醇液，取黑色物做检验。

如系稀薄的胃液或呕吐物，可放置或离心，取其沉淀物进行检验。

如系饲料或粮食，可用过筛或水洗的方法，收集筛下物或沉淀物进行检验。

检材采取后应密闭冷藏送检，以防磷化物分解与磷化氢逸失，且应尽快进行检测。

（一）磷化氢的检验——溴化汞试验

1. 原理　磷化锌遇酸分解产生磷化氢，磷化氢与溴化汞作用，生成鲜黄色化合物。

$$Zn_3P_2 + 6H^+ \rightarrow 3Zn^{2+} + 2PH_3 \uparrow$$

$$PH_3 + 2HgBr_2 \rightarrow 2HBr + PH(HgBr)_2 \quad \text{（鲜黄色）}$$

2. 试剂

（1）10% 盐酸溶液。

（2）醋酸铅棉花。

（3）溴化汞试纸。

（4）稀醋酸。

3. 操作　取检材 5g 放入检砷瓶中，加水 10ml 混匀，加 10% 盐酸 5ml 使呈明显酸性，瓶口接一装有醋酸铅棉花的检砷管，管口盖以溴化汞试纸，水浴加热（50℃左右）30min，如有磷化锌，试纸呈鲜黄色。检出限为 10μg。

4. 说明

（1）硫化氢有干扰作用，腐败检材本身可产生一定量硫化氢，故用醋酸铅棉花去除，防止干扰。如检材高度腐败，上述醋酸铅棉花尚不能完全除去硫化氢，必须装置一个盛有醋酸铅溶液的洗气瓶，以除去过多硫化氢。

（2）醋酸铅棉不可太紧，避免堵塞气体流出。

（3）其他磷化物如磷化铝等遇酸也同样产生磷化氢，所以必须进一步检验锌离子，才能确定磷化锌的存在。

（二）锌的检验——双硫腙反应

将做完磷化氢检验后的检材过滤，取滤液 5 ~ 10ml，加稀醋酸 2 ~ 3 滴酸化后进行下列反应。

1. 原理　双硫腙和许多重金属的盐类起作用，生成溶于氯仿或四氯化碳不溶于水的有色螯合物，但在强碱性（pH＞11）的条件下，只有锌能与双硫腙作用，并生成可溶于水的红色螯合物。

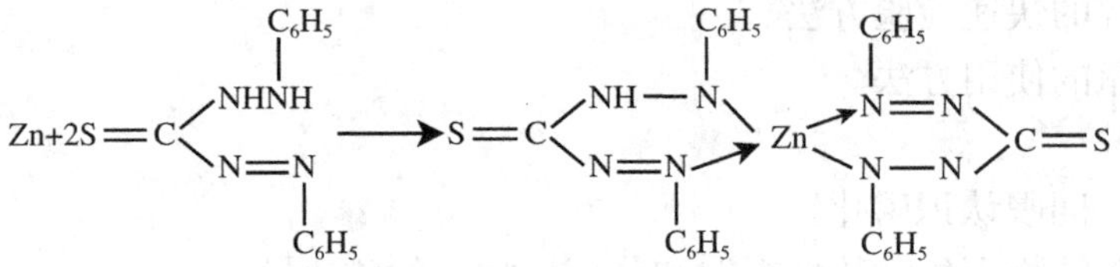

2. 试剂

（1）10% 氢氧化钠。

（2）双硫腙试剂（现配）。

3. 操作　将上述所得滤液取 1 毫升，加 10% 氢氧化钠至所生成的沉淀溶解为止，加双硫腙试剂 1ml，猛烈振摇，静置，如有锌存在，水层显玫瑰红色。

4. 说明　pH＞11 的碱性条件下可排除其他金属离子的干扰。

【思考题】

1. 磷化锌的溴化汞检验法与古蔡氏法检砷有无异同点？
2. 为什么只检查磷化氢不能确定磷化锌的存在？
3. 双硫腙反应的关键条件在哪里？为什么？

（顾　捷）

第三十五章　金属毒物的检验

实验六十一　砷、汞的检验

【实验目的】

1. 掌握 Reinsch 试验的原理、方法和结果判断。

2. 掌握砷、汞确证实验的原理和方法。

【实验内容】

1. 简要讲述金属毒物的检测特点，检材的采取与处理。

2. Reinsch 试验是金属毒物常用的预试验方法，本次实验主要是通过 Reinsch 试验和砷、汞的确证实验检测检材中是否存在砷和汞。

【实验方法】

急性口服中毒者，以剩余食物、呕吐物、胃及胃内容物为最好检材，其次为肝、肾、肠、脾及尿。黏膜吸收中毒或急性中毒后，经数天或更长一些时间而死亡者及慢性中毒死亡者，应以肝、肾为主，如尸体高度腐烂，脏器已无法辨认，或尸体已成枯骨时，可取腹腔部位的腐土做检材，并应收集棺内其他部位的腐土及棺木及棺木周围泥土做对照检验用。

检材如系呕吐物、饮食物或胃内容物，可不经有机破坏，按砷的 Reinsch 试验法检验，如系内脏组织，最好经有机质破坏后进行定性、定量分析。

(一) Reinsch 试验 (预试验)

1. 原理　在适度酸度的水溶液中，以纯铜作为还原剂，可将一些金属的化合物还原成金属单质或铜的合金而沉积于铜的表面，不同元素的沉积物可有不同的色泽。砷呈灰色至灰黑色，汞呈银白色，锑呈灰紫色，银呈灰白色，铋、硒、碲、硫化物呈黑色。

$$As_2O_3 + 6HCl \rightarrow 2AsCl_3 + 3H_2O$$

$$2AsCl_3 + 6Cu \rightarrow 3CuCl_2 + Cu_3As_2 \downarrow \quad \text{(黑色)}$$

$$2AsCl_3 + 3Cu \rightarrow 3CuCl_2 + 2As \downarrow \quad \text{(黑色)}$$

$$Hg^{2+} + Cu \rightarrow Cu^{2+} + Hg \downarrow$$

2. 试剂

(1) 浓盐酸。

(2) 酸性氯化亚锡溶液。

(3) 铜丝。

(4) 乙醇。

3. 操作　取检材约 20ml 于 100ml 锥形瓶中，再加酸性氯化亚锡溶液 1ml 及 1/5 容量的浓盐酸，使检液的盐酸浓度为 2%～8%，摇匀，放入洁净的铜丝，小火煮沸 10～15min，并随时观察铜丝的表面是否变色，如表面不变色，即可否定金属毒物的存在，如变黑色，表示可能含有砷，如变银白色，表示可能含有汞。

将变色的铜丝取出用水和乙醇洗去附在上面的杂质，置滤纸上于空气中晾干，备用。

4. 说明

（1）铜丝：临用前将铜丝在火上烧，再用 0.1N 硝酸洗去表面氧化层，水洗或试纸擦，得洁净的铜丝。检验要求用纯铜，不能用铜的合金或还原电位比铜低的金属，还原电位比铜高的金属的化合物可被铜还原，还原电位比铜低的金属的化合物不能被铜还原，铜的还原电位比较高，可排除还原电位比铜低的各种金属的干扰。

（2）控制盐酸的含量为 2%～8%，超过 8% 可能使其挥发性的三氯化砷来不及被铜还原即受热挥散损失，低于 2% 时金属离子又不容易被还原析出，而导致漏检。

（3）五价砷的反应速度较慢，可先加入适量酸性氯化亚锡将其还原成三价砷而有利于反应进行，同时也可以消除一些氧化物的干扰。

（4）如果检材已腐败，一般都含有硫化物，干扰观察，故在纯铜丝投入之前先加入适量盐酸煮沸，使其转化为硫化氢逸散后，再进行检验。这样可减少假阳性。

（5）在加热过程中，注意观察铜丝变化，如发现明显变化，应停止加热，取出铜丝。否则当铜丝上沉积物较多，长时间加热会使沉积物脱落，看不到颜色变化，导致错误结果。

（二）砷的确证试验

1. 古蔡氏法

（1）原理：砷化物在酸性溶液中，可被锌与酸产生的氢气还原为砷化氢，砷化氢能与银、汞、金等化合物生成有色的产物，可用于各类检材中微量砷的检测。试剂可用硝酸银、氯化汞、溴化汞、氯化金等。常用的是溴化汞，它与砷化氢生成黄色→棕色→黑色的产物。在实验条件相同时，色斑颜色的深浅与砷含量成正比。

$$2HCl + Zn \rightarrow ZnCl_2 + 2[H]$$

$$As^{3+} + 6[H] \rightarrow 3H^+ + AsH_3 \uparrow$$

$$As + 3[H] \rightarrow AsH_3 \uparrow$$

$$AsH_3 + 3HgBr_2 \rightarrow 3HBr + As(HgBr)_3 \quad （黄色）$$

$$2As(HgBr)_3 + AsH_3 \rightarrow 3AsH(HgBr)_2 \quad （棕色）$$

$$As(HgBr)_3 + AsH_3 \rightarrow 3HBr + As_2Hg_3 \quad （黑色）$$

（2）试剂：无砷锌粒、稀硫酸、醋酸铅棉花、溴化汞试纸。

（3）操作：将上述所得的铜丝放入锥形瓶中，加入适量的稀硫酸，再加入数粒无砷锌，立即塞瓶口接一装有醋酸铅棉花的检砷管，管口密盖溴化汞试纸，数分钟后，如有砷存在，则试纸变成黄色至褐色。

2. Ag-DDC 比色法

（1）原理：二乙基二硫代氨基甲酸银（silver diethyldithiocarbamate, Ag-DDC）在有机碱溶液中与砷化氢反应，生成红色产物，对可见光有宽吸收带，可在氯仿等有机溶剂中于 510nm 附近用比色法测定。用含有一定量 Ag-DDC 和三乙胺的氯仿溶液吸收砷化氢，所得吸收液用氯仿定容后测定吸光度，用砷标准系列溶液以相同方法平行操作制备标准曲线。

（2）试剂：硝酸银、二乙基二硫代氨基甲酸钠、Ag-DDC 指示剂、三乙醇胺、氯仿、15%KI 溶液、40%$SnCl_2$ 溶液、硫酸。

（3）操作：将上述所得的铜丝置砷化氢发生瓶中，各加 4ml 硫酸、4ml KI 溶液及 2ml $SnCl_2$ 溶液，混匀，放置 15min。分别取 5.0ml 吸收液置干燥的吸收管中，插入导气管于砷化氢发生瓶中迅速加入4g无砷锌粒，并立即将导气管与发生瓶连接，在室温下反应1h，使砷完全释出。加氯仿将吸收液体积补足到5.0ml，在分光光度计上于510nm处以氯仿为参比，用10mm比色皿测定吸收液的吸光度。

（三）汞的确证试验

1. 碘化亚铜反应

（1）原理：汞盐、金属汞、汞蒸气都能和碘化亚铜反应生成红色不溶性复合物。

$$2Cu_2I_2 + Hg \rightarrow Cu_2HgI_4 + 2Cu$$

（2）试剂：碘化亚铜试剂。

（3）操作：取1块滤纸，滴加1滴碘化亚铜悬浮于其上，再取1根Reinsch试验得到的铜丝放于试剂斑痕上，用一表面皿覆盖其上，30min至1h后，如有汞存在，则碘化亚铜斑痕变成红色。

2. 硫脲汞分光光度法

（1）原理：在酸性介质中，汞离子与双硫腙反应，生成可溶于CCl_4或$CHCl_3$的橙黄色双硫腙盐$Hg(HDz)_2$，该双硫腙盐在490nm波长处，有最大吸收值。

（2）试剂：氯仿、盐酸、硫酸（490g/L溶液）、乙酸（约360g/L溶液）、乙二胺四乙酸二钠（$Na_2EDTA \cdot 2H_2O$）（7.45g/L溶液）、高锰酸钾（40g/L溶液）、盐酸羟胺（100g/L溶液）、双硫腙（3mg/L氯仿溶液）。

（3）操作：取6个500ml分液漏斗，用棉花或滤纸擦干其颈部，并塞入棉球，然后分别加入汞标准溶液0、2.00、4.00、6.00、8.00、10.00ml，对应的含汞量为0、2.00、4.00、6.00、8.00、10.00μg。每一标准参比液中，加入20ml硫酸溶液，稀释至200ml，加入1ml盐酸羟胺溶液、10ml乙酸溶液、10ml乙二胺四乙酸二钠溶液及20.00ml双硫腙氯仿溶液。剧烈振摇1min，静置10min，使两相分层。用3cm比色皿，在490nm波长处，以氯仿为参比，测量各标准参比液的吸光度。以汞质量为横座标，对应的吸光度为纵座标，绘制标准曲线。

称取检材约10g于盛有15ml水的100ml烧杯中。滴加高锰酸钾溶液，使试液呈紫红色，盖上表面皿，在60℃水浴中放置约30min。冷却至室温，逐滴加入盐酸羟胺溶液，使紫红色褪尽。将试液移入500ml分液漏斗中，以下按绘制标准曲线的方式进行萃取并测量试液的吸光度。

【思考题】

1. 实际检案中，用Reinsch试验检出含有砷，能否证明检材中含有砷？
2. 如高度腐败脏器已无法辨认，若要进行砷的检验时，应同时取什么检材进行对照？

（白慧茹）

第三十六章　杀虫剂及除草剂的检验

实验六十二　有机磷农药的检验

【实验目的】

掌握有机磷农药的提取净化和检验方法，及根据有机磷农药结构特点选用合适方法进行类别试验的原则和方法。

【实验内容】

1. 讲解有机磷农药中毒的检材的采取及处理。

2. 通过显色反应初步判断为哪种有机磷农药，然后通过薄层层析法进一步确认。

【实验方法】

（一）检材的采取及处理

对怀疑中毒时，应注意收集剩余食物、饮料、现场药瓶和呕吐物等体外检材以及血、尿和洗胃液等检材；对死亡者，还可取胃内容物、血、尿、肝、肾和胆汁等生物检材。

1. 提取剩余食物、脏器、血、胃内容物等检材，可将检材切细或捣碎后，少量多次加入无水硫酸钠进行研磨，直至干沙状后，移于150ml具塞锥形瓶中，加入二氯甲烷20ml，塞好于振荡机上振荡浸提15min，过滤残渣，再用二氯甲烷20ml重复提取1次，过滤，合并滤液，置于60℃以下水浴浓缩至10ml。

米、面等固体检材，取适量于具塞锥形瓶中，用苯、氯仿或二氯甲烷等直接浸泡，滤过浸提液，在60℃以下水浴蒸发浓缩至近干为止。

经上述方法提取的有机磷如果杂质比较少，即可用于检验，如果杂质较多，则需要进一步净化。

2. 净化　取层析柱1支，底部松松塞上一团脱脂棉，依次加入无水硫酸钠5g、中性氧化铝5g，若有色素，另加0.5g活性炭，最上层再加无水硫酸钠，用提取溶剂20ml预淋柱，预淋洗液弃去（注意勿使柱中无水硫酸钠表层干涸）。待提取溶剂流至柱顶端水平时，将上面所提取的浓缩液5ml加入，打开水待流至柱顶端水平时，再用提取溶剂淋洗（柱流出速度控制在每分钟5ml），收集淋洗液于60℃水浴浓缩至10ml，留作为下面的试验用。

（二）显色反应

1. 间苯二酚 - 氢氧化钠反应（灵敏度1～5μg）

（1）原理：美曲膦酯（敌百虫）、敌敌畏和二溴磷水解后生成二氯乙醛，在碱性条件下，与间苯二酚缩合，生成红色化合物。

（2）试剂：5%间苯二酚乙醇溶液、5%氢氧化钠溶液。

（3）操作：取检液1滴滴于滤纸上，另取敌敌畏1滴滴于滤纸另一侧做对照，稍干，加5%间苯二酚乙醇溶液和5%氢氧化钠溶液各1滴，在电炉上微烤片刻，观察其变化，如有美曲膦酯、敌敌畏、二溴磷，即显红色。

水合氯醛有同样作用，如将操作改在试管中进行，氢氧化钠溶液改用饱和碳酸钠溶液，则水合氯醛呈黄红色，美曲膦酯等仍为红色。

2. 偶氮色素反应

（1）原理：有机磷农药中的硝基苯结构，经还原可变为芳伯胺基，后者经重氮化生成重氮盐，重氮盐再与酚或芳香胺类偶合生成偶氮色素，对硫磷、甲基对硫磷、杀螟松等均有此反应。

（2）试剂：乙醇、锌粉、10% 盐酸溶液、0.25% 亚硝酸钠溶液、2.5% 氨基磺酸铵溶液、碱性乙萘酚溶液、0.5%N- 萘基乙二胺盐酸盐溶液。

（3）操作：取检材浓缩液及对照液 3 ~ 4 滴滴于试管中，加乙醇液 1 ~ 2ml 稀释，加锌粉 0.1g 和 10% 盐酸 1ml，于水浴中加热使检液充分还原至基本无色，取出放冷。用滴管吸取澄清液于另一试管中，加 0.25% 亚硝酸钠溶液 1 ~ 2 滴，振摇，放置 1 ~ 2min，再加 2.5% 氨基磺酸铵溶液 4 ~ 5 滴，振摇，以除去过剩的亚硝酸，待无气泡发生后，将试液分别倒在 2 个小瓷皿中，分别加入碱性乙萘酚和 0.5%N- 萘基乙二胺盐酸盐溶液数滴，观察其变化。如有对硫磷等有机磷农药，则分别显橙 - 橙红色或红 - 紫红色。

（4）说明

1）本反应的关键一是要还原好，二是过剩的亚硝酸要除尽，尤其是用萘基乙二胺时，亚硝酸如不除尽，空白也可能出现微弱的红紫色。

2）对硫磷还原后的重氮盐与萘基乙二胺偶合，需在酸性溶液中进行，偶合时如酸度不够，则可导致阴性，此时，再加数滴 10% 盐酸溶液即可。

3. 氢氧化钠 - 亚硝酰铁氰化钠反应

（1）原理：有机磷农药中凡含有 $RO-\overset{\overset{\displaystyle O(S)}{\|}}{\underset{\underset{\displaystyle RO}{|}}{P}}-S-$ 结构，在碱性水溶液中易水解生成硫化物，与亚硝酰铁氰化钠作用，生成紫红色络合物。反应过程如下：

$$Na_2S + Na_2[Fe(CN)_5NO] \rightarrow Na_4[Fe(CN)_5NOS]$$

（2）试剂：乙醇、10% 氢氧化钠溶液、1% 亚硝酰铁氰化钠溶液（现配）。

（3）操作：取检材浓缩液及对照液 3 ~ 4 滴滴于试管中，加乙醇 1 ~ 2ml 稀释，加水 1ml，加 10% 氢氧化钠 0.5ml，在沸水中加热 10min，取出放冷，滴加 1% 亚硝酰铁氰化钠溶液 3 ~ 4 滴，观察其变化。如有内吸磷、甲拌磷、乙硫磷、马拉硫磷、乐果等有机磷农药即显紫红色，但不久即消失。

4. 薄层层析法

（1）吸附剂：硅胶 G 或硅胶 GF_{254}。

（2）展开剂：①环己烷：丙酮 =4：1；②氯仿：丙酮 =9：1；③苯：环己烷 =4：1；④氯仿：丙酮 =4：1；⑤环己烷：氯仿 =1：1；⑥正己烷：丙酮：无水乙醇 =80：20：2。

（3）操作：将检液及标准样品点于一薄层板上，然后用上述展开剂展开后，稍晾干，在紫外灯下观察。

（4）显色剂：

1）溴酚蓝 - 醋酸法（灵敏度 2 ~ 5μg）

试剂：①溴酚蓝，配制方法为 0.1 克溴酚蓝溶于 10ml 丙酮中，再用 1% 硝酸银丙酮水溶液（丙酮：水 =1：3）稀释至 100ml；② 5% 醋酸溶液。

操作：将溴酚蓝喷于展开后的薄层板，至板上呈现均匀蓝色后，置60℃烘箱中加热5～10min，再喷5%醋酸溶液至背景为浅黄色，含硫有机磷即呈蓝色斑。有机磷含量大时，斑点中心呈黄色，外圈呈蓝色。测定 R_f 值同标准样品比较即可判定为何种有机磷。

2）间苯二酚-氢氧化钠法（灵敏度1～5μg）

试剂：1%间苯二酚乙醇液、5%氢氧化钠溶液。

操作：将展开后的薄层板稍干后，先喷间苯二酚乙醇溶液，再喷氢氧化钠溶液，稍加热。敌敌畏、美曲膦酯、二溴磷等有机磷农药显红色斑点，背景无色或暗绿色。其他有机磷不显色，氯醛、水合氯醛同样显色。

【思考题】

1. 提取有机磷农药时应如何选择提取剂？敌敌畏能否单用己烷提取？为什么？

2. 有机磷农药在提取、净化过程中需注意哪些问题？

（荣 荣）

第三十七章　水溶性无机毒物的检验

实验六十三　亚硝酸盐的检验

【实验目的】

1. 掌握透析法分离亚硝酸盐的操作过程。

2. 掌握亚硝酸盐的定性检验以及定量分析方法。

3. 进一步熟悉分光光度计的使用方法。

【实验内容】

1. 简要讲述分离亚硝酸盐的方法。

2. 通过定性和定量的实验方法检测检材中的亚硝酸盐。

【实验方法】

亚硝酸盐为常见的水溶性无机毒物，常见的亚硝酸盐是亚硝酸钠和亚硝酸钾。纯品均为白色或淡黄色结晶，无臭，味微咸而苦，易潮解，极易溶于水，类似食盐。亚硝酸盐中毒事件时有发生，有自杀、他杀，多见于误服。亚硝酸盐中毒分析的检材主要有胃内容物、呕吐物、残留饮食物及被污染的衣物等。检材一般可用水浸泡，经过滤或离心后，取滤液或上清液进行分析；也可用透析法进行分离后，取透析液直接进行分析。

（一）实验原理

1. 透析法分离原理　小分子药（毒）物如亚硝酸盐等可以自由出入半透膜，而大分子不能通过。利用半透膜的这种特性，将半透膜置于纯溶剂和检材溶液之间，膜两边即产生渗透压，根据 Donnan 平衡原理，小分子易溶于水的药（毒）物穿过半透膜进入纯溶剂，从而与大分子杂质如蛋白质等分离开来。

2. 定性分析原理

（1）Griess 试剂反应：亚硝酸盐在弱酸性条件下与对氨基苯磺酸生成重氮化合物，再与 α- 萘胺发生耦合反应，产生紫红色偶氮染料，颜色深浅与亚硝酸盐的含量成正比。

（2）与 1,8- 萘二胺反应：在弱酸性条件下，亚硝酸盐与 1,8- 萘二胺生成橘红色 1,8- 偶氮亚氨基萘沉淀。

（3）丙咪嗪 - 盐酸反应：亚硝酸盐与丙咪嗪和浓盐酸反应，形成蓝色产物。灵敏度为 0.1μg。此反应对亚硝酸盐专一。

（二）实验材料

1. 试剂　火棉胶、对 - 氨基苯磺酸、30% 醋酸、α- 萘胺、酒石酸、1,8- 萘二胺、丙咪嗪、盐酸、硫酸锌、联苯胺、冰醋酸、亚硝酸钠、氢氧化钠、无亚硝酸盐蒸馏水。

2. 器材　小烧杯、瓷反应板、比色管、移液管、试管、容量瓶、分光光度计或紫外可见分光光度计。

（三）实验步骤

1. 分离亚硝酸盐　亚硝酸盐易溶于水，检材组分不太复杂时，可用水浸法分离，过滤，直接用滤液进行检验，必要时可用透析法进行分离。透析法处理检材操作如下：

（1）制备半透膜：取火棉胶 5ml，迅速倒入洁净干燥的 50ml 小烧杯中，转动烧杯使棉胶液均匀地分布在烧杯内壁上，形成一层薄膜，将多余的棉胶液倒回到原瓶中，待膜干后轻轻用刀片将边缘剥离，向薄膜与器壁之间轻轻吹气或注入蒸馏水，即可完整取下半透膜。

（2）透析：将棉胶囊置于一稍大的烧杯中，另将检材剪细或捣碎后，用蒸馏水调成稀粥状，倒入棉胶囊内，在囊外加适量蒸馏水，放置 0.5～1h，即可取囊外的透析液备检。为增加透析速度及提高透析效率，可适当加热烧杯，并经常更换棉胶囊外的蒸馏水，保持膜内外有较大的浓度差，反复数次，合并透析液，浓缩后备检。

2. 定性分析

（1）Griess 试剂反应：去透析液 1 滴，置于瓷反应板上，加 Griess 试剂 1～2 滴或 Griess 粉一小勺，观察并记录反应现象。

（2）1,8- 萘二胺反应：检液 1 滴于瓷反应板上，加 30% 醋酸和 1,8- 萘二胺各 1 滴，观察并记录反应现象。

（3）丙咪嗪 - 盐酸反应：检液 1 滴于瓷反应板上，加 20% 丙咪嗪盐酸溶液和浓盐酸各 1 滴，观察并记录反应现象。

3. 定量分析　亚硝酸盐的 Griess 反应产物颜色稳定，在 0.2～10μg/ml 的浓度内，NO_2^- 浓度与紫红色深度有良好的线性关系，可选用 520nm 波长，分光光度法进行定量测定。

（1）一般检材（胃内容物、呕吐物、残留饮食物等）：用水浸法或透析法提取；血液检材的处理方法为，取血液 0.5ml 置于离心管中，加 4.5% 硫酸锌 3.0ml，蒸馏水 1.0ml，混匀后加入 4% 氢氧化钠（NaOH）溶液 0.5ml，定容至 10ml，再混匀。置于冰箱（冰浴）中放置 0.5h，3000r/min 离心 5min，取上清液供检。

（2）标准曲线的制作：亚硝酸盐标准液。取 0.25g 于硅胶干燥器中干燥 24h 的 $NaNO_2$（≥99.0%），蒸馏水溶解，并稀释至 500ml，做储备液。临用前取储备液 1.0ml 用蒸馏水稀释至 100ml，即得 5.0μg/ml 的 $NaNO_2$ 标准液。精确吸取标准液 0.0、0.5、1.0、1.5、2.0、2.5ml 置于比色管中，分别加入对氨基苯磺酸溶液（甲液）1.0ml，冰浴或冷水浴内放 5min，再加 α- 萘胺溶液（乙液）1.0ml，最后以蒸馏水定容至 5ml，摇匀，室温放置显色 15min 后，用 1.0cm 比色皿，以平行操作空白溶液调零，在 520nm 波长处测定各溶液的吸光度值，以吸光度为纵坐标，$NaNO_2$ 浓度为横坐标，作图，即为标准曲线。

（3）样品测定：精确吸取待测液 1.0、2.0、3.0ml 置于比色管中，分别加入 Griess 试剂，操作同（2），在 520nm 波长处测定各溶液的吸光度值，从标准曲线上查出相应的浓度，计算 $NaNO_2$ 的含量。

（4）结果计算：待测液中亚硝酸盐浓度

$$Ct = Cx \cdot V_0/V_1\ (\mu g/ml)$$

检材中亚硝酸盐含量

$$C = 0.1Cx \cdot V_0 \cdot V_2/(V_1 \cdot W)\ [\text{单位 mg\%}\ (W/W\ \text{或}\ W/V)]$$

式中：Cx——从标准曲线上查得所测检液的亚硝酸盐浓度（μg/ml），V_0——比色管中检液的体积（5ml），V_1——所取待测液的体积（ml），V_2——检材处理时所得溶液的总体积（ml），W——检材的体积（ml）或质量（g）。

（四）注意事项

1. Griess 试剂反应时，过量的 NO_2^- 可与 α- 萘胺产生反应，会导致紫红色的偶氮染料难以生成，出现假阴性的现象。在实际工作中要恰当地控制测定样品中亚硝酸盐的浓度，以便得到准确可靠的结果。当怀疑有假阴性结果时，可通过加大试剂用量或稀释待测液来观察，防止漏检。

2. 3 种定性反应极为灵敏，尤其是 Griess 试剂反应，空气和水中残留的亚硝酸盐也能检出，故必须设立空白对照。

3. 定量测定时最好配置高、中、低 3 种浓度的溶液，显色后 20 ~ 40min 内测定，且测定时间以不超过 15min 为宜。

4. 可用 N-1- 萘基乙二胺代替 α - 萘胺显色，在 550nm 比色测定。无论是 N-1- 萘基乙二胺还是 α - 萘胺都有一定毒性，实验时需注意。

【思考题】

1. 为什么亚硝酸盐的定性反应必须同时做空白对照？
2. 测定血中亚硝酸盐时为何要加硫酸锌和氢氧化钠溶液？
3. 亚硝酸盐定量测定时最好配置高、中、低 3 种浓度的溶液，为什么？

（白慧茹）

参考文献

1. 廖林川. 法医毒物分析. 4版.北京: 人民卫生出版社, 2009.
2. 刘良. 法医毒理学. 4版. 北京: 人民卫生出版社, 2009.
3. 盛龙生. 色谱质谱联用技术(质谱技术丛书). 北京: 化学工业出版社, 2007.
4. 陈虹锦. 实验化学. 2版. 北京: 科学出版社, 2007.
5. 李发美. 分析化学. 北京: 人民卫生出版社, 2006.
6. 孙毓庆. 仪器分析选论. 北京: 科学出版社, 2005.
7. 贺浪冲. 法医毒物分析. 3版. 北京: 人民卫生出版社, 2004.
8. 侯一平. 法医学. 北京: 高等教育出版社, 2004.
9. 廖强. 化学信息学导论. 北京: 高等教育出版社, 2001.
10. 孙毓庆. 分析化学. 4版. 北京: 人民卫生出版社, 2001.
11. 刘文英. 药物分析. 4版. 北京: 人民卫生出版社, 1999.
12. 张一宾. 农药. 北京: 中国物资出版社, 1998.

第六篇

案例分析

第三十八章　法医病理学案例分析

案例一

【案情摘要】

20××年7月4日2时50分许，在某国道617km加500m处，发生一起案件，造成张某（男，18岁）当场死亡，其同伴赵某、靳某同在现场，张某的家属提出要确定死者的死亡原因。

【尸体检验】

（一）尸表检查

1. 一般情况　男性成年冷藏尸体一具，身长169cm。尸僵已缓解。尸斑见于颈、肩、背、臀、双上肢伸侧面、双下肢屈侧面，指压不褪色。角膜重度浑浊，双眼球凹陷，眼睑未闭合，面部青紫色，口唇黏膜重度发绀，双耳郭中度青紫，上下肢甲床重度发绀，双手大、小鱼际及各指腹尖轻度发绀。翻动尸体时左耳及鼻腔有血性液体流出。睾丸表面有干燥斑。双侧上下肢可见腐败静脉网。

2. 尸表损伤情况　左肩胛部见一处5.5cm×2.5cm的表皮擦伤，周围伴皮下出血；左上臂背侧面见一处2.0cm×2.0cm的表皮擦伤；右肘关节后方见一处1.0cm×1.0cm的表皮剥脱，生活反应不明显；背侧面双臀上方见两处类圆形皮损。右踝内侧一处2.0cm×1.0cm的表皮剥脱。剃发后见头皮有卵圆形皮下出血，自左耳后上方斜向顶部，大小为17.0cm×7.0cm，其上偏左见一处“一”字形挫伤（图38-1A），大小为3.0cm×0.5cm，皮肤下陷，颜色暗红。

（二）内部检查

1. 头部　左颞顶处可见一处19.0cm×12.0cm的头皮下血肿，其下颅骨见粉碎性骨折（图38-1B）。硬膜外无出血，颅中窝前方至蝶鞍处可见两处横行骨折线（图38-1C），分别长10.0cm和8.0cm。脑组织体积缩小、质地变软，大小为23.0cm×20.0cm×5.0cm，大脑颞顶部见明显挫伤（图38-1D）。

2. 颈部　颈部浅、深肌群无出血，喉头无水肿，舌骨及甲状软骨无骨折，切面未见显著异常。气管内无异物。

3. 胸腔　胸骨、肋骨无骨折，气胸试验阴性。胸腔内未见粘连，血管内可见大量不凝血液。心脏大小为11.0cm×10.0cm×5.0cm，各瓣膜光滑，左心室壁肌厚1.0cm，右心室壁肌厚0.2cm，心室内壁光滑。双肺大小为27.0cm×15.0cm×9.0cm，气管黏膜面光滑，未见分泌物。余未见异常。

4. 腹腔　腹部皮下脂肪厚0.5cm，大网膜原位，肠系膜根部淋巴结未见肿大，肠管部分积气，排胆试验证实胆道通畅。胃内容物150ml，可见成形物质。肝大小为32.0cm×14.0cm×6.0cm，质软，表面灰红、实性。余脏器未见异常。

（三）病理组织学检查

1. 脑　大脑全脑蛛网膜下腔广泛出血（图38-2 A和B），红细胞已自溶，脑表面可见数

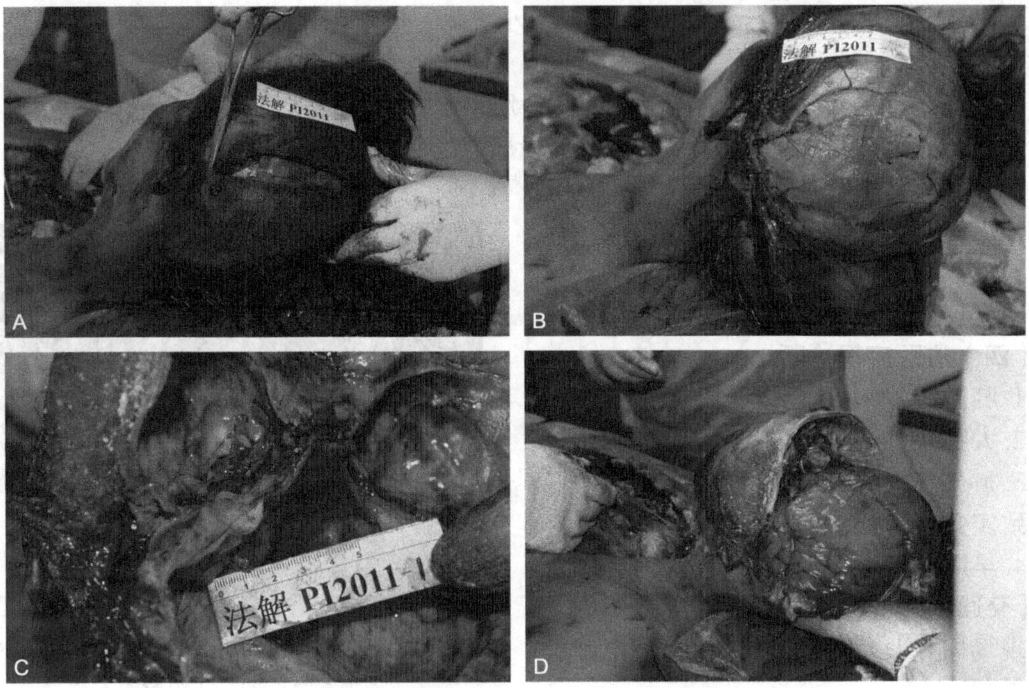

图 38-1　法医病理学案例一（大体图片）

A. 左颞顶部一处头皮下血肿；B. 左颞顶部颅骨粉碎性凹陷骨折；C. 颅中窝左侧前方至蝶鞍处两处横行、不相交的骨折线；D. 大脑左颞顶部见明显挫伤

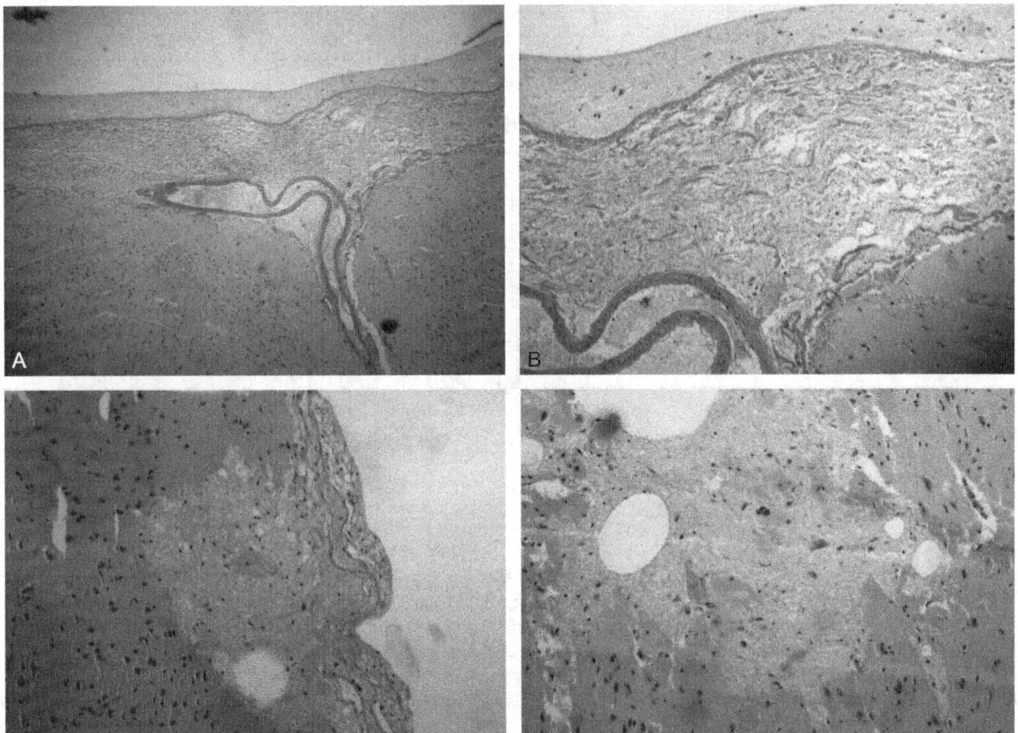

图 38-2　法医病理学案例一（组织学图片）　[附彩图]

A 和 B. 大脑蛛网膜下腔广泛出血，红细胞已自溶（A×40, B×100）；C 和 D. 脑实质挫伤灶见脑出血和脑软化（C×100, D×200）

处脑出血及脑软化灶（图 38-2 C 和 D），其大小不一、形状各异（脑挫伤）。硬脑膜可见少许菌团。

2. 心脏　心脏冠状动脉未见显著病变，心肌自溶，余未见显著病变。

3. 肺和气管　肺自溶，肺实变，并见大量腐败气泡；气管黏膜自溶。

4. 甲状腺　结节性甲状腺肿早期，甲状腺滤泡上皮细胞自溶。

5. 其余　肝、脾、双侧肾及肾上腺、胃黏膜明显自溶，睾丸轻度自溶。

（四）法医病理诊断

1. 脑挫伤（脑软化伴脑实质出血）。

2. 大脑蛛网膜下腔广泛出血。

3. 肺实变（由于组织明显自溶，不能分辨导致实变的具体病理改变）。

4. 早期结节性甲状腺肿。

【交通事故现场】

现场图片及示意图复印件 1 页（图 38-3 和图 38-4）。

图 38-3　现场遗留血迹及木棍，血迹为图 38-4 中 2 号血迹　[附彩图]

交 通 事 故 现 场 图

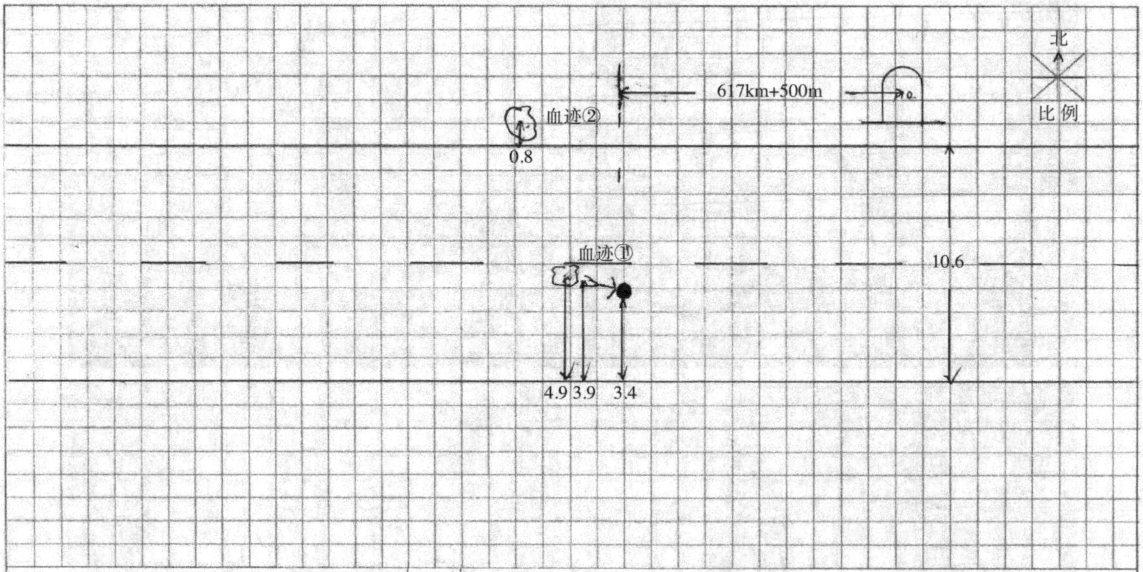

十米宽以内路面使用比例 1∶100，每方格为 0.5 米；十米宽以上路面使用比例 1∶200，每方格为 1.0 米。细小痕迹不受比例限制。	说明	1. 血迹①面积为 1.2×0.6m²，血迹中心距尸体头部中心为 1.6 米，距南侧路边线 4.9m。 2. 血迹②中心距北侧路边线 0.8m，面积为 0.3×0.6m²。 3. 尸体位于道路中心线南侧，斜卧，脚步距南侧路边线 3.9m，头部距南侧路边线 3.4m。

图 38-4　现场示意图

【思考题】

1. 尸体上主要有哪些损伤?

2. 试分析损伤的成伤机制及损伤特点，是否具有典型交通伤特点?

3. 分析死者的主要死亡原因。

4. 分析案情、结合现场照片及尸体解剖情况，你认为把死者的损伤仅归因于交通伤，有什么不妥之处。

5. 为进一步清晰案情，查明案件事实，你认为还需要解决哪些问题或还需要做哪些工作?

案例二

【案情摘要】

冯某，男，49 岁，于 20××年 7 月 21 日 8 时许在小雨中登上自家房顶（距地面 3m 左右，房顶上方架设有电线），后跌落地面死亡。

【尸体检验】

（一）尸表检查

1. 一般情况　男性成年冷冻尸体 1 具，处于冻缓状态。尸斑呈暗红色，分布于项部、背部、腰部未受压处，指压不褪色。尸僵已缓解。角膜重度浑浊，双侧瞳孔不能透视，结合膜苍白。指（趾）甲床中度发绀。

2. 尸表损伤情况　颅顶头皮见 3 处干燥、黑色皮损，疑似电流斑（图 38-5A），大小分别为 1.1cm × 0.8cm、2.0cm × 0.8cm 和 0.7cm × 0.6cm，镜下见皮损处表皮层基底细胞呈极性化，细胞核固缩、深染、纵向拉长，形成“核流”，表皮层内及表皮下出现大小不等的空泡，真皮胶原肿胀、融合（图 38-6A），皮损处皮肤附属器上皮细胞（图 38-6B）和血管内皮细胞（图 38-6C）均可见细胞极性化现象，而该处皮损之周边皮肤表皮层未见细胞极性化现象（图 38-6D）；左耳郭上部见焦黑状皮损，疑似电流斑（图 38-5B），镜下见该处皮损处真皮层及皮下结缔组织出血（图 38-6E）；左手小拇指第一指节两处焦黑、圆形皮肤损伤，疑似电流斑（图 38-5C），大小均为 0.7cm × 0.4cm；左手中指第 2 指节见两处焦黑、圆形皮肤损伤，疑似电流斑，大小分别为 0.6cm × 0.7cm、0.6cm × 0.4cm，镜下见皮损处表皮层脱失，真皮胶原肿胀、融合、嗜碱性增强（图 38-6F）；另见表皮剥脱和皮下出血多处。

（二）内部检查

1. 头部　左侧颞肌弥漫性出血，左侧颅中窝见两处线形骨折（图 38-5D），长度分别为 2.5cm 和 2.0cm。全脑重 2410g，脑水肿。余未见显著异常。

2. 胸部　主支气管、左右支气管及食管内见较多血性冰渣（图 38-5E），气管黏膜下层出血，食管外膜出血。左侧第 3 ~ 6 后肋骨骨折。左侧血性胸腔积液 200ml。心脏重 850g，左心室壁肌厚 1.6cm，右心室壁肌厚 0.4cm，室间隔厚 1.9cm。左肺重 840g，右肺重 1320g，左肺上叶、下叶部分区域出血（图 38-5F），镜下见左肺出血、右肺水肿。余未见显著异常。

3. 腹部　双侧血性腹腔积液，约 600ml。左肾重 290g，右肾重 230g，左肾表面局部见血凝块附着。余未见显著异常。

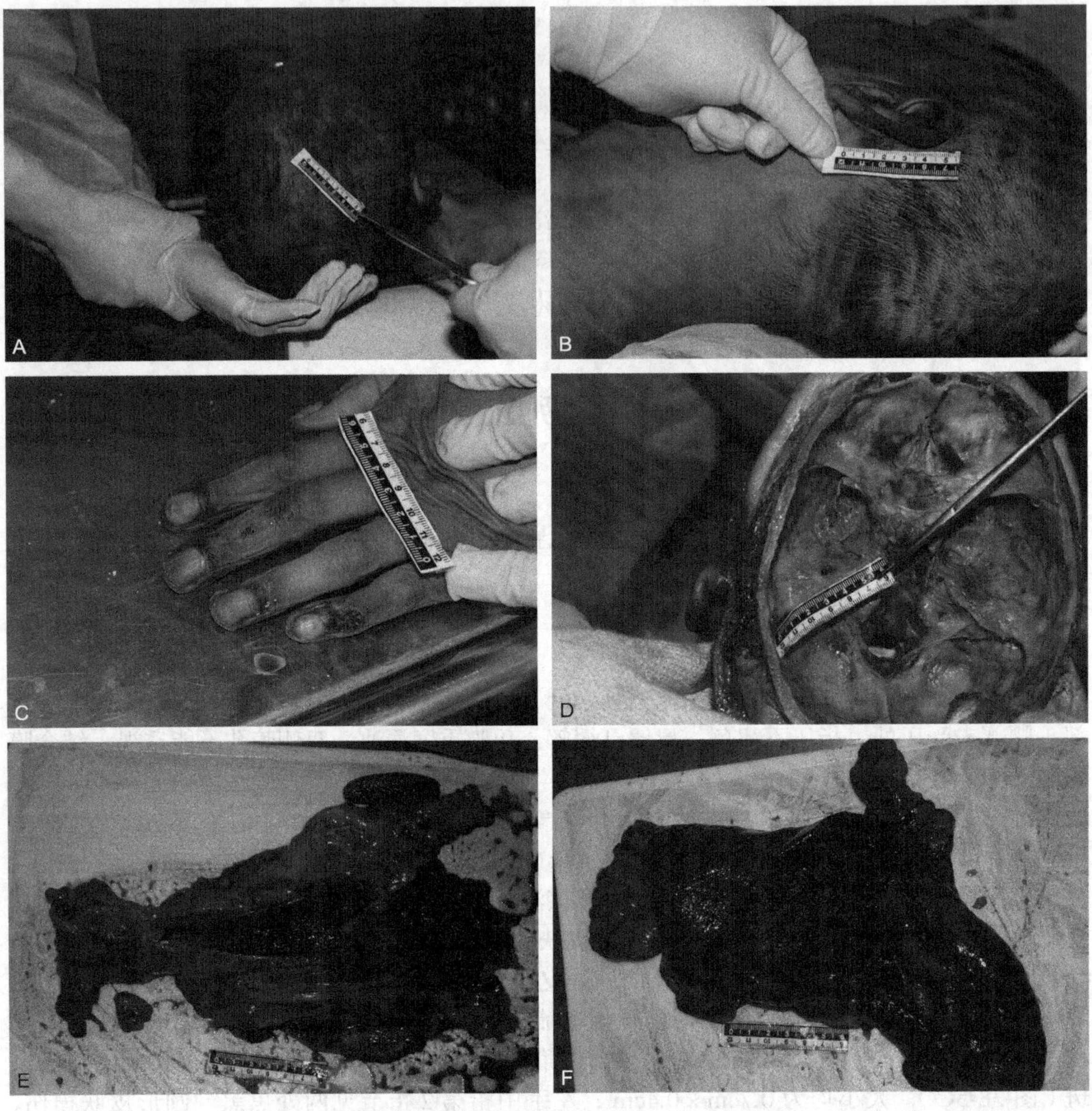

图 38-5 法医病理学案例二（大体图片） ［附彩图］

A. 颅顶头皮三处干燥、黑色皮损，疑似电流斑；B. 左耳郭上部焦黑状皮损，疑似电流斑；C. 左手小拇指第1指节两处焦黑、圆形皮肤损伤，疑似电流斑；D. 左侧颅中窝两处线形骨折；E. 主支气管、左右支气管及食管内较多血性冰渣；F. 左肺出血

【思考题】

1. 给出本案例死者的法医学病理诊断，并列出诊断依据。

2. 本案例的死亡原因考虑为什么？主要鉴定依据是什么？

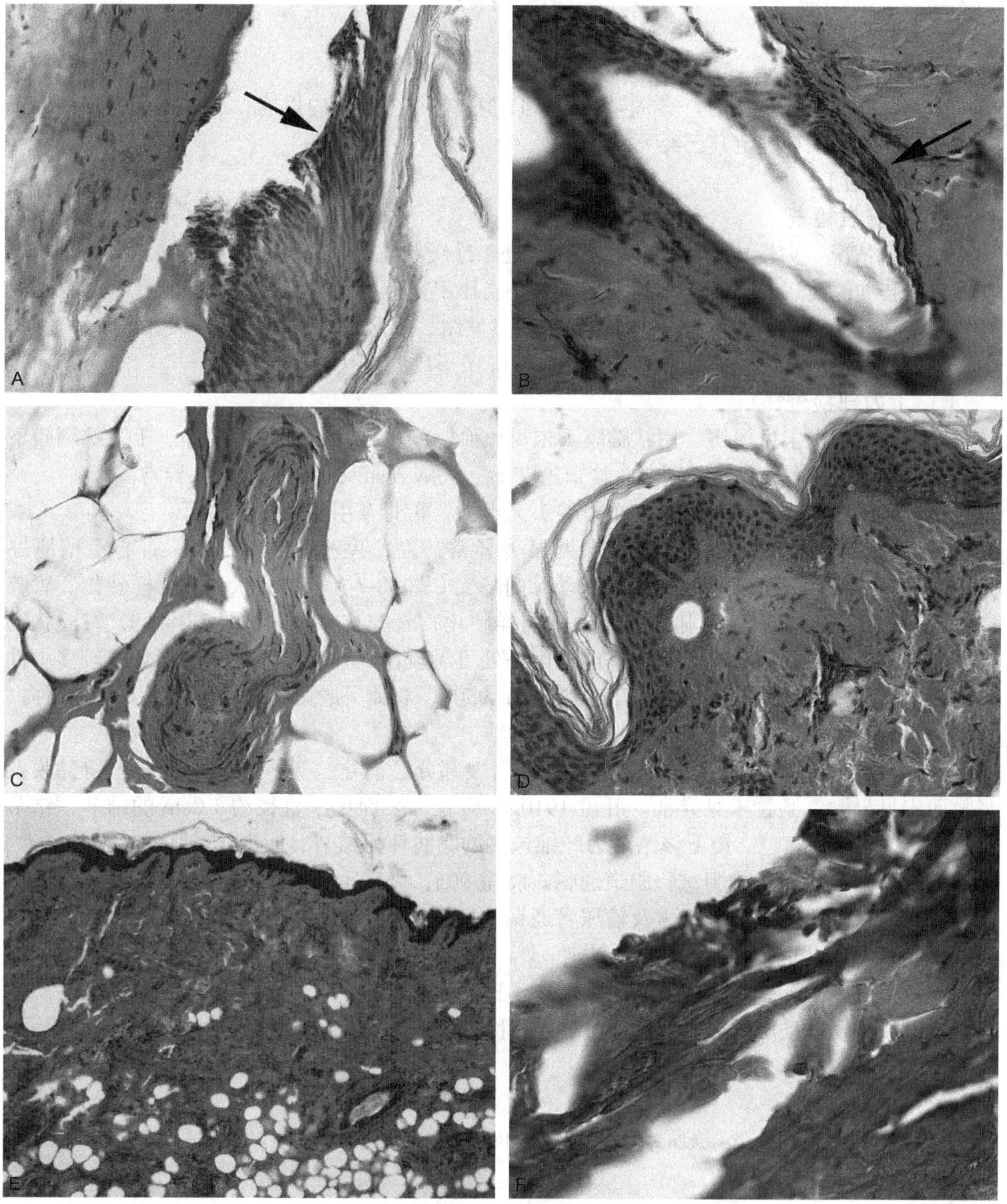

图 38-6　法医病理学案例二（组织学图片）　[附彩图]

A. 颅顶头皮皮损处表皮层基底细胞呈极性化，细胞核固缩、深染、纵向拉长，表皮层内及表皮下出现大小不等的空泡，真皮胶原肿胀、融合（×400）；B. 颅顶头皮皮损处皮肤附属器细胞极性化（×400）；C. 颅顶头皮皮损处真皮血管内皮细胞极性化（×400）；D. 颅顶头皮皮损之周边皮肤表皮层未见细胞极性化（×400）；E. 左耳郭皮损处真皮层及皮下结缔组织出血（×100）；F. 左手中指第 2 指节皮损处表皮层脱失，真皮胶原肿胀、融合、嗜碱性增强（×400）

案例三

【案情摘要】

20××年4月29日2时许，周某（男，41岁）在乘坐的车内昏迷，有人将其送到某旗人民医院，经医师检查确定其已经死亡。

【尸体检验】

（一）尸表检查

1. 一般情况　男性成年冷冻尸体1具，处于冻缓状态。尸斑暗红色，见于项、肩、背、臀、双上肢伸侧面、双下肢屈侧面未受压处，指压不褪色。角膜重度浑浊，瞳孔不可视，双侧睑结膜苍白，巩膜呈淡黄色，口唇黏膜无明显发绀，上肢及下肢甲床轻度发绀。

2. 尸表损伤情况　左肩部有一处长约0.5cm条形皮肤挫伤。

（二）内部检查

1. 头部　头皮未见损伤，帽状腱膜下未见出血，颅骨无骨折，硬脑膜外、下及蛛网膜下腔未见异常，全脑重1375g，颅内血管未见畸形、大脑表面及各切面均未见异常。

2. 颈部　颈部浅、深肌群无出血，喉头无水肿，舌骨及甲状软骨无骨折。

3. 胸部　心脏重395g，各瓣膜未见显著异常，左心室壁肌厚1.5cm，右心室壁肌厚0.6cm，室间隔厚1.7cm。肉眼见左冠状动脉前降支（图38-7）和右冠状动脉粥样硬化，管腔高度狭窄，镜下见左冠状动脉前降支动脉粥样硬化，管腔狭窄Ⅳ级（图38-8A），右冠状动脉粥样硬化，管腔狭窄Ⅲ级，左心室前壁肉柱处可见较新鲜心肌梗死灶，梗死灶内较多中性粒细胞浸润（图38-8B）。左肺重875g，右肺重950g，双肺呈淤血状态，镜下见双肺肺淤血、肺水肿。

4. 腹部　大网膜原位。胃内容物重625g，大部分已消化，见少数有形成分，胃黏膜及浆膜面未见异常。肠管未见异常。肝重1910g，质软，表面见一直径约1.0cm的结节，结节包膜完整，切面呈黄色，镜下该结节为纤维包裹的脂肪坏死结节，伴钙化，肝切面未见异常。胆囊处于半充盈状态，排胆试验胆道通畅。脾重90g，胰腺重105g，脾及胰腺未见异常。双肾及肾上腺未见明显异常，肾盂及输尿管通畅，膀胱呈空虚状态。前列腺无增大，睾丸位于阴囊内，双侧睾丸重40g，睾丸未见异常。

【鉴定意见】

周某系因冠状动脉粥样硬化性心脏病（简称冠心病）引起急性心肌缺血而导致心性猝死。

【思考题】

结合本案例，具体谈谈冠心病引起猝死的鉴定要点。

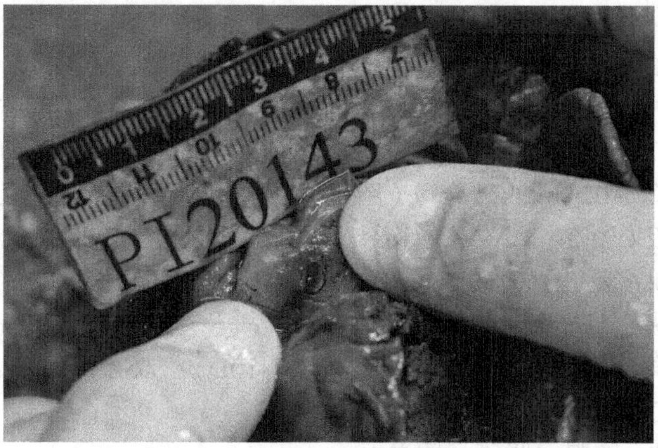

图 38-7　法医病理学案例三（大体图片）　[附彩图]
左冠状动脉前降支动脉粥样硬化，管腔高度狭窄

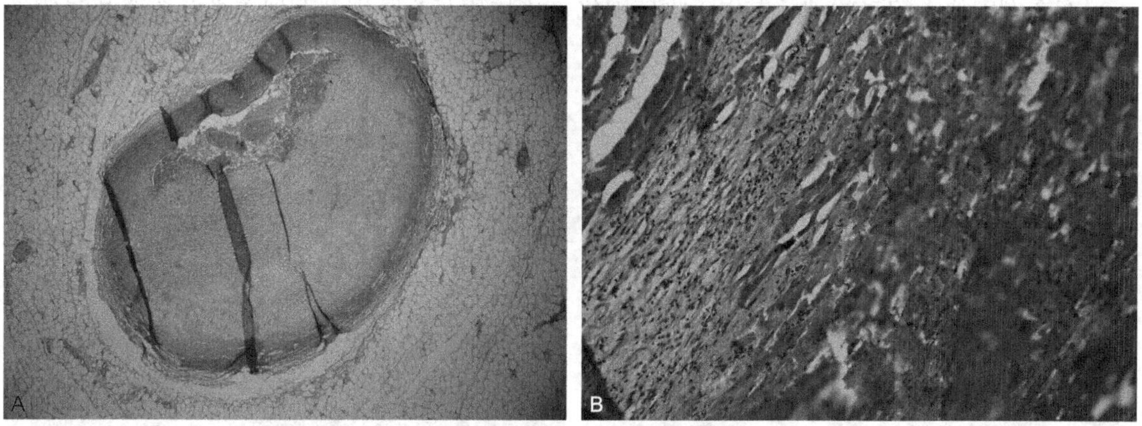

图 38-8　法医病理学案例三（组织学图片）　[附彩图]
A. 左冠状动脉前降支动脉粥样硬化，管腔狭窄Ⅳ级（×40）；B. 左心室前壁肉柱较新鲜心肌梗死灶，梗死灶内较多中性粒细胞浸润（×200）

案例四

【案情摘要】

李某，男，38 岁，于 20××年 9 月 21 日上午 8：40 在家中自称心里难受，并不能交流，即被送往医院，于 9：00 送达医院，经医师诊断后宣布死亡。

【尸体检验】

（一）尸表检查

1. 一般情况　男性成年冷藏尸体 1 具。尸斑暗红色，见于颈、肩、背、臀、双上肢伸侧面、双下肢屈侧面，指压不褪色。角膜中度浑浊，双侧瞳孔等大、等圆，瞳孔直径 0.7cm。眼睑、球结膜苍白。指（趾）甲中度发绀。

2. 尸表损伤情况　左、右上肢肘关节内侧分别见一处注射针孔。

（二）内部检查

1. 头部　全脑大小 17.0cm × 14.0cm × 7.5cm。余未见显著异常。

2. 胸部　胸腔内少量积液，左侧 30ml，右侧 25ml，呈淡红色。心脏外观增大，大小 10.5cm × 10.0cm × 5.0cm，心包无破裂，打开心包腔见血液及血凝块约 350ml（图 38-9A），左心室前壁见一处长约 0.5cm 的破裂口（图 38-9B）。镜下见左冠状动脉前降支粥样硬化伴钙化，管腔狭窄Ⅳ级（图 38-10A）；右冠状动脉粥样硬化，伴钙化，管腔狭窄Ⅰ级；左心室前壁破裂口处心肌广泛出血（图 38-10B），心内膜下可见灶状陈旧性心肌梗死，心尖部可见数处陈旧性灶状心肌梗死（图 38-10C）；二尖瓣及三尖瓣闭锁缘显著增厚，并伴黏液样变性；主动脉粥样硬化，处于纤维斑块期（图 38-10D）。双肺带气管、食管、喉头总大小 35.0cm × 20.0cm × 8.0cm，镜下见双侧肺水肿。

3. 腹部　肝、脾、胰腺、肾等间质淤血。

【思考题】

本案例中死者的冠状动脉发生了粥样硬化，该病变与心脏破裂有何关系？谈谈其演变过程。

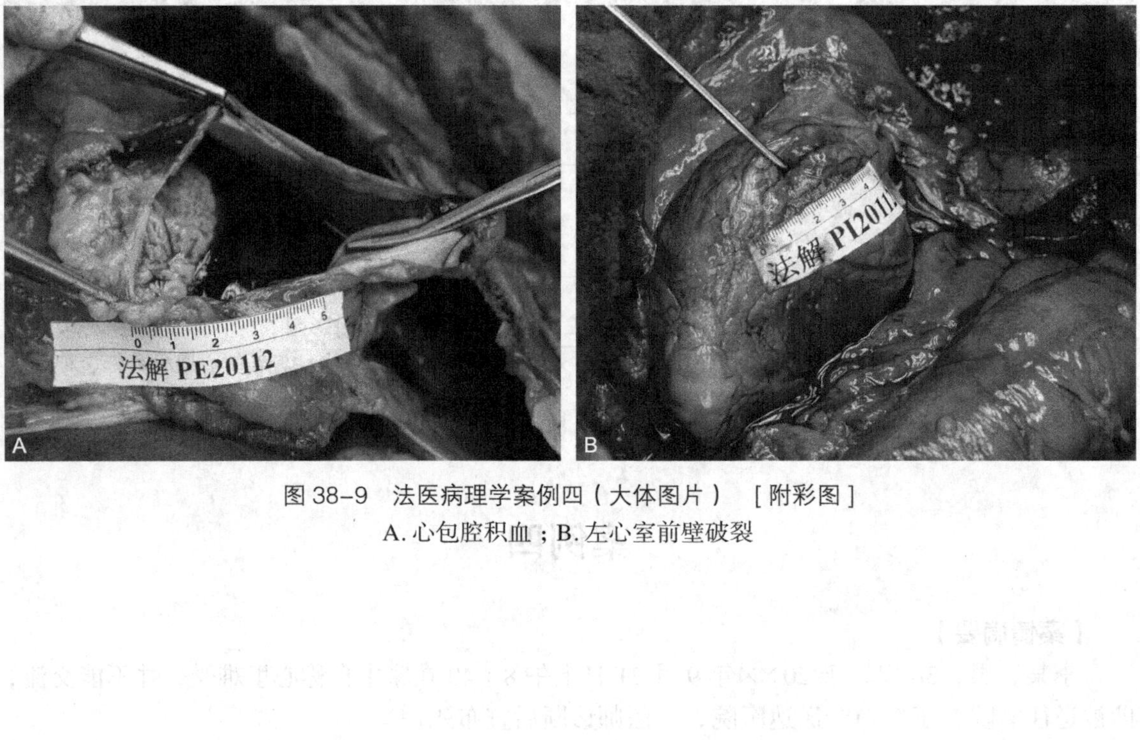

图 38-9　法医病理学案例四（大体图片）　[附彩图]
A. 心包腔积血；B. 左心室前壁破裂

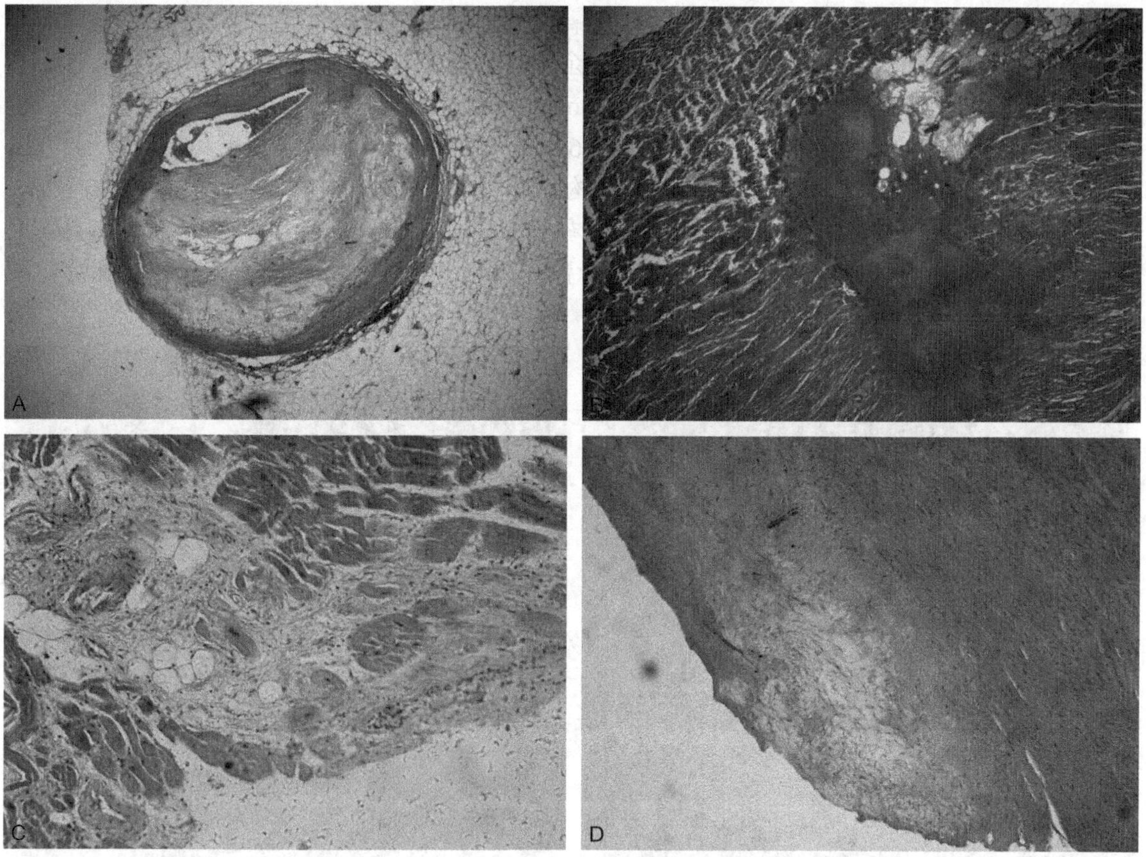

图 38-10　法医病理学案例四（组织学图片）　[附彩图]

A. 左冠状动脉前降支粥样硬化，管腔狭窄Ⅳ级（×40）；B. 左心室前壁破裂口处心肌出血（×100）；C. 心尖部陈旧性灶状心肌梗死（×200）；D. 主动脉粥样硬化，纤维斑块期（×200）

案例五

【案情摘要】

王某，男，60 岁，于 20××年 8 月 7 日 9：50 入某医院住院治疗，入院初步诊断为：①慢性气管炎合并肺部感染，阻塞性肺气肿，肺心病早期；②肾功能不全；③冠心病，心肌缺血；④原发性高血压三期（极高危组）合并脑梗死，合并高血压性心脏病。当天 14：00，患者突发口吐白沫，头向一侧抽搐，家属急呼叫。入院急查：呼之不应，呈叹气样呼吸，后经抢救无效死亡。

【尸体检验】

（一）尸表检查

1. 一般情况　男性成年冻缓尸体 1 具，尸斑颜色较浅，位于项、肩、背、臀、双上肢伸侧面、双下肢屈侧面未受压处，指压不褪色。角膜重度浑浊，瞳孔不可视，双侧睑结膜苍白，巩膜无黄色；口唇黏膜无明显发绀，指甲甲床及大小鱼际中度发绀，趾甲甲床苍白。

2. 尸表损伤情况　左手背见一处注射针孔。

（二）内部检查

1. 头部 全脑重 1385g，大脑表面苍白。余未见显著异常。

2. 胸部 双侧胸腔血性积液：左侧 525ml，右侧 450ml。纵隔内充满血凝块（图 38-11A），2 块较大血凝块大小分别为：26.0cm × 6.0cm × 7.0cm、9.0cm × 6.0cm × 7.0cm，上方出血延伸至颈部肌肉及甲状腺水平，纵隔内结构相互粘连。心脏重 385g，心包腔内见血凝块（图 38-11B），重 12g。左心室壁肌厚 2.0cm，右心室壁肌厚 0.5cm，室间隔厚 1.5cm，肉眼见左、右冠状动脉主干狭窄，镜下见左冠状动脉粥样硬化，管腔狭窄Ⅱ级，右冠状动脉粥样硬

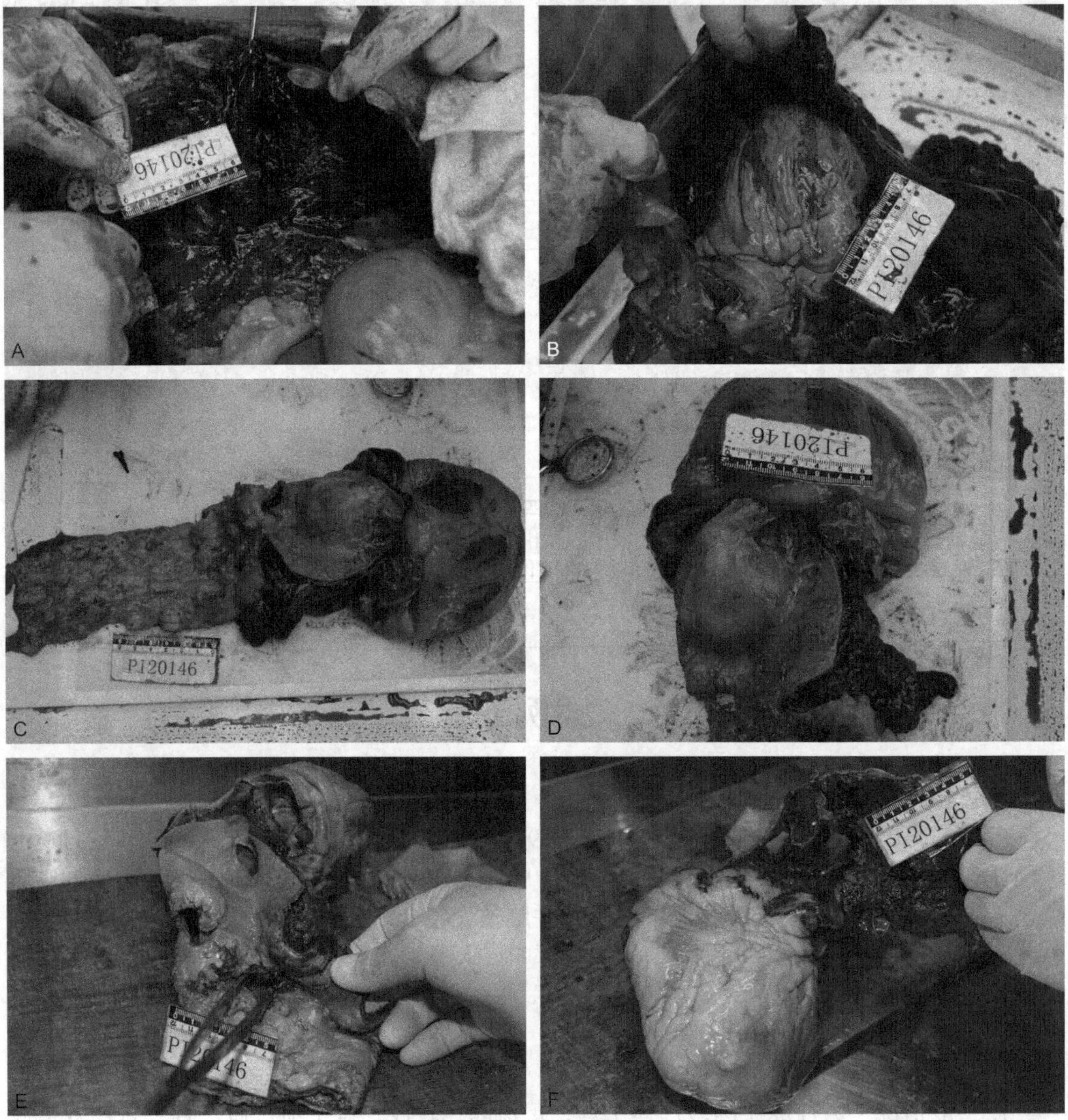

图 38-11 法医病理学案例五（大体图片） [附彩图]

A. 纵隔内见大量血凝块；B. 心包腔内见大量血凝块；C. 主动脉夹层形成，夹层内充满大量血凝块，主动脉内膜大量粥样斑块形成，斑块凹凸不平；D. 主动脉夹层形成，延续至冠状动脉开口下方主动脉根部；E 和 F. 距主动脉瓣 8.5cm 处见一动脉破口贯穿主动脉壁全层

化，管腔狭窄Ⅲ级（图 38-12A）；左心室心肌见多处心肌梗死瘢痕（图 38-12B），右心室心肌中度至重度脂肪浸润，心尖部及室间隔见小条索状心肌梗死瘢痕。主动脉内膜见大量粥样斑块形成，斑块凹凸不平（图 38-11C），主动脉夹层形成，自冠状动脉开口下方主动脉根部（部分区域延伸至心包与主动脉连接处），一直延续至胸主动脉全程；夹层间充满大量血液凝块（图 38-11D），距主动脉瓣 8.5cm 处见一动脉破口，贯穿主动脉壁全层，大小 3.0cm × 2.0cm（图 38-11E 和 F），镜下见主动脉粥样硬化，伴夹层形成，且破裂出血（图 38-12C）。左肺重 655g，右肺重 725g，镜下见慢性肺淤血、肺水肿。

3. 腹部　脾重 275g，被膜皱缩，镜下见脾中央小动脉玻璃样变。左肾重 185g，右肾重 135g，镜下见双侧肾皮质浅层大量玻璃样变之肾小球及多处灶状淋巴细胞浸润，间质血管扩张充血。甲状腺结节性肿，被膜处明显出血（图 38-12D）。胃、肠、肝、胆囊、胰腺等未见明显异常。

【鉴定意见】

王某系因主动脉夹层破裂出血导致急性循环衰竭而死亡。

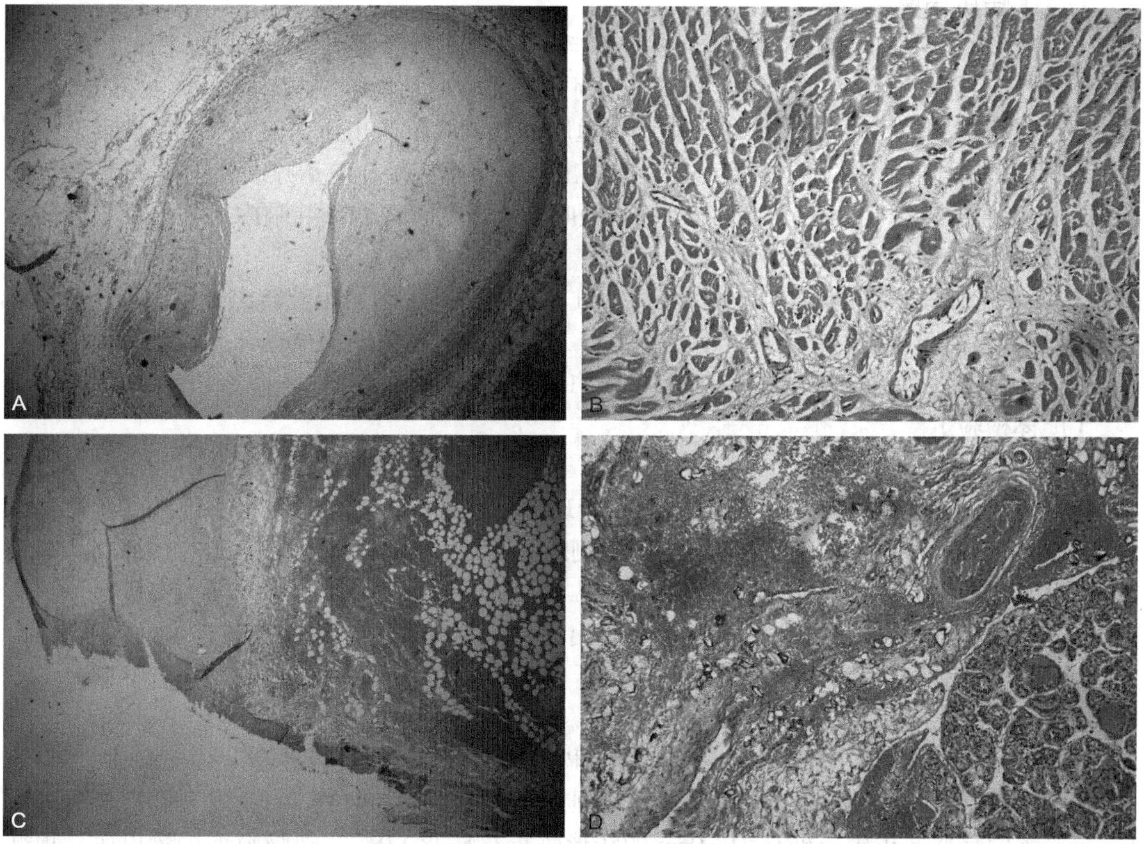

图 38-12　法医病理学案例五（组织学图片）　[附彩图]

A. 右冠状动脉粥样硬化，管腔狭窄Ⅲ级（×40）；B. 左心室心肌梗死瘢痕（×200）；C. 主动脉粥样硬化，伴夹层形成（×40）；D. 甲状腺被膜明显出血（×100）

【思考题】

1. 本案例死者形成主动脉夹层的两大基础疾病是什么？

2. 谈谈本案例死者所患这两种疾病的法医病理学形态特征。

案例六

【案情摘要】

（一）案情简介

20××年5月13日，在某旗某KTV对面，李某驾驶小型轿车在路面上调头过程中，与张某（男，54岁）驾驶的二轮摩托车发生碰撞，造成张某受伤，5月14日至5月24日张某在某医学院附属医院住院治疗，5月25日至6月11日在某旗人民医院住院治疗，后张某于6月19日在家中死亡。

（二）病历摘要

1. 某医学院附属医院住院病历　20××年5月14日，患者张某昨晚骑摩托车与小汽车相撞，伤及头部，当即昏迷，后不能回忆当时情况，呕吐数次，为胃内容物。头部CT示：双侧额叶脑挫裂伤，脑内血肿形成，硬膜下血肿，蛛网膜下腔出血，急诊以“急性重型颅脑损伤”收入院。既往有高血压病史，4年前脑出血在某旗医院住院治疗。5月24日患者自动出院，出院主要诊断：急性颅脑损伤（双侧额叶脑挫裂伤、双侧额叶脑内血肿形成、额部硬脑膜下血肿、外伤性蛛网膜下腔出血）。

2. 某旗人民医院病历　20××年5月25日，由某医学院附属医院转出，以“闭合性颅脑损伤、蛛网膜下腔出血、脑水肿”收治入院。入院后完善相关理化检查，并给予降颅压及对症治疗，无头晕、头痛，病情好转，于6月11日出院，出院诊断同入院诊断。

【尸体检验】

（一）尸表检查

1. 一般情况　男性成年冻缓尸体1具。尸斑呈暗红色，分布于背部、项部未受压处，指压不褪色。尸僵已缓解。角膜中度浑浊，双侧瞳孔等圆、隐约可见、直径均为0.6cm，眼结合膜苍白。指（趾）甲床苍白。

2. 尸表损伤情况　左额部两处圆形皮下出血，头顶部和右小腿前侧各有一处皮下出血，右下腹一处陈旧性手术瘢痕。

（二）内部检查

1. 头部　枕部头皮一处4.0cm×3.0cm皮内出血，右侧颞骨两处外板线形骨折，分别长4.0cm和1.0cm，颅底颅中窝右侧蝶骨大翼两处不规则线形骨折（图38-13A），长度分别为1.0 cm和0.5cm，颅后窝枕部正中一处长为6.0cm的线形骨折（图38-13B）。硬脑膜下少量出血，顶部蛛网膜下腔出血（图38-13C）。全脑重2698g，左、右额叶脑挫伤（图38-13D），范围分别为6.0cm×5.0cm和5.0cm×1.7cm；镜下见大脑额叶脑挫裂伤（图38-14A），脑实质灶状出血（图38-14B）。余未见显著异常。

2. 胸部　心脏重930g，左心室壁肌厚1.8cm，右心室壁肌厚0.5cm，冠状动脉无狭窄，管腔通畅。左肺重1086g，右肺重1412g，双肺淤血、水肿，左、右肺动脉及分支内见暗

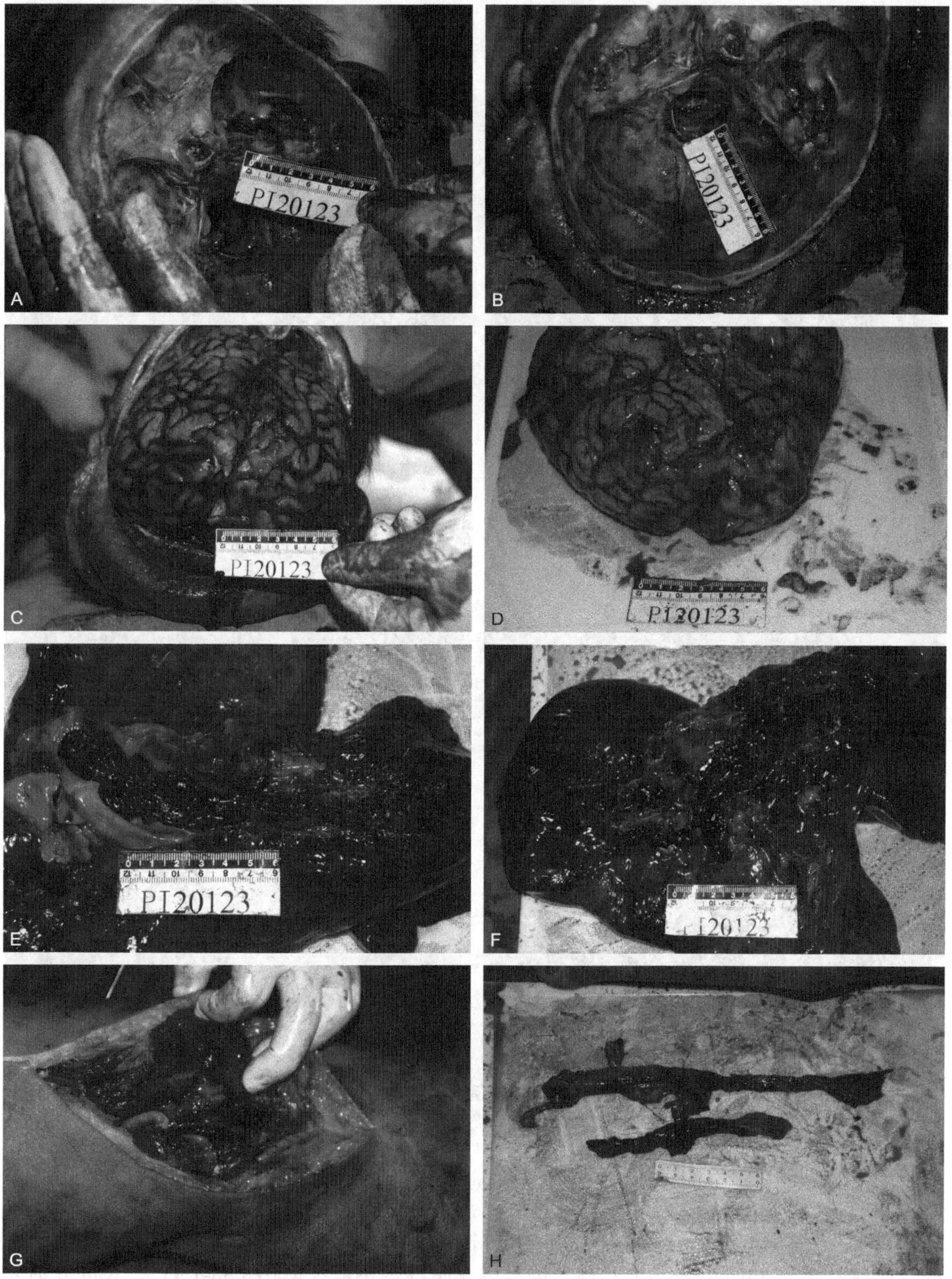

图 38-13 法医病理学案例六（大体图片） [附彩图]

A. 颅中窝右侧蝶骨大翼两处不规则线形骨折；B. 颅后窝一处线形骨折；C. 大脑顶叶蛛网膜下腔出血；D. 大脑额叶脑挫伤；E. 左肺动脉及分支内条索状血栓；F. 右肺动脉及分支内暗红色条索状物；G 和 H. 小腿深静脉内暗红色条索状物

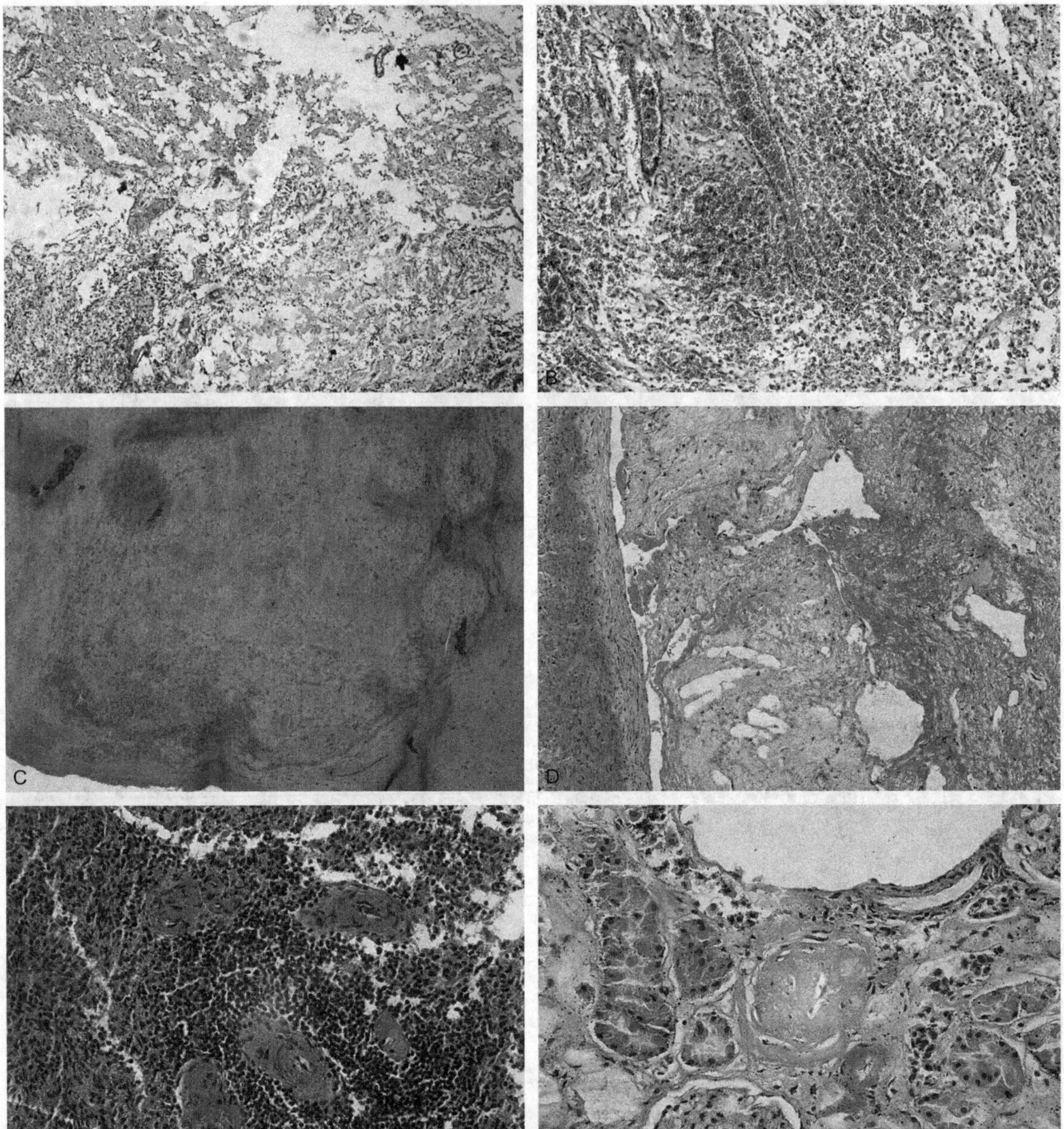

图 38–14 法医病理学案例六组织学图片 [附彩图]

A. 大脑额叶脑挫裂伤（×100）；B. 脑实质灶状出血（×200）；C. 肺动脉及分支内混合血栓（×200）；D. 小腿深静脉内混合血栓，伴机化再通（×200）；E. 脾中央小动脉玻璃样变性，管腔狭窄（×400）；F. 肾小球玻璃样变，肾入球小动脉管壁玻璃样变性（×400）

红色条索状物（图 38-13E 和 F），大小分别为 13.5 cm×1.7cm 和 10.5cm×1.4cm，镜下为混合血栓（图 38-14C）。左、右小腿深静脉内见暗红色条索状物（图 38-13G），长度分别为 18.0cm 和 12.0cm（图 38-13H），镜下为混合血栓，并机化再通（图 38-14D）。余未见显著异常。

3. 腹部 脾淤血，镜下见脾中央小动脉玻璃样变性，管腔狭窄（图 38-14E）。左肾重 348g，右肾重 380g，镜下多见肾小球玻璃样变，肾细小动脉管壁玻璃样变性、增厚（图 38-

14F）。淋巴细胞性甲状腺炎。余未见显著异常。

【思考题】

1. 给出本案例死者的法医病理学诊断，并谈谈你的诊断依据。

2. 本案例的死亡原因考虑为什么？外伤和疾病并存时，如何分析两者在死因中的权重关系？

案例七

【案情摘要】

20××年6月30日11时许，某旗公安局接到该旗人民医院急诊室大夫报案称："医院急诊室内有人死了，联系不上家属，送患者的人也不见了"。后经调查，死者赵某，女，48岁，有长期酗酒史。

【尸体检验】

（一）尸表检查

1. 一般情况　女性成年冷冻尸体1具，呈冻缓状态，营养欠佳。尸斑暗红色，见于颈、项、背未受压处，指压不褪色。角膜中度浑浊，双侧瞳孔隐约可见，直径0.5cm，双侧睑结膜苍白。指、趾甲轻度发绀。

2. 尸表损伤情况　左胸壁皮肤隐约见电除颤印痕。

（二）内部检查

1. 头部　全脑重1230g，脑沟增宽，脑回变窄，轻微脑萎缩。余未见显著异常。

2. 胸部　心脏重256g，各瓣膜及冠状动脉未见异常，左心室壁肌厚0.5cm，右心室壁肌厚0.4cm。右肺与胸膜局部粘连（图38-15A），左肺重480g，右肺重610g，镜下见肺部分区域水肿。余未见显著异常。

3. 腹部　胃内有不成形物质50ml，胃黏膜无出血，胃浆膜面未见异常。肝重2245g，被膜光滑，质地较硬，肝表面呈黄色油腻状（图38-15B），镜下见肝细胞中至重度脂肪变性（图38-16A）。脾重215g，被膜完整，实质可刮出果酱样物。胰腺重80g，被膜及切面出血（图38-15C和D），镜下见胰腺自溶，表面小灶状中性粒细胞浸润（图38-16B），胰腺被膜及实质浅层出血、坏死（图38-16C和D）。左肾重190g，右肾重250g，镜下见肾自溶，可见玻璃样变肾小球，个别肾小管可见蛋白管型。余未见显著异常。

【思考题】

1. 本案例死者患有何种致死性疾病？符合该病的法医病理形态学改变是什么？

2. 本案例死者有长期酗酒史，除了尸体解剖和组织学检查，还应考虑做何检验？取什么检材？

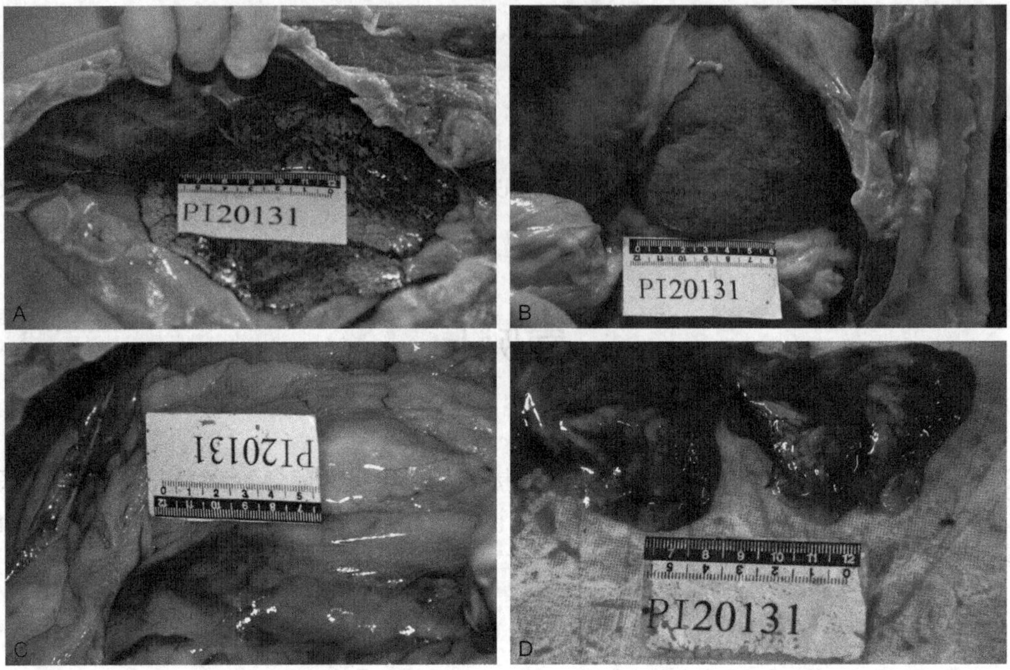

图 38-15 法医病理学案例七（大体图片） [附彩图]

A. 右肺与胸膜局部粘连；B. 肝表面呈黄色油腻状；C. 胰腺表面被膜出血；D. 胰腺切面出血

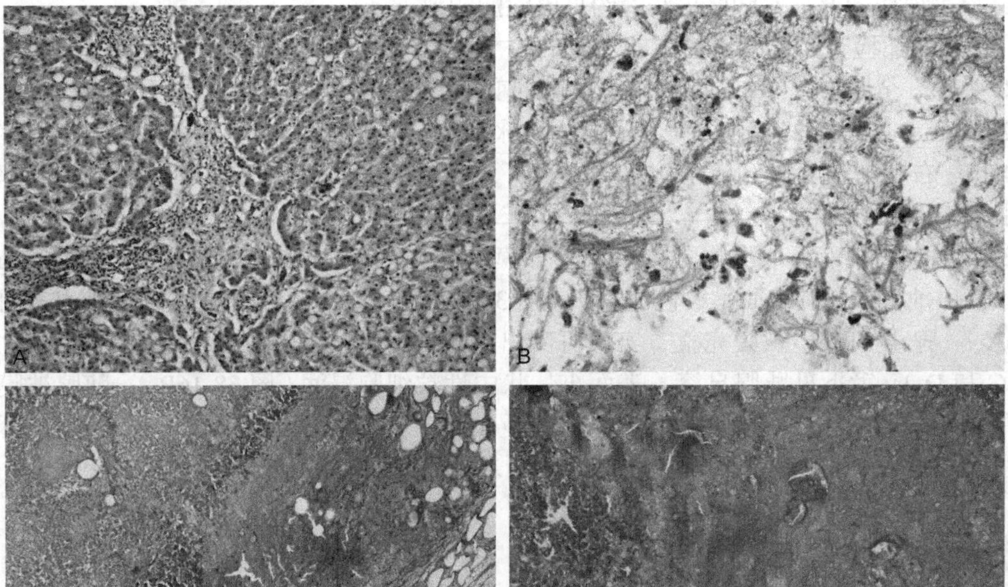

图 38-16 法医病理学案例七（组织学图片） [附彩图]

A. 肝细胞中至重度脂肪变性（×200）；B. 胰腺表面小灶状中性粒细胞浸润（×400）；C. 胰腺被膜及实质浅层出血（×100）；D. 胰腺实质浅层出血、坏死（×200）

案例八

【案情摘要】

（一）案情简介

20××年6月23日，李某（女，22岁）在某医院神经内科住院治疗期间死亡，死者家属与某医院发生医疗纠纷，申请对李某死亡原因进行鉴定。

（二）病历摘要

某医院住院病历记载如下：

李某于20××年6月12日以“发热、意识障碍原因待查”收入我院。患者入院前5d无明显诱因出现发热、头痛，体温最高达40℃，头痛为前额部持续胀痛，伴恶心及呕吐，呕吐物为胃内容物，无咖啡色物，无言语不清及肢体力弱，无抽搐及尿便失禁，症状持续无缓解，于某武警总队医院急诊就诊，行腰椎穿刺检查，压力为350mmHg；脑脊液常规示白细胞200×10^6/L，中性粒细胞31%；脑脊液生化示蛋白1.915g/L，葡萄糖2.0 mmol/L；头颅CT示正常。考虑颅内感染可能，为进一步诊治，转入我院。既往史否认外伤史，否认家族遗传史，否认传染病史，否认糖尿病史和冠心病史，否认高血压病史，青霉素过敏。追问病史，患者发病中有精神行为异常。入院查体：患者处于意识模糊状态，言语较流利，计算力、记忆力、定向力不合作，双侧瞳孔等大等圆，直径0.3cm，对光反射灵敏，复视（－），眼震（－），双侧面纹对称，伸舌居中，余脑神经查体不合作。四肢肌力5级，四肢肌张力正常，双侧腱反射＋＋，双下肢病理征阴性，感觉及共济运动不合作，颈抵抗3指，Kerning征（＋）。入院诊断为“考虑颅内感染”，给予脱水降颅压、改善微循环；抗炎、抗病毒；营养神经、对症支持治疗，密切监测生命体征。

诊疗经过：入院后检查心电图正常，X线胸片正常。入院后复查血常规正常，尿常规示红细胞261.18/μl ↑，隐血＋＋＋，考虑与入院前导尿有关。红细胞沉降率21.0mm/h ↑，考虑与感染有关。凝血全项正常。血生化示钾3.13mmol/L ↓，给予补钾。传染四项（乙型肝炎病毒表面抗原、丙型肝炎病毒抗体、人类免疫缺陷病毒抗体、梅毒螺旋体抗体）正常。于20××年6月17日复查腰椎穿刺，压力240mmHg，脑脊液常规示：外观，无色透明；潜血，阴性。红细胞计数5.3×10^{12}/L，白细胞计数14×10^9/L。淋巴细胞分类：65%；单核细胞分类：35%；偶见含铁血黄素吞噬细胞。6月18日免疫检验报告：CSF-IgA 14.10 mg/L ↑，CSF-IgG 72.10 mg/L ↑，CSF-IgM 2.53mg/L ↑。脑脊液生化示：脑脊液蛋白0.69g/L ↑，乳酸2.40 mmol/L ↑，乳酸脱氢酶52.80 IU/L ↑，氯114.29 mmol/L ↓。与前化验比较，明显好转；患者病情明显改善；意识清，头痛减轻，精神状态好，食欲增加。仍间断发热，多次检查血培养，待回报。上级医师查房指示进行结核、病毒相关性检查，并指示检查肺炎衣原体、支原体、各类病毒抗体、布氏杆菌凝集试验、血常规、血沉、D-二聚体，并检查腹部超声回报正常等。尿常规回报示正常；血常规示白细胞3.22×10^9/L ↓，淋巴细胞绝对值0.77×10^9/L ↓，D-二聚体3.00 μg/ml ↑。头颅核磁示：①脑实质MRI平扫及脑部MRA未见明显异常；②脑静脉右侧优势MRV表现，右侧横窦、乙状窦局限性血流信号减弱。6月22日送疾控中心化验布氏杆菌，化验结果回报正常。继续脱水降颅压、抗炎、抗病毒、营养神经对症治疗。患者近日间断发热，体温最高达40℃，给予冰毯、冰帽物理降温，再次复查血培养待回报。为进一步明确病因，6 月 22 日查房指示检查免疫指标、肿瘤标志物等，并复查血生化、血常规、尿常规、X 线胸片等。于 6 月 21 日发现患者前胸及后背片状皮疹，故请皮肤科和感染科会诊，皮肤科考虑过敏可能，并给予抗过敏对症治疗，22 日早前胸及后背片状皮疹明显消退，颈部有少量皮疹，继续给予抗过敏对症治疗，感染科同意目前诊断及治疗。22 日化验血生化回报示：肝功能异常，已请消化科会诊。患者于 6 月 23 日 13 时感胸憋气短，患者神志清，言语流利，T 37.5℃，P 140 次 / 分，R 40 次 / 分，SPO_2 75%～92%，BP 140/65mmHg；心律齐，听诊双肺呼吸音粗，无明显干、湿啰音。给予平喘对症治疗，心率降至每分钟 120 次，自诉胸闷气短略改善。患者于 14 时诉下腹痛、排便感，腹部触诊腹软，无明显压痛，测血钾正常，给予开塞露后少量排便并有排气，感腹痛改善。诉双下肢麻木感，肢体活动尚可，背部可见少量青紫斑，给予辅助按摩及翻身。完善血常规、凝血及血气分析。患者于 15 时 20 分突发呼吸停止，血氧饱和度下降，心率迅速下降，血压 100/65mmHg，急予胸外心脏按压，急请麻醉科给予气管插管、呼吸机辅助呼吸，15 时 22 分心搏停止，给予心“三联”（利多卡因、阿托品、肾上腺素）2 次静脉推注，并给予 300J 电除颤 2 次，无自主呼吸和心搏，多次间断给予心“三联”静脉推注及电除颤，给予 5% 碳酸氢纳 20ml 2 次静脉推注，持续给予胸外心脏按压，患者呼吸、心跳未恢复，于 16 时 34 分心电图呈一条线，血压测不到，双侧瞳孔固定散大，宣告临床死亡。

【尸体检验】

（一）尸表检查

1. 一般情况　冷冻缓解成年女性尸体 1 具，体型肥胖。尸斑呈暗红色，分布于项部、背部、腰部未受压处，指压不褪色。尸僵已缓解。面部肿胀。角膜重度浑浊，双侧瞳孔不能透视，巩膜无黄染，眼结合膜苍白，口唇青紫。翻动身体时，口、鼻、耳可见淡红色液体流出。左手大小鱼际、指甲发绀，趾甲苍白。

2. 尸表损伤情况　①右颈前见 2 处长度分别为 1.5cm 和 0.5cm 的裂创；②左、右胸前见 2 处矩形抢救电击斑痕；③右肘窝见 4 处针孔，周围青紫，左肘窝 1 处青紫；④右腹股沟见 1 处针孔；⑤背部腰正中线见 1 处 0.6cm×0.5cm 的针孔；⑥左腰背部可见 7 处针孔，周围青紫。

（二）内部检查

1. 头部　硬膜外、下及蛛网膜下腔未见出血，全脑重 1365g，双侧大脑顶叶矢状裂旁蛛网膜下腔见灰白色附着物（图 38-17A），大脑脑回稍增宽，脑沟稍变窄，大脑、小脑及脑干未见脑实质出血及其他异常，脑室正常，未见脑疝形成（图 38-17B）；镜下见脑水肿（图 38-18A），大脑顶叶蛛网膜下腔见局灶性纤维素及炎细胞渗出（图 38-18B），炎细胞主要为单核细胞、淋巴细胞和中性粒细胞（图 38-18C），左额顶交界处皮质浅层可见小灶状出血，硬脑膜局灶出血（小区）。

2. 颈部　颈部浅深肌群未见出血。咽喉黏膜呈淡红色，喉头黏膜无异常。左咽部近声门裂上方见 1 个带蒂类圆形、息肉状赘生物（图 38-17C），不含蒂部分大小 0.6cm×0.5cm×0.3cm，蒂长约 0.6 cm；镜下见此赘生物呈息肉状增生，黏膜下可见软骨、涎腺、脂肪、骨骼肌组织等，结构排列紊乱，符合良性错构瘤（图 38-18D），喉头肥大细胞脱颗粒特殊染色（硫堇法）未见肥大细胞脱颗粒现象（图 38-18E）。

3. 胸部　胸腔积液，左侧 165ml，呈淡红色；右侧 210ml，呈淡红色浑浊外观。胸腺已萎缩。心包无破裂，心包腔见淡黄色积液 118 ml。心脏重 330g，心脏表面见散在出血点（图 38-17D），左、右心室无扩大，各瓣膜均无异常。左心室壁肌厚 1.3cm，右心室壁肌厚 0.4cm，

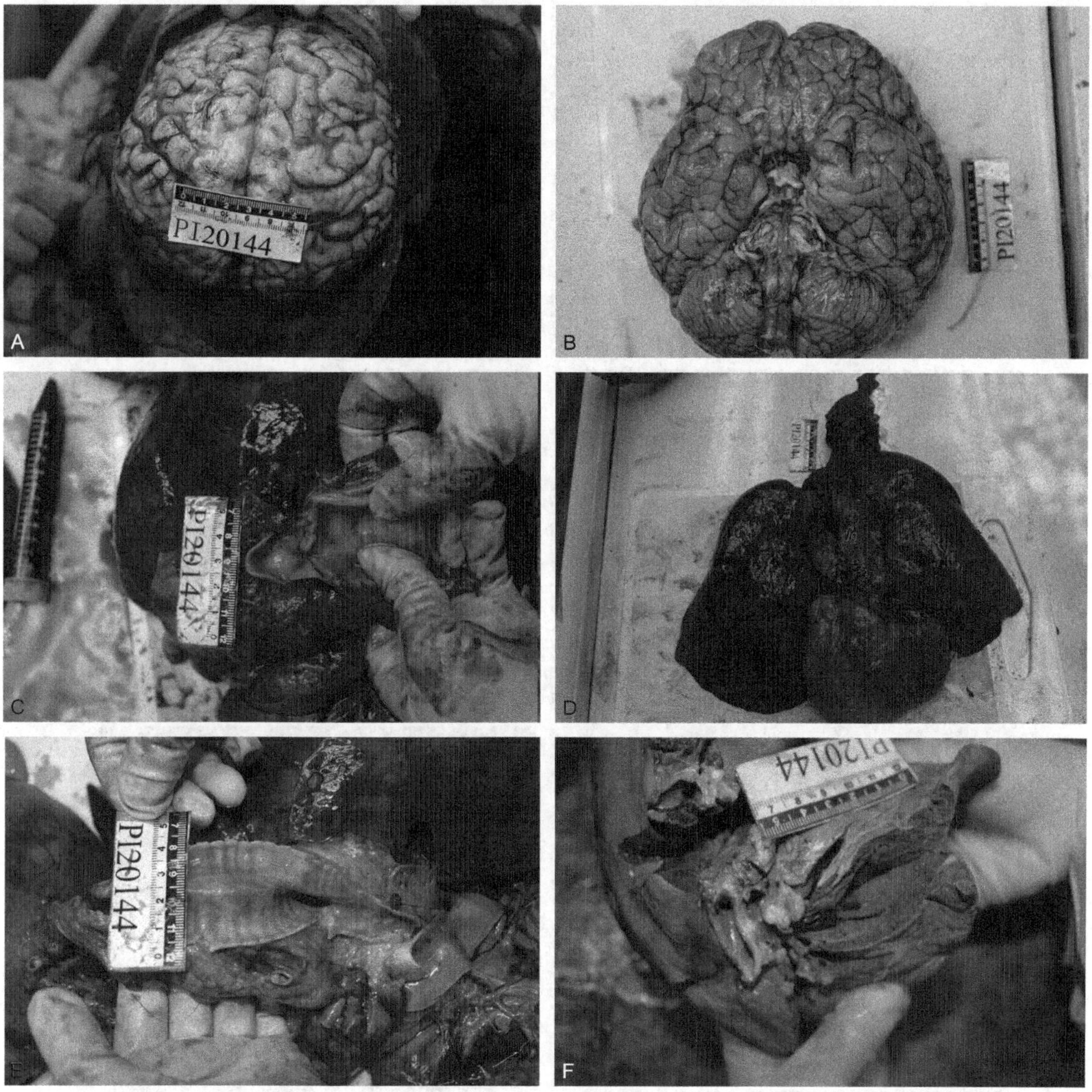

图 38–17　法医病理学案例八（大体图片）　[附彩图]

A. 双侧大脑顶叶矢状裂旁蛛网膜下腔灰白色附着物；B. 未见脑疝形成；C. 左咽部近声门裂上方 1 个带蒂类圆形、息肉状赘生物；D. 肺表面出血点较多，心脏表面见少量出血点；E. 近肺门气管内见较多泡沫状液体；F. 右肺下叶近肺门处肺动脉分支内暗红色固形物

右心室壁脂肪层厚 0.4cm，镜下见右心室心肌中度脂肪浸润，室间隔厚 1.8cm。三尖瓣周径 10.5cm，肺动脉瓣周径 6.0cm，二尖瓣周径 9.5cm，主动脉瓣周径 6.0cm。左冠状动脉前降支、回旋支及右冠状动脉管腔通畅、未见狭窄。双肺表面暗红，表面见大量出血点（图 38-17D），肺膜光滑，与胸壁无粘连，近肺门气管内见较多白色泡沫状液体（图 38-17E），左肺重 1130g，右肺重 1340g，切开并轻挤压肺，切面有泡沫状液体流出，镜下见肺水肿（图 38-18F）、慢性肺淤血（图 38-18G），右肺下叶近肺门处肺动脉分支内，见 1 个 2.5cm × 0.5cm 暗红色固形物（图 38-17F），镜下为大量聚集的红细胞（图 38-18H），系死后形成的血凝块。

4. 腹部　腹部大网膜位置正常，腹腔有 15ml 积液。肝重 1250g，被膜完整，硬度正

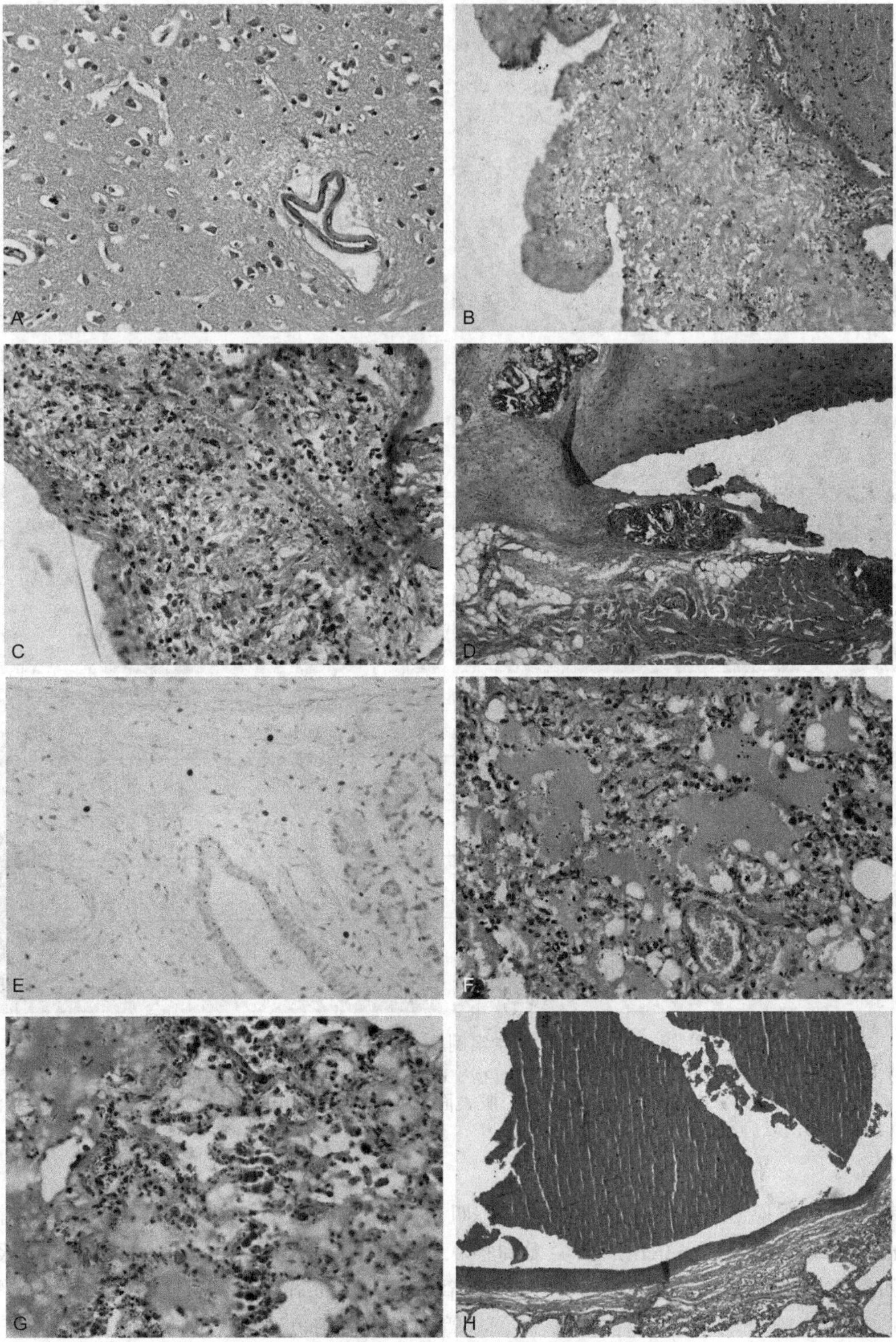

图 38-18 法医病理学案例八（组织学图片）［附彩图］

A. 脑水肿（×400）；B. 大脑顶叶蛛网膜下腔局灶性纤维素及炎细胞渗出（×200）；C. 蛛网膜下腔渗出炎细胞主要为单核细胞、淋巴细胞和中性粒细胞（×400）；D. 咽部赘生物为良性错构瘤（×100）；E. 喉头肥大细胞未见脱颗粒现象（×400）；F. 肺水肿（×400）；G. 慢性肺淤血（×400）；H. 右肺下叶近肺门处肺动脉分支内凝血块（×100）

常，切面无结节。胆囊有少许胆汁，胆道外观无异常。胆管、肝总管与十二指肠通畅。脾重165g，包膜完整无皱缩，实质无液化，切面淤血。胰腺重125g，切面无出血，无脂肪坏死。胃内有不成形水样物质45ml，胃浆膜面光滑。十二指肠、空肠、回肠、结肠、阑尾均无异常。肾位置正常，左肾重180g，右肾重165g，肾包膜光滑易剥离，切面皮、髓质分界清楚，肾盂和肾盏正常。肾上腺无异常。左、右输尿管通畅，膀胱内有30ml尿液。

子宫及双侧附件重110g，子宫腔无扩大，右侧卵巢见1个4.0cm×3.5cm的囊肿，输卵管正常；镜下见子宫内膜呈增生期改变，宫颈潴留囊肿，一侧卵巢滤泡囊肿。

（三）法医病理学诊断

1. 脑膜炎（大脑双侧顶叶蛛网膜下腔纤维素和炎细胞渗出）、脑水肿。
2. 硬脑膜局灶出血。
3. 咽部错构瘤。
4. 慢性肺淤血、肺水肿。
5. 双侧胸腔积液（左侧165ml，右侧210ml）。
6. 心包腔积液（118 ml）。
7. 宫颈潴留囊肿。
8. 卵巢滤泡囊肿。
9. 脑、心、肺、肾、脾等多脏器淤血。

【思考题】

结合本案例死者的临床病历资料和尸体检验结果，尸体检验支持临床颅内感染的诊断吗？分别从以下几个角度分析可能的死亡原因：突发脑疝、颅内感染波及脑干生命中枢、肺动脉栓塞、感染性休克、药物过敏性休克及咽部错构瘤引起机械性窒息。

案例九

【案情摘要】

（一）案情简介

20××年5月23日，陈某（女，55岁）在某医院消化内科住院治疗期间死亡，死者家属与某医院发生医疗纠纷，申请对陈某死亡原因进行鉴定。

（二）病历摘要

某医院住院病历记载如下：

20××年5月12日陈某以“腹部不适2年余，加重1个月”收入院。现病史：患者于2年前无明显诱因出现腹部不适，表现为剑突下痉挛痛，伴胸部憋胀、呃逆，曾就诊于某医科大学附属医院，查胃镜示疣状胃炎。并在某市医院住院治疗，给予抑酸、对症治疗，上述症状好转出院。1个月前患者自觉上述症状再次加重，严重时可诱发头晕、头闷，为进一步诊治收住入院。

入院体格检查：T 36℃，P 80次/分，R 20次/分，BP 130/80 mmHg。腹部平坦，无腹式呼吸，无腹部反跳痛，未触及肝、脾，无腹部包块，无移动性浊音，无肝区叩痛，无肾区叩击痛，肠鸣音正常。双下肢无水肿。20××年5月18日肠镜所见：①结肠息肉钳净术；

②降结肠 - 乙状结肠 - 直肠炎。病理检查示（横结肠脾曲处）慢性黏膜炎，局灶腺体腺瘤样增生伴轻度异型。胃镜检查示：①贲门 - 胃底炎；②萎缩性胃炎伴糜烂；③ Hp 阳性。病理检查示（胃窦）慢性浅表萎缩性胃炎，局灶腺体轻度增生，活动期，伴淋巴滤泡形成。行“结肠息肉钳净术”，抑酸、保护消化道黏膜、改善供血、对症治疗。心脏彩超示左心房轻度增大；左心室舒张功能减低；三尖瓣反流。入院查心电图示窦性心律、正常心电图。术后第 5 天（20××年 5 月 23 日），突发胸骨后间断疼痛，无腹痛及出血。急查心电图示：窦性心动过缓，顺钟向转位，下壁 T 波改变。山莨菪碱（654-2）注射液 10mg 肌内注射，急查生化检验报告肌钙蛋白 I 0.011 μg/L。生化检验报告天冬氨酸转氨酶 23.20 U/L，乳酸脱氢酶 166.40 U/L，肌酸激酶 62.34 U/L，肌酸激酶同工酶 7.28 U/L。心电监护提示血压 200/120 mmHg，给予口服降压药后血压降至 160/100 mmHg，11：30 急请心内科会诊，心内科同意目前处理，并建议 6h 复查心电图、心肌酶谱，病情平稳后可行 X 线胸片及冠状动脉 CT 明确诊断。硝酸甘油舌下含服，患者疼痛缓解。16：02 患者饮水呛咳，突然呼之不应，口唇发绀。呼吸停止，心率 80 次 / 分，此后心电监护显示心率迅速变缓，并演变为直线。立即持续行胸外按压，给予呼吸循环兴奋剂等对症治疗，同时急请麻醉科会诊，行气管插管，皮球辅助呼吸，调用有创呼吸机辅助呼吸。急查临床检验，报告 D- 二聚体 31.43 μg/ml（0 ~ 1 μg/ml）↑。生化检验报告天冬氨酸转氨酶 34.70 U/L，乳酸脱氢酶 204.50 U/L，肌酸激酶 141.15 U/L，肌酸激酶同工酶 23.12 U/L。生化检验报告肌钙蛋白 10.23 μg/l ↑。二线医师组织积极抢救，ICU 科、心内科会诊，给予电除颤 3 次，期间患者仍无自主呼吸及心搏，抢救 1h 后，再次请心内科医师会诊，一致认为患者无复苏可能、无再次除颤指征，家属不放弃抢救，继续胸外按压、呼吸机辅助呼吸，呼吸循环兴奋剂升压抢救。持续抢救 133min，宣告临床死亡。

临床死亡诊断：猝死原因待查：心源性猝死可能性大，窒息不除外，主动脉夹层不除外；高血压；结肠息肉钳净术；降结肠 - 乙状结肠 - 直肠炎；贲门 - 胃底炎；萎缩性胃炎伴糜烂。

【尸体检验】

（一）尸表检查

1. 一般情况　冷冻缓解成年女性尸体 1 具。尸斑呈暗红色，分布于项部、背部、腰部、双下肢屈侧面未受压处，指压不褪色。尸僵已缓解。角膜重度浑浊，双侧瞳孔不能透视，巩膜无黄染，眼结合膜苍白。口唇黏膜轻度发绀，双手大、小鱼际、指（趾）甲床轻度发绀。

2. 尸表损伤情况　右颈部、双侧肘窝、右手背、双侧足背等处见医源性针孔。右腹部见斜行愈合瘢痕 1 处，长 8.5cm。

（二）内部检查

1. 头部　头皮、颅骨、脑膜、全脑未见明显异常，全脑重 1250g。

2. 颈部　右侧颈部软组织出血，出血范围约 9.5cm × 8.0cm（图 38-19A）。右侧甲状腺出血（图 38-19B），镜下见右侧甲状腺有出血，左侧结节性甲状腺肿。气管内无异物。

3. 胸部　左侧第 3 ~ 6 肋骨骨折，第 9、10 肋间肌出血（图 38-19C），右侧第 2、4、5 肋骨骨折。横膈高度：左侧在第 4、5 肋间，右侧在第 3、4 肋间。胸腔见血性积液，左侧约

75ml，右侧约 105ml。胸腺已萎缩。心包无破裂，心脏外观无异常，心脏重 445g，左、右心室无扩大。各瓣膜均未见异常。左心室壁肌厚 1.5cm，右心室壁肌厚 0.4cm，室间隔肌厚 1.9cm。三尖瓣周径 10.0cm，肺动脉瓣周径 6.0cm，二尖瓣周径 7.0cm，主动脉瓣周径 5.5cm。左冠状动脉前降支肉眼见动脉粥样硬化，管腔明显狭窄（图 38-19D），左旋支及右冠状动脉未见明显粥样硬化。镜下见左冠状动脉前降支粥样硬化，伴钙化，管腔狭窄Ⅳ级（图 38-20A）；部分心肌纤维断裂，嗜酸性增强，局部心肌纤维波浪样改变；右心室重度脂肪浸润，心室肌可见小灶状陈旧性梗死，并见中性粒细胞从血管壁游出（图 38-20B）；一侧室间隔内膜下见小条索状陈旧心肌梗死灶（图 38-20C），并见心肌间质灶状中性粒细胞浸润（图 38-20D）。主动脉根部见粥样斑块，胸主动脉长 17.5cm，全程见动脉夹层形成，夹层内见血凝块（图 38-19E），未检见主动脉外膜破口。镜下见胸主动脉粥样硬化，伴钙化，并见主动脉夹层形成（图 38-20E）。双肺表面暗红色，肺膜光滑，与胸壁无粘连。左肺重 590g，右肺重 820g，肺切面淤血。镜下见慢性肺淤血、肺出血（图 38-20F）。

4. 腹部　大网膜位置正常，腹腔有约 60ml 血性积液。肝重 1575g，被膜完整，硬度正常，肝表面呈细颗粒状，切面无结节，镜下见肝细胞脂肪变性。未见胆囊。脾重 125g，包膜完整无皱缩，实质无液化，镜下见脾中央小动脉玻璃样变性。胰腺重 80g，切面无出血，无脂肪坏死。胃内有红色粥糜样物质 30ml，胃黏膜见散在多处出血点、出血斑，胃浆膜面光滑。横结肠近脾曲处见 3 处出血斑。肾位置正常，左肾重 120g，右肾重 160g，镜下可见玻璃样变之肾小球。肾上腺未见异常。左、右输尿管通畅，膀胱空虚。腹主动脉内膜见散在多处黄色粥样硬化斑块，未见动脉夹层形成。

子宫及双侧附件重 165g，子宫底一侧子宫浆膜下见肌瘤 1 个，圆形，直径 2.0cm（图 38-19F），输卵管未见异常。

（三）法医病理学诊断

1. 左冠状动脉粥样硬化，管腔狭窄Ⅳ级。
2. 冠状动脉粥样硬化性心脏病，陈旧性心肌梗死伴心肌缺血。
3. 主动脉夹层形成。
4. 慢性肺淤血、肺出血。
5. 肝细胞脂肪变性。
6. 右侧甲状腺出血，左侧结节性甲状腺肿。
7. 子宫浆膜下平滑肌瘤。
8. 右颈部、右甲状腺出血，双侧多发肋骨骨折，肋间肌出血。

【思考题】

结合临床病历，本案例死者右颈部及右甲状腺出血、双侧多发肋骨骨折、肋间肌出血、肺出血应为抢救过程中形成，可排除机械性损伤致死，在其所患几种疾病中，哪种（些）疾病是致死的主要原因？试分析其猝死原因。

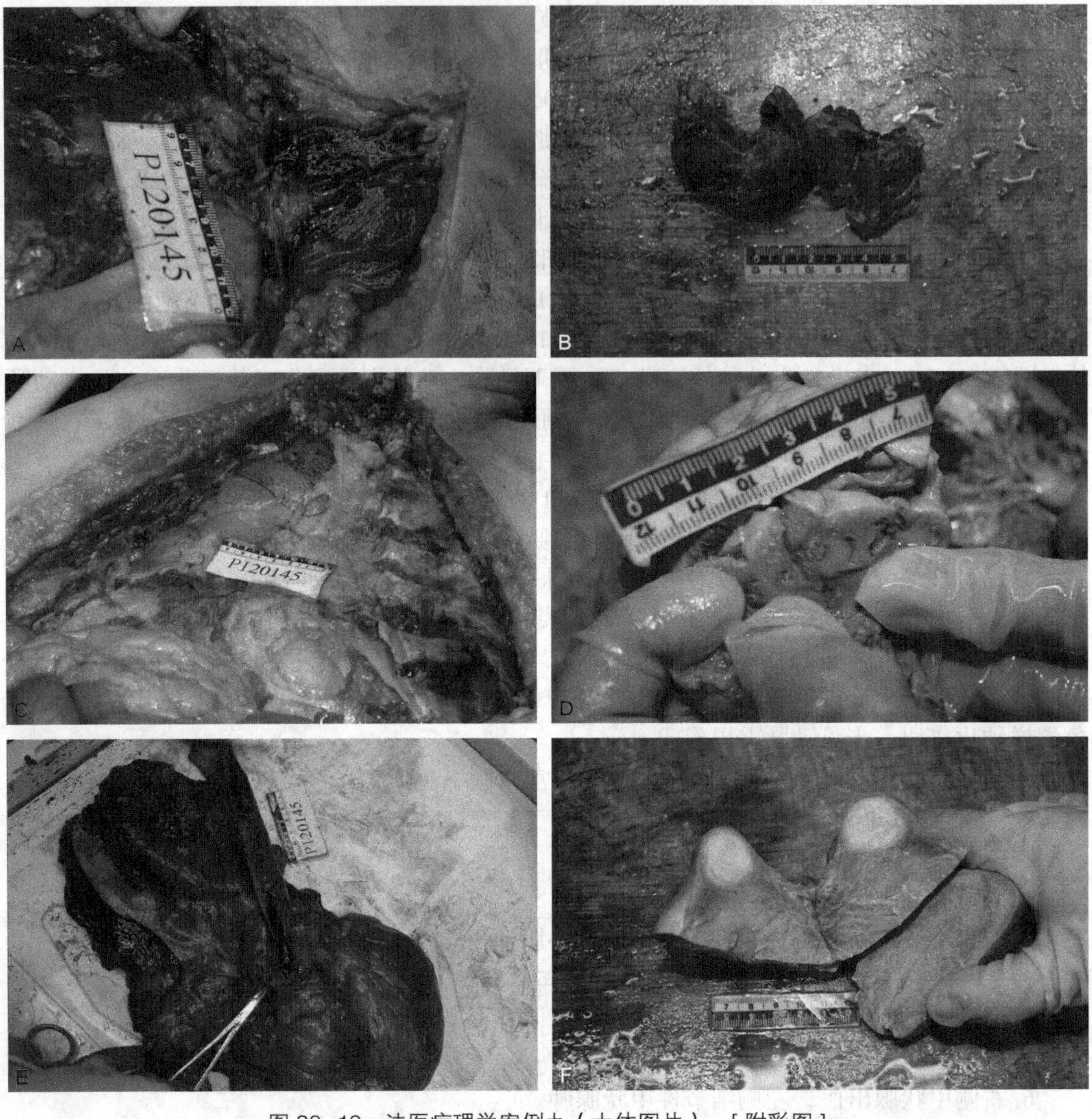

图 38-19 法医病理学案例九（大体图片） [附彩图]

A. 右侧颈部软组织出血；B. 右侧甲状腺出血；C. 左侧第 3 ~ 6 肋骨骨折，第 9、10 肋间肌出血；D. 左冠状动脉前降支动脉粥样硬化，管腔明显狭窄；E. 胸主动脉夹层形成；F. 子宫底一侧子宫浆膜下肌瘤 1 个

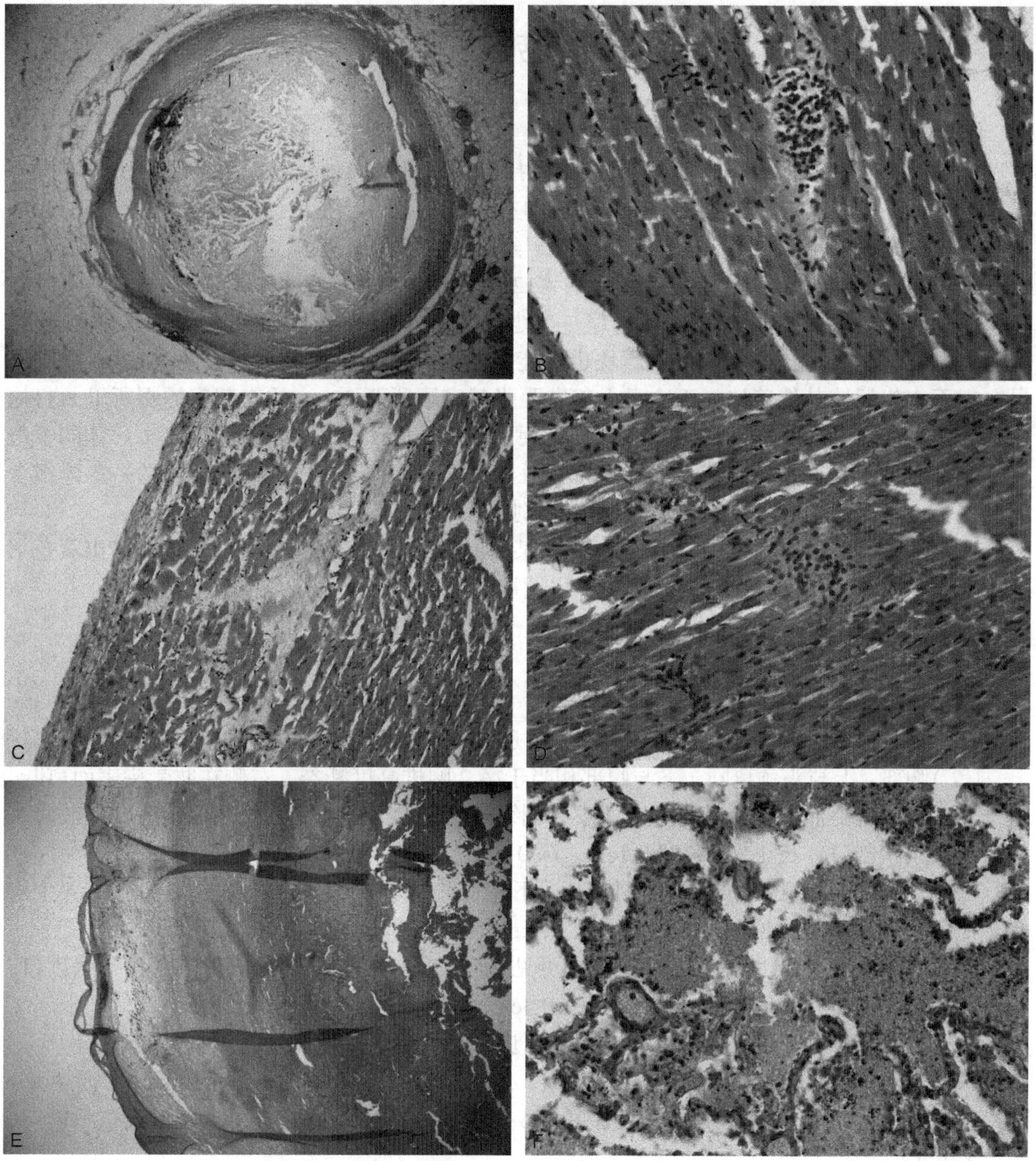

图 38-20　法医病理学案例九（组织学图片）　[附彩图]

A. 左冠状动脉前降支粥样硬化，伴钙化，管腔狭窄Ⅳ级（×40）；B. 右心室心肌小灶状陈旧性梗死，并见中性粒细胞从血管壁游出（×400）；C. 室间隔内膜下小条索状陈旧性心肌梗死灶（×100）；D. 室间隔心肌灶状中性粒细胞浸润（×400）；E. 胸主动脉粥样硬化，并见主动脉夹层形成（×40）；F. 慢性肺淤血、肺出血（×400）

案例十

【案情摘要】

20××年3月6日下午3时许，某派出所接电话报称：当地一村民张某家厕所粪池内打捞出1颗人头和左上肢、右上臂、右前臂连同右手、左下腿、左足。据初步观察，打捞起来的系一女孩人头，年龄约十二三岁。以上碎尸经初步判断均属1人。

经辨认，死者是正在寻找的学生卢某，12岁，在市某小学五年级读书，家住某工厂附近小区，当年3月27日午饭后突然失踪。当地人口居住稠密，凶手很可能受周围环境限制，将尸块抛在这里。尸体的剩余其他尸块也可能抛在这一带。公安机关一方面查找第一现场，另一方面查找尸体其他碎块。于次日上午在距张某家厕所西300m的李某家的厕所里，打捞出尸体的右大腿、右小腿、右足。下午又在距张某家400m的另一厕所内打捞出尸体的下腹部连臀部、左大腿和用塑料袋包装的全部内脏。第3日在张某家厕所南350m的一集体宿舍厕所里打捞出尸体胸部。至此，尸体碎块全部找齐，共计12块及全部内脏1包。

打捞尸体的过程中，第1天下午，在张某厕所东300m的村民代某厕所里打捞出黄色书包1个，内装有死者1双白色网鞋和1双尼龙袜。

【尸体检验】

（一）尸体碎块检验

1. 尸体共肢解成12块

（1）头颅：甲状软骨下缘及颈部离断，皮肤创缘可见5个皮瓣，颈椎断面整齐。

（2）胸部：上与头颈离断，下与腹部相当于第2腰椎高度断裂，右侧在肱骨头表面离断，躯干沿正中线自上而下离断，每个断面皮肤创缘可见五六个皮瓣，骨质断面整齐，左肱骨头上可见一条状创口，长1.5cm，宽0.1cm，深0.5cm。

（3）右上臂：上端与肱骨头内侧离断，下端从肘关节离断，各断面皮肤可见3～4个皮瓣，断面整齐，肱骨可见一条状创口，长1.5cm，深1.0cm，宽0.1cm。

（4）右前臂：上自肘关节离断，创缘可见2个皮瓣，尺骨鹰嘴表面可见3条条状创口，桡骨小头可见一瓣状创口，大小为1.0cm×0.4cm。

（5）左上肢：上自肱骨头离断，创缘5个皮瓣，肱骨已断成5块，断端整齐。

（6）下腹部及臀部：上自第2腰椎离断，左下自股骨颈离断，右下自股骨颈下方4.0cm离断，断面创缘可见数个皮瓣，左股骨可见6个创口，在关节面后方可见4道浅条状创口，宽度0.1cm。

（7）右大腿：上自股骨颈下方4.0cm离断，下自膝关节离断，创缘可见数个皮瓣，在关节面后方可见4道浅条状创口，宽度0.1cm。

（8）右小腿：上自膝关节离断，下自踝关节上方3.0cm处离断，各断面整齐，创缘均可见皮瓣形成。

（9）右足：上自踝关节上方3.0cm处离断，创缘比较粗糙，断面突出。

（10）左大腿：上自股骨颈处离断，下自膝关节处离断，骨质断面不整齐，创缘可见3个皮瓣，关节面上有表浅的3个创口。

（11）左小腿：上自膝关节离断、下自踝关节离断。创缘可见皮瓣，皮肤骨质断端整齐。

（12）左足：上自踝关节离断，断面比较粗糙、突出，左踝关节面外侧有类似楔形砍创。

（13）胸腹部及内脏：共肢解为两部分，心脏一部分，胃、肝、肾、脾、胰腺及大小肠各一部分。

上述所有断面，除颈椎骨有轻度色素沉着外，其余皮下、肌肉、骨质均未见出血。

2. 尸体烧伤　头部、面部、颈部、两上肢和两肩均见不同程度烧伤。头部烧伤以左侧为重，左、右颈部和顶枕部头皮烧掉，头皮轻度炭化，头皮下未见血肿。颅内左侧硬膜外可见15.0cm×7.0cm血肿，呈淡红色，质脆，与硬脑膜容易分离，相应部位脑组织发硬，有些部位呈炭化，左手掌面皮肤已重度炭化，所有烧伤皮肤皮下未见出血，除烧伤严重部位的汗毛消失外，其余部位汗毛尚保存。尸体两断端皮肤烧伤程度、痕迹相对一致。

3. 身体其他情况

（1）头面部：皮肤未见血肿、颅骨未见骨折，睑球结膜充血，未见出血点，瞳孔模糊不清，口唇黏膜青紫，两外耳道及鼻腔未见显著异常，口唇黏膜及牙龈未见出血，中切牙及侧切牙可见玫瑰红色，舌尖出血，会咽部出血。

（2）颈部：离断的上下可见散在点、片、条状表皮剥脱，皮下未见出血，皮下、肌肉未发现出血，舌骨左侧大角向内弯曲，相应部位周围组织出血。

（3）胸腹部：右胸部可见散在的点、片状表皮剥脱，皮下未见出血，气管内未见炭末成分，两肺呈深灰色，切面呈暗红色，压迫可见少量泡沫液体，肺膜下未见出血点。心脏大小正常，未见出血点，肝表面呈紫红色，切面淡红色，脾和胰腺未见特异性改变。胃前壁见一20.0cm长的破口，无胃内容物。十二指肠内可见少量未消化食物及菜叶，空肠和回肠内有上述相同内容物。余未见显著异常。

（4）背部及四肢：两肩胛骨可见5处表皮剥脱，皮瓣口向上，两手指甲轻度发绀，两手掌及足掌苍白、皱缩状态。

（5）生殖器：处女膜6点处破裂至基底部，裂缘锐薄，子宫未见出血。

（二）病理组织学检查及毒物检验

1. 组织切片所见　肺淤血、水肿、轻度出血；心肌轻度淤血；肝呈慢性肝炎改变；肾淤血；镜检处女膜破裂处未见纤维组织增生，基底部出血；烧伤组织未见显著病理变化；其他组织未见明显病理变化。

2. 毒物检验　取胃内容物检验，未检出有机磷、砷、汞、氰化物、巴比妥、氯丙嗪等毒物。

（三）法医物证检验

1. 精斑检验　死者阴道分泌物中的精子与嫌疑人精斑来源于同一个体。

2. 异物检验　在死者头部发现0.5cm×0.5cm的碳化物，镜检系棉织纤维，根据经纬线结构，与死者生前衣着布料一致。

【关键提示】

此案综合了机械性损伤（处女膜破裂）、机械性窒息（颈部舌骨大角骨折、颈部皮肤损伤）、死后焚尸及锐器或钝器伤的各种特征，并且损伤具有明显的先后顺序，可以通过损伤特征推断犯罪嫌疑人的特征。

【思考题】

1. 尸体上面存在哪几类主要损伤?

2. 哪些是生前伤? 哪些是死后伤? 硬膜外血肿是如何形成的? 说明理由。

3. 试推断碎尸工具，并分析犯罪嫌疑人是否具有职业特征。

4. 死者处女膜破裂是新鲜还是陈旧? 是否为强奸所致?

5. 试分析强奸、碎尸、烧伤及机械性窒息发生的先后顺序。

6. 给出死者的死亡原因和鉴定意见，并说明理由。

（陈丽琴　刘长海）

第三十九章　法医物证学案例分析

法医物证鉴定主要用于个人识别与亲子鉴定，生物检材涉及各种体液、分泌物、排泄物等。个人识别以同一认定理论为指导原则，通过对物证检材的遗传标记做出科学鉴定，依据个体特征从而判断前、后2次或多次出现的物证检材是否同属1个个体。亲子鉴定以遗传学理论与统计学理论为基础，案件涉及刑事、民事与行政纠纷，主要见于：①私生子，女方指控某男子是孩子的生父；②丈夫怀疑孩子不是自己亲生；③怀疑医院调错婴儿；④失散儿童及失散亲属的确认；⑤违纪超生子女的血缘鉴定；⑥财产继承纠纷；⑦涉外婚生子女移民案件的血缘鉴定；⑧拐骗儿童案；⑨嫌疑人否认的强奸致孕案。本章收集了个人识别与亲权鉴定的典型案例，通过对案例的分析，加深对所学知识的理解与应用。

案例一

【案情摘要】

2011年张先生与刘女士经人介绍认识，在家人的催促下于2012年登记结婚，因双方在异地工作，2人缺乏深入了解，婚后感情一直不和。2013年2人育有女儿，随后张先生发觉妻子刘女士与另一男子有暧昧关系，张先生对女儿是否为亲生产生疑虑，但无确切证据，2014年张先生与女儿进行亲缘关系鉴定。

鉴定要求：张先生与女儿是否具有亲生血缘关系。

【检验过程与结果】

提取张先生与女儿的血液，载于采血卡上，制成血痕检材。采用Chelex-100法提取检材DNA，采用AmpFLSTR®Identifiler® Plus Kit试剂盒进行PCR复合扩增，扩增产物经ABI-3130型基因分析仪电泳分离和激光扫描分析，得到DNA分型结果（表39-1）。

【分析说明】

DNA是人类的遗传物质，由父、母各提供50%组成，故每一个体的DNA 50%与父亲相同，50%与母亲相同。D8S1179、D21S11、D7S820、CSF1PO、D3S1358、TH01、D13S317、D16S539、D2S1338、D19S433、vWA、TPOX、D18S51、D5S818、FGA 15个基因座均是人类的遗传标记，遵循孟德尔遗传规律，是高效能的遗传分析系统。3个或3个以上STR基因座不符合遗传规律，则可以做出排除父权的结论。本案例中，经检测张先生的15个STR基因座中，有D8S1179、D21S11、CSF1PO、TH01、D2S1338、D19S433、FGA共计7个基因座的基因型不符合作为孩子亲生父亲的遗传基因条件。

【结论】

张先生与女儿不存在生物学亲缘关系。

表 39-1 DNA 分型检测结果

检测系统	张先生（AF）	女儿（C）	排除位点
D8S1179	13-13	11-12	排除
D21S11	31.2-32.2	29-29	排除
D7S820	11-12	9-11	
CSF1PO	9-11	10-13	排除
D3S1358	15-17	15-15	
TH01	6-9	10-10	排除
D13S317	8-11	8-12	
D16S539	9-13	9-9	
D2S1338	17-19	15-15	排除
D19S433	13-14.2	12-15.2	排除
vWA	14-19	14-14	
TPOX	8-8	8-9	
D18S51	13-14	14-15	
D5S818	11-13	11-12	
FGA	19-23	16-16	排除

【思考题】

依据本案例，分析说明否定父权的类型及否定父权存在的风险。

案例二

【案情摘要】

王先生与陈女士的女儿豆豆于 2006 年出生，但他们一直未给女儿落户。2014 年因女儿上学需要户口，而王先生与陈女士未能出具相关证明材料，于是当地派出所委托鉴定机构对王先生、陈女士及其女儿进行亲缘关系鉴定，用于申报户口。

鉴定要求：王先生是否为豆豆的生物学父亲。

【检验过程与结果】

采集王先生、陈女士及其女儿的血液，载于采血卡上，制成血痕检材。取适量血痕检材，用基点认知公司 Golden eye DNA 身份鉴定系统 20A 试剂盒（直扩型）进行 PCR 复合扩增，扩

表 39-2　DNA 分型检测结果

检测系统	王先生（AF）	陈女士（M）	豆豆（C）	PI
D19S433	14-15.2	13-15.2	13-14	1.9335
D5S818	10-13	11-11	10-11	2.2026
D21S11	31-32	28-31	31-31	6.9735
D18S51	15-22	14-14	14-15	3.4294
D6S1043	11-14	18-19	11-18	7.0721
D3S1358	14-14	15-15	14-15	31.3480
D13S317	10-11	8-12	8-11	2.1000
D7S820	12-12	8-10	10-12	4.8757
D16S539	11-11	11-12	11-12	2.4685
CSF1PO	12-13	11-12	12-13	6.5359
Penta D	9-10	11-12	9-12	1.6119
vWA	17-17	14-16	14-17	4.0883
D8S1179	13-15	13-16	15-16	2.5088
TPOX	8-11	10-11	11-11	2.6582
Penta E	11-17	11-11	11-17	7.2886
TH01	8-10	7-7	7-8	13.6986
D12S391	18-20	17-21	17-18	3.7175
D2S1338	20-23	18-24	23-24	2.2999
FGA	22-24	19-22	22-22	2.6795

增产物经 ABI-3130 型基因分析仪电泳分离和激光扫描分析，得到 DNA 分型结果（表 39-2）。

【分析说明】

根据孟德尔遗传规律，孩子的全部遗传等位基因必须完全分别来源于亲生父母双方。本案例中，豆豆的等位基因 50% 来自陈女士，50% 来自王先生，王先生夫妇的遗传基因符合作为女儿豆豆亲生父母亲的遗传基因条件。根据上述结果，按照“19 个 STR 基因座的等位基因分布频率”的数据统计信息，计算王先生作为豆豆生物学父亲的累积父权指数（CPI）为 3.7495×10^{11}，＞10 000，支持王先生是豆豆的生物学父亲。

【结论】

在排除同卵双胞胎、近亲及外源干扰的前提下，王先生是豆豆的生物学父亲，从遗传学角度已经得到科学合理的确认。

【思考题】

在认定父权时，需要进行统计学计算，试说明本案例中 PI 与 CPI 值代表的参数及意义。

案例三

【案情摘要】

2013 年 6 月，52 岁的赵先生带着已过八旬的父母到某医院做体检，遇到了为亲戚帮忙的韩女士。聊天过程中，韩女士谈到自己很小的时候被遗弃在这个医院，是养父母带大的。于是，赵先生想到了自己失散 40 多年的妹妹也被遗弃在这家医院，2 人觉得很有缘分，感觉就像亲人。因此，赵先生委托鉴定机构对自己的父母与韩女士进行亲缘关系鉴定。

鉴定要求：赵父是否为韩女士的生物学父亲。

【检验过程与结果】

采集赵父、赵母及其韩女士的血液，载于采血卡上，制成血痕检材。取适量血痕检材，用基点认知公司 Golden eye DNA 身份鉴定系统 20A 试剂盒（直扩型）进行 PCR 复合扩增，扩增产物经 ABI-3130 型基因分析仪电泳分离和激光扫描分析，得到 DNA 分型结果（表 39-3 和表 39-4）。

【分析说明】

根据孟德尔遗传规律，孩子的全部遗传等位基因必须完全分别来源于亲生父母双方。综上实验结果显示，赵父与赵母的被检基因符合作为韩女士亲生父母亲的遗传基因条件。根据上述结果，按照“19 个 STR 基因座的等位基因分布频率”的数据统计信息，计算赵母作为韩女士生物学母亲的累积亲权指数（CPI）为 2.6564×10^5，＞10 000，计算赵父作为韩女士生物学父亲的累积亲权指数（CPI）为 8.5321×10^{10}，＞10 000，支持赵父与赵母是韩女士的生物学父母亲。

【结论】

在排除同卵双胞胎、近亲及外源干扰的前提下，赵父与赵母是韩女士的生物学父母亲，从遗传学角度已经得到科学合理的确认。

【思考题】

本案例为失散亲人亲缘关系认定，依据上述内容说明亲子鉴定的标准有哪些？

表 39-3　DNA 分型检测结果

检测系统	赵母（M）	韩女士（C）	PI
D19S433	14.2-16	14-14.2	2.5227
D5S818	11-13	11-12	0.8486
D21S11	30-32.2	30-30	2.5589
D18S51	15-21	15-19	1.7147
D6S1043	11-18	11-13	3.5361
D3S1358	15-16	15-16	1.4148
D13S317	8-10	8-9	0.9094
D7S820	12-12	10-12	2.4378
D16S539	11-13	10-13	2.2302
CSF1PO	10-10	10-12	1.6150
Penta D	9-12	9-12	2.2128
vWA	17-17	17-18	2.0442
D8S1179	11-12	10-12	1.8315
TPOX	8-8	8-11	3.0285
Penta E	12-24	12-14	2.0833
TH01	7-9	6-7	0.8726
D12S391	18-21	19-21	6.0386
D2S1338	23-23	19-23	2.2999
FGA	23-25	23-23.2	1.1176

表 39-4 DNA 分型检测结果

检测系统	赵父（AF）	赵母（M）	韩女士（C）	PI
D19S433	14-16.2	14.2-16	14-14.2	1.9335
D5S818	12-13	11-13	11-12	2.4343
D21S11	30-30	30-32.2	30-30	5.1177
D18S51	17-19	15-21	15-19	6.9638
D6S1043	13-14	11-18	11-13	3.7175
D3S1358	16-16	15-16	15-16	1.3881
D13S317	9-11	8-10	8-9	3.6101
D7S820	10-11	12-12	10-12	3.3898
D16S539	10-11	11-13	10-13	2.8058
CSF1PO	12-14	10-10	10-12	1.4961
Penta D	9-12	9-12	9-12	2.0496
vWA	17-18	17-17	17-18	3.3003
D8S1179	10-13	11-12	10-12	4.6729
TPOX	11-11	8-8	8-11	5.3163
Penta E	12-14	12-24	12-14	5.1493
TH01	6-9	7-9	6-7	5.0865
D12S391	19-21	18-21	19-21	3.2960
D2S1338	19-26	23-23	19-23	2.6983
FGA	19-23.2	23-25	23-23.2	49.0196

案例四

【案情摘要】

深秋某天，某省城发生了一起凶杀案，被害人焦某（女）在家中被歹徒用绳子勒死，现场勘查只在床上找到 2 根毛发，别无可疑斑迹和物品。据群众反映，焦某生前与丈夫林某时常吵架，起因是焦某与另一男子刘某往来密切。警方经过 1 个月余的排查，将有重大嫌疑的刘某拘留审查。刘某承认与焦某有过不正当的两性关系，但矢口否认焦某是其所杀。为了弄清楚刘某与林某的作案嫌疑，专案组经研究决定，将现场提取的毛发、被害人焦某的阴毛、嫌疑人刘某与林某的血样一并送检鉴定。

【检验过程与结果】

对现场提取的毛发、被害人焦某的阴毛、嫌疑人刘某与林某的血样做 DNA 检测，得到 DNA 分型结果（表 39-5）。

表 39-5　DNA 分型检测结果

检测系统	现场毛发	焦某阴毛	刘某血样	林某血样
D3S1358	16-17	16-16	16-17	16-17
vWA	14-15	13-14	14-15	14-14
FGA	19-20	17-18	19-20	16-18
D8S1179	12-13	11-12	12-13	11-13
D21S11	29-30	30-30	29-30	30-31
D18S51	13-15	14-15	13-15	15-15
D5S818	12-12	11-13	12-12	13-14
D13S317	10-11	11-12	10-11	10-13
D7S820	11-12	8-10	11-12	8-11
D16S539	13-13	10-13	13-13	9-11
TH01	6-9	9-10	6-9	7-8
TPOX	8-8	8-9	8-8	8-8
CSF1PO	10-12	10-13	10-12	12-12
Amelogenin	X,Y	X, X	X,Y	X,Y

【分析说明】

司法实践中经常要对犯罪现场提取的 1 根或数根毛发进行同一认定，现场的毛发有可能是自然脱落的，也有可能是暴力拔下的，现场不同地方取到的毛发均需分别包装和分别检测。DNA 几乎存在于身体的每一个细胞中，毛发由人体上皮细胞角化而来，因此，除角化的毛干细胞以外，在毛囊中存在大量的有核细胞。本案例现场检材只有 2 根毛发，通过 STR 分型检测，证实现场毛发的基因型与嫌疑人刘某血样的基因型完全一致，经计算其似然率为 10^{15}，据此可以判断，现场提取的毛发不是焦某与林某所留，而是嫌疑人刘某所留。

【结论】

现场提取的毛发为嫌疑人刘某所留。

【思考题】

通过本案例分析，采用毛发进行鉴定有哪些优缺点？

案例五

【案情摘要】

范先生与刘女士结婚多年，因工作原因 2 人一直两地居住。2014 年 3 月刘女士怀孕，因诸多不便的原因，范先生与刘女士决定做人工流产，此事引起了婆婆的不满，婆婆认为孩子可能不是范先生的，要求进行亲子鉴定，于是范先生与刘女士带着流产术后的绒毛与蜕膜组织到鉴定机构进行检验鉴定。

鉴定要求：范先生是否为绒毛组织的生物学父亲。

【检验过程与结果】

采集范先生与刘女士血液，载于采血卡上，制成血痕检材；剪取 0.2cm × 0.1cm 大小的绒毛组织。采用 Chelex-100 法提取检材 DNA。取适量检材 DNA，采用 AmpFLSTR® Identifiler® Plus Kit 试剂盒进行 PCR 复合扩增，扩增产物经 ABI-3130 型基因分析仪电泳分离和激光扫描分析，得到 DNA 分型结果（表 39-6）。

【分析说明】

绒毛来源于胚胎组织的一部分，是胎儿的附属物，能反映胎儿的遗传特征，从绒毛组织中可以提取胎儿的 DNA。DNA 是人类的遗传物质，每一个体的 DNA 50% 与父亲相同，50% 与母亲相同。D8S1179、D21S11、D7S820、CSF1PO、D3S1358、TH01、D13S317、D16S539、D2S1338、D19S433、vWA、TPOX、D18S51、D5S818、FGA 15 个基因座均是人类的遗传标记，遵循孟德尔遗传规律，是高效能的遗传分析系统。本案例中，绒毛组织的等位基因 50% 均可在刘女士的基因型中找到来源，另 50% 均可在范先生的基因型中找到来源。根据上述结果，按照“15 个 STR 基因座的等位基因分布频率”的数据统计信息，计算范先生作为绒毛组织生物学父亲的累积亲权指数（CPI）为 1.2722×10^6，支持范先生与绒毛组织具有生物学亲缘关系。

【结论】

在排除同卵双胞胎、近亲及外源干扰的前提下，范先生与绒毛组织具有生物学亲缘关系，从遗传学角度已经得到科学合理的确认。

表 39-6　DNA 分型检测结果

检测系统	范先生（AF）	刘女士（M）	绒毛组织	PI
D8S1179	12-16	14-16	16-16	9.0253
D21S11	29-31.2	30-30	29-30	2.4143
D7S820	8-11	9-12	11-12	1.2330
CSF1PO	11-13	10-11	10-13	6.5359
D3S1358	16-16	14-16	14-16	2.9189
TH01	9-9	7-9	9-9	1.9455
D13S317	9-11	11-12	11-11	2.1000
D16S539	9-11	12-12	9-12	1.7525
D2S1338	23-23	23-24	23-24	2.7640
D19S433	14-15.2	13-15.2	15.2-15.2	3.7425
vWA	17-19	17-18	17-18	1.2623
TPOX	8-11	8-11	8-11	2.8313
D18S51	13-14	14-15	14-15	1.5888
D5S818	9-10	11-13	10-13	2.2026
FGA	22-25	21.2-25	22-25	2.6795

【思考题】

本案例通过绒毛组织的检测进行亲缘关系认定，试述软组织 DNA 提取时对于检材的要求及注意事项。

案例六

【案情摘要】

2014 年 6 月，白先生驾驶自家小轿车与其他车辆相撞，车辆严重损毁。因白先生购买了保险，于是要求保险公司理赔。保险公司在对车辆进行定损的过程中，在气囊处发现一处血迹，保险公司怀疑白先生将该车外借导致车祸的发生。因此，保险公司要求对血迹进行鉴定。

鉴定要求：气囊处血痕是否为白先生所留。

【检验过程与结果】

采集白先生血液，载于采血卡上，制成血痕检材；剪取 0.2cm × 0.2cm 大小的气囊处血痕。取适量血痕检材，用基点认知公司 Golden eye DNA 身份鉴定系统 20A 试剂盒（直扩型）进行 PCR 复合扩增，扩增产物经 ABI-3130 型基因分析仪电泳分离和激光扫描分析，得到 DNA 分型结果。（表 39-7）。

【分析说明】

个人识别以同一认定理论为指导原则，个人识别概率（DP）是评价遗传标记系统识别无关个体效能大小的指标，在个人识别案例中，需对所有遗传标记识别无关个体的综合能力进行评估。在同一性鉴定中，法医统计学采用似然率方法评估遗传分析提供的证据强度。本案例中，检测了上述 19 个 STR 基因座，检验结果显示气囊血痕的基因型与白先生血痕的基因

表 39-7 DNA 分型检测结果

检测系统	气囊血痕	白先生血痕
D19S433	13-16.2	13-16.2
D5S818	10-12	10-12
D21S11	28-31	28-31
D18S51	14-20	14-20
D6S1043	13-13	13-13
D3S1358	15-15	15-15
D13S317	8-11	8-11
D7S820	9-12	9-12
D16S539	10-12	10-12
CSF1PO	9-10	9-10
Penta D	12-13	12-13
vWA	16-17	16-17
D8S1179	14-16	14-16
TPOX	8-9	8-9
Penta E	11-22	11-22
TH01	7-9	7-9
D12S391	17-19	17-19
D2S1338	19-24	19-24
FGA	21-22	21-22

型完全一致，经计算似然率为 10^{27}，因此不排除气囊血痕来源于白先生。

【结论】

经检验气囊血痕的基因型与白先生血痕的基因型完全一致，似然率为 10^{27}，因此不排除气囊血痕为白先生所留。

【思考题】

本案例主要是解决法医物证学中的哪类问题？似然率的涵义是什么？

案例七

【案情摘要】

2010 年魏女士与丈夫刘先生离异，双胞胎女儿云云和玉玉由魏女士 1 人抚养。因魏女士与刘先生一直没有固定住所，因此云云和玉玉的户口落于刘先生弟弟的户口上。2014 年，魏女士落户后欲将 2 个女儿的户口迁入自己户口，但因相关材料不全，必须出示亲子证明材料才可以迁入户口。因此，在户籍所在地派出所的委托下，魏女士带女儿云云和玉玉进行亲缘关系鉴定，以便用于申报户口。

鉴定要求：魏女士是否为云云和玉玉的生物学母亲。

【检验过程与结果】

采集魏女士、云云和玉玉的血液，载于采血卡上，制成血痕检材。取适量血痕检材，用基点认知公司 Golden eye DNA 身份鉴定系统 20A 试剂盒（直扩型）进行 PCR 复合扩增，扩增产物经 ABI-3130 型基因分析仪电泳分离和激光扫描分析，得到 DNA 分型结果（表 39-8）。

【分析说明】

本案例属于二联体母女亲缘关系鉴定。双胞胎可以分为同卵双胞胎和异卵双胞胎，后者的基因型与一般兄弟姐妹一样，从父母中随机遗传 50% 基因，而同卵双胞胎的基因型是完全相同的。检测结果显示云云和玉玉的基因型完全相同，证实了姐妹 2 人为同卵双胞胎，云云和玉玉的 19 个 STR 基因座的等位基因中有 50% 均可以在魏女士的基因型中找到来源，符合孟德尔遗传规律。根据上述结果，按照“亲权鉴定技术规范”（SF/Z JD0105001-2010）和“19 个 STR 基因座的等位基因分布频率”的数据统计信息，计算魏女士作为云云和玉玉生物学母亲的累积亲权指数（CPI）为 1.3232×10^{8}，$>10\,000$，支持魏女士是云云和玉玉的生物学母亲。

【结论】

魏女士是云云和玉玉的生物学母亲从遗传学角度已经得到证实。

【思考题】

对于双胞胎的亲子鉴定检测，二者的基因型有何特点？为什么？

表 39-8 DNA 分型检测结果

检测系统	魏女士（AM）	云云（C1）	玉玉（C2）	PI
D19S433	13-14.2	13-14.2	13-14.2	3.4583
D5S818	12-12	12-12	12-12	4.8685
D21S11	28.2-32.2	28.2-31.2	28.2-31.2	32.0513
D18S51	14-19	13-19	13-19	3.4819
D6S1043	14-18	18-19	18-19	1.4360
D3S1358	15-16	15-15	15-15	1.2204
D13S317	8-11	8-9	8-9	0.9094
D7S820	11-12	9-11	9-11	0.6165
D16S539	10-10	10-12	10-12	2.8058
CSF1PO	11-11	11-11	11-11	4.8709
Penta D	9-13	10-13	10-13	2.0747
vWA	18-18	16-18	16-18	3.3003
D8S1179	13-13	13-14	13-14	3.0102
TPOX	8-10	8-8	8-8	3.0285
Penta E	15-17	17-17	17-17	7.2886
TH01	9-9.3	7-9.3	7-9.3	5.5679
D12S391	18-23	16-23	16-23	1.6108
D2S1338	21-23	17-23	17-23	1.1500
FGA	22-23	21.2-23	21.2-23	1.1176

案例八

【案情摘要】

2012 年王女士与孙先生结婚，而陆先生为王女士的初恋，婚后不久王女士与孙先生 2 人育有儿子杉杉，但是孙先生一直认为杉杉并非自己亲生。王女士与孙先生经常因为此事争吵，甚至到了家庭破裂的程度。经人建议，孙先生带着儿子杉杉来鉴定机构要求进行亲子鉴定。

鉴定要求：孙先生是否为杉杉的生物学父亲。

【检验过程与结果】

采集孙先生与杉杉的血液，载于采血卡上，制成血痕检材。取适量血痕检材，用基点认知公司 Golden eye DNA 身份鉴定系统 20A 试剂盒（直扩型）进行 PCR 复合扩增，扩增产物经 ABI-3130 型基因分析仪电泳分离和激光扫描分析，得到 DNA 分型结果（表 39-9）。

【分析说明】

根据孟德尔遗传规律，子代基因型中的等位基因 50% 来自父亲，50% 来自母亲。亲子鉴定所使用的 D19S433、D5S818、D21S11、D18S51、D6S1043、D3S1358、D13S317、D7S820、D16S539、CSF1PO 、Penta D、vWA、D8S1179、TPOX、Penta E、TH01、D12S391、D2S1338、FGA 19 个基因座均是人类的遗传标记，是高效能的遗传分析系统。本案例结果显示，上述 19 个基因座中，除了 D19S433 外，其余 18 个基因座孙先生与杉杉有一半相同，说明孩子杉杉的等位基因一半来源于被检父亲孙先生。D19S433 基因座的基因型孙先生为 14.2-14.2，杉杉为 13-13.2，两者没有共有的等位基因，不符合孟德尔遗传规律。由于 STR 基因座容易发生复制滑动突变，且一步突变较为常见，因此考虑这一现象是由于 D19S433 基因座上的等位基因突变造成的，即 14.2 突变为 13.2。根据上述结果，按照 STR 基因座的等位基因分布频率的数据统计信息、STR 突变基因座父权指数的计算和“亲权鉴定技术规范”（SF/Z JD0105001-2010），计算孙先生作为杉杉生物学父亲的累积亲权指数（CPI）为 4.9008×10^5，＞10 000，因此，不排除孙先生是杉杉的生物学父亲。

【结论】

在排除同卵双胞胎、近亲及外源干扰的前提下，不排除孙先生是杉杉的生物学父亲。

【思考题】

什么是遗传标记？分析本案例中导致遗传变异的原因是什么？

表 39-9 DNA 分型检测结果

检测系统	孙先生（AF）	杉杉（C）	PI
D19S433	14.2-14.2	13-13.2	0.0129
D5S818	11-12	10-12	1.2171
D21S11	28-30	28-32.2	6.4433
D18S51	14-18	13-14	1.4802
D6S1043	11-19	12-19	1.6108
D3S1358	15-16	16-16	1.6093
D13S317	8-8	8-11	1.8188
D7S820	8-11	8-11	2.3478
D16S539	9-13	9-11	0.8763
CSF1PO	12-12	12-12	2.9922
Penta D	10-10	9-10	6.1501
vWA	14-16	14-14	1.7908
D8S1179	11-16	13-16	4.5126
TPOX	8-10	8-9	1.5142
Penta E	12-14	10-12	2.0833
TH01	6-7	6-7	3.4158
D12S391	20-24	20-24	78.5095
D2S1338	23-24	19-23	1.1500
FGA	21-24	21-25	2.3321

（苏丽娟）

第四十章　法医临床学案例分析

案例一

【简要案情及病历摘录】

李某，男，某年7月10因交通事故受伤。伤后送往某市中心医院住院治疗，医院以“外伤后胸痛、气短9h余”收入院。查体：T 36.8℃，P 88次/分，R 22次/分，BP 130/83mmHg。专科情况：神清，痛苦貌，左侧颜面部可见长20～25cm撕脱伤，形状不规则。右侧胸部压痛阳性。双肺呼吸音可，未闻及干湿啰音。心率每分钟88次，律齐，未闻及杂音。腹软，右侧前臂畸形，活动受限，已行夹板固定。余肢体活动好。7月23日行“右侧尺桡骨骨折切开复位内固定术”，术后对症治疗，于8月20日出院。出院诊断：胸部损伤，右侧肋骨骨折，创伤性湿肺；左面部皮肤裂伤；右侧尺桡骨骨折；左侧颧弓骨折；糖尿病。

【鉴定事项】

对李某的伤残等级进行法医学评定

【法医检查】

被鉴定人自行步入检查室，神清语晰，问答切题，查体合作。左下睑至左颞部见长6.2cm瘢痕，左眼内眦向下经左颧部内侧至左口角外侧见一弧形瘢痕，长8.6cm；右前臂腹侧见长12.0cm手术切痕，背侧见长12.5cm手术切痕；左颧部略低于右侧，左下睑瘢痕挛缩畸形；右肘关节屈曲130°，伸-10°，右腕关节屈曲10°，背伸、尺偏、桡偏受限；双侧胸廓对称无畸形，呼吸运动正常，右侧胸部压痛（+）。阅7月10日X线片示：右尺桡骨中下段粉碎性骨折。7月14日CT片示：右侧第6、8肋骨骨折，左下肺创伤性湿肺，双侧胸膜肥厚，右侧胸腔积液。7月17日X线片示：左颧弓粉碎性骨折。7月26日X线片示：右尺桡骨骨折内固定术后，内固定在位，骨折端对位对线良好。

【思考题】

1. 本案例中被鉴定人存在哪些功能障碍？
2. 李某的伤残程度如何？

案例二

【简要案情及病历摘录】

王某，男，某年7月5日在饭店工作时被烫伤，伤后送往省人民医院住院治疗，医院以“皮肤多处接触热油后起泡、脱皮、疼痛30min”收入院。查体：T 37.4℃，P 85次/分，R 23次/分，BP 130/90mmHg。专科情况：全身皮肤多处发红，有散在分布的中小水疱，部分破溃，表皮缺损，基底为粉红色及红白相间，湿润，创面大小约为20个手掌。入院后经清创、外用烧伤中药膏、包扎换药、补液、全身应用抗生素等治疗。于7月8日出院。出院诊断：全身皮肤多处烧伤，面积20%，深度：浅二度至深二度。出院后转入某解放军医院继续治疗，医院以“左上肢、躯干及双下肢烫伤4d”收入院，查体：T 38.2℃，P 82次/分，R 20次/分，BP 115/70mmHg。专科情况：左上肢、躯干及双下肢烫伤创面[总烧伤表面积（TBSA）：15%]，创面分布于左上肢、躯干及双下肢，轻度肿胀，腐皮部分脱失，创面渗出呈血清样，量少，稀薄，无明显异味。创面基底红白相间，未视及毛细血管栓塞网及出血点，触之质韧，皮温低，触痛钝。创面周边炎症反应不明显。于8月6日行“左上肢及左下肢清创植皮术”，术后预防感染、对症治疗，于8月22日出院。出院诊断：左上肢、躯干及双下肢烧伤（TBSA：15%，深二度15%）。

【鉴定事项】

对王某的伤残等级进行法医学评定。

【法医检查】

受检人自行步入检查室，神志清楚，语言流利，问答切题，查体合作。左上臂后内侧、左侧胸壁及髂腰部、左大腿前外侧约可见斑片状及点状和索条状瘢痕，均为增生期。其分布面积约：左上臂＋左手部1%，左侧胸壁为2%，左大腿＋左足1%，共计瘢痕面积约4%，左上、下肢和手足腰部活动功能无明显障碍及受限。

【思考题】

王某的伤残等级如何？

案例三

【简要案情及病历摘录】

陈某，男，某年3月14日被他人打伤眼部。伤后被送往某县医院住院治疗，医院以“被他人踢伤双眼1d”收入院。专科情况：查视力右眼0.25，左眼光感，左眼明显肿胀、淤血，球结膜下出血较多，CT示内直肌肿胀明显，右眼轻度肿胀、淤血，双眼瞳孔直径约2mm，对光反射存在，眼压正常，头晕，头痛，恶心，呕吐3次。入院后经抗炎、营养脑细胞、减轻脑水肿等对症治疗，于4月7日出院，出院时查视力：右眼0.4，左眼无光感。出院诊断：眼外伤，头外伤。同年4月8日转入某大学附属医院住院治疗，专科情况：右眼0.2，左眼无光感，双眼结膜无充血水肿，角膜光泽，前房正深，房水清，虹膜纹理清，瞳孔圆，直径约2mm，光反射存在，晶状体、玻璃体透明，视盘界清，色正，血管走行清，左眼黄斑中心凹反射消失，右眼正常，双眼压：Tn/指测。入院后完善各项检查，经激素、营养神经、改善微循环、对症治疗，于4月30日出院，出院时查视力：右眼0.2，左眼无光感。出院诊断：双眼挫伤性视神经病变。

【鉴定事项】

对陈某进行损伤程度评定。

【法医检查】

受检人自行步入检室，神清语晰，问答切题，查体合作。右眼矫正视力0.4，左眼0.01；双结膜无充血，角膜清，双瞳孔等大形圆，左眼直接对光反射（＋），RAP（－），双晶状体清，眼底见视盘界清，网膜在位，中心反射（＋）。

眼B超示：双眼前房、晶状体、玻璃体及眶内未见异常。视觉诱发电位示双眼P100潜伏期正常。OCT未见明显异常。双眼造影未见明显异常；MRI片示筛窦、蝶窦炎，脑实质未见病变。

【思考题】

本案例中被鉴定人是否存在诈盲的可能？如准确评定损伤程度，是否还需补充其他检查？陈某的损伤程度如何？

案例四

【简要案情及病历摘录】

某年4月29日高某在工作时不小心致右手中指骨折后，四肢麻木久治无效。11月3日于某市医院住院治疗，医院以“双下肢无力1个月，头晕10周伴恶心、呕吐”收入院。T 36.3℃，P 64次/分，R 20次/分，BP 120/80mmHg。查体：心肺（－），NS查体，于T_{12}神经支配区可见一痛觉减退平面，双上肢腱反射减低，双下肢腱反射活跃，右下肢远端深感觉减退，右侧病理征（＋）。X线片示右手中指远节骨折。MRI片示双侧脑室旁、四脑室旁、脑桥可见多发的大小不一、新旧不等的脱髓鞘病灶。入院后经对症治疗，于12月19日出院，出院诊断：①多发性硬化；②牛皮癣。第2年6月4日～6月19日、11月13日～11月28日于某市医院均诊断为多发性硬化。

【鉴定事项】

高某多发性硬化与其右手中指骨折是否存在因果关系。

【法医检查】

被检人轮椅推入检查室，神志清楚，言语欠流利，查体合作。脑神经（－），双上肢肌力Ⅳ级，右下肢肌力Ⅱ级，左下肢肌力Ⅲ级，生理反射存在，双下肢病理征（＋）。阅送检MRI片示双侧脑室旁、四脑室旁、脑桥可见多发的大小不一、新旧不等的脱髓鞘病灶。

【思考题】

（1）被鉴定人存在哪些功能障碍？

（2）试分析被鉴定人多发性硬化与其右手骨折的因果关系。

（贾富全）

第四十一章　法医毒理学案例分析

案例一

【案情摘要】

死者，某男，26 岁，于 2011 年某月某日被发现死于宿舍楼浴室内，浴室内门窗闭合。

【尸检所见】

1. 尸表检查　死后 38h 尸检，尸斑呈樱红色，分布于项背部未受压处，指压不褪色。尸僵已缓解。角膜浑浊，双侧瞳孔不能透视，结合膜苍白，口腔内见红色少量液体。左前臂肘部内侧皮下出血 6cm × 7.5cm。右前臂背侧腕部陈旧性瘢痕 1.8cm × 2cm。

2. 内部检查　全脑重 1000g。心脏重 380g，左心室肌厚 1.4cm，右心室肌厚 0.3 cm，冠状动脉未见异常。左肺重 500g，右肺重 650g，双肺淤血。胸大肌呈樱红色，血液呈樱红色。胸腔、腹腔无积液。组织学检查见大、小脑及脑干蛛网膜下腔及脑内血管扩张、充血，神经细胞周隙轻度增宽。部分心肌脂肪浸润。部分肺泡腔内充满均质红染无结构物，间质小血管及肺泡壁毛细血管扩张、充血。甲状腺滤泡内充满红染的胶体，并有空泡现象，间质血管扩张、充血。肝、肾、脾、胃等多脏器间质血管扩张、充血。

3. 毒化检测　死者某血液中检出乙醇，含量为 26.0mg/100ml。死者某血液中检出碳氧血红蛋白，饱和度为 51%。

【思考题】

1. 根据尸检及毒化检测结果，你认为死者死于哪类、哪种毒物中毒？

2. 死者体内检测出 2 种或 2 种以上毒物时，如何考虑不同毒物在死因中的竞争关系或协同作用？

案例二

【案情摘要】

死者，某女，22 岁，农民，于 2011 年某月某日 1：00 许就诊于某市医院。查体：大蒜味，口吐白沫，昏迷状，全身皮肤青紫，口唇发绀，全身皮肤湿冷，压眶反射消失，双瞳孔散大，对光反射消失，双肺闻及大量水泡音，心率 30 次 / 分，律齐，心音低钝，腹稍胀。经抢救无效，于 2：30 宣告临床死亡。

【尸检所见】

1. 尸表检查　尸斑呈暗红色，分布于尸体背侧未受压部位，指压不褪色。尸僵已缓解，角膜浑浊，双侧瞳孔不能透视，巩膜无黄染，结合膜淤血，双手指甲床重度发绀，双上肢轻度腐败静脉网形成，部分表皮腐败性剥脱，部分皮肤见真菌斑。

2. 内部检查　全脑重 1400g。打开胸腹腔，闻及浓烈的蒜臭气味。食管黏膜皱壁消失，部分黏膜呈灰褐色、脱落。左肺重 500g，右肺重 600g，肺表面和切面暗红、淤血。心脏重 280g，左心室壁肌厚 0.8cm，右心室壁肌厚 0.2cm，心外膜呈灰褐色样改变。胃内有米饭等食糜 80ml，呈灰褐色，闻及浓烈的蒜臭气味，胃黏膜见弥漫性分布腐蚀斑，浆膜面光滑、无穿孔，大、小肠及阑尾管壁无穿孔。组织学检查：肺水肿、肺淤血。肝细胞弥漫性水变性，呈气球样变。胃黏膜层坏死、出血，黏膜下灶性出血，血管扩张、充血，肌层及浆膜层未见明显异常。左侧卵巢多发囊肿。脾、胰、肾、肠等脏器轻度自溶。

【思考题】

1. 本案例死者的死因考虑是什么？
2. 应送取哪些检材？重点做什么毒物化验？

案例三

【案情摘要】

死者，某男，20 岁。于 2010 年某月某日 11：45 许，与其他几名工友在员工宿舍吃火锅，期间吃过肉丸子等食物，并饮用其他工友自带药酒及啤酒，后感身体不适、呕吐，当日 14：50 许，医师进行现场抢救，经抢救无效死亡。

【尸检所见】

1. 尸表检查　尸斑呈暗红色，分布于尸体背侧未受压部位，指压不褪色。尸僵已缓解。角膜浑浊，双侧瞳孔不可透视，结合膜苍白。双手指甲床重度发绀。尸表未见明显损伤，右上臂上段外侧皮肤见一“狼头”形文身。

2. 内部检查　头皮及皮下组织未见损伤，右枕骨见一线性骨折，由枕骨右侧向前下走向，终止于枕骨大孔右缘，骨折线长 8cm。硬脑膜外、下腔及蛛网膜下腔均未见出血。全脑重 1500g，双侧大脑半球尚对称，脑回轻度增宽，脑沟轻度变浅，右额叶前端底部见 1 处 2.0cm × 1.0cm × 0.4cm 挫伤区，未见血肿形成。胸腺未完全脂肪化，大小为 10.0cm × 6.5cm × 1.5cm。左肺重 560g，右肺重 600g，双肺淤血，切面见暗红色泡沫状液体溢出。心包腔完整，腔内见淡红色积液 30ml。心脏重 300g，外观未见异常，左心室壁肌厚 1.3cm，右心室壁肌厚 0.3cm。胃内有咖啡色水样物质 30ml。组织学检查：脑组织稍疏松，右额叶皮质见散在灶性出血，出血灶内红细胞完整。肺泡壁毛细血管及肺间质血管扩张、充血，肺泡壁增厚，大部分肺泡腔内充满红染无结构均质物及红细胞。

3. 法医病理诊断　①轻型颅脑损伤（右枕骨线性骨折，右额叶局灶性脑挫伤）；②肺淤血、水肿及出血（漏出性）；③心、肝、脾、肾、胰腺、胃肠等淤血。

4. 毒化检测　所送检某的血液、尿液和胃内容物均检出乌头碱、新乌头碱和次乌头碱成分，血液中乌头碱质量浓度为 5.4ng/ml。

【思考题】

1. 本案例死者的死因涉及机械性损伤和中毒，你怎么考虑两者与死因的关系？
2. 涉及乌头碱中毒的案例，送毒化检测的检材提取和送检应注意什么？

案例四

【案情摘要】

死者，某女，24岁。于2010年某月某日被公安抓获，在审问过程中咬伤舌，后送往某医院急诊，当日经抢救无效死亡。

病历记载：某因“舌咬伤、兴奋躁动100min”入院，入院查体见神志清晰，烦躁不安，语言略不清，应答切题，检查不合作。不能伸舌，舌体前端1/3缺如，弧形伤口长约8cm，渗血。当日12：45送手术室在局部麻醉下行“舌断裂清创缝合术”，术后13：55从手术室送回病房时，出现心搏骤停，呼吸减慢约每分钟10次，血氧下降为50%，双侧瞳孔散大约4.5mm。当日17时尿液毒品快速检测结果：甲基苯丙胺（冰毒）检验呈阳性反应，摇头丸检验呈阳性反应。经抢救无效于当日19：45死亡。

【尸检所见】

1. 尸表检查　尸斑呈暗红色，分布于尸体背侧未受压部位，指压不褪色。尸僵已缓解。口、鼻腔可见少许血性分泌物。双手指甲床中度发绀。舌体前端约1/3缺如，残余舌体长5.0cm，舌体前端弧形挫裂创口长8.0 cm，创面不整齐，已缝合12针，缝线在位；舌体左中外缘部见一1.4cm×1.0cm灶性出血，舌体右后外缘部见一3.0cm×1.5cm灶性出血。左下胸及右上胸分别见大小为10.5cm×6.5cm、13.0cm×9.0cm框形印痕（抢救时电除颤所致）。右肘窝见1个注射针孔，周围伴2.0cm×1.5cm皮下出血。

2. 内部检查　全脑重1200g。喉头轻度水肿。左侧第3～6肋骨骨折，骨折周围软组织均未见出血（符合抢救时胸外按压所致）。左侧胸腔积液60ml，右侧胸腔积液80ml，呈淡红色。心包腔内见淡黄色清液15ml。心脏重270g，心外膜下见散在点状出血。左心室壁肌厚1.0cm，右心室壁肌厚0.3cm。左肺重600g，右肺重700g，切面呈暗红色，可见粉红色泡沫状液体溢出。组织学检查：大、小脑及脑干蛛网膜下腔血管及脑实质内血管扩张、充血，脑组织疏松，神经细胞及血管周隙明显增宽。部分心肌纤维断裂或呈波浪状排列，心肌间可见散在出血但未见梗死。肺泡壁毛细血管及间质血管高度扩张、充血。大部分肺泡腔内充满红染无结构均质物或红细胞。大、小肠肌层收缩呈波浪状。舌肌层见灶性出血。

3. 法医病理学诊断　①舌咬伤（舌体前端约1/3缺如）；②脑水肿；③肺淤血、水肿及出血。

【思考题】

1. 本案例中死者的病历提供了死者中毒的检验方向，尸检中应进一步提取什么检材做什么毒物化验？

2. 死者在医院行“舌断裂清创缝合术”后突发心搏骤停，抢救无效死亡，怎样才能判断舌断裂和毒品中毒何者系主要死因？

案例五

【案情摘要】

死者，某女，17岁，于2010年某月某日在某宾馆坠楼，被发现时已死亡。

【尸检所见】

1. 尸表检查　尸斑不明显，双眼睑因干燥呈凹陷状改变，角膜浑浊，双侧瞳孔不能透视，结合膜苍白。指（趾）甲涂红色染料。左、右颧部皮肤因干燥形成黄色皮革样化改变。尸表损伤情况：左颞顶部皮肤挫伤，范围为4.0cm×3.5cm；右顶部皮肤挫伤伴皮下出血，范围为3.5cm×2.5cm；左上臂上段前内侧近腋窝处皮肤见挫伤，范围为6.0cm×3.5cm；右肩部皮肤见挫擦伤，范围为2.5cm×1.0cm，切开皮下出血，范围为13.0cm×2.5cm；左前臂背侧皮肤见挫伤，范围为28.0cm×6.5cm，切开见皮下出血，出血范围为35.0cm×9.0cm×0.8cm；右手背皮肤见2个针孔。

2. 内部检查　左颞顶部头皮挫伤，范围为4.0cm×3.5cm，右顶部皮肤挫伤伴皮下出血，范围为3.5cm×2.5cm。脑重1140g，大脑及脑干、小脑均可见弥漫性蛛网膜下腔出血，颅后窝和枕骨大孔附近大量凝血块。右第2～7肋骨近脊柱右侧处骨折，右第2肋平腋中线处骨折。右侧胸腔内大量积血。右肺重320g，右肺叶背侧见挫裂伤，大小分别为3.8cm×0.8cm、1.0cm×0.9cm、2.8cm×0.5cm，切面见右肺叶有出血，左肺重300g。肝右叶前见约1.7cm长破裂口。腹腔积血。

3. 法医病理学诊断　①大、小脑蛛网膜下腔出血，表浅脑挫伤；②肺破裂、肺出血；③ 肝破裂。

4. 毒物检测　所送检某的尿液中检出去氧麻黄碱成分；所送检某的血液中检出去氧麻黄碱成分，含量为0.19μg/ml（血液中毒浓度为0.2～1μg/ml）。

【思考题】

本案例死因涉及机械性损伤和中毒，你能确定何者是主要死因吗？依据什么？

案例六

【案情摘要】

死者，某男，25岁。于2010年某月某日在某公司生产车间工作时掉进电镀槽（温度85℃，pH 4.4～5.3，主要成分 $NiSO_4 \cdot 7H_2O$），尔后发生昏迷，经抢救无效死亡。

【尸检所见】

1. 尸表检查　尸斑呈暗红色，分布于尸体背侧未受压部位，指压不褪色。尸僵已缓解。角膜混浊，双侧瞳孔不能透视，结合膜苍白。双手指甲床重度发绀。尸表损伤情况：下颌中部见1处3.5cm×0.1cm自左上向右下的斜行表皮擦伤；右腰部近中线见1处3.0cm×2.5cm皮下出血；右手背及前臂外侧见表皮剥脱和水泡，范围42.0cm×17.0cm（深二度烫伤）；右侧腰部见四方形16.0cm×18.0cm表皮剥脱和水疱（深二度烫伤）；大腿中段至足跟背部皮肤见 50.0cm × 20.0cm 表皮剥脱和水疱，表皮脱落部皮肤部分苍白（深二度至三度烫伤）；左手腕部及手背部各见 1 个注射针孔样痕迹（医疗抢救所致）。

2. 内部检查　全脑重 1450g。支气管内可见黄绿色黏稠脓痰。食管全段黏膜苍白，未见烫伤。左肺重 700g，右肺重 750g，双肺高度水肿，右肺膜下可见明显出血点，切面呈淤血状，见泡沫状暗红色液体溢出。心脏重 400g，右心室前壁外膜见一处 2.0cm × 1.8cm 灰白色腱斑，右心室腔扩张，左心室壁肌厚 1.5cm，右心室壁肌厚 0.3cm，室中隔厚 1.5cm。胃内见暗红色黏液样物质 130g，胃黏膜广泛出血，胃浆膜面光滑。胰腺重 130g，胰腺肿胀，胰头及胰体部被膜下出血，切面见胰头至胰尾部实质广泛出血，质地较软。组织学检查：部分肺泡腔内充满红染无结构均质物或红细胞，肺泡壁毛细血管及间质血管高度扩张、充血。胰腺部分腺细胞核溶解、消失，部分胰腺实质及间质组织内见大量红细胞。胃黏膜内血管扩张并见较多红细胞，肌层及浆膜未见异常。十二指肠黏膜层见大量淋巴细胞浸润。右小腿后侧烫伤部皮肤可见表皮层脱落，皮下毛囊部毛根脱落，周围见单核细胞浸润。

3. 法医病理学诊断　①胰腺出血；②应激性胃溃疡；③肺高度淤血、水肿及出血（漏出性）；④右腰部、右侧上下肢皮肤化学烫伤（深二度至三度烧伤，面积约占体表总面积的 25%）；⑤脑、肝、脾、肾等脏器淤血。

【思考题】

本案例的死因考虑化学烫伤、触电还是中毒？分别应怎样确定或排除？

（陈丽琴）

思考题参考答案

第一篇　法医病理学

实验三　动物实验观察尸体现象

1. 腐败的形态学特征有哪些？早期尸体现象常见的有哪些？

腐败的形态学特征：角膜浑浊、尸绿、腐败静脉网、脱皮、水疱、霉变。早期尸体现象包括：肌肉松弛、尸冷、尸斑、尸僵等。

2. 生前内脏淤血与死后血液坠积的不同之处是什么？怎样进行自溶与坏死的鉴别？

死后血液坠积的形态学特点：尸体低下部位未受压处；广泛，境界不清；主要与死因、环境温度和死后经过有关；与时间有关；可提示冻死或某种毒物；一般无损伤，呈大片状分布；受压处不出现尸斑，可反映所压迫物的形状；早期指压褪色，晚期指压不褪色。

生前淤血的形态学特点：可出现于体表的任何部位；局限、境界清楚；与受伤时间和出血程度有关；颜色有一定的变化规律；局部肿胀，常伴表皮剥脱；可反映致伤物的形状；翻动尸体时无变化。

3. 除尸体现象外，还有哪些推断死亡时间的方法？

死亡时间推断方法还包括：超生反应、离子检测、酶检测、DNA 降解程度检测等，到目前为止，这些方法在实际工作中的应用尚有距离。近年来，一种以尸温测量为基础、综合多种影响因素的多参数综合推断死亡时间的方法在一些国家已得到实际应用。

实验五　法医学尸体剖验

1. 法医尸体解剖有何法医学意义？常规法医尸体解剖有哪些重要程序？

（1）意义：确定死亡原因；判断死亡方式；推断死亡时间；推断损伤时间；推断和认定致伤物；损伤和疾病的关系；为解决医疗纠纷提供证据；由于法医病理学服务于各类诉讼活动，有时需对损伤与中毒、疾病与中毒的关系做出分析判断。甚至由于案件的需要，根据尸检所见结合现场勘查和调查，进行现场重建。

（2）程序：体表检查；胸腹腔切开；颈部、胸腹腔器官联合取出；胸腹腔脏器的检查；盆腔脏器的取出与检查；颅腔剖开与检查；脑组织的检查；脊髓腔的剖开与脊髓检查；特殊尸体的检查；新生儿尸体的检查。

2. 尸体内脏的取出和检查方法有哪些？各内脏的检查应该注意什么问题？

各实质脏器随形状不同可纵切可横切，但都应按下列要求做切面：能显示该脏器最大切面；能同时切开脏器门区之血管等通道，在切面上能显示该器官的主要管道；仍保持该器官各部分相互联系。按以上要求做第一切面后，厚的器官可再做数个平行切面以检查各处病变。不需保存作标本的大块肝、脾等脏器，还可再做数个横切面以检查较小病灶。禁用、少用水冲洗脏器各切面，以免改变脏器固有之色泽和影响切片染色质量。

分离取出各脏器前必先查清其联系之组织，如取出肾前应先检查肾动脉是否狭窄或分支异常，其输尿管有无变形；取出肝前，应先检查胆管、胆囊、肝门静脉、肝动脉等；取出肠前，应先检查肠系膜及其血管。切开各器官前应先称重量，因切开后血液流失，可使重量减少 20% 左右。但心脏例外，须在切开去除血凝块后称重。

3. 如何进行损伤尸体的法医学尸体检验？

机械性损伤死亡尸体，应切开创口，追溯创道，确定创伤深度，注意创道内有无凶器残片、子弹头及其他异物残留。检查内脏损伤情况，确定损伤程度（致命伤、非致命伤）、损伤性质、死亡原因，以及受伤后存活时间。检查骨骼损伤时，应注意暴力作用部位，有无骨荫，肉眼不能确定时，应在紫外光下检查，或将损伤部位骨质凿下，做骨磨片，检查哈佛系统骨板间有无含铁血黄色，此种磨片用普鲁氏蓝染色后，更易识别。如为颅骨骨折，应注意骨折程度、凹陷性骨折及穿孔性骨折的形态，以推断凶器打击面的形态。如有粉碎性骨折，应收集所有的骨碎片，按骨折缘的特征拼凑、胶合，使恢复骨折的原状，观察骨折线之分布情况，并可根据放射性骨折线的中心，来确定暴力作用点。如为枪伤，可根据两放射性骨折线相交时中断的情况来判断子弹射击方向。

内脏的损伤，亦应注意其数目、位置、形态、大小、方向等特征，损伤性质与外部暴力作用点之关系，损伤的严重程度及死亡原因。有时可根据肝、脾、肾等实质性器官刺创的形态特征来推测刺器断面的形状。在火器伤时，根据创道的方向、创口的特征，来推断射击方向、射入口及射出口。

4. 法医尸体解剖前的准备工作和法医尸体解剖的后续工作有哪些？

剖验前，应当办妥一切必要手续、委托机关的委托书、死者家属或关系人的申请书、确定解剖后尸体如何处理等。法医学尸体剖验虽不受时间的限制，为了使检验结果尽量少受死后改变的影响，尸体解剖仍以越早进行越好。

进行解剖时，应尽量照顾当地居民的风俗习惯，如解剖最好征得死者家属的同意，剖验进行时，除有关的国家机关工作人员、死者家属可以在场外，不让与案件无关的人在场。尸体解剖在现场附近场地进行时，借用民间用具（如凳子、水盆等）应事先说明，解剖后应将残余组织妥为掩埋，不乱倒血水、粪便，以避免污染居民的用水，解剖后应将尸体缝好，保持尸体外观的完整性，并注意解剖现场的清洁。

实验六　幻灯片观察

1. 根据创的形态特征，怎样鉴别钝、锐器损伤？

主要根据创缘、创角、创腔、创壁及创口周围情况进行推断。

2. 略。

实验七　高坠死亡动物实验

高坠损伤有何形态学特点？如何进行高坠死亡的法医学鉴定？

（1）形态学特点：①体表损伤轻微，内脏损伤重；②损伤常较广泛，多发性复合型骨折，内部脏器破裂；③多处损伤均为一次性暴力所形成；④损伤有一定特征性，多集中在身体的某一侧；⑤多发骨折，甚至肢体横断，为一般人力用工具打击难以形成或不可能形成。

（2）根据以下要点进行高坠死亡法医学鉴定：①现场勘验。确定坠落起点，判断坠落空间，明确坠落着地点。②尸体检验。衣着检查，包括对衣服沿衣缝迸裂、腰带断裂及手表停走等现象的检查。③尸体外表检查。头皮的血肿，颅骨粉碎骨折，颅底骨折致耳、口、鼻脑脊液流出的检查；胸部多发肋骨骨折；脊柱骨折，肩胛骨骨折；四肢多发粉碎骨折。④解剖所见。颅骨严重骨折常致脑组织外溢；肺表面的片状出血，肺及肺门的撕裂，气管及支气管的撕裂；腹腔内肝、脾、肾的破裂伤，胃内容物较多时，可致胃破裂。

实验十　烧死动物实验

怎样进行生前烧死与死后焚尸的鉴别？

生前烧死与死后焚尸的鉴别

	生前烧死	死后焚尸
皮肤	皮肤烧伤伴有生活反应	皮肤烧伤，一般无生活反应
眼	眼有“睫毛征候”与“鹅爪状改变”	无此改变
呼吸道	气管、大支气管内可见烟灰、炭末沉着，呼吸道表现为“热作用呼吸道综合征”	烟灰、炭末仅在口鼻部，呼吸道无高温作用的表现
胃	胃内可查见炭末	胃内无炭末
碳氧血红蛋白	心血及深部大血管内查出大量的碳氧血红蛋白	无或含量极低（吸烟者）
死亡原因	烧死、窒息或压砸等	机械性损伤、中毒或机械性窒息

实验十一　电击死动物实验

1. 电流斑的肉眼形态特征是什么？

典型的电流斑一般呈圆形或椭圆形，直径 5～10mm，色灰白或灰黄，质坚硬、干燥，中央凹陷，周围稍隆起，边缘钝圆，形似火山口，外周可有充血环，与周围组织分界清晰。底部平坦或有裂隙，有时可附有灰烬和溶解的金属碎屑沉积。有时可见到管状孔道，周围管壁炭化。有的电流斑周围可见水疱形成，易破裂，以致表皮松解、起皱或呈片状剥离。电流斑周围或其他部位皮肤有时可发生电流性水肿，水肿部位呈苍白色；有时整个肢体发生电流性水肿。

2. 在什么情况下触电可以不出现电流斑？其法医学意义是什么？

如果触电现场环境潮湿，劳动者大汗淋漓或满手油污等情况下，接触面积又大、皮肤电阻很低，就可无电流斑形成。

水中（如在水田、池塘及浴盆内）触电，因水是良好导体，电流在水中扩散，其接触面积较一般导体大得多，电流密度大大降低，加之水的导热系数远高于空气，以及浸渍于水中的皮肤电阻显著降低，均使电流通过体表皮肤时所产生的焦耳热大为减少，不足以形成典型电流斑，或仅形成单纯性表皮剥脱和皮下出血伴皮下组织质地变硬。水中触电的死亡原因与引起心室颤动或电性肌肉麻痹后溺死有关。

实验十四　心脏检查方法

1. 心脏冠状动脉的走向及分布类型如何?

左、右冠状动脉是升主动脉的第一对分支。左冠状动脉为一短干，发自左主动脉窦，经肺动脉起始部和左心耳之间，沿冠状沟向左前方行 3 ~ 5mm 后，立即分为前室间支和旋支。前室间支沿前室间沟下行，绕过心尖切迹至心的膈面与右冠状动脉的后室间支相吻合，沿途发出动脉圆锥支、外侧支、室间隔支。右冠状动脉起自右主动脉窦，经肺动脉根部及右心耳之间，沿右冠状沟行走，绕过心右缘，继续在膈面的冠状沟内行走，在房室交点附近发出后降支，即后室间支。右冠状动脉沿途发出：动脉圆锥支（分布于动脉圆锥，与左冠状动脉的同名支吻合）、右缘支、窦房结支、房室结支、后室间支。

2. 心脏冠状动脉的检查方法是什么?

心脏冠状动脉的检查方法是：找到两个冠状动脉开口，分别在其起始处下方缝合一针暂不打结。用注射器分别将墨汁注入左、右冠状动脉结扎开口处后将缝合打结，观察冠状动脉主干及主要分支的显示；分别自左、右冠状动脉起始部开始，每隔 2 ~ 3mm 做一个横切面，观察各冠状动脉断面，注意观察动脉管腔大小及管壁厚度、有无狭窄及阻塞及有无管腔内血栓形成等病变。

第二篇　法医物证学

第十三章　绪　论

1. 法医物证学的目的与任务是什么?

（1）法医物证学是以法医物证为研究对象，以提供科学证据为目的，研究应用生命科学技术解决案件中与人体有关的生物检材鉴定的一门学科。

（2）法医物证学主要解决司法实践中的个人识别和亲子鉴定问题。

2. 法医物证学实验包含哪些基本技术?

法医物证学实验包含化学方法、物理学方法、电子计算机技术、形态学、免疫血清学、生物化学、分子生物学、遗传学等。

3. 法医物证检材的主要特点是什么?

物证检材是人体各种体液与组织，具有容易变性、变质、降解和腐败的特点。

4. 处理法医物证检材时应注意哪些问题?

（1）检材提取之前，要对现场进行原位拍照或拍摄录像资料。

（2）提取检材遵循不损失、不污染、不破坏检材的可检测性原则，根据检材的特性和附着物的差异，采用不同的提取方法，不同部位的检材应分别提取。

（3）凡是从各种载体上提取检材，均应提取检材附近材料做空白对照。

（4）提取后的检材应采用纸袋等单独包装，做好记录。

（5）对提取的法医物证检材，应及时送检，否则要妥善保管。

实验二十　血痕预试验

一、联苯胺试验

1. 联苯胺试验阳性与阴性结果的意义何在？

（1）联苯胺试验阳性结果说明检材可能是血痕。

（2）阴性结果可以否定血痕或者是血痕中的血红蛋白及其衍生物已被破坏。

2. 联苯胺试验试剂的滴加顺序对实验结果有何影响？

某些氧化剂及生物源性物质可以使联苯胺试验呈假阳性反应。

三、酚酞试验

酚酞试验与联苯胺试验相比较，有哪些优缺点？

（1）优点：酚酞试验特异性较联苯胺试验好，据报道，植物过氧化物酶在该试验中呈阴性反应，且酚酞试验无毒、安全。

（2）缺点：酚酞试验灵敏度 1∶100 000～1∶500 000，不及联苯胺实验，配制试剂亦繁琐。

实验二十一　血痕确证试验

一、血色原结晶试验

1. 使用高山试剂时，应注意哪些问题？

试剂久置容易失效，出现假阴性结果，需要现用现配，每次实验时应用已知血痕作为阳性对照检验。

2. 有哪些情况会影响实验结果？该如何解决？

（1）血痕量少、发霉腐败、经洗涤、雨淋或变性的血痕，则不易形成结晶或形成非典型结晶。如无结晶形成，可将载玻片置于酒精灯上稍加热，促使结晶形成，冷却后镜检，或室温中静置 30min 后镜检。

（2）试剂失效出现假阴性结果。试验前，先用已知血痕检验试剂，若不出现结晶，表示试剂已经失效，可加少量氢氧化钠于试剂中，再用已知血痕试验，若出现阳性结果，说明该试剂可以使用，反之则不能使用。

实验二十二　血痕种属试验

一、抗人血红蛋白胶体金试验

1. 如何理解该试验的作用原理？

胶体金颗粒自身呈红色，当免疫胶体金颗粒结合对应的抗原后，再与抗原相应的抗体结合，免疫胶体金颗粒便被滞留而富集，出现肉眼可见的红色，据此判断阳性或阴性结果。

2. 阳性结果的意义是什么？

在胶体金试纸条的检测线、质控线出现 2 条红色区带为阳性结果，说明检材含有人血。

二、环状沉淀反应

1. 该试验阳性结果是否一定表明是人血痕？

若使用抗人血红蛋白血清，阳性结果表明该检材浸出液中含有人的血红蛋白，即可认定为人血痕。

2. 该试验是否适用于所有的血痕检验？

本试验不适用于对陈旧血痕的检验，因为陈旧血痕中大部分或全部血红蛋白已变为正铁血红素，而抗人血红蛋白血清不能与正铁血红素发生反应。

实验二十三　血痕的个人识别

一、血液的 ABO 血型测定

1. 能否只依据正定型或反定型试验做出血型鉴定？

不能，参见原理与结果判断。

2. 如何判断凝集反应的强度？

参考凝集反应强度分级。

三、吸收试验

1. 血痕吸收试验的原理是什么？

参考血痕吸收试验的基本原理。

2. 如何判断试验结果？

参考“表 14-2　吸收试验测定血痕的 ABO 血型”。

四、解离试验

1. 血痕解离试验的原理是什么？

参考血痕解离试验的基本原理。

2. 如何判断试验结果？

参考“表 14-3　解离试验血痕的 ABO 血型判断”。

实验二十五　精斑预试验

一、磷酸苯二钠试验

何种情况会导致该试验出现假阳性结果？

酸性磷酸酶试验的特异性较差，肺、肝、肾、心、胃等内脏组织及常见的人体分泌物或者排泄物如鼻涕、汗、唾液等浸液也可呈弱阳性反应。

实验二十六　精斑的确证试验与种属鉴定

二、精斑的种属鉴定——抗人精液血清沉淀反应

1. 如何制备抗人精液血清?

参考血痕的种属鉴定试验。

2. 抗原抗体比例不合适会出现什么现象?

不出现或出现弱的沉淀环，无论抗原或抗体过剩均会影响实验现象。

实验二十七　精斑的个人识别

1. 抗血清效价标定应注意哪些问题?

参考血痕抗体效价测定中的倍比稀释。

2. 哪些情况可以导致假阴性结果，应该如何避免?

(1)检材浸液与抗血清中和的时间短，作用时间至少 0.5h。

(2)抗血清效价过高，要进行标定。

(3)浸泡检材的生理盐水过多，尽量减少生理盐水用量。

实验二十九　口腔黏膜脱落上皮细胞检验

若脱落细胞检测为未角化的复层上皮细胞，是否可以确定为唾液斑?

未角化的复层扁平上皮分布于口腔、食管和阴道等处，因此，该方法单纯检出细胞并不能证明一定是来源于口腔的脱落细胞。

实验三十　唾液(斑)的 ABO 血型测定

半定量中和试验出现假阴性结果的原因是什么? 如何解决?

抗血清的效价太高，应该注意标定。

实验三十一　形态学观察

人毛与动物毛在形态上应该如何鉴别?

参考表 17-1 人毛与动物毛的鉴别。

实验三十二　毛发的 ABO 血型测定

影响毛发 ABO 血型测定结果的因素有哪些?

主要有洗涤次数、髓质的暴露程度、抗血清效价、吸收时间等。

实验三十三　血液的 DNA 提取及 STR 分析

1. Chelex-100 法与酚 - 氯仿法提取 DNA 有何优缺点?

主要从提取步骤、提取 DNA 的纯度、提取 DNA 片段的大小、提取生物检材的种类及试剂的毒害性方面考虑。

2. 聚合酶链反应的原理是什么?

参考 PCR 反应的基本原理。

3. 聚丙烯酰胺凝胶作为电泳支持介质有何特点?

聚丙烯酰胺凝胶是常用的凝胶类电泳支持介质，其化学性质稳定，机械强度好，具有分子筛效应，通过调整凝胶浓度，控制凝胶孔径，使分子质量和空间构象不同的 DNA 分子获得最大的分离效果。

4. DNA 银染显色应注意哪些问题?

染色液的配置浓度、配置时间、凝胶的漂洗与染色时间的控制等。

实验三十四　血痕的 DNA 提取及 STR 分析

对于较难提取的血痕应采取什么措施?

参考注意事项。

实验三十六　毛发 DNA 提取及 STR 分型

毛发的 DNA 含量较少，提取时应注意哪些问题?

提取时可减少反应体系，减少溶解 DNA 所用的 TE 缓冲液或灭菌双蒸水，减少 5% Chelex-100 的用量等，以提高 DNA 的浓度。

实验四十　混合斑 DNA 提取及 STR 分析

1. 混合斑检验中检验女性 DNA 有何作用?

对于混合斑的检验通常是针对男性精子 DNA，但是女性 DNA 的分型有助于判断精子 DNA 是否分离完全，排除女性物质对分型结果的干扰，起到对照的作用，在某些案例中，对混合斑中女性 DNA 的鉴定也会发挥重要作用。

2. 何种情况下，经二步消化法得到的精子 DNA 仍为混合样本?

对于轮奸案件中的混合斑检材，二步消化法无法分离不同个体的精子，得到的精子 DNA 仍为混合样本。

实验四十二　常规 STR 多基因座荧光检测分析

与 STR 单基因座荧光检测分析相比，多基因座荧光检测分析具有哪些优势?

满足了实际检案对微量检材的用量和检测时间的明确要求，检测快速高效，提高了单次检测信息量和个人识别率，降低了成本及检材消耗等。

实验四十三　紫外分光光度法

1. 设置 DNA 标准品的作用是什么?

确认紫外分光光度计功能正常。

2. 如何判断 DNA 样品的纯度?

在测定样本 DNA 液 OD_{260} 值的同时测定 OD_{280} 值，计算 OD_{260}/OD_{280} 比值。若比值为 1.8～2.1，说明样本 DNA 比较纯；若比值<1.6，证实样本液中含有过多的蛋白质杂质，需要重新纯化。

第三篇　法医临床学

实验四十五　案件受理、鉴定人以及鉴定书的书写

1. 司法鉴定案件的受理需要注意哪些问题?

（1）资料审查：鉴定机构接受委托时，应当对委托的鉴定事项、提供的鉴定材料进行详细审查，以便在检查时做到思路清晰、主次分明，及时识别诈病、诈伤。

（2）受理答复时间：司法鉴定机构对符合受理条件的鉴定委托，应当即时做出受理的决定；不能即时决定受理的，应当在 7 个工作日内做出是否受理的决定，并通知委托人；对通过信函提出鉴定委托的，应当在 10 个工作日内做出是否受理的决定，并通知委托人；对疑难、复杂或者特殊鉴定事项的委托，可以与委托人协商确定受理的时间。

（3）其他：对于司法鉴定机构不得受理的情形不予受理。

2. 如何把握鉴定时限?

活体损伤案件鉴定，时间过早或过晚均对鉴定结论有较大影响。法医临床工作者必须掌握好适当的鉴定时限，一般要在医疗终结后进行，这对损伤、评残案件的准确定论至关重要。具体案例还应结合相关国家标准的鉴定原则。

3. 在什么情况下可以终止鉴定?

发现委托鉴定事项的用途不合法或者违背社会公德的；委托人提供的鉴定材料不真实或者取得方式不合法的；因鉴定材料不完整、不充分或者因鉴定材料耗尽、损坏，委托人不能或者拒绝补充提供符合要求的鉴定材料的；委托人的鉴定要求或者完成鉴定所需的技术要求超出本机构技术条件和鉴定能力的；委托人不履行司法鉴定协议书规定的义务或者被鉴定人不予配合，致使鉴定无法继续进行的；因不可抗力致使鉴定无法继续进行的；委托人撤销鉴定委托或者主动要求终止鉴定的；委托人拒绝支付鉴定费用的；司法鉴定协议书约定的其终止鉴定的情形。

4. 在什么情况下可以补充鉴定?

委托人增加新的鉴定要求的；委托人发现委托的鉴定事项有遗漏的；委托人在鉴定过程中又提供或者补充了新的鉴定材料的；其他需要补充鉴定的情形。

5. 如何写好法医临床学鉴定书?

分析说明是鉴定书中最重要的内容，也是鉴定书能否被采信的关键。书写分析说明应根

据鉴定时提供的案情、临床资料、法医学检查结果，运用医学和法医学理论，针对鉴定事项进行论述。一要明确诊断，二要明确因果关系，三要明确适用的鉴定标准条款。在论述过程中，尽量运用医学专业以外的人员能够理解的语言和文字，要注意运用证据的客观性、知识的科学性、论述的逻辑性和采用检查手段的先进性。

实验四十六　中枢神经系统检查法

1. 意识障碍的程度如何进行分类？

（1）嗜睡。

（2）昏睡。

（3）昏迷：①浅昏迷；②中度昏迷；③深昏迷；④极度昏迷。

2. 失语的类型及表现包括什么？应如何区别中枢性失语和伪装失语？

失语的类型主要包括：运动性失语、感觉性失语、命名性失语、失用症、失认症等。

上述失语应与其他疾病引起的发音困难（聋哑人）及诈病（失音）相鉴别。与聋哑人的鉴别比较容易，可行双耳听觉诱发电位检查以明确诊断。对于诈病患者，如法医在进行各项检查后仍无法找到造成失语的器质性病变的相应部位，则不能排除诈病的可能性。

3. 如何检查嗅神经，结果如何判定？

检查时先让患者闭目，然后嘱患者用手指压闭一侧鼻孔，将散发特殊气味的物品，如醋、酒、香水等放于患者鼻前，让患者仔细嗅闻，要求分别分辨出各种物品的气味，再用同样方法检查对侧。必要时可重复。

一侧嗅觉丧失，常为同侧嗅球、嗅束或嗅丝的损害，常见于颅前凹占位病变、颅底脑膜结核和肿瘤等。双侧嗅觉丧失，多见于鼻黏膜的病变，如感冒、萎缩性鼻炎等。有些患者嗅出原本不存在的某种气味，如恶臭或怪味，这叫嗅幻觉，多为癫痫发作的先兆。

4. 如何检查视神经，结果如何判定？

视神经司视觉。视神经感受器在视网膜，视觉中枢位于大脑的枕叶。视神经的检查主要包括视力、色觉、视野及眼底检查。

5. 如何检查面神经，结果如何判定？

面神经也属于混合神经，检查应包括运动、味觉、反射和分泌。

（1）运动功能：观察患者在安静、言语和做表情时两侧面肌是否对称，如有无额纹、眼裂大小、鼻唇沟深浅等。患者做睁眼、皱眉、露牙、鼓腮、吹哨等动作，观察有无缺陷和不对称。如果有面瘫，需区分周围性或中枢性面瘫：一侧面神经周围性（核或核下性）损害时，该侧额纹减少，眼裂增宽，鼻唇沟变浅，皱眉、闭目不能，露齿时口角偏向健侧，鼓腮或吹哨时病侧漏气；中枢性（核上的皮质脑桥束或运动区皮质）受损时，上半部面肌活动不受影响，仅出现病灶对侧下半部面肌瘫痪。

（2）味觉功能：患者伸舌，检查者用棉签蘸少许有味的溶液，如醋、盐、糖等，涂于舌前部的一侧，漱口后再试另一侧。一般舌尖对甜、咸味最敏感，舌边对酸味最敏感。

（3）反射功能：①角膜反射。用棉絮轻触角膜，观察患者闭目情况，面神经麻痹者一侧闭目动作缺失。②眼轮匝肌反射。响声、强光、面部刺激、软腭刺激等均可引起双侧眼轮匝肌的反射性收缩。③口轮匝肌反射。双侧额叶或弥散性脑损害时，叩击口唇可引起双侧口轮匝肌和额肌的收缩，称为吸吮反射。刺激一侧掌心或大鱼际肌，可引起同侧口轮匝肌和颏肌收缩，称为掌颏反射。

6. 如何检查听神经，结果如何判定？

（1）蜗神经的检查：主要进行听力检查，可根据具体情况采用语言测听、音叉检查及听力计检查等。

（2）前庭神经：眼球震颤是检查前庭神经功能的主要指标。眼球震颤是一种不自主的节律性往返运动。检查时嘱患者头部固定不动，两眼注视检查者上、下、左、右移动的手指（向外侧方向移动时，勿超过 45°），观察有无眼球震颤及其类型、幅度和速度。临床上以有快慢相（以快相为眼球震颤方向）的前庭型眼球震颤最多见，可为水平性、垂直性、旋转性或混合性，表明前庭系统有刺激性病变。当眼球震颤阴性而疑有前庭系统病变时，可用迅速变换体位的方法，观察各个位置是否出现眼球震颤，称位置性眼震试验。

7. 运动系统的检查包括哪些内容？上运动神经元性瘫痪与下运动神经元性瘫痪的鉴别要点有哪些？

运动系统的检查包括：肌容量、肌张力、肌力。

上运动神经元性瘫痪与下运动神经元性瘫痪的鉴别

	上运动神经元性瘫痪	下运动神经元性瘫痪
浅反射	消失	消失
肌萎缩	无或轻度萎缩	明显萎缩
肌张力	增强	减低
腱反射	亢进	减弱或消失
病理反射	有	无

8. 常见的病理反射有哪些？

常见的病理反射有：巴宾斯基（Babinski）征、奥本海姆（Oppenheim）征、夏多克（Chaddock）征、戈登（Gordon）征、Schaeffer 征、霍夫曼（Hoffmann）征。

实验四十七　周围神经系统检查法

1. 上肢神经及其重要分支走行是怎样的？

上肢神经主要包括臂丛神经、正中神经、桡神经、尺神经等。

2. 上肢神经及其重要分支损伤后的主要临床表现是什么？

重点了解几个畸形改变，如正中神经损伤表现为“猿手”畸形，桡神经损伤表现为“垂腕”畸形，尺神经损伤表现为“爪形手”畸形。

3. 下肢神经及其重要分支走行是怎样的？

重点描述坐骨神经、腓总神经、胫神经的走行。

4. 下肢神经及其重要分支损伤后的主要临床表现是什么？

掌握主要的几个畸形改变，如腓总神经损伤表现为“跨越”步态，胫神经损伤表现为“钩状足”畸形。

5. 感觉系统的检查主要包括哪些内容？

感觉系统的检查包括浅感觉（痛觉、触觉、温度觉）、深感觉（运动觉、位置觉、震动觉)、复合感觉(触觉定位觉、两点辨别觉、图形觉、形体觉)和特殊感觉(视觉、味觉、嗅觉、听觉)的检查。

6. 常见的浅反射有哪些?其临床意义是什么?

常见的浅反射包括腹壁反射,主要检查上腹壁($T_{7、8}$)、中腹壁($T_{8、9}$)、下腹壁($T_{11、12}$);提睾反射,主要检查$L_{1、2}$、生殖股神经功能;肛门反射,主要检查$S_{4、5}$、肛尾神经;跖反射,主要检查$S_{1、2}$、股神经。

7. 常见的深反射有哪些?其临床意义是什么?

常见的深反射包括肱二头肌反射,主要检查$C_{5、6}$、肌皮神经;肱三头肌反射,主要检查$C_{6、7}$、桡神经;桡反射,主要检查$C_{5、6}$、桡神经;膝反射,主要检查$L_{2、4}$、股神经;踝反射,主要检查$S_{1、2}$、胫神经。

8. 肌电图检查有何法医学意义?

确定有无损伤及损伤的程度;有助于鉴别神经源性或肌源性损害;有助于观察神经再生情况。

实验四十八　口腔颌面部检查法

1. 如何进行牙松动度的检查?

Ⅰ度松动,牙向唇颊舌侧方向活动幅度在1mm以内;Ⅱ度松动,牙向唇颊舌侧方向活动幅度在1~2mm,且伴有远近中方向活动;Ⅲ度松动,牙向唇颊舌侧方向活动幅度在2mm以上,且伴有远近中及垂直方向活动。

2. 如何进行张口度的检查?

张口度是指被检人最大张口时上、下中切牙近中切角之间的垂直距离,正常时相当于被检人自身的示指、中指、环指3指末节横面的宽度。张口受限分为3度:①轻度张口受限,上、下切牙间仅可伸入2横指;②中度张口受限,上、下切牙间仅可伸入1横指;③重度张口受限,上、下切牙间不能伸入1横指。

3. 口腔颌面部损伤的辅助检查主要包括什么?

口腔颌面部损伤的辅助检查主要包括口腔颌面部X线检查、口腔颌面部CT检查等。

实验四十九　关节活动度与肢体长度的测量

1. 简述关节活动度的测量方法、原则和步骤。

(1)测量方法:屈伸、展收和旋转运动是关节运动的3种基本形式。关节运动方式与关节运动范围的检查,均以中立位时为起算点。中立位时人体直立,上肢垂直于身体两侧,手掌面贴于大腿外侧。测量关节运动范围,首先应了解关节的正常运动范围。正常运动范围亦因人而异,与年龄、性别、职业、生活方式及锻炼等有关,因此,还应与健侧肢体相应关节对比。关节活动角度的测量可采用目测比拟法、量角器测量法。

(2)测量原则

1)体位:法医临床学关节活动度测量,首先应制订统一测量体位。选择关节测量体位原则:①关节处于中立0°位;②易于关节近端部分适当稳定;③保证该关节能充分完全活动。

2)稳定:适当的体位有助于稳定受检关节近端部分,以便该关节能单独活动,保证真实单一关节活动,排除邻近关节的联合运动假象。

3）正确放置关节活动测量器。

（3）测量步骤：①正确确定待测关节的体位，排除关节周围的附加活动。②确定待测关节活动的起始点。③稳定关节的近端部分，同时还应排除相邻关节的互相影响或互相补偿。④嘱受检者移动关节的远端部分完成主动活动，此后检查者缓缓进行被动活动，最终确定关节活动的终点及感知关节活动的终末感，初步了解关节活动范围。⑤以相应的骨性标志为准，确定待测关节的运动轴心及夹角相邻的肢段的测量轴线。⑥关节远端部分返回中立位，触摸骨性标志，放置角度计，关节运动至最大活动范围后阅读量角器角度。稳定关节的近端部分，再次移动关节远端部分完成整个活动范围，并阅读量角器的所示角度。⑦反复进行数次关节的主/被动运动，准确体会终末感及关节运动进程中的感觉，确定最大活动度后进行测量。⑧条件允许的情况下，最好对关节运动的起始位和终末位进行照片拍摄，拍摄时应同时放置角度计和受检者姓名标签。

2. 如何测量肩关节、肘关节、腕关节的活动度？

肩关节活动测量主要包括前屈/后伸、外展/内收、外旋/内旋；肘关节活动测量主要包括屈肘/伸肘、旋后/旋前；腕关节活动测量主要包括掌伸/背伸、尺偏/桡偏。

3. 如何测量手的各关节的活动度？

测量手的各关节的活动度主要包括掌指关节的屈伸、指间关节的屈伸、掌指关节的外展和内收、拇指掌指关节和指间关节的屈伸、拇指掌腕关节的外展、内收和对掌。

4. 如何测量髋关节、膝关节、踝关节的活动度？

髋关节活动测量主要包括屈曲、后伸、外展/内收、内旋/外旋；膝关节活动测量主要包括屈曲、伸直；踝关节活动测量主要包括背屈/跖屈、内翻/外翻。

5. 如何测量足趾各关节的活动度？

足趾各关节的活动度主要包括跖趾关节屈伸/收展、近端趾间关节屈伸。

6. 简述肢体长度与肢体缺失测量的注意事项。

肢体长度与缺失测量首先须将两侧肢体放置对称位置，特别是下肢测量必须保持骨盆左、右两侧连线与躯干纵轴垂直，并正确触摸两侧髂前上棘，若骨盆病变导致变形、倾斜或髋关节位置变形，则应另选测量标志点（如脐部）。其次分析肢体短缩与长度差的病理学基础，分别测上肢长、上臂长、前臂长或下肢长、大腿长、小腿长，测量皮尺左、右两侧尽可能松紧适度，以保证测量的准确性。应采用恒定的骨性标志进行测量。定点越小，准确性越高。若肢体缺失平面有疑问，如有皮瓣或软组织包裹，则采用放射影像学检查。两侧肢体必须放置在相对应的伸直位置，如患侧关节有畸形，一般是健侧仿效患侧姿势，以免产生误差。

第四篇　法医毒理学

实验五十　一氧化碳中毒

1. 在实习报告中绘出本案例死者肺、心、脑、肝、肾的主要病理组织学改变，这些是一氧化碳中毒的特异性病理改变吗？

本案例死者肺、心、脑、肝、肾的主要病理组织学改变并非一氧化碳中毒的特异性病理改变，一氧化碳中毒缺乏特异性组织形态学改变。

2. 综合本案例的案情、尸体检查肉眼所见、切片组织学观察所见和毒化检测结果，鉴定死者一氧化碳中毒死亡的依据有哪些？

鉴定本案例死者一氧化碳中毒死亡的依据：① 尸体检查肉眼所见，尸斑呈樱红色，脑、心、肺、肝等脏器呈樱红色，排除致死性机械性损伤致死；② 切片组织学观察所见，排除疾病致死；③ 毒化检测结果，死者血液中检出碳氧血红蛋白饱和度为 62%，已达致死血浓度。

实验五十一 毒鼠强中毒

1. 在实习报告中绘出本案例死者脑、肺、肝、脾、肾的主要病理组织学改变。这些是毒鼠强中毒的特异性病理改变吗？

本案例死者脏器的主要病理组织学改变并非毒鼠强中毒的特异性病理改变，毒鼠强中毒缺乏特异性组织形态学改变。

2. 综合本案例的案情、尸体检查肉眼所见、切片组织学观察所见和毒化检测结果，鉴定死者毒鼠强死亡的依据有哪些？

鉴定本案例死者毒鼠强中毒死亡的依据：① 案情，晚饭中，死者出现头晕、呕吐症状，送往医院抢救中有抽搐、脸色发紫、呕吐，后死亡；② 切片组织学观察所见排除疾病致死；③ 毒化检测结果，所送死者胃内容物和心血中均检出毒鼠强成分。

实验五十二 氨酚羟考酮（阿片类药物）滥用中毒

1. 在实习报告中绘出本案例死者肺、肝、脾、心的主要病理组织学改变。肺内异物肉芽肿与成瘾性药（毒）物滥用有何关系？

肺内异物肉芽肿可能是长期滥用成瘾性药（毒）物，药（毒）物含有颗粒性杂质沉积于肺，且机体产生慢性炎症反应而形成。

2. 综合本案例的案情、尸体解剖所见、毒化检测结果，考虑王某的死亡原因是什么？主要鉴定依据是什么？

死者符合静脉注射氨酚羟考酮致呼吸抑制而死亡。鉴定依据：① 现场发现有氨酚羟考酮包装盒 1 个，死者上衣内兜有注射器针头 1 枚，身上有文身，提示成瘾性药（毒）物滥用的可能；② 尸体检验肉眼见上肢和下肢多处针眼样改变区，组织学检查见肺广泛异物肉芽肿和肝慢性炎症改变，符合阿片类药物中毒常见的病理改变；③ 毒化检测，所送死者尿液和心血中均检出对乙酰氨基酚成分，王某上衣内装的针头及宿舍内提取的氨酚羟考酮片均检出对乙酰氨基酚和氨酚羟考酮成分。

实验五十三 锂中毒

1. 略。

2. 结合临床病历摘要和锂中毒机制，试分析死者脑慢性炎症性改变伴脑软化和肺部化脓性炎症与锂中毒的可能因果关系。

结合临床病历摘要和锂中毒机制，本案例死者脑慢性炎症性改变伴脑软化应系慢性锂中毒引起中枢神经系统损伤，并引起慢性炎症反应；死者生前在发生急性意识障碍前，并无肺部炎症和呼吸衰竭的临床表现，因而尸检所见肺部化脓性炎症应系急性意识障碍至死亡期间继发的。

第五篇　法医毒物分析

实验五十四　紫外分光光度计定性、定量检测巴比妥

1. 紫外吸收光谱法的定性、定量分析依据分别是什么？影响测定结果的主要因素有哪些？

紫外吸收光谱法的定性分析依据：吸收光谱参数值、摩尔吸光系数及整个吸收光谱的形状。紫外吸收光谱法的定量分析依据：比尔定律，即物质在一定波长处的吸光度与浓度之间有线性关系。影响紫外吸收光谱法测定结果的主要因素有物质的极性、溶液的酸碱度。

2. 吸收曲线的横、纵坐标是什么？标准曲线的横、纵坐标是什么？这两种曲线各有何用途？

吸收曲线即吸收光谱，以吸光度为纵坐标，以波长为横坐标，用于物质的定性分析。标准曲线以吸光度为纵坐标，以浓度为横坐标，用于物质的定量分析。

3. 为什么巴比妥药物不是从某一 pH 溶液的该药物吸收光谱上找到最大吸收波长，用此波长的光为入射光测定标准品系列的吸光度，进而做 A~C 图来绘制其标准曲线，而是测定标准品系列在 260nm 处 pH14 溶液和 pH10 溶液的吸光度，做（ApH14 – ApH10）~C 图来绘制其标准曲线？为什么不同 pH 的药物溶液在测定其吸光度时要用其相应 pH 的空白参比溶液？

巴比妥药物的紫外吸收光谱中吸收峰的位置随溶液 pH 的改变而发生移动，差示分光光度法测定可消除在两种 pH 条件下吸收值不变的一些杂质的干扰，（ApH14－ApH10）与 C 比 A 与 C 的线性比例关系更强，因此做（ApH14－ApH10）~ C 图比做 A ~ C 图更能准确对巴比妥药物进行定量分析。

实验五十五　顶空进样 - 气相色谱法定性、定量检测乙醇（示教）

1. 顶空进样法与手工进样相比有何优点？什么类型的检材适合用顶空进样法做气相色谱分析？

与手工进样法相比，顶空进样法具有自动化、误差小的优点。适合用顶空进样法做气相色谱分析的检材：被测定组分的挥发性较大。

2. 气相色谱法定量检测乙醇含量，为何要在标准品溶液和样品溶液中添加内标物？什么样的物质适合作为内标物？

添加内标物是为了减少系统误差。适合作为内标物的物质具有以下特征：试样中不含有该物质；与被测组分性质比较接近；不与试样发生化学反应；出峰位置应位于被测组分附近，且无组分峰影响。

实验五十六　血中一氧化碳的化学定性检验

1. 为什么要求装含一氧化碳的检血的瓶子上面不要留有空间?

防止与空气中的氧接触。

(二)只用加热反应能否确定是否含有一氧化碳?

此法灵敏度较低。

实验五十七　可见分光光度法定性定量分析血中一氧化碳

1. 采用双波长法测定血液中碳氧血红蛋白饱和度，如果血液通入 CO 时未能使 HbCO 达 100% 饱和度，对实验分析结果有何影响?

根据公式 $HbCO(\%)=\frac{(A_{538}/A_{555})_x-(A_{538}/A_{555})_0}{(A_{538}/A_{555})_{100}-(A_{538}/A_{555})_0}\times 100\%$ 分析判断。

2. 采用双波长法测定血液中碳氧血红蛋白饱和度，如果正常血液中 HbCO 达一定浓度(约 2% 饱和度)，对实验分析结果有何影响?

含氰化物的检材应及时采取、密封、尽早检验。对于严重腐败或存放较长时间的检材，氰化物均有可能因生成氢氰酸而挥发使之不能检出。

实验五十八　氰化物的检验

1. 简述氰化物的毒性、致死量、中毒和尸检的特点。

氰化物的毒性极强，中毒死亡者的尸体呈鲜红色尸斑，血液鲜红且不易凝结，解剖时可嗅到氢氰酸的苦杏仁气味。

2. 氰化物检材的采集、包装、保存、检验应注意些什么?

含氰化物的检材应及时采取、密封、尽早检验。对于严重腐败或存放较长时间的检材，氰化物均有可能因生成氢氰酸而挥发使之不能检出。

实验五十九　巴比妥类药物的检验

1. 用乙醇提取巴比妥时，为什么要先将检材酸化?

巴比妥类药物是酸性药物，制剂多为碱金属盐，在酸性条件下可游离出原体。

2. 为什么薄层板在制备后要活化?

硅胶吸附水分后，吸附力会有所减弱。

3. 简述薄层层析法的优缺点，及其在毒物检验中的实用意义和注意事项。

(1)优点：灵敏度高。

(2)缺点：检测过程复杂，时间长，有些有机药(毒)物在空气中久置后易产生氧化、分解产物，体内检材提取液中可能有被测物的代谢产物。

(3)实用意义：薄层层析法可以判断两个化合物是否相同；确定混合物中含有的组分

数；也可用于小量物质的精制。

（4）注意事项：有些有机药（毒）物在空气中久置易产生氧化、分解产物；体内检材提取液中可能有被测物的代谢产物。所以，薄层分析中出现多个斑点，与已知标准不便对照，应与当地工业对照品或代谢物做对照。

4. 在一次薄层层析中，检品与标准品有相同的 R_f 值和显色反应，能否做出确证判断？

不同的物质，在一种展开剂中可能有相同的 R_f 值，在一种显色剂中也可能有相同的显色斑点。必须用数种性质不同的展开剂或性质不同的吸附剂展开，若两者的 R_f 值仍一致，同时又对多种显色剂有相同的反应，这时判定组分与对照品为同一物质才比较可靠。

实验六十　磷化锌的检验

1. 磷化锌的溴化汞检验法与古蔡氏法检砷有无异同点？

从原理、显色、色斑加浓氨水是否发生变化、反应条件等几方面比较。

2. 为什么只检查磷化氢不能确定磷化锌的存在？

其他磷化物遇酸也能产生磷化氢，所以必须进一步检验锌离子，才能确定磷化锌的存在。

3. 双硫腙反应的关键条件在哪里？为什么？

硫腙和许多重金属的盐类起作用，生成溶于氯仿或四氯化碳而不溶于水的有色螯合物，但在 pH＞11 的条件下，只有锌能与双硫腙作用，并生成可溶于水的红色螯合物。

实验六十一　砷、汞的检验

1. 实际检案中，用 Reinsch 试验检出含有砷，能否证明检材中含有砷？

Reinsch 试验根据铜丝表面沉积物色泽只可初步推断金属毒物的种类，如要确定需做确证实验。

2. 如高度腐败脏器已无法辨认，若要进行砷的检验时，应同时取什么检材进行对照？

砷、汞等多种金属在人体内有积蓄的特点。

实验六十二　有机磷农药的检验

1. 提取有机磷农药时应如何选择提取剂？敌敌畏能否单用己烷提取？为什么？

相似相溶原理。

不能，因为单用一种有机溶剂进行提取时可能会造成回收率低或杂质多，为了提高提取效率，去除杂质干扰，可用两种或两种以上不同极性的溶剂按不同比例混合使用。

2. 有机磷农药在提取、净化过程中需注意哪些问题？

有机磷农药大多数极性小或中等，不耐热，随着温度升高分解加速，在水溶液中分解很快，不能久储，也不宜用水蒸气蒸馏法进行分离。在进行有机磷农药分离净化的时候一般要求溶液接近中性，温度尽可能低，时间尽可能短。从检材中分离提取有机磷农药，通常根据检材的性状，利用其在各种有机溶剂中溶解性能的不同，以交替改变溶剂进行处理的方法使之与大部分杂质分离；也可利用某些亲水性有机溶剂与疏水性有机溶剂的互不混溶性质，以液-液萃取的方法进行分离；还可利用吸附剂的选择性吸附原理，用固相萃取或固相微萃取等方法。在对检材进行净化时也要考虑所选方法中所选用的净化设备的极性选择。

实验六十三　亚硝酸盐的检验

1. 为什么亚硝酸盐的定性反应必须同时做空白对照？

亚硝酸盐的3种定性反应极为灵敏，尤其是Griess试剂反应，空气和水中残留的亚硝酸盐也能检出，故必须设立空白对照。

2. 测定血中亚硝酸盐时为何要加硫酸锌和氢氧化钠溶液？

为了更好地沉淀蛋白质，硫酸锌溶液在pH=8时的碱性环境生成氢氧化锌白色沉淀，而氢氧化锌是蛋白质沉淀剂，可将溶液中蛋白质分离出来，从而使亚硝基离子保留在溶液中方便下一步对其测定。氢氧化钠是用来调整pH的。

3. 亚硝酸盐定量测定时最好配置高、中、低3种浓度的溶液，为什么？

样品液显色后，通过与已知浓度的标准液比色，大致可估算出样品中亚硝酸盐的含量，配制高、中、低三种浓度的溶液，是为了提高定量测定的准确性，减小误差。

第六篇　案例分析

第三十八章　法医病理学案例分析

<u>案例一</u>

1. 尸体上主要有哪些损伤？

死者尸体发现体表损伤和颅脑损伤。

2. 试分析损伤的成伤机制及损伤特点，是否具有典型交通伤特点？

体表损伤主要分布于身体背侧双臀部以上及头部左后方，其中左肩、左上臂、右肘后及双侧臀上损伤主要为表皮擦伤，考虑为与地面接触摩擦所致。头部损伤为致命伤，其损伤形态为环状及线状粉碎性骨折，骨折线不相交，考虑为一次性损伤所致。尸体其他部位受到外力作用的痕迹少见且轻微，尸体胸腹脏器无损伤，除颅脑外其他部位无骨折，缺乏典型交通损伤的直撞伤、摔跌伤等损伤并存的特点（本案尸体损伤分布的特点为一侧面、一次性、无复合伤）。

3. 分析死者的主要死亡原因。

尸体解剖可见头皮裂伤、挫伤，颅顶粉碎性骨折、颅底线性骨折，大脑实质颞顶部明显挫伤，病理组织学检查有脑软化伴脑实质出血（脑挫伤），属严重颅脑损伤。故死者由钝性外力作用致严重颅脑损伤而死亡。

4. 分析案情、结合现场照片及尸体解剖情况，你认为把死者的损伤仅归因于交通伤，有什么不妥之处？

死者所受损伤单纯归因于交通损伤不妥，不妥之处在于：① 死者损伤不具有典型交通损伤特点；② 现场2号血迹是否来源于死者，如果为同一个体，则一次性交通外力作用形成方向相反且相距较远的两处血迹的可能性很小（图 38-4）。

5. 为进一步清晰案情，查明案件事实，你认为还需要解决哪些问题或还需要做哪些工作？

（1）确认现场 2 号血迹是否来源于死者。

（2）进一步确定致伤物：死者头皮见自左耳后斜向顶部一卵圆形皮下出血，大小为 17.0cm×7.0cm，其上偏左（左耳上方）见一处“一”字形挫伤，大小约 3.0cm×0.5cm，皮肤下陷，颜色暗红。推测与头皮接触的致伤物应是钝器，且致伤物是有棱边的或为有棱的路面，请结合现场情况进行比对后综合分析。进一步确认：现场示意图（图 38-4）1 号血迹中心处的路面及尸体头部中心处的路面有无棱边或相似隆起？现场是否有致伤物？如现场照片（图 38-3）中的长方形棍状物。

案例二

1. 给出本案例死者的法医学病理诊断，并列出诊断依据。

法医病理学诊断：①颅顶头皮皮肤电流斑；②左肺上、下叶出血，右肺水肿，双侧慢性肺淤血；③气管黏膜下层、食管外膜出血；④ 左侧胸腔积血（约 200ml），腹腔积血（约 600ml）；⑤左肾脂肪囊出血；⑥头部左侧颞肌出血，颅中窝左侧线形骨折；⑦左侧 3～6 后肋骨骨折；⑧体表多处表皮剥脱和皮下出血。

2. 本案例的死亡原因考虑为什么？主要鉴定依据是什么？

（1）本案例死者符合因电击损伤致其从房顶摔落死亡。

（2）鉴定依据如下：

1）根据法医系统尸体检验所见，死者颅顶头皮、左耳郭和左手指皮损疑似电流斑，经组织学检验见颅顶头皮表皮角化层部分脱失，表皮层基底细胞及皮肤附属器、血管内皮细胞部分呈极性化，核固缩、深染、纵向拉长，出现“核流”，表皮层及表皮下见大小不等空泡，真皮胶原组织肿胀、融合，符合电流斑的病理学改变。以上损伤说明死者生前曾经发生触电损伤。

2）尸体解剖检验见死者左肺上、下叶出血，右肺水肿；气管黏膜下层、食管外膜出血；左侧胸腔积血（约 200ml），腹腔积血（约 600ml）；左肾脂肪囊出血；头部左侧颞肌出血，颅中窝左侧线形骨折；左侧第 3～6 后肋骨骨折；体表多处表皮剥脱和皮下出血。结合案情（死者从 3m 高房顶上摔下）分析，以上多发性损伤可在人体遭受电击后从高处坠落摔跌造成，可致人死亡。

3）尸体解剖检验及组织学检验未见死者患有致死性疾病，可排除疾病致死。

案例三

结合本案例，具体谈谈冠心病引起猝死的鉴定要点。

（1）排除暴力性死亡。本案例通过尸体解剖，未发现体表及体内重要脏器致命性机械性暴力损伤，故可排除机械性暴力致死。

（2）符合冠状动脉粥样硬化的病理学改变。本案例心脏冠状动脉 2 个主要分支动脉粥样硬化，管腔高度狭窄（左冠状动脉前降支狭窄Ⅳ级，右冠状动脉动脉狭窄Ⅲ级）。

（3）符合左心急性缺血的病理改变。本案例左心室前壁肉柱处心肌见较新鲜梗死灶，灶状中性粒细胞浸润。

（4）排除其他疾病致死。本案例未检出其他脏器的致死性疾病。

案例四

本案例中死者的冠状动脉发生了粥样硬化，该病变与心脏破裂有何关系？谈谈其演变过程。

本案例中死者患有冠状动脉粥样硬化性心脏病，冠状动脉粥样硬化可逐渐进展，冠状动脉管壁逐渐增厚，管腔狭窄逐渐发展，当管腔狭窄发展到Ⅲ级及以上时，可严重影响供血区心肌的血液供应，引起心肌缺血性坏死，即心肌梗死，心脏破裂是心肌梗死最严重的并发症，多因梗死区内大量中性粒细胞浸润，引起心肌软化、溶解所致。

案例五

1. 本案例死者形成主动脉夹层的两大基础疾病是什么？

形成主动脉夹层的两大基础疾病是高血压和主动脉粥样硬化。

2. 谈谈本案例死者所患这两种疾病的法医病理学形态特征。

（1）本案例死者患有高血压的法医病理学形态特征：脾中央小动脉玻璃样变，双侧肾皮质浅层大量玻璃样变之肾小球及多处灶状淋巴细胞浸润。

（2）患有主动脉粥样硬化的法医病理学形态特征：主动脉内膜见大量粥样斑块形成，斑块凹凸不平。

案例六

1. 给出本案例死者的法医病理学诊断，并谈谈你的诊断依据。

法医病理学诊断：①大脑双侧额叶脑挫裂伤，顶部蛛网膜下腔出血，硬膜下少量出血，右侧颞骨外板线形骨折，颅底颅中窝和颅后窝线形骨折；②左、右肺动脉及分支内血栓栓塞，肺水肿、肺淤血；③双下肢深静脉内血栓形成；④肾小球玻璃样变、肾细小动脉硬化；⑤脾中央小动脉玻璃样变；⑥淋巴细胞性甲状腺炎。

2. 本案例的死亡原因考虑为什么？外伤和疾病并存时，如何分析两者在死因中的权重关系？

（1）本案例死者符合肺动脉血栓栓塞导致急性呼吸、循环功能障碍而死亡，栓子来源于交通事故重型颅脑损伤后长期卧床形成的下肢深静脉血栓。鉴定依据如下：

1）死者生前发生交通事故，伤及头部，尸检见其大脑双侧额叶脑挫裂伤，顶部蛛网膜下腔出血，硬膜下少量出血，右侧颞骨外板线形骨折，颅底颅中窝和颅后窝线形骨折，符合交通事故中较大钝性外力作用于头部所致，这与其生前在医院住院诊断为重型颅脑损伤（双侧额叶脑挫裂伤、双侧额叶脑内血肿形成、额部硬脑膜下血肿、外伤性蛛网膜下腔出血）一致。

2）尸检见死者左、右肺动脉及分支内血栓栓塞（范围较广泛），并见双下肢深静脉内血栓形成及机化再通现象，符合外伤后长期卧床引起下肢静脉血栓形成，血栓脱落栓塞于肺动脉及分支，栓塞范围较广泛，导致急性呼吸、循环功能障碍致人急性死亡。

3）尸检见肾、脾和甲状腺的病变，其严重程度均不致死，故可排除其他疾病致死。

（2）当外伤与疾病并存时，比较两者的严重程度，考虑何者在死因中为主。本案例中外伤虽为重型颅脑损伤，但其已存在较长时间，而广泛的肺动脉血栓栓塞与之相比，为致死性急症，可迅速引起呼吸、循环衰竭而死亡，符合该案例的死亡过程，故肺动脉血栓栓塞为主要死因。

案例七

1. 本案例死者患有何种致死性疾病？符合该病的法医病理形态学改变是什么？

本案例死者患有急性出血性坏死性胰腺炎，为致死性疾病。死者符合该病的法医病理形态学改变：尸解肉眼见胰腺被膜及切面出血，镜下见胰腺自溶，表面灶性中性粒细胞浸润，胰腺被膜及实质浅层出血、坏死。

2. 本案例死者有长期酗酒史，除了尸体解剖和组织学检查，还应考虑做何检验？取什么检材？

本案例死者有长期酗酒史，除了尸体解剖和组织学检查，还应考虑血液乙醇定量检测，以确定是否达到乙醇中毒或致死血浓度。应取心血作为检材。

案例八

结合本案例死者的临床病历资料和尸体检验结果，尸体检验支持临床颅内感染的诊断吗？分别从以下几个角度分析可能的死亡原因：突发脑疝、颅内感染波及脑干生命中枢、肺动脉栓塞、感染性休克、药物过敏性休克及咽部错构瘤引起机械性窒息。

据病历记载，李某以“发热、意识障碍原因待查”收入院，临床诊断为“颅内感染”，其症状（发热、头痛、呕吐等）、体征（脑膜刺激征等）、脑脊液压力增高（240 mmHg）、脑脊液白细胞计数增高和炎细胞分类实验室指标等均支持脑膜炎（颅内感染）诊断成立，尸解和组织学检查亦符合脑膜炎的病理改变。

分析可能的死因如下：

（1）突发脑疝：尸解未见李某小脑幕裂孔疝和枕骨大孔疝形成，结合病历中对其临终时临床表现的记录，不考虑李某因突发脑疝导致呼吸循环衰竭而死亡。

（2）颅内感染波及脑干生命中枢：尸解结果和组织学检查结果未见脑干感染的病理改变，故不考虑李某因颅内感染波及脑干生命中枢引起中枢性呼吸衰竭而死亡。

（3）肺动脉栓塞：组织学检查见肺动脉分支内暗红色物质并非血栓或其他栓塞物，不符合肺动脉栓塞的病理改变，故不支持李某因肺动脉栓塞而猝死。

（4）感染性休克：病历记载未见李某符合感染性休克的实验室指标，故不考虑李某因感染性休克而死亡。

（5）药物过敏性休克：李某生前用药后虽出现前胸及后背片状皮疹，但给予抗过敏治疗后皮疹明显消退，尸解未见喉头明显水肿，组织学检查未见喉头肥大细胞脱颗粒现象，故不支持李某因药物过敏性休克死亡。

（6）咽部错构瘤引起机械性窒息：据病历记载，李某于 6 月 23 日 13 时许感胸憋气短，R 40 次 / 分，给予平喘治疗后略好转；14 时许诉下腹痛、排便感和双下肢麻木感，排便后感腹痛改善；15 时 20 分患者突发呼吸停止，血氧饱和度下降，心率下降；15 时 22 分心搏停止。李某从入院前5d（6月12日入院至6月23日期间）间断发热，最高达40℃，死前2h左右胸憋气短，呼吸每分钟40次，尸解见气管内泡沫状液体和明显肺水肿改变，以及肺表面多处出血点、心脏表面散在出血点和指甲甲床发绀，符合呼吸困难和窒息征象。李某呼吸突发停止，心搏后停，死亡迅速。咽部近声门裂有1个错构瘤（不含蒂部分大小约0.6cm×0.5cm×0.3cm，蒂长约0.6 cm），考虑其位置与大小，具有堵塞气道的可能。

综上所述，李某符合在长期感染、高热引起肺水肿、呼吸困难的条件下，因咽部错构瘤堵塞气道引起突发窒息而死亡。

案例九

结合临床病历，本案例死者右颈部及右甲状腺出血、双侧多发肋骨骨折、肋间肌出血、肺出血应为抢救过程中形成，可排除机械性损伤致死，在其所患几种疾病中，哪种（些）疾病是致死的主要原因？试分析其猝死原因。

法医病理组织学检验见陈某肝细胞脂肪变性，左侧结节性甲状腺肿，子宫浆膜下平滑肌瘤，其病变程度均不致死。

死亡当日陈某突发胸骨后间断疼痛，心电图示窦性心动过缓，顺钟向转位，下壁T波改变；法医病理组织学检验见左冠状动脉前降支粥样硬化，伴钙化，管腔狭窄Ⅳ级，心脏存在陈旧性心肌梗死，以上说明冠心病诊断成立。另见心肌纤维嗜酸性增强，心肌灶状中性粒细胞浸润及中性粒细胞从血管壁游出等现象，符合急性心肌缺血的病理学改变。尸体解剖及组织学检验见胸主动脉全程夹层形成，夹层形成较新鲜，且位置较高，范围较大，其形成可致心肌供血不足。

结合临床病历资料和法医病理学检验，陈某符合因胸主动脉夹层形成、冠心病急性发作引起心肌缺血，导致循环功能障碍而死亡。

案例十

1. 尸体上面存在哪几类主要损伤？

存在4类主要损伤：①颈部皮肤损伤、舌骨大角骨折、出血；②肢体离断伤；③处女膜破裂；④烧伤。

2. 哪些是生前伤？哪些是死后伤？硬膜外血肿是如何形成的？说明理由。

（1）颈部皮肤损伤、舌骨左侧大角骨折均为生前伤。理由：周围组织出血明显。

（2）处女膜破裂为生前损伤（强奸所致），属新近生前损伤。理由：处女膜破裂处无纤维组织增生，基底部出血明显。

（3）烧伤为死后伤。理由：烧伤组织未见显著病理变化；死者呼吸道未见炭末等物质。

（4）肢体离断伤为死后碎尸形成。理由：肢体离断处均未见明显出血。

（5）硬膜外血肿为热血肿，因其与硬脑膜结合不紧密，质脆、色淡，应为死后焚尸形成。

3. 试推断碎尸工具，并分析犯罪嫌疑人是否具有职业特征。

（1）碎尸工具推断：根据尸体所见损伤特征，皮肤、肌肉、骨折之损伤创缘整齐，创角锐利，并可见明显的线状砍切痕，宽达0.5cm ~0.1cm，有的骨质多次被砍断，据此推断碎尸工具具有较为菲薄、锋利的刃口，有一定体积和重量，如能砍能切的菜刀类工具。在两下踝关节的离断处，可见断面粗糙，在左距骨关节面的外侧，有类似锲状砍伤，分析此类砍伤为斧刃类砍伤的可能性较大。

（2）该被碎尸尸体有以下几个特征：

1）肢解部位不够准确，有的在关节处离断，有的则在关节附近离断，如髋关节、两肩关节、右踝关节。

2）肢解手法不熟练，表现为每一个断端都有几处砍痕，一般在6~7处以上。有的断端比较凌乱，在左股骨上端还出现股骨头和股骨两处离断的现象。

3）尸体出现多处与肢解无关的死后伤。

这些特征说明犯罪嫌疑人的肢解经验不足，不具备相关解剖学知识的职业特征。

4. 死者处女膜破裂是新鲜还是陈旧？是否为强奸所致？

尸体检验处女膜在六点处破裂，破口至基底部，裂缘未见增厚现象，镜检无纤维结缔组织增生现象，说明不是陈旧性裂痕，同时，相关物证检查证实死者阴道中精子来源于犯罪嫌疑人，据此推断，处女膜破裂系强奸形成。

5. 试分析强奸、碎尸、烧伤及机械性窒息发生的先后顺序。

（1）处女膜破裂和舌骨大角骨折及颈部皮肤损伤均表现为生前伤，因此，强奸杀人是本案关键所在，强奸和阻止死者抵抗、呼救几乎同时进行。

（2）从烧伤部位来看，多为头面部、颈部、两臂和上肢，以头面部和左上肢为重。烧、烤、烟熏的境界比较清楚，死者头发内检出与死者衣着一致的衣物纤维，证实尸体上的烧伤应为衣着着火引起，一次性形成，是犯罪嫌疑人企图毁尸毁容的结果。根据肢解尸体两断端皮肤表面烧伤痕迹一致，但切面未见烧伤，应为烧尸在前，碎尸在后。

（3）据此，损伤的可能顺序应为强奸和机械性窒息、焚烧尸体、碎尸。

6. 给出死者的死亡原因和鉴定意见，并说明理由。

暴力压迫颈部致机械性窒息死亡；死后焚尸，而后以菜刀类和斧类碎尸工具碎尸后抛尸。

第三十九章　法医物证学案例分析

案例一

依据本案例，分析说明否定父权的类型及否定父权存在的风险。

本案例为间接否定父权。否定父权存在的风险从STR基因座的突变、无效等位基因、沉默突变、替代等位基因、弱抗原、基因互换、CIS-AB效应、生理性与病理性变异等遗传变异角度分析。

案例二

在认定父权时，需要进行统计学计算，试说明本案例中PI与CPI值代表的参数及意义。

PI为父权指数，是判断亲子关系所需的两个概率的似然比，即具有AF遗传表型的男子是孩子生物学父亲的概率（X）与随机男子是孩子生物学父亲的概率（Y）的比值。CPI为累积父权指数，多个遗传标记用于亲子鉴定时，若父权不能否定，由每一个遗传标记获得的父权指数需单独计算，设每个遗传标记的父权指数分别为 PI_1、PI_2、PI_3…… PI_n，n 个遗传标记的父权指数相乘则为累积父权指数。

案例三

本案例为失散亲人亲缘关系认定，依据上述内容说明亲子鉴定的标准有哪些？

经标准化实验检测遗传标记；为了避免潜在突变影响，任何情况下都不能仅根据一个遗传标记不符合遗传规律就排除父权；被检测男子的累计父权指数＜0.0001 时，支持被检测男子不是孩子的生物学父亲的假设；实验使用的遗传标记累计非父排除率≥0.9999；被检测男子的累计父权指数＞10 000 时，支持被检测男子是孩子的生物学父亲的假设；累计父权指数＞0.0001 而＜10 000 时，应当通过增加检测的遗传标记达到要求。

案例四

通过本案例分析，采用毛发进行鉴定有哪些优缺点？

（1）优点：毛发易于脱落遗留于案发现场，难以腐败，保存时间较久，可以进行形态学鉴定，毛发的核 DNA 与线粒体 DNA 的鉴定。

（2）缺点：毛发较难搜集，其 DNA 含量较少，不易提取，毛发的 ABO 血型测定技术要求高，检测较血痕困难。

案例五

本案例通过绒毛组织的检测进行亲缘关系认定，试述软组织 DNA 提取时对于检材的要求及注意事项。

组织比其他生物检材更容易发生自溶和腐败。在提取和送检组织材料时应注意：尽快送检；组织检材不能及时送检时应低温保存，或干燥处理，充分干燥后保存；所有的组织材料不宜用甲醛固定；不同组织中含蛋白酶量不同，自溶和腐败的速率有明显差异，例如肝、脾中核酸酶丰富，蛋白质、DNA 降解较快，因此肝脾一般不作为首先取材；肌肉组织、脑组织等是提取 DNA 的较理想的检材。

案例六

本案例主要是解决法医物证学中的哪类问题？似然率的涵义是什么？

主要解决个人识别问题。似然率的涵义从表达的概念、公式、公式中表型频率的区别、用途、数据形式、数值意义进行说明。

案例七

对于双胞胎的亲子鉴定检测，两者的基因型有何特点，为什么？

双胞胎可以分为异卵双胞胎和同卵双胞胎。异卵双胞胎的基因型与一般兄弟姐妹一样，从父母中随机遗传一半基因；同卵双胞胎是由一个受精卵分裂、分化、发育而来，他们继承了来自父母双亲同一套遗传基因，表现出完全相同的基因型。

案例八

什么是遗传标记？分析本案例中导致遗传变异的原因是什么？

复制滑动是形成STR多态性的原因之一，也是STR基因座基因突变的主要原因。复制滑动突变多表现为等位基因增加1个或减少1个基序。这种只涉及1个基序的加或减称为一步突变，约占STR基因座突变的90%。少数突变基因涉及数个基序，称多步突变。常用STR基因座的突变率在0.1%～0.5%。本案例为一步复制滑动突变。

第四十章　法医临床学案例分析

案例一

1. 本案例中被鉴定人存在哪些功能障碍？

本案例中被鉴定人存在面部遗留多处瘢痕、眼睑瘢痕挛缩畸形、右肘和右腕关节活动较差等多处功能障碍。

2. 李某的伤残程度如何？

李某伤残程度的评定应对每处损伤分别进行评定，最后根据GB18667-2002《道路交通事故受伤人员伤残评定》标准的相关条款及地方文件等计算出综合赔偿指数。

案例二

王某的伤残等级如何？

本案例被鉴定人在工作时被烫伤，烫伤后体表遗留多处瘢痕，可依据GB/T16180-2006《劳动能力鉴定职工工伤与职业病致残等级》相应条款做出评定。

案例三

本案例中被鉴定人是否存在诈盲的可能？如准确评定损伤程度，是否还需补充其他检查？陈某的损伤程度如何？

本案例不能仅依据视力情况进行损伤程度的评定，因其视力下降是主观表现，但其眼B超、视觉诱发电位、OCT、MRI片等客观检查未见明显异常，故主观表现与客观检查不符。

案例四

1. 被鉴定人存在哪些功能障碍？

本案例被鉴定人存在神经系统功能障碍，例如四肢肌力下降等。

2. 试分析被鉴定人多发性硬化与其右手骨折的因果关系。

对其因果关系的评定应详细了解多发性硬化的概念、原因、流行病学调查、临床表现等，并结合其受伤后经过进行综合分析评定。

第四十一章　法医毒理学案例分析

案例一

1. 根据尸检及毒化检测结果，你认为死者死于哪类、哪种毒物中毒？

死者死于呼吸功能障碍性毒物中的一氧化碳中毒。

2. 死者体内检测出两种或两种以上毒物时，如何考虑不同毒物在死因中的竞争关系或协同作用？

当死者体内检测出两种或两种以上毒物时，应根据毒物的血浓度是否达到中毒或致死血浓度来判断哪种毒物中毒是致死的，还应考虑这些毒物之间有无协同作用。

案例二

1. 本案例死者的死因考虑是什么？

死因考虑有机磷农药中毒。

2. 应送取哪些检材？重点做什么毒物化验？

应送取胃内容物、心血、胃壁、肝、肾等检材，重点做有机磷农药的化验。

案例三

1. 本案例死者的死因涉及到机械性损伤和中毒，你怎么考虑两者与死因的关系？

本案例死者的死因涉及机械性损伤和中毒，轻型颅脑损伤并不致死，所送检死者的血液、尿液和胃内容物均检出乌头碱、新乌头碱和次乌头碱成分，血液中乌头碱质量浓度为5.4ng/ml，案情中死者系饮药酒后不适而身亡，均支持死因为乌头碱中毒死亡。

2. 涉及乌头碱中毒的案例，送毒化检测的检材提取和送检应注意什么？

涉及乌头碱中毒的案例，送毒化检测的检材提取和送检应注意低温保存检材并尽快送检，因为乌头碱在温度较高的条件下易分解，导致毒化检测阴性结果。

案例四

1. 本案例中死者的病历提供了死者中毒的检验方向，尸检中应进一步提取什么检材做什么毒物化验？

应提取尿液和血液做甲基苯丙胺（冰毒）和摇头丸的检测。

2. 死者在医院行“舌断裂清创缝合术”后突发心搏骤停，抢救无效死亡，怎样才能判断舌断裂和毒品中毒何者系主要死因？

死者在医院行“舌断裂清创缝合术”后突发心搏骤停，抢救无效死亡，应依据舌断裂的出血量、距死亡时间的长短及毒品血浓度是否达一般致死血浓度来判断何者系主要死因。

案例五

本案例死因涉及机械性损伤和中毒，你能确定何者是主要死因吗？依据什么？

本案例死因涉及机械性损伤和中毒，机械性损伤是主要死因，因为死者为高坠伤，发生了多个重要脏器的致死性机械性损伤（大、小脑蛛网膜下腔出血、脑挫伤、肺破裂、肺出血、肝破裂），而所送检死者尿液中检出去氧麻黄碱成分未达到中毒浓度。

案例六

本案例的死因考虑化学烫伤、触电还是中毒？分别应怎样确定或排除？

本案例的死因宜从几个方面考虑：化学烫伤的严重程度（烫伤的深度及体表面积）；电镀槽漏电检测及死者皮肤是否存在电流斑形态改变；提取死者心血和其他脏器检测镍浓度是否达到中毒或致死浓度。

彩　图

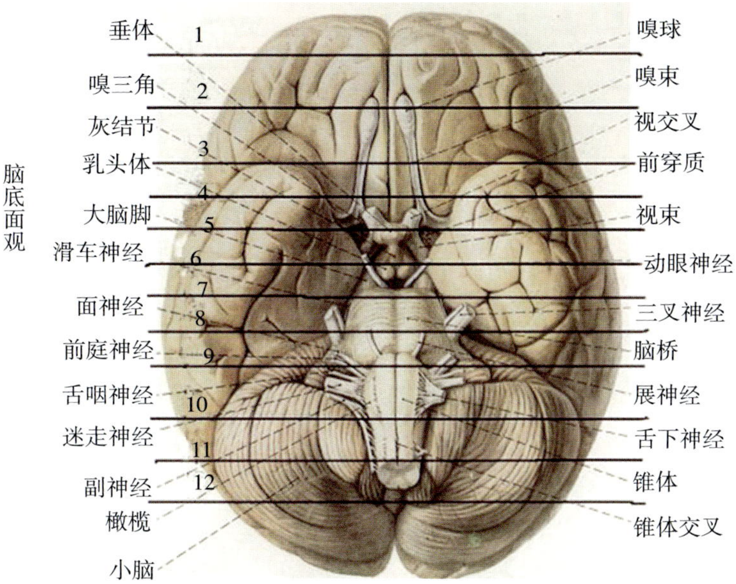

彩图 3-1　大脑十二刀切法及解剖标志

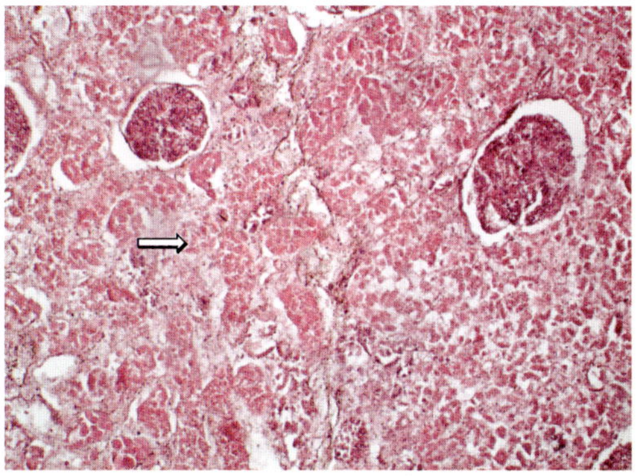

彩图 6-1　近曲小管浊肿（箭头示，×40）

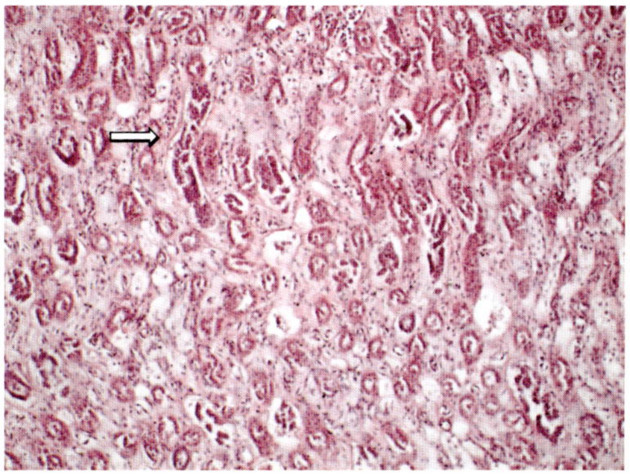

彩图 6-2　远曲小管（箭头示，×40）

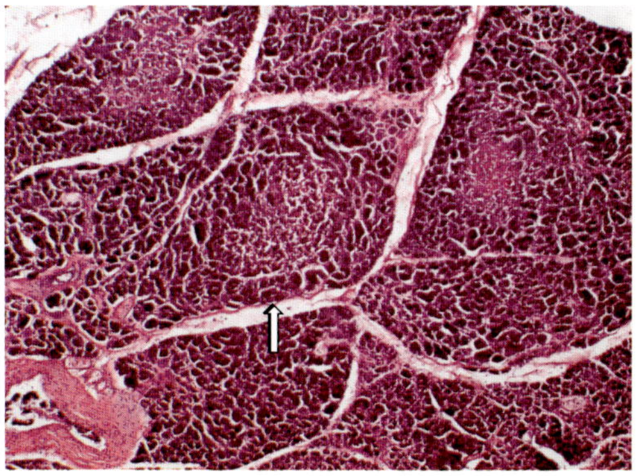

彩图 6-3　胰腺自溶（箭头示胰岛，×200）

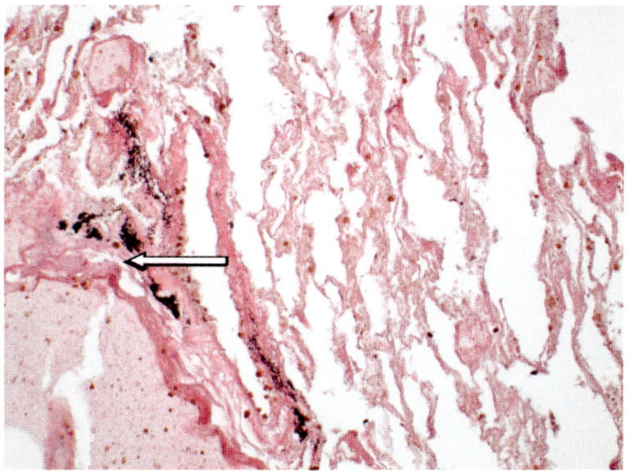

彩图 6-4　肺自溶（箭头示炭末，×200）

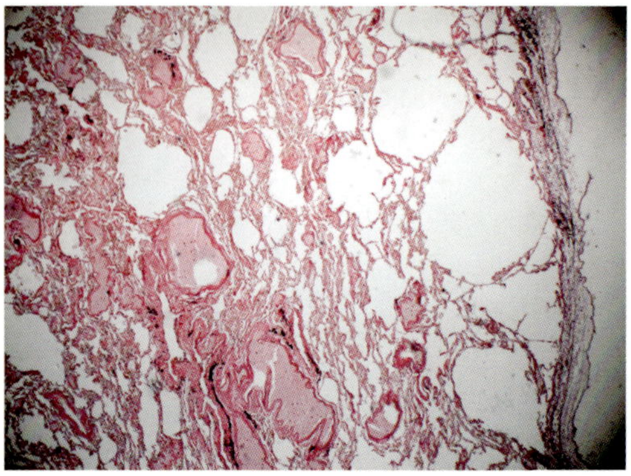

彩图 6-5　肺自溶（×200）

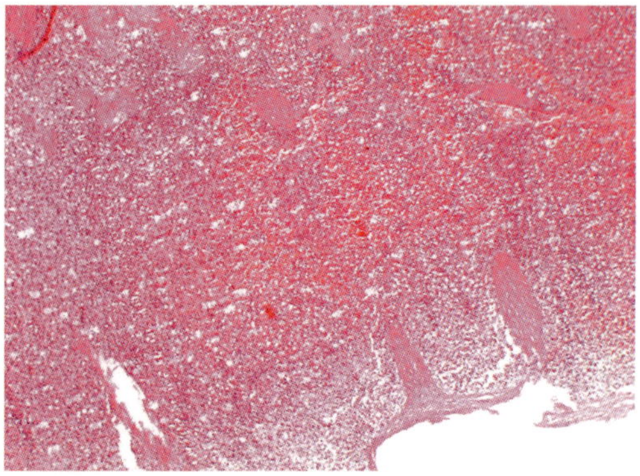

彩图 6-6　脾自溶（×200）

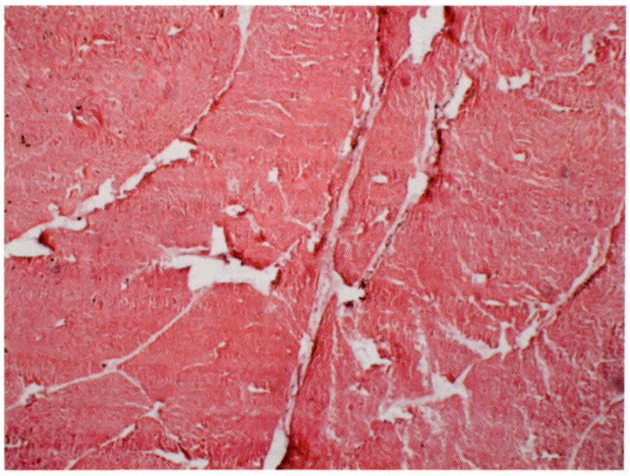

彩图 6-7　心肌自溶（×100）

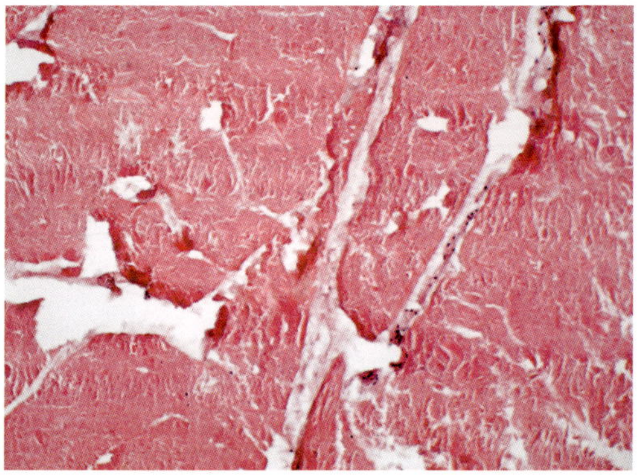

彩图 6-8　心肌自溶（×200）

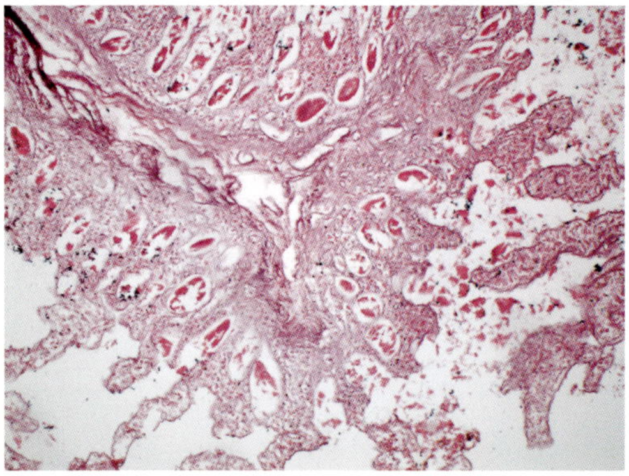

彩图 6-9　小肠自溶（×100）

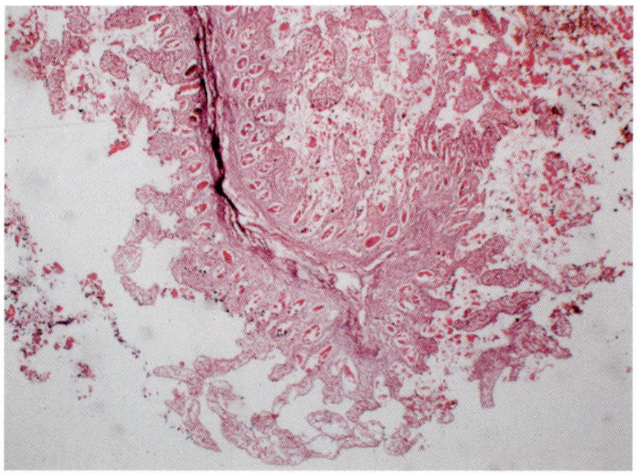

彩图 6-10　小肠自溶（×200）

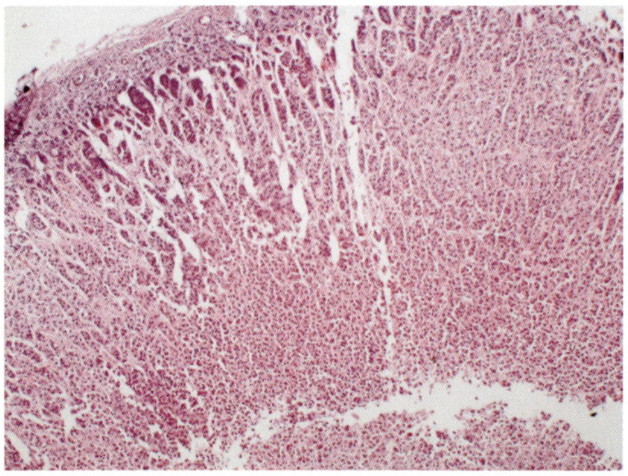

彩图 6-11　胃黏膜自溶（×200）

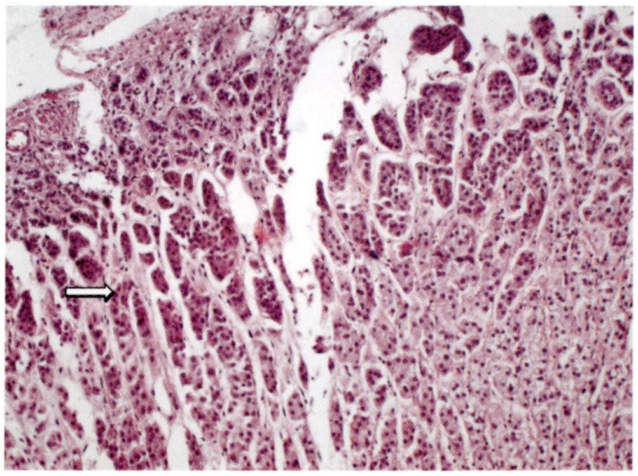

彩图 6-12　胃黏膜自溶（箭头示胃体腺，×400）

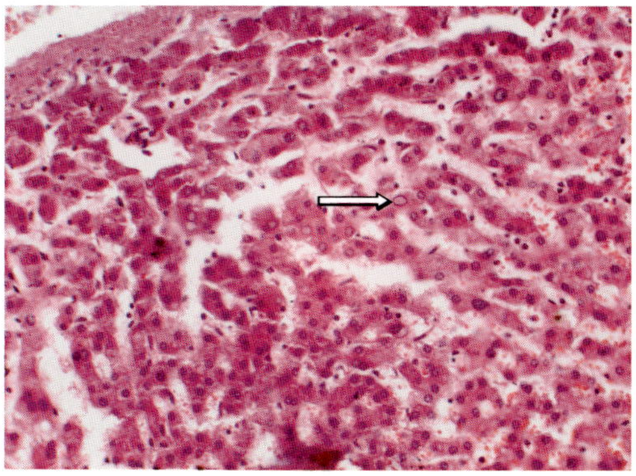

彩图 6-13　肝细胞自溶
（箭头示肝细胞核溶解、残存核膜，×400）

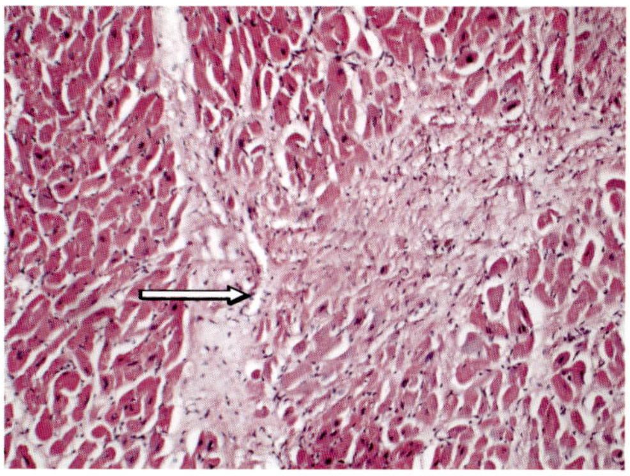

彩图 7-1　心肌梗死（箭头示梗死区域，×200）

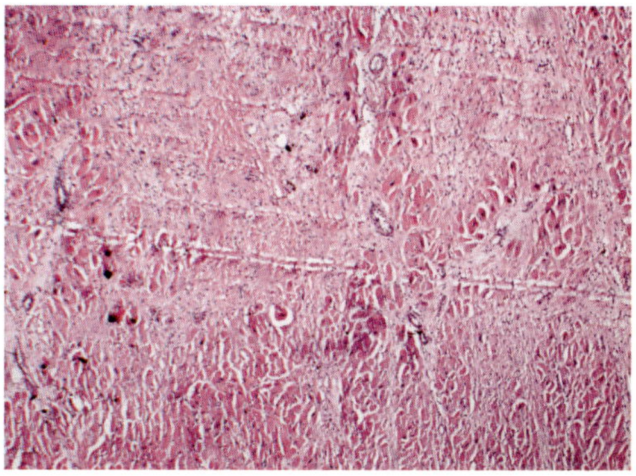

彩图 7-2　心肌梗死（梗死瘢痕，×400）

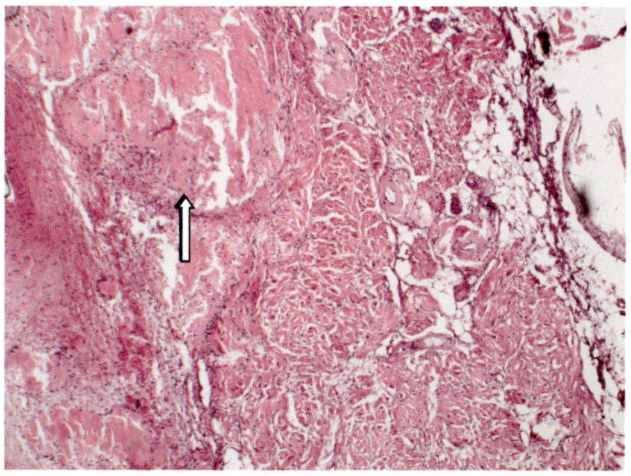

彩图 7-3　心肌病（箭头示肌溶性坏死灶，×100）

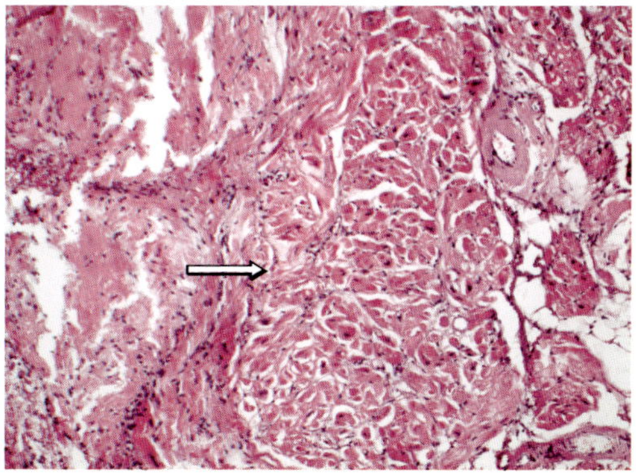

彩图 7-4　心肌病（箭头示心肌细胞走形紊乱，×200）

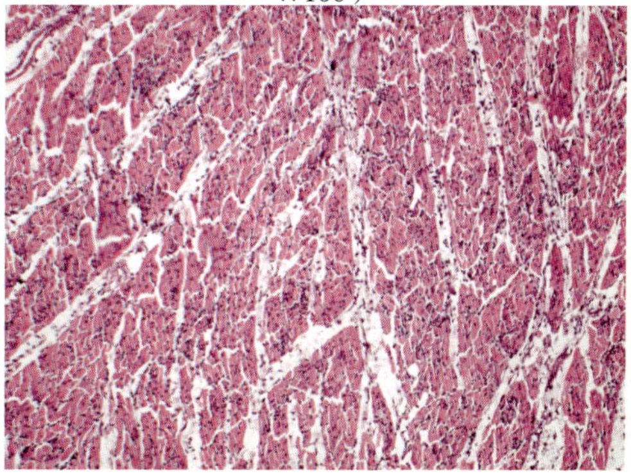

彩图 7-5　心肌炎（×200）

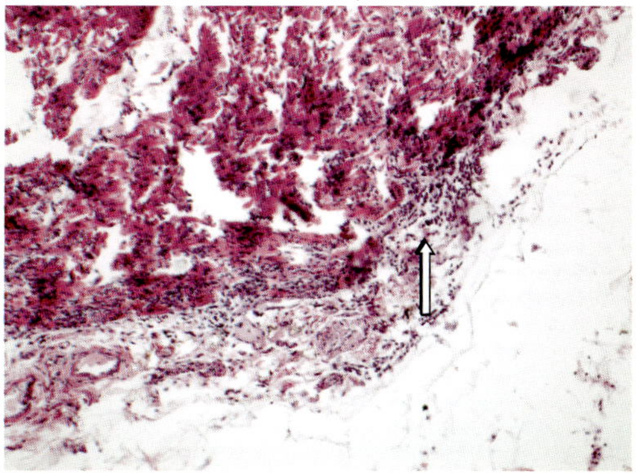

彩图 7-6　心肌炎（箭头示炎细胞浸润，×400）

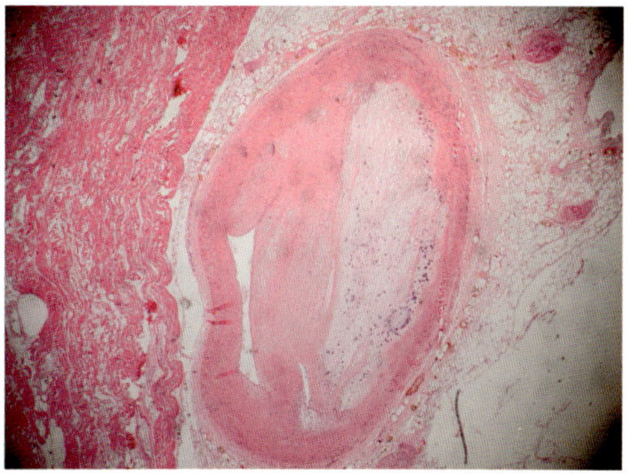

彩图 7-7　冠状动脉粥样硬化管腔狭窄Ⅳ级（×40）

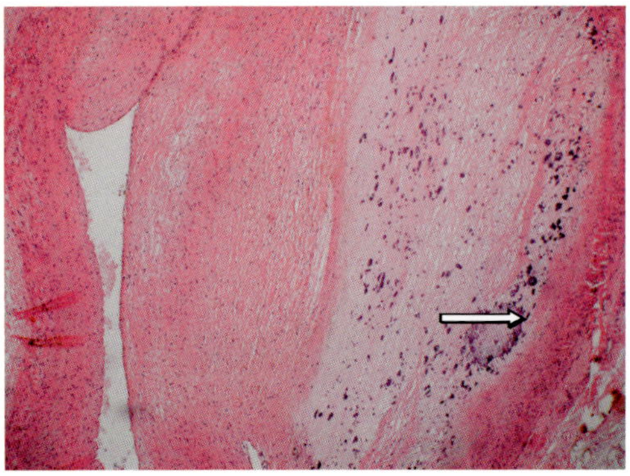

彩图 7-8　冠状动脉粥样硬化管腔狭窄Ⅳ级
（箭头示钙盐沉积，×100）

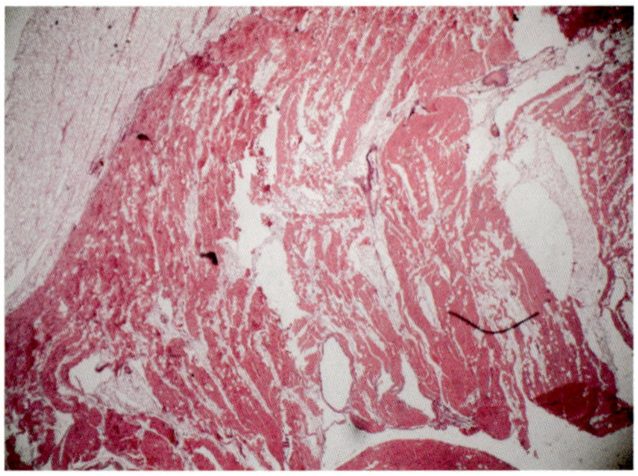

彩图 7-9　心肌脂肪浸润（×40）

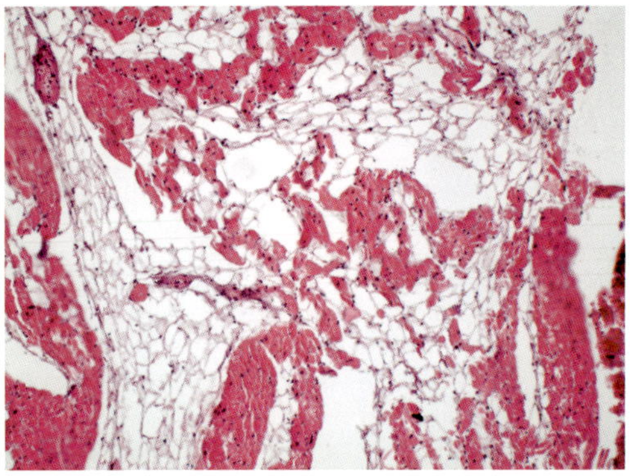

彩图 7-10　心肌脂肪浸润（×100）

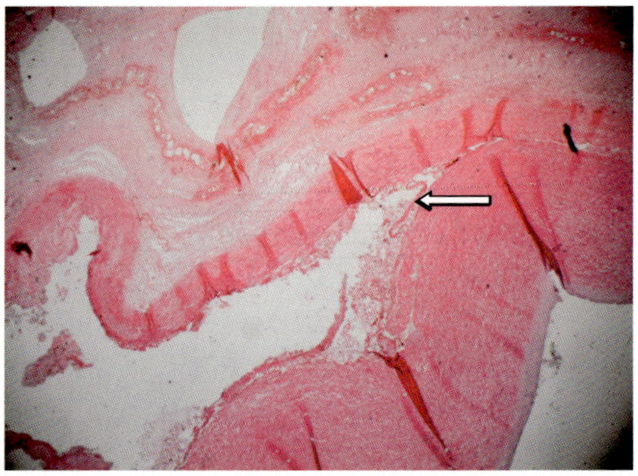

彩图 7-11　夹层动脉瘤（箭头示动脉壁分离，×40）

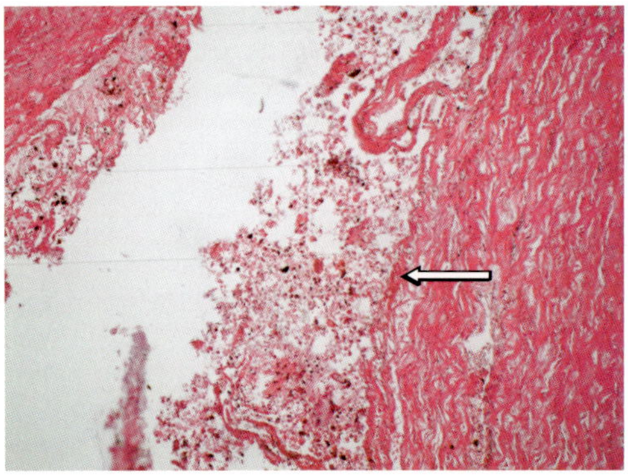

彩图 7-12　夹层动脉瘤
（箭头示夹层内出血，×200）

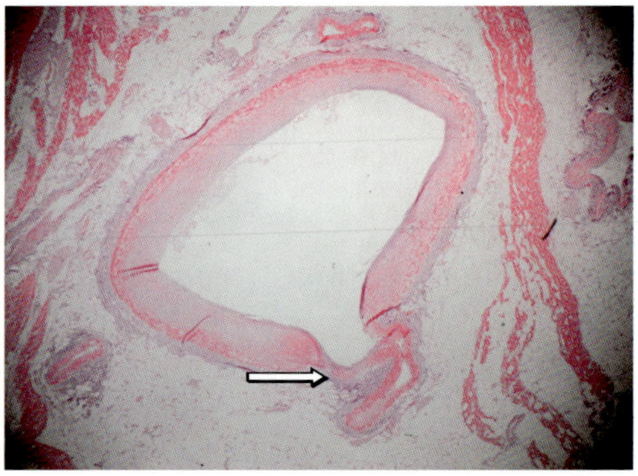

彩图 7-13　冠状动脉畸形（×40）

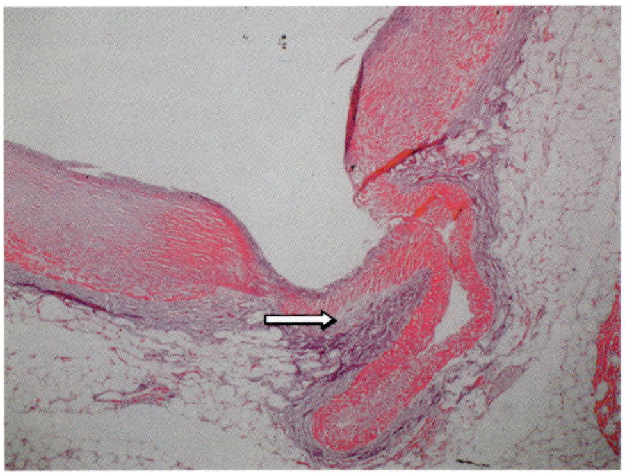

彩图 7-14　冠状动脉畸形（×100）

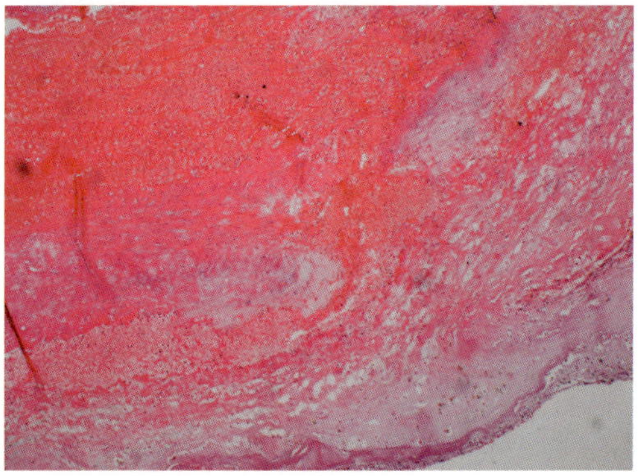

彩图 7-15　混合血栓（×100）

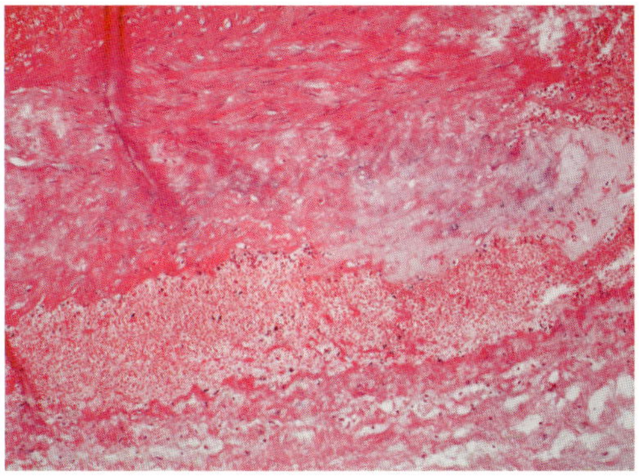

彩图 7-16　混合血栓（×200）

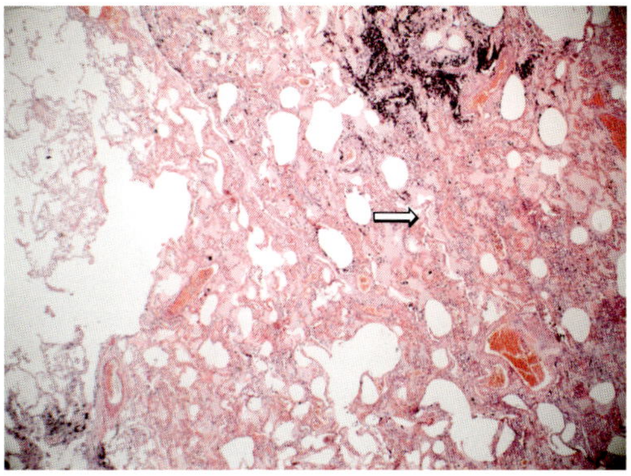

彩图 8-1　肺实变（箭头为实变区，×100）

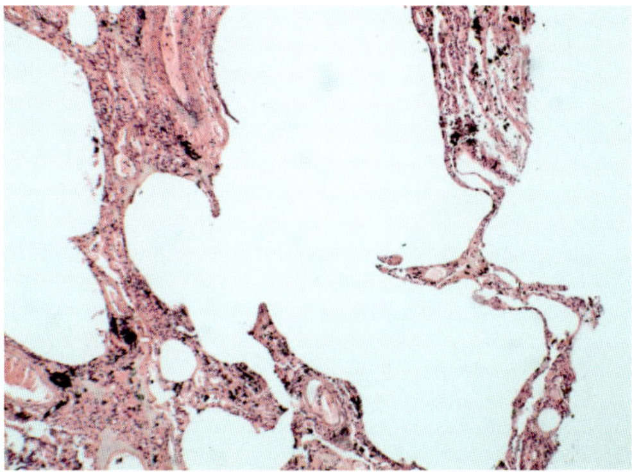

彩图 8-2　代偿性肺气肿（×200）

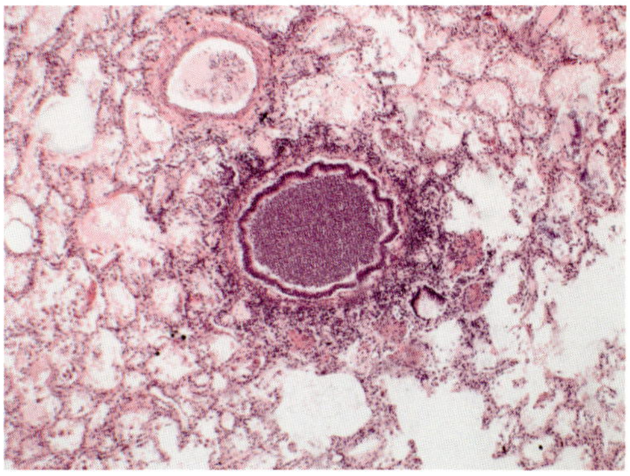

彩图 8-3　小叶性肺炎（×200）

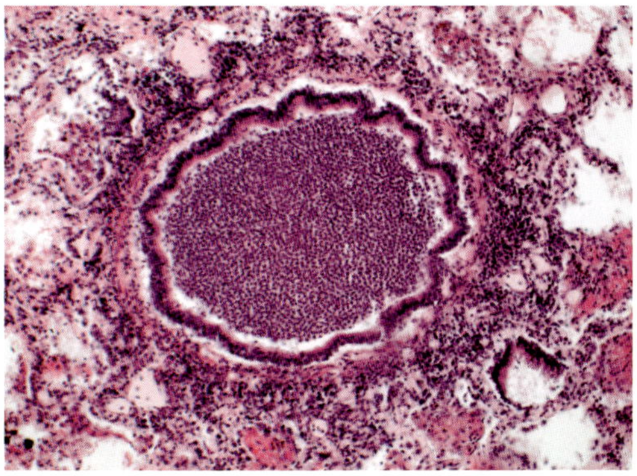

彩图 8-4　小叶性肺炎（×400）

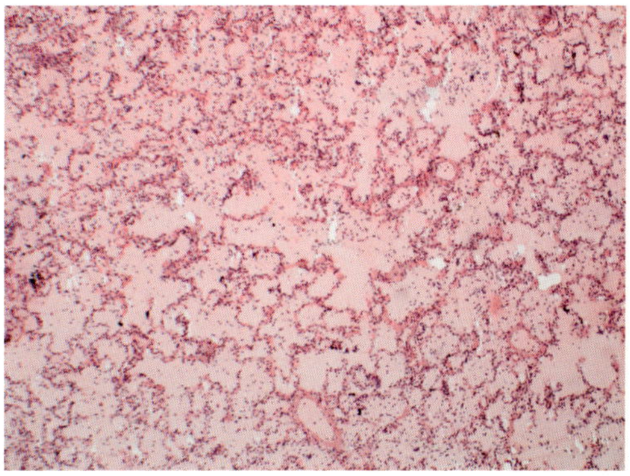

彩图 8-5　肺水肿（×200）

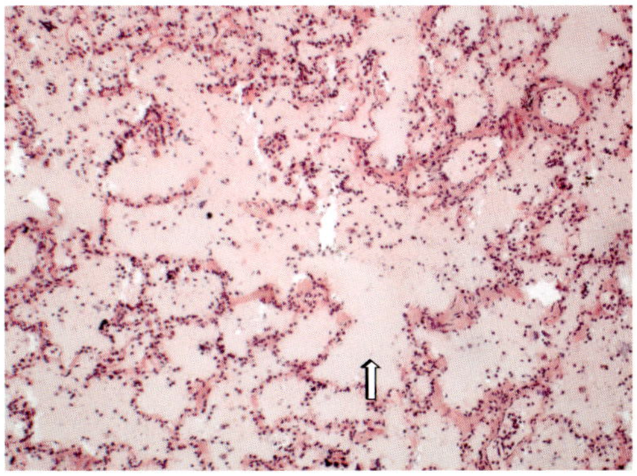

彩图 8-6　肺水肿
（箭头示肺泡腔中水肿液，×400）

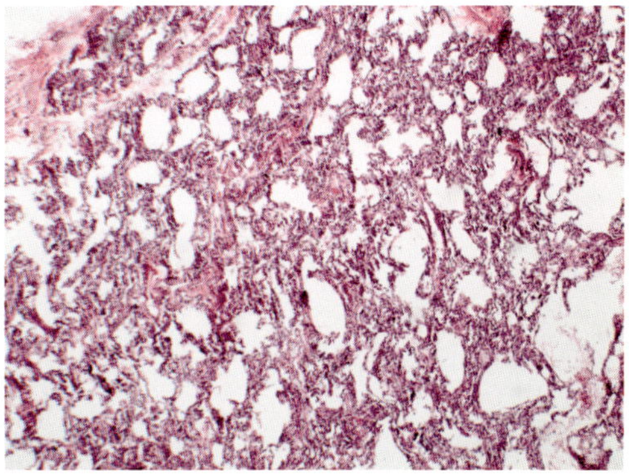

彩图 8-7　间质性肺炎（×200）

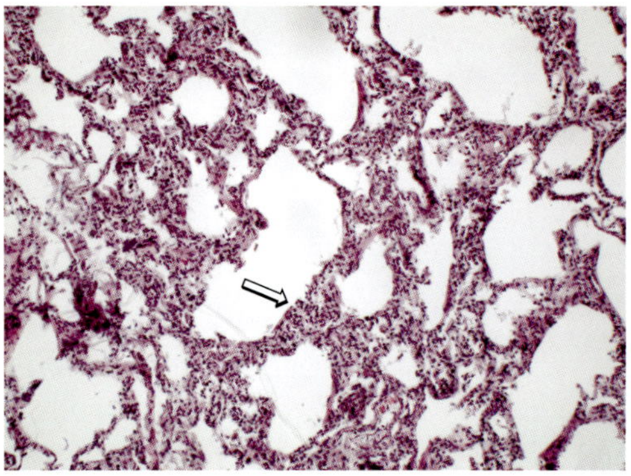

彩图 8-8　间质性肺炎
（箭头示增厚的肺泡壁，×400）

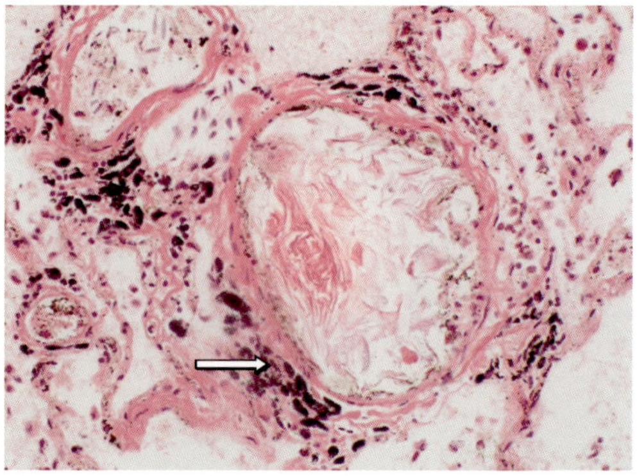

彩图 8-9　羊水栓塞 ×400（血管腔内角化物）

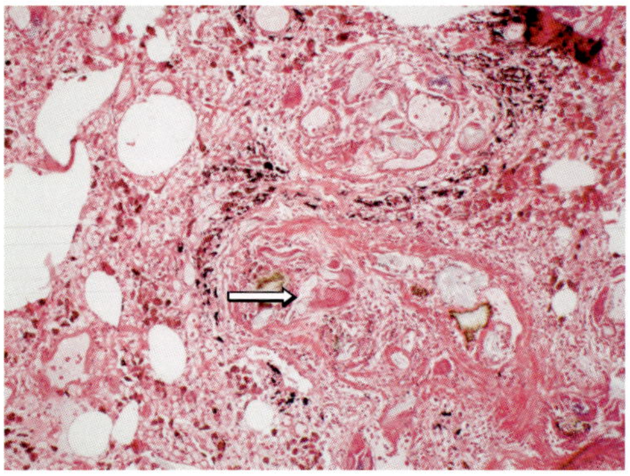

彩图 8-10　异物肉芽肿
（箭头示异物巨噬细胞，×200）

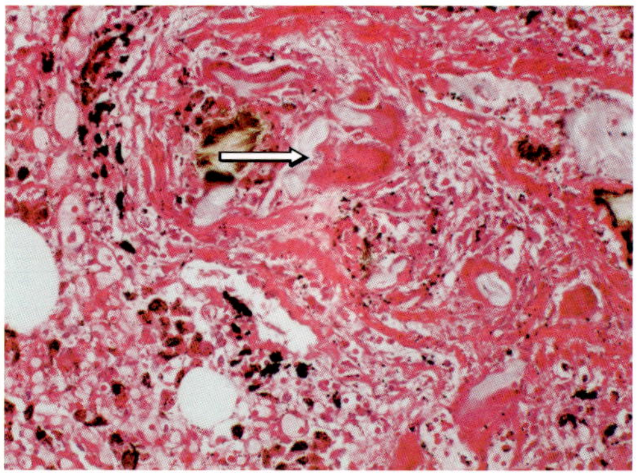

彩图 8-11　异物肉芽肿（×400）

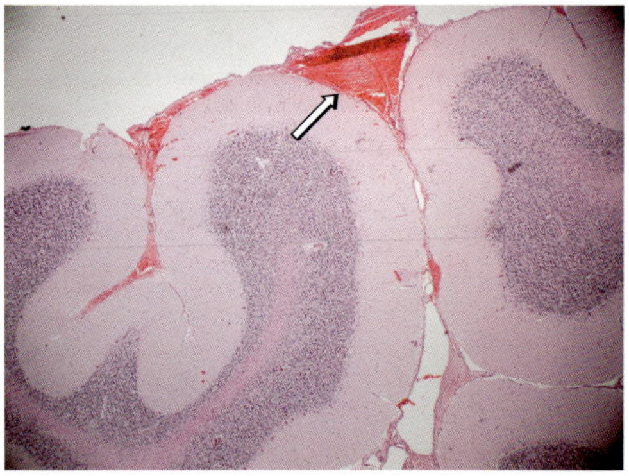

彩图 9-1　小脑蛛网膜下腔出血（×40）

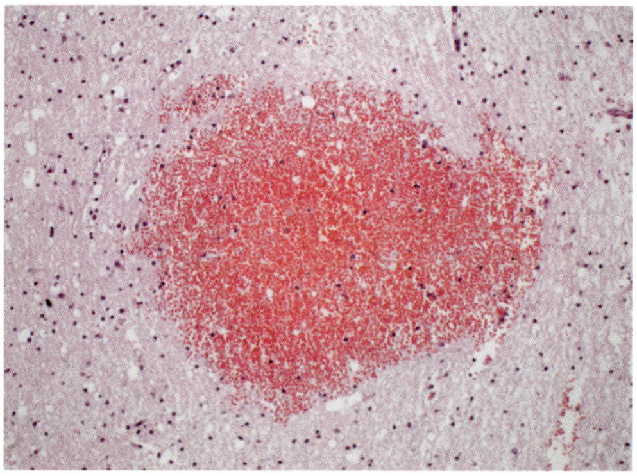

彩图 9-2　脑出血（×200）

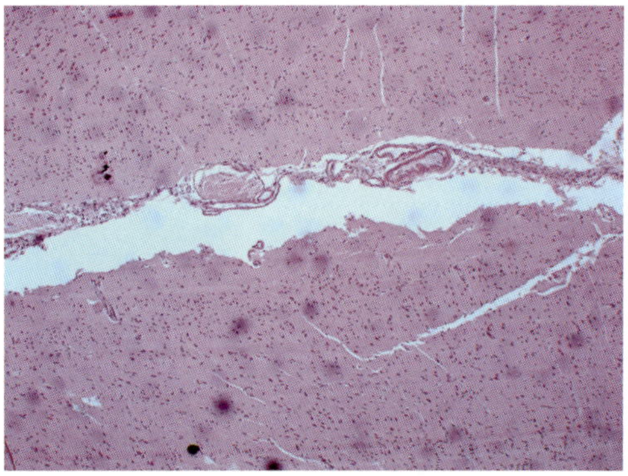

彩图 9-3　脑萎缩（×100）

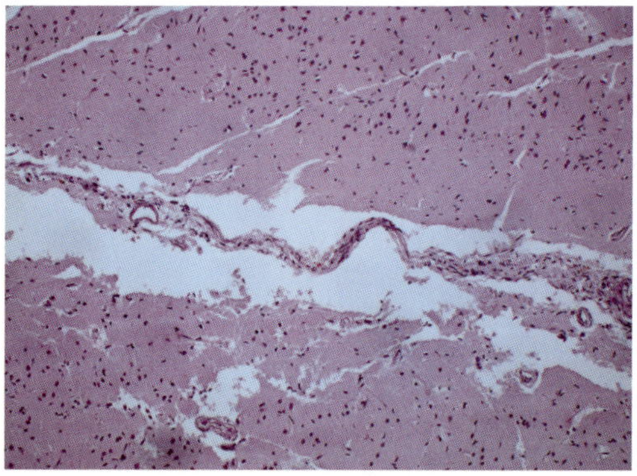

彩图 9-4　脑萎缩（×200）

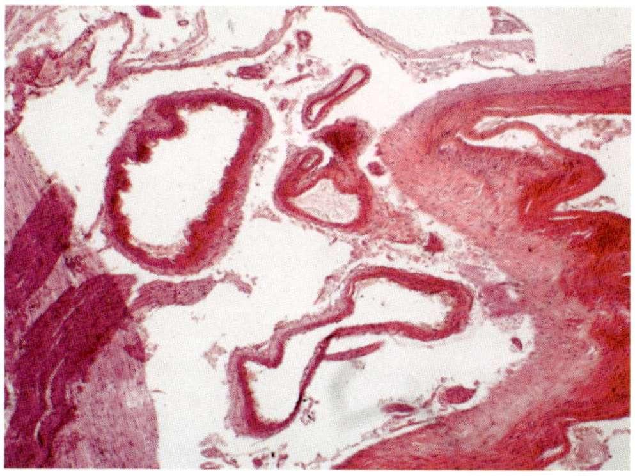
彩图 9-5 脑血管畸形（×40）

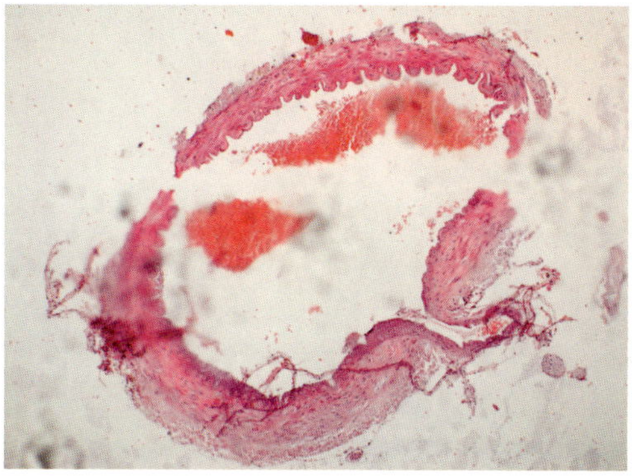
彩图 9-6 脑血管畸形（×100）

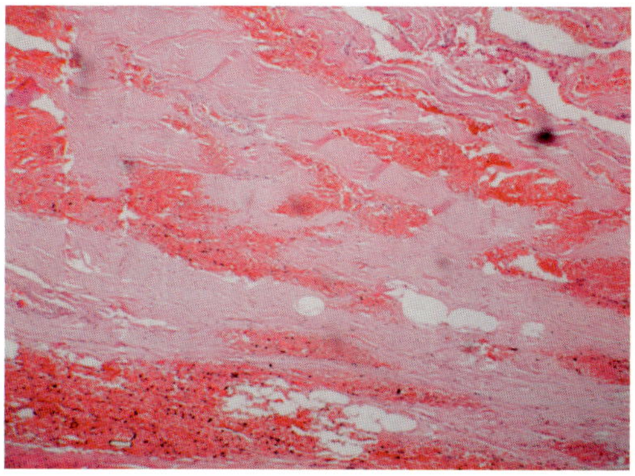
彩图 9-7 硬脑膜出血（×100）

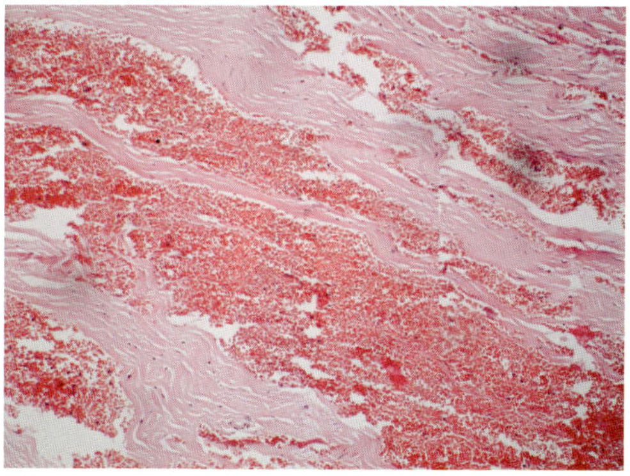
彩图 9-8 硬脑膜出血（×400）

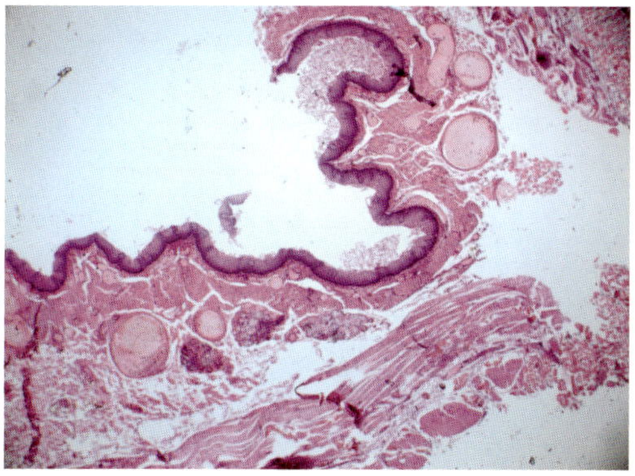
彩图 10-1 食管静脉曲张（×100）

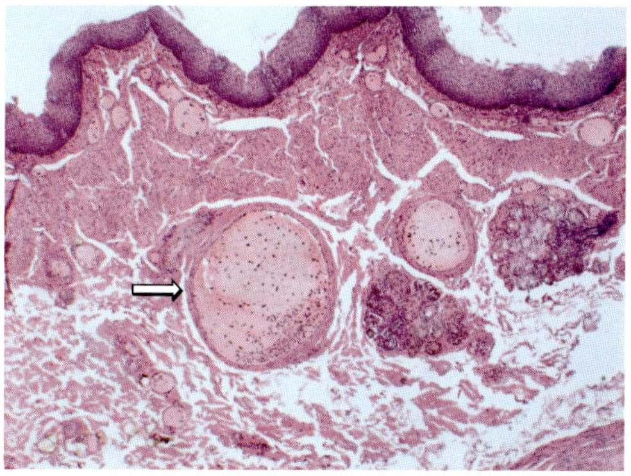
彩图 10-2 食管静脉曲张
（箭头示扩张的静脉，×200）

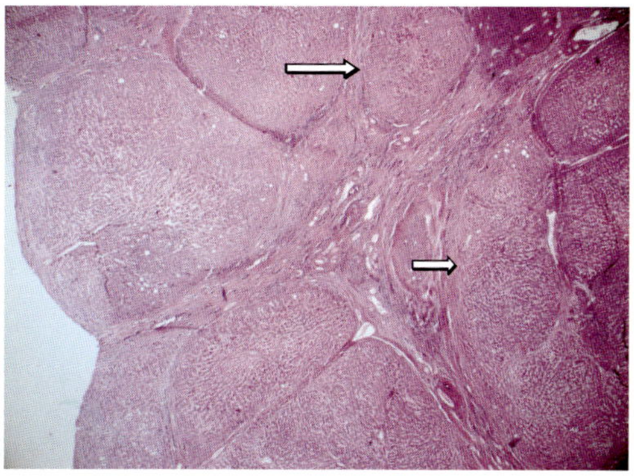
彩图 10-3 肝硬化（箭头示假小叶，×40）

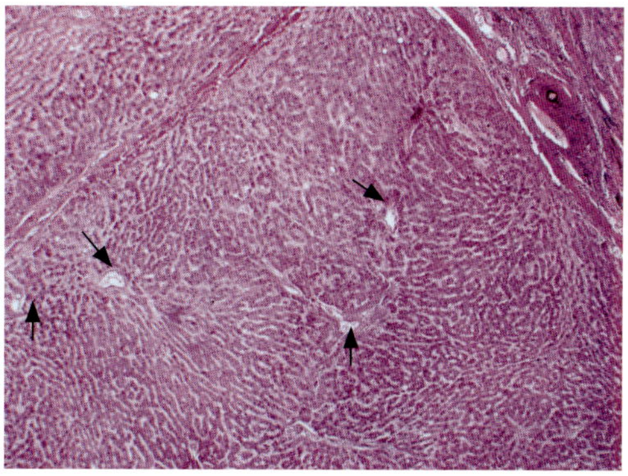
彩图 10-4 肝硬化
（假小叶内多个中央静脉，×100）

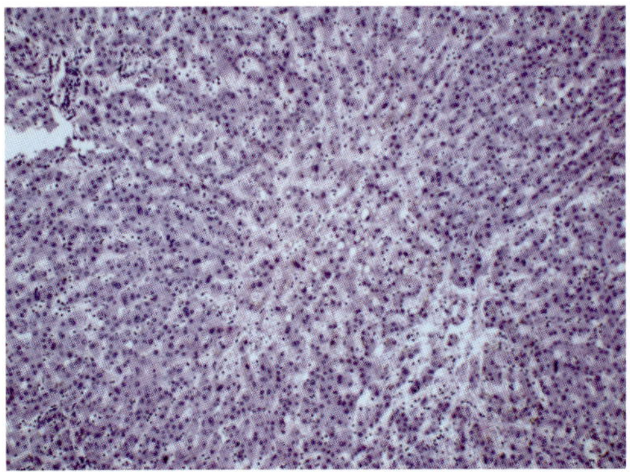

彩图 10-5　脂肪肝（×100）

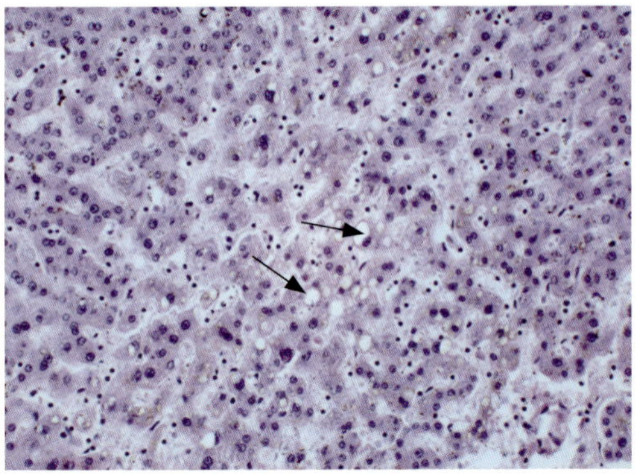

彩图 10-6　脂肪肝（×400）

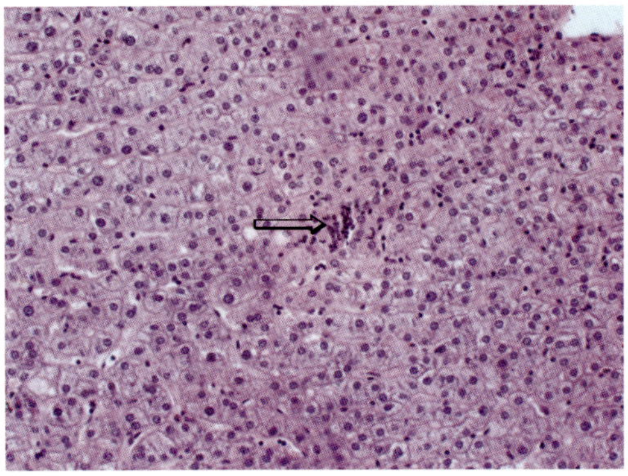

彩图 10-7　急性肝炎（箭头示点状坏死，×200）

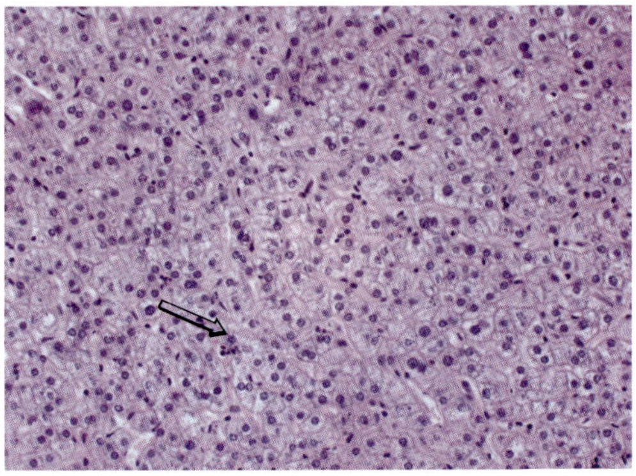

彩图 10-8　急性肝炎（箭头示点状坏死，×200）

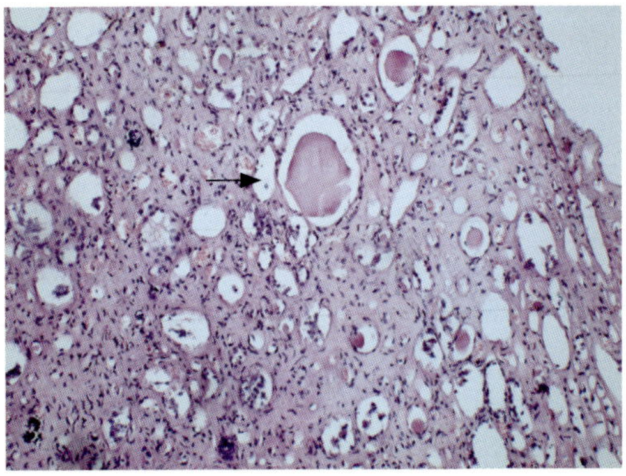

彩图 10-9　慢性肾盂肾炎
（箭头示蛋白管型，×200）

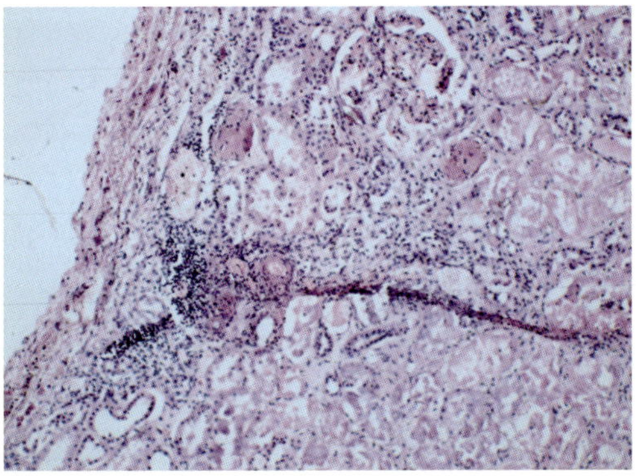

彩图 10-10　慢性肾盂肾炎（×200）

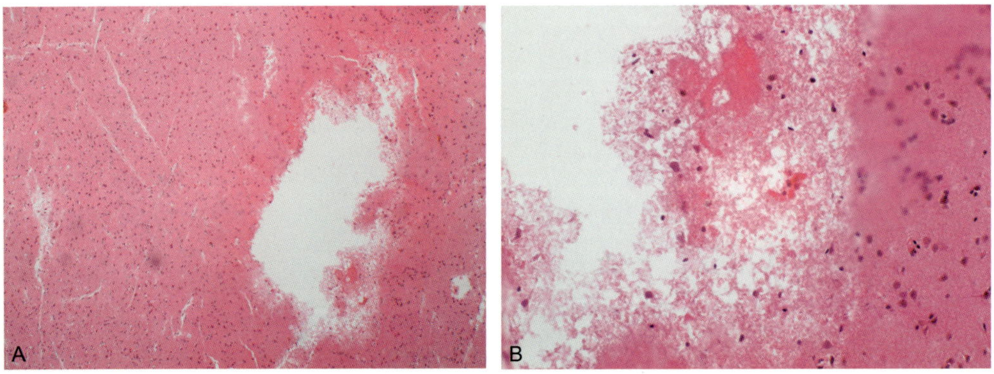

彩图 27-1　一氧化碳中毒死亡者组织学图片（一）
A. 大脑脑软化灶（×100）；B. 大脑脑软化灶（×400）

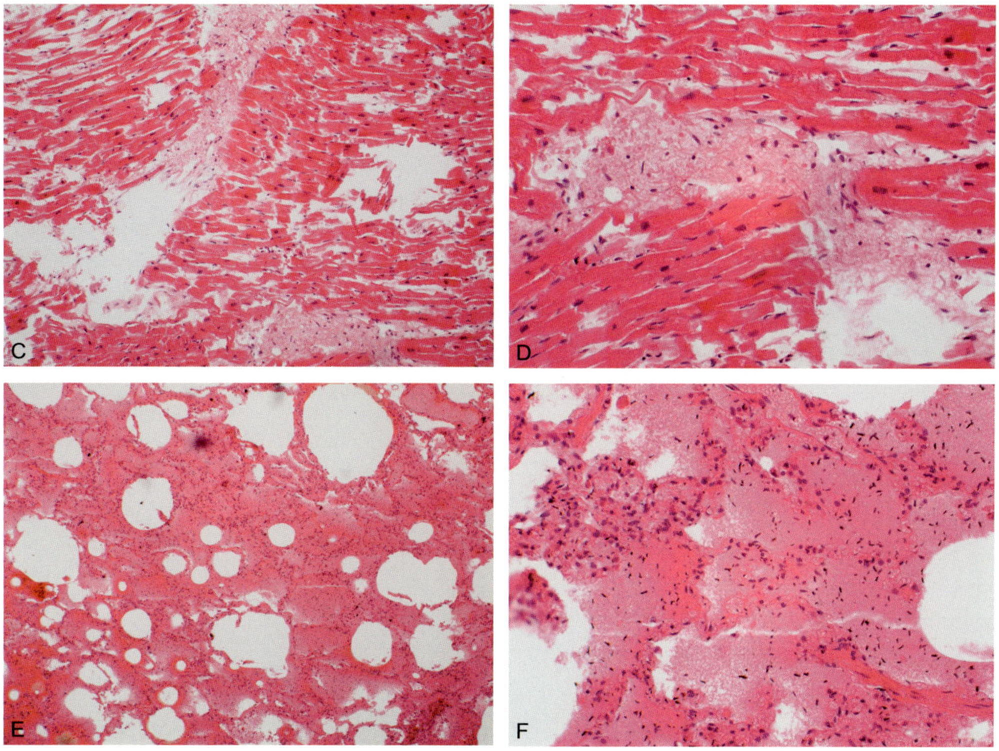

彩图 27-1（续） 一氧化碳中毒死亡者组织学图片（一）

C. 心肌间质出血（×200）; D. 心肌间质出血（×400）; E. 肺水肿（×100）; F. 肺水肿（×400）

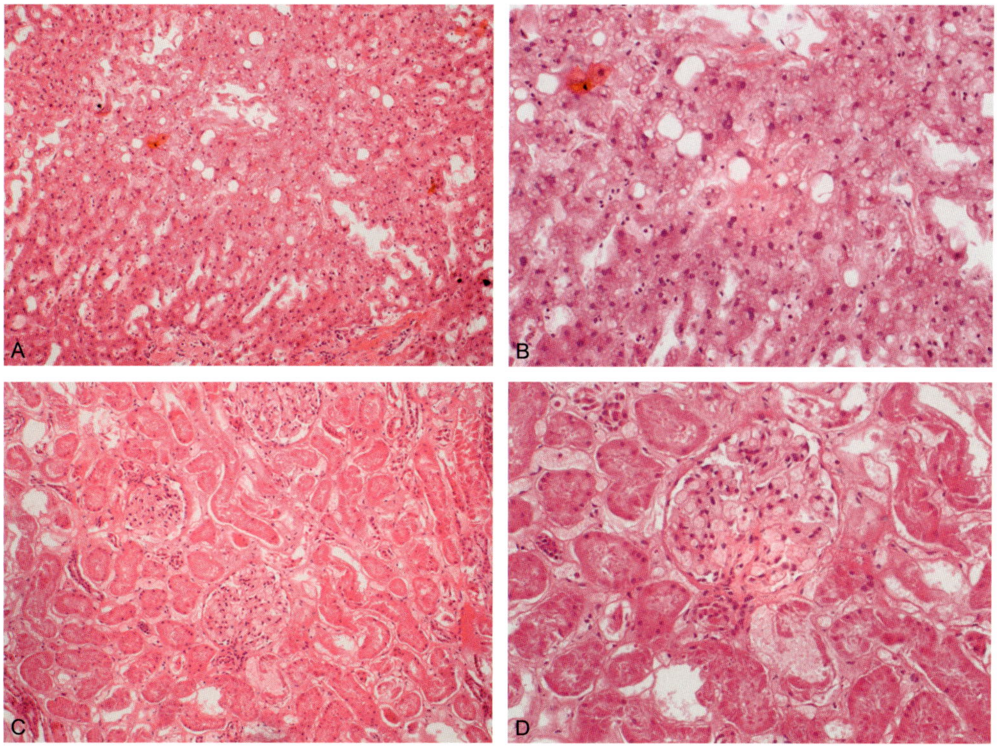

彩图 27-2 一氧化碳中毒死亡者组织学图片（二）

A. 肝细胞脂肪变性（×200）; B. 肝细胞脂肪变性（×400）; C. 肾近曲小管上皮细胞水变性（×200）;
D. 肾近曲小管上皮细胞水变性（×400）

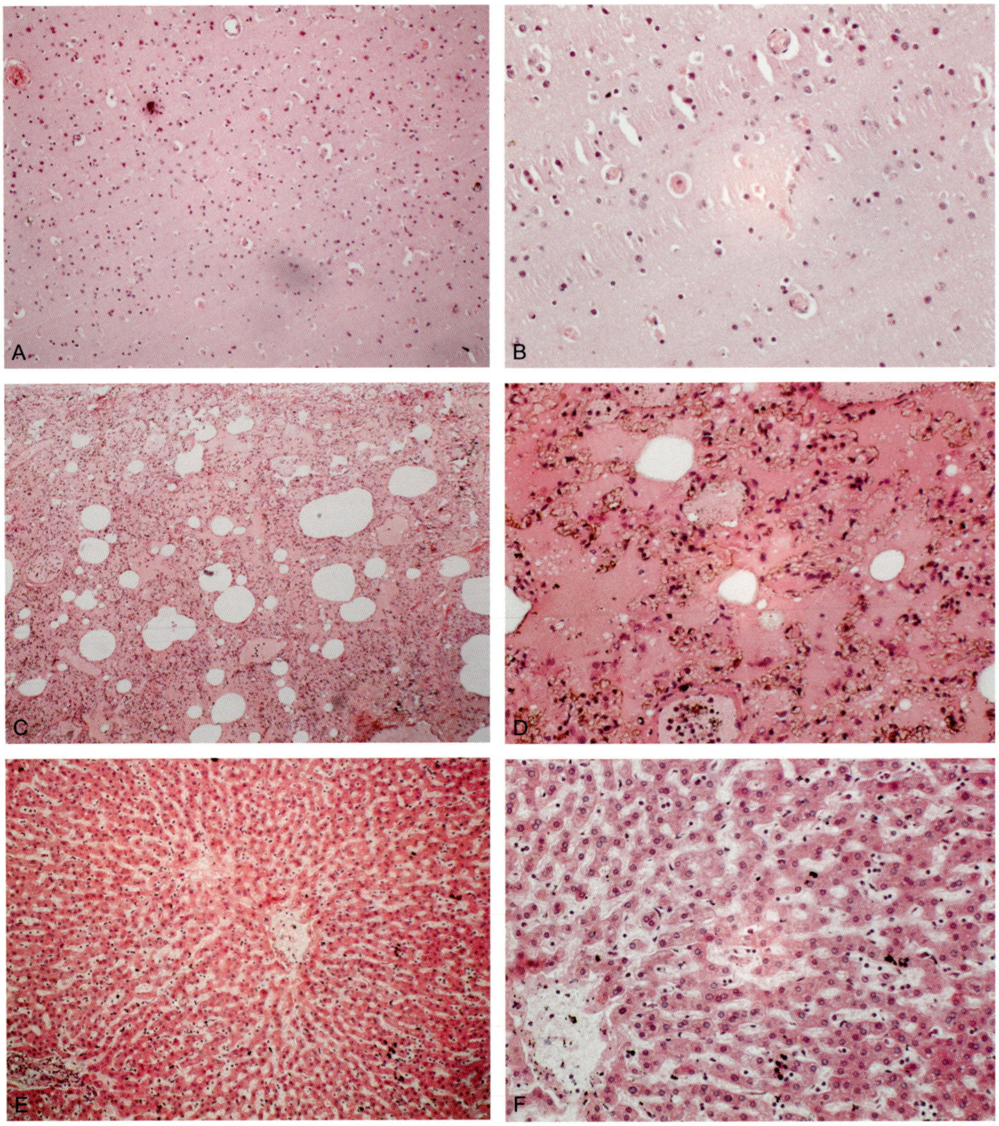

彩图 28–1　毒鼠强中毒死亡者的组织学图片（一）

A. 脑水肿（×200）; B. 脑水肿（×400）; C. 肺水肿（×100）; D. 肺水肿（×400）; E. 肝窦扩张、充血（×200）; F. 肝窦扩张、充血（×400）

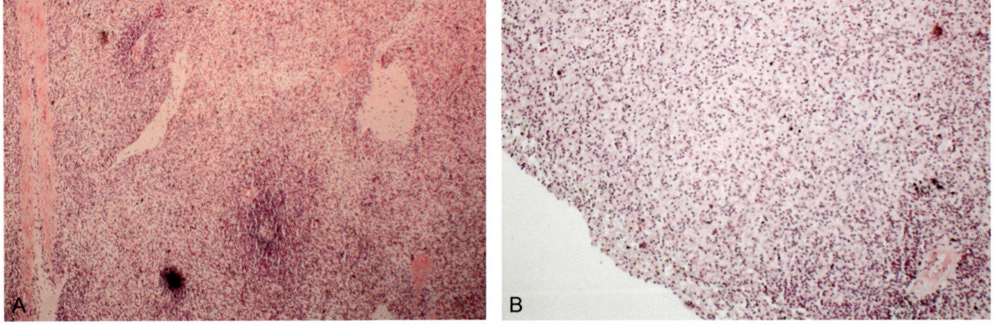

彩图 28–2　毒鼠强中毒死亡者的组织学图片（二）

A. 脾红髓淤血，白髓内淋巴细胞数目相对减少（×200）; B. 脾红髓淤血，白髓内淋巴细胞数目相对减少（×400）

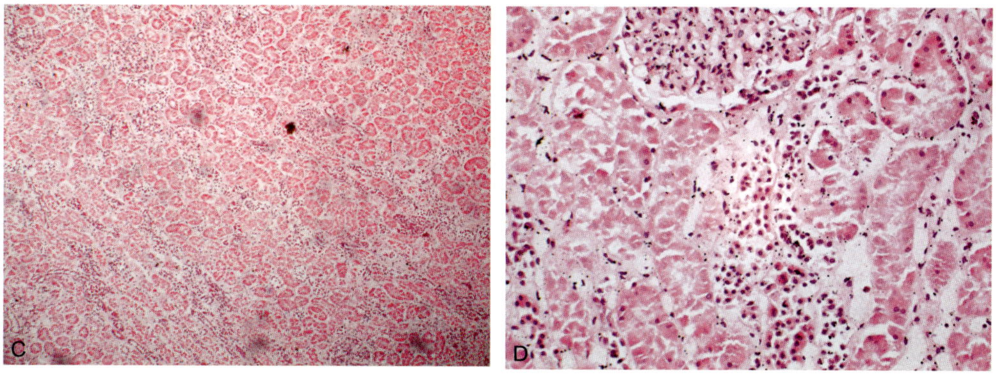

彩图 28-2（续） 毒鼠强中毒死亡者的组织学图片（二）

C. 肾远曲小管上皮细胞坏死（×100）；D. 肾远曲小管上皮细胞坏死（×400）

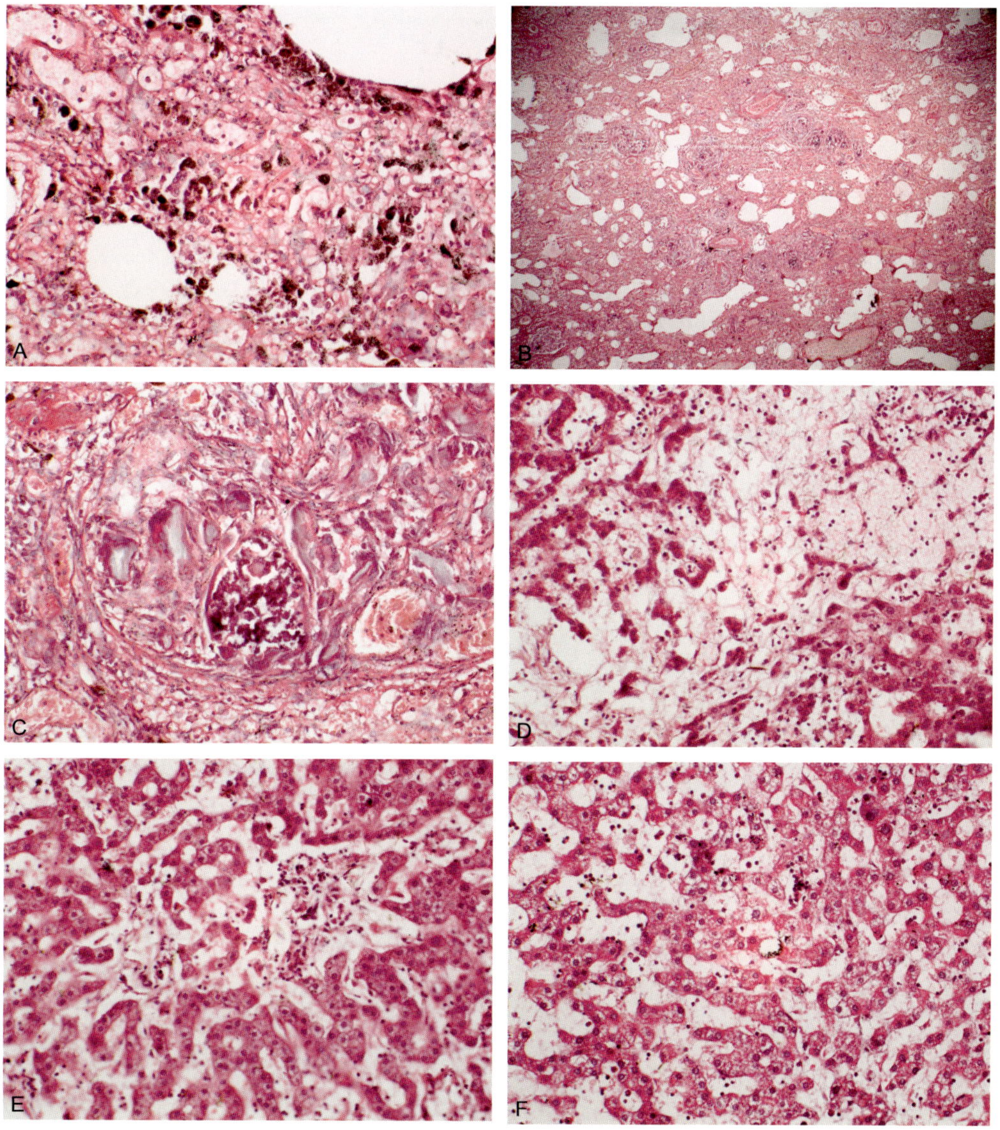

彩图 29-1 氨酚羟考酮(阿片类药物)滥用中毒死亡者的组织学图片（一）

A. 慢性肺淤血（×400）；B. 肺异物肉芽肿（×40）；C. 肺异物肉芽肿（×400）；D. 肝窦扩张、充血，肝细胞受压萎缩（×400）；E. 肝细胞小灶状坏死伴炎细胞浸润（×400）；F. 肝细胞水变性（×400）

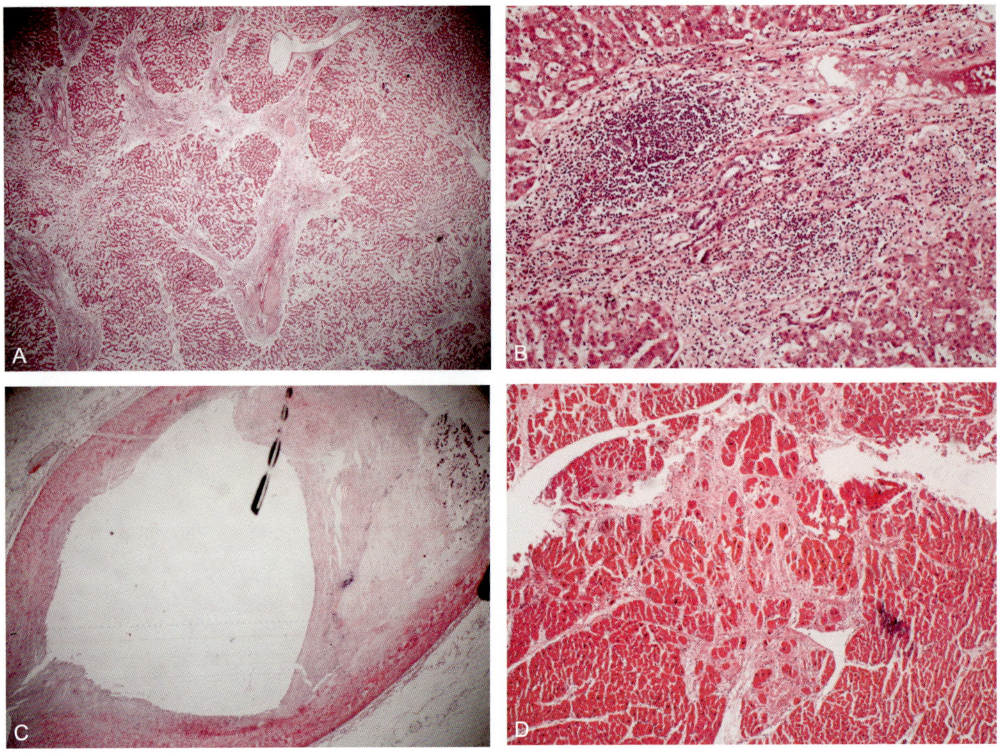

彩图 29-2　氨酚羟考酮（阿片类药物）滥用中毒死亡者的组织学图片（二）

A. 肝汇管区纤维增生（×40）；B. 肝汇管区淋巴细胞增生，淋巴滤泡形成（×200）；C. 心左冠状动脉粥样硬化，管腔狭窄Ⅱ级（×40）；D. 左心室心肌梗死瘢痕（×100）

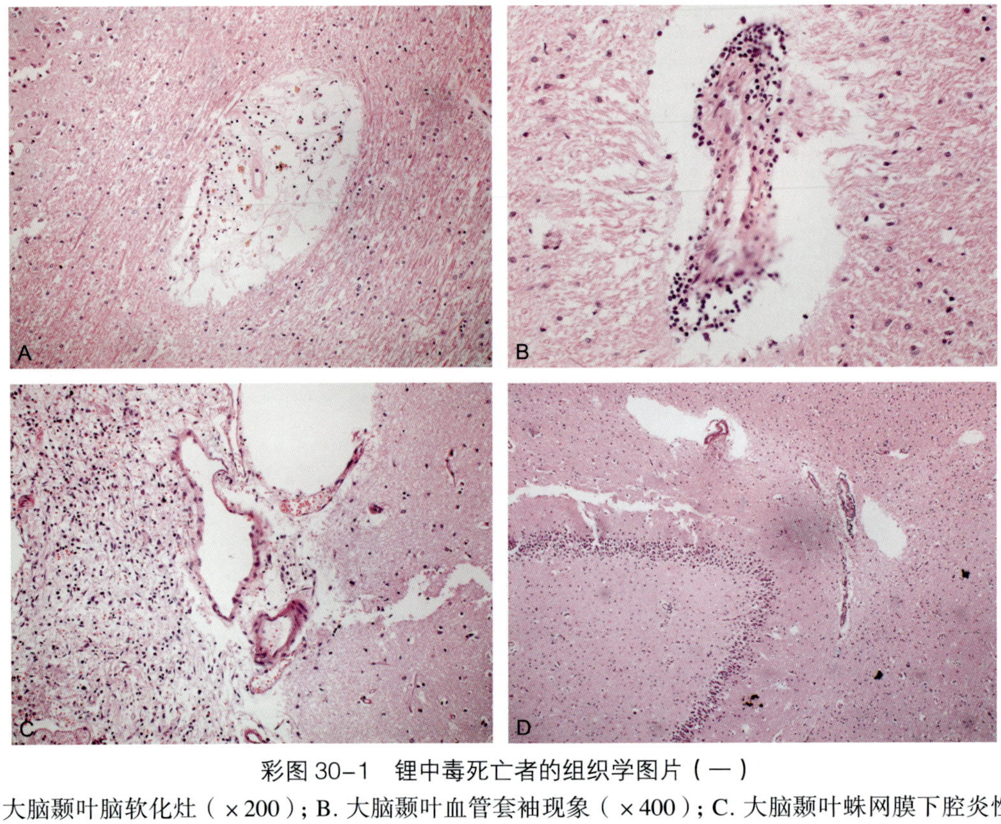

彩图 30-1　锂中毒死亡者的组织学图片（一）

A. 大脑颞叶脑软化灶（×200）；B. 大脑颞叶血管套袖现象（×400）；C. 大脑颞叶蛛网膜下腔炎性肉芽组织（×200）；D. 大脑海马区血管套袖现象（×40）

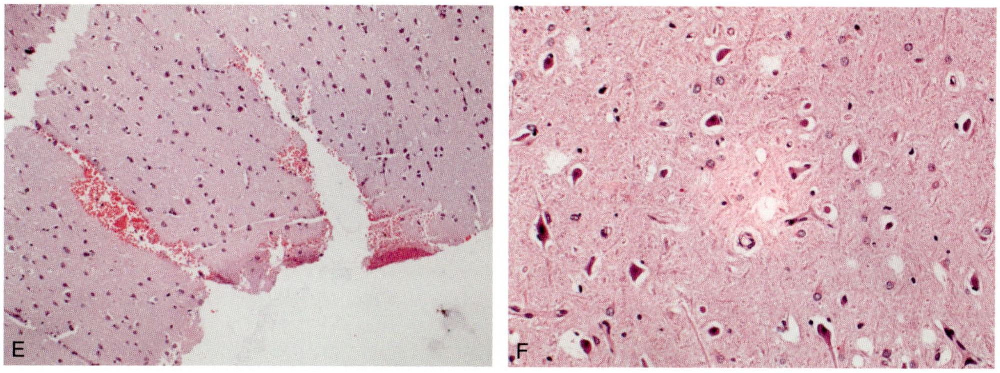

彩图 30-1(续) 锂中毒死亡者的组织学图片（一）
E. 枕叶小区出血（×200）；F. 枕叶噬神经现象（×400）

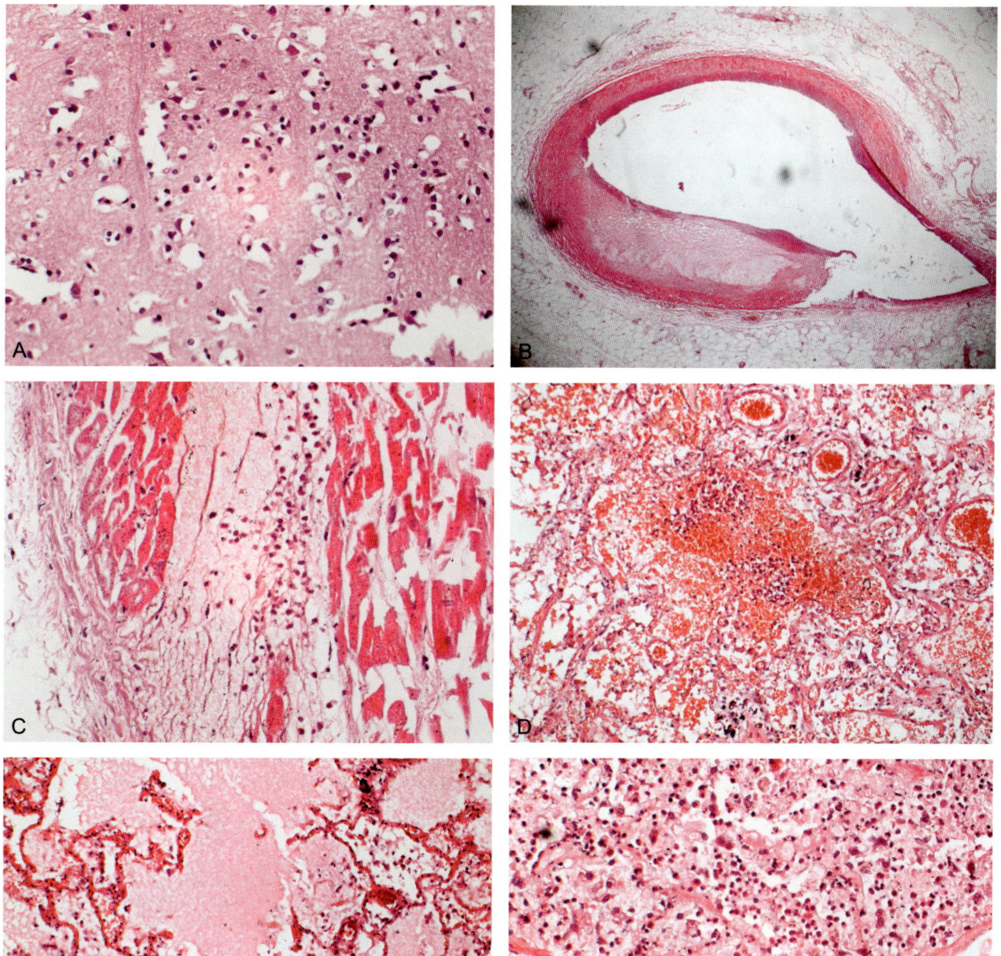

彩图 30-2 锂中毒死亡者的组织学图片（二）
A. 枕叶胶质细胞增生（×400）；B. 心冠状动脉粥样硬化，管腔狭窄Ⅰ级（×40）；C. 心内膜下出血及灶状炎细胞浸润（×400）；D. 肺出血（×200）；E. 肺水肿（×400）；F. 肺泡腔内见多量中性粒细胞浸润（×400）

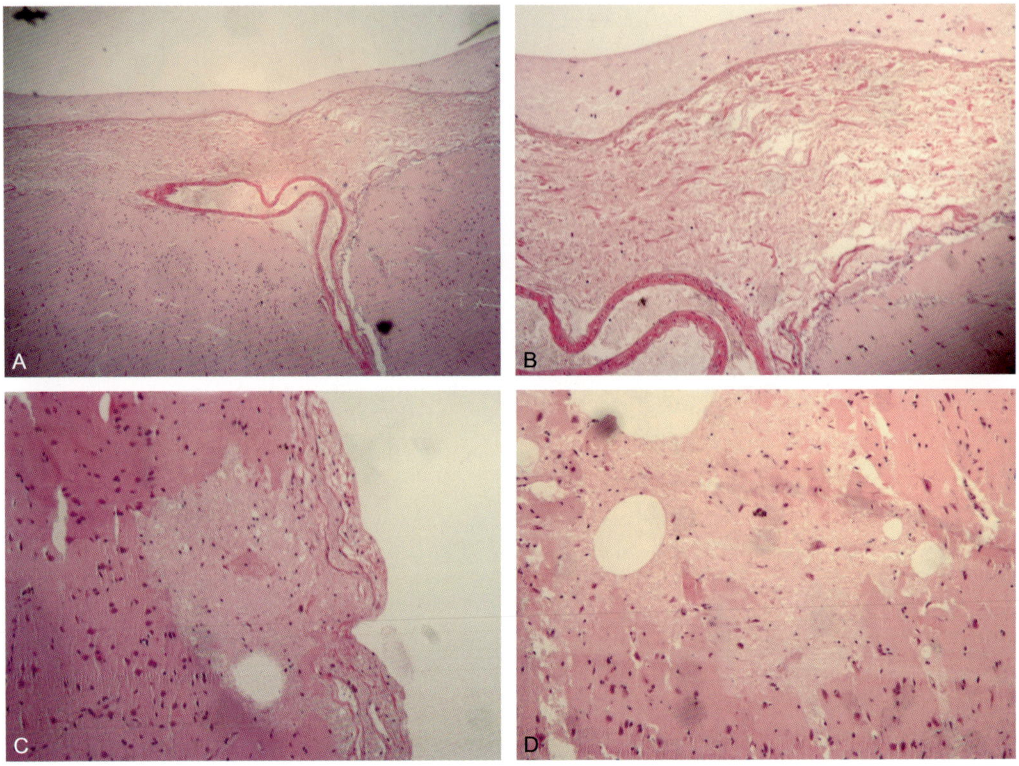

彩图 38-2　法医病理学案例一（组织学图片）

A 和 B. 大脑蛛网膜下腔广泛出血，红细胞已自溶（A × 40, B × 100）；C 和 D. 脑实质挫伤灶见脑出血和脑软化（C × 100, D × 200）

彩图 38-3　现场遗留血迹及木棍，血迹为图 38-4 中 2 号血迹

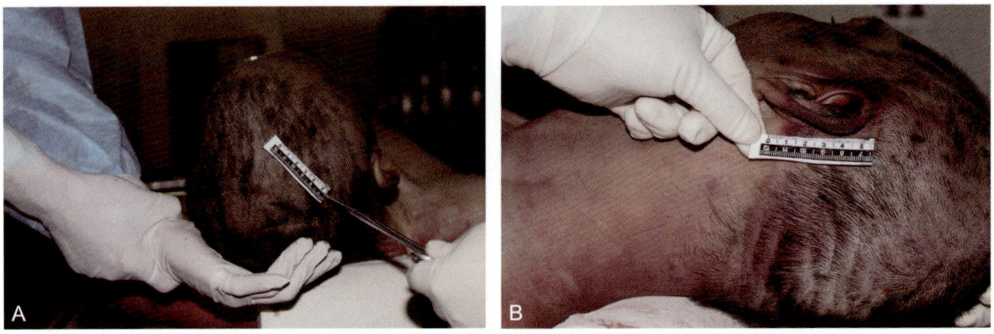

彩图 38-5　法医病理学案例二（大体图片）

A. 颅顶头皮三处干燥、黑色皮损，疑似电流斑；B. 左耳廓上部焦黑状皮损，疑似电流斑

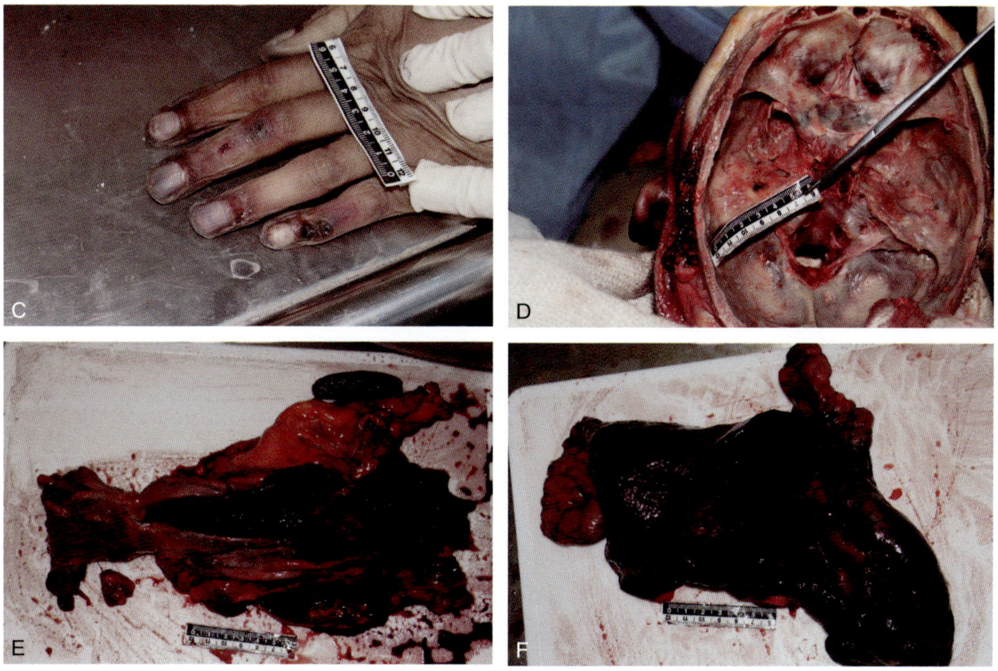

彩图 38-5（续） 法医病理学案例二（大体图片）

C. 左手小拇指第 1 指节两处焦黑、圆形皮肤损伤，疑似电流斑；D. 左侧颅中窝两处线形骨折；E. 主支气管、左右支气管及食管内较多血性冰渣；F. 左肺出血

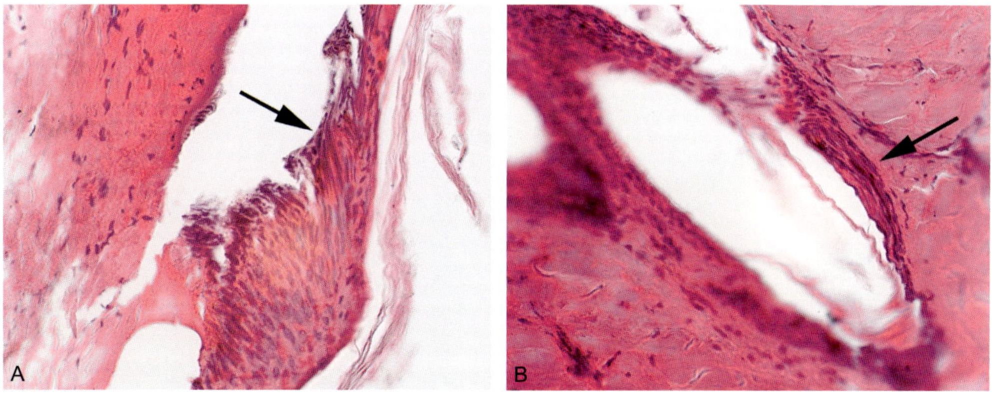

彩图 38-6 法医病理学案例二（组织学图片）

A. 颅顶头皮皮损处表皮层基底细胞呈极性化，细胞核固缩、深染、纵向拉长，表皮层内及表皮下出现大小不等的空泡，真皮胶原肿胀、融合（×400）；B. 颅顶头皮皮损处皮肤附属器细胞极性化（×400）

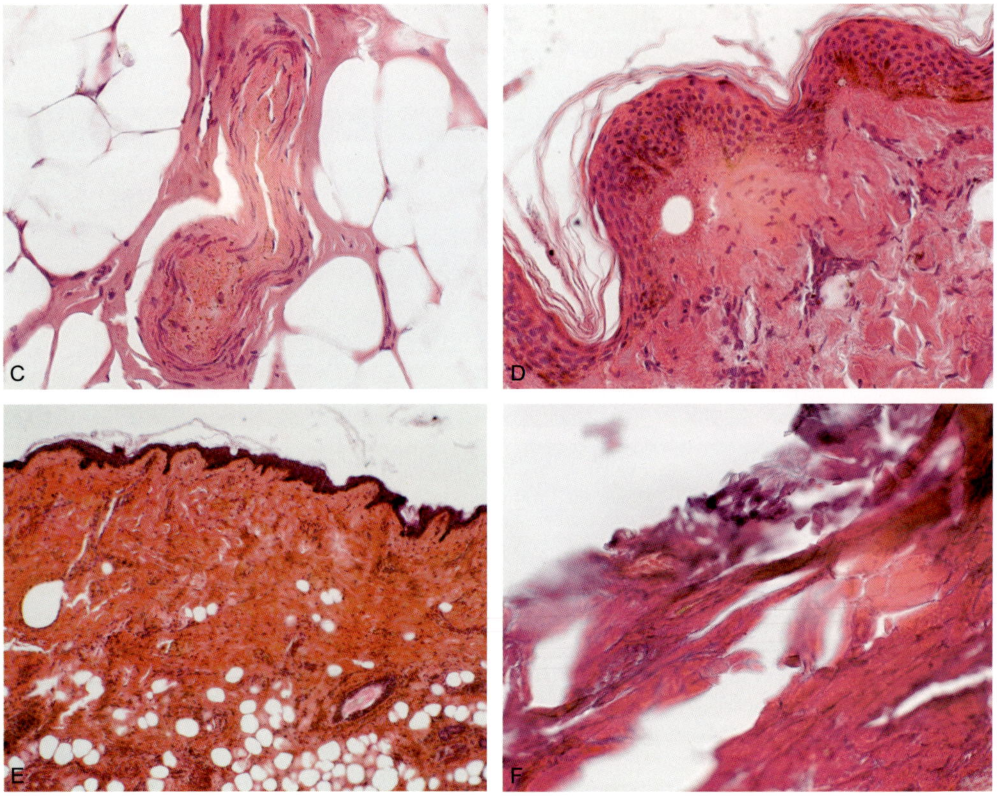

彩图 38-6（续） 法医病理学案例二（组织学图片）

C. 颅顶头皮皮损处真皮血管内皮细胞极性化（×400）；D. 颅顶头皮皮损之周边皮肤表皮层未见细胞极性化（×400）；E. 左耳廓皮损处真皮层及皮下结缔组织出血（×100）；F. 左手中指第 2 指节皮损处表皮层脱失，真皮胶原肿胀、融合、嗜碱性增强（×400）

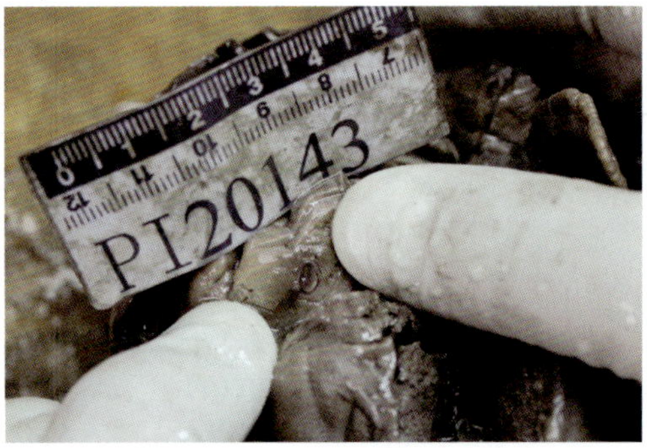

彩图 38-7 法医病理学案例三（大体图片）

左冠状动脉前降支动脉粥样硬化，管腔高度狭窄

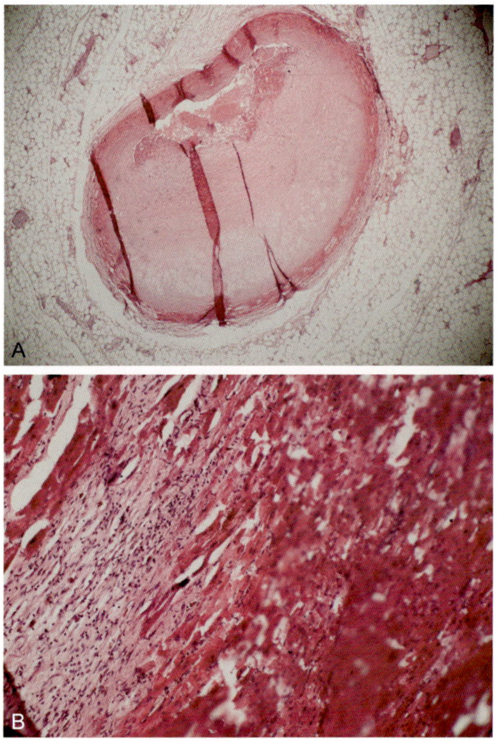

彩图 38-8 法医病理学案例三（组织学图片）

A. 左冠状动脉前降支动脉粥样硬化，管腔狭窄Ⅳ级（×40）；B. 左心室前壁肉柱较新鲜心肌梗死灶，梗死灶内较多中性粒细胞浸润（×200）

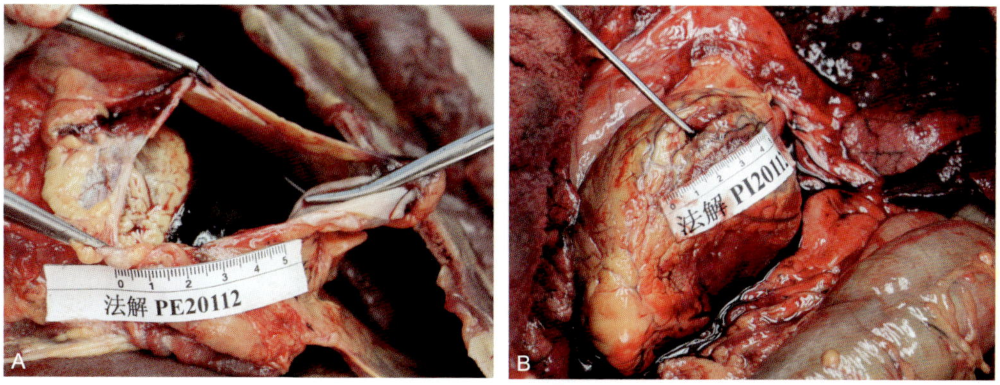

彩图 38-9　法医病理学案例四（大体图片）

A. 心包腔积血；B. 左心室前壁破裂

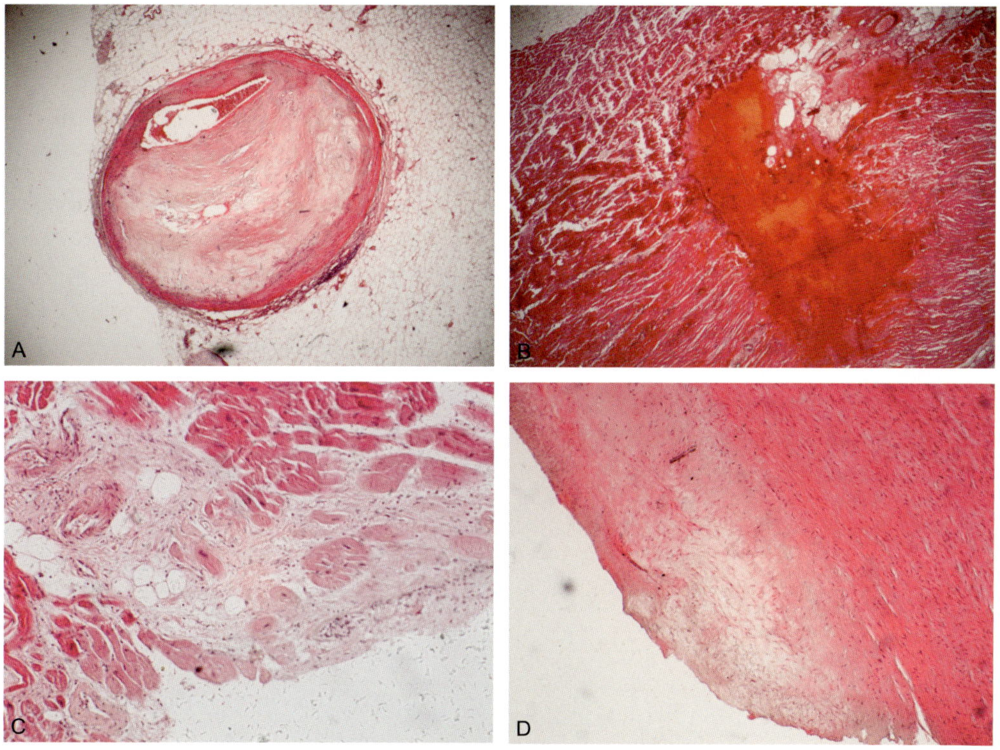

彩图 38-10　法医病理学案例四（组织学图片）

A. 左冠状动脉前降支粥样硬化，管腔狭窄Ⅳ级（×40）；B. 左心室前壁破裂口处心肌出血（×100）；C. 心尖部陈旧性灶状心肌梗死（×200）；D. 主动脉粥样硬化，纤维斑块期（×200）

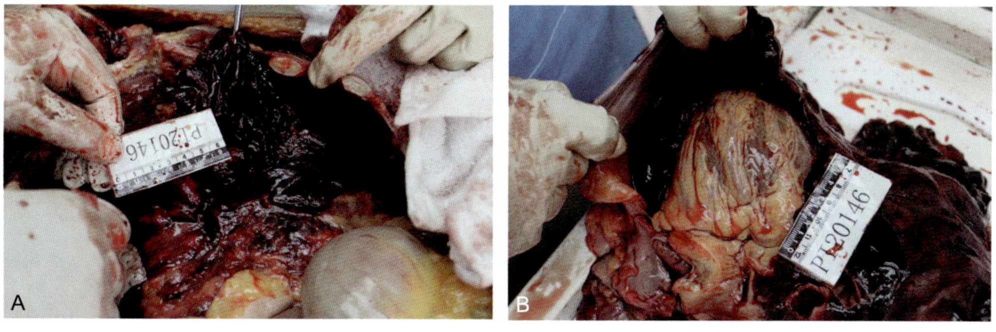

彩图 38-11　法医病理学案例五（大体图片）

A. 纵隔内见大量血凝块；B. 心包腔内见大量血凝块

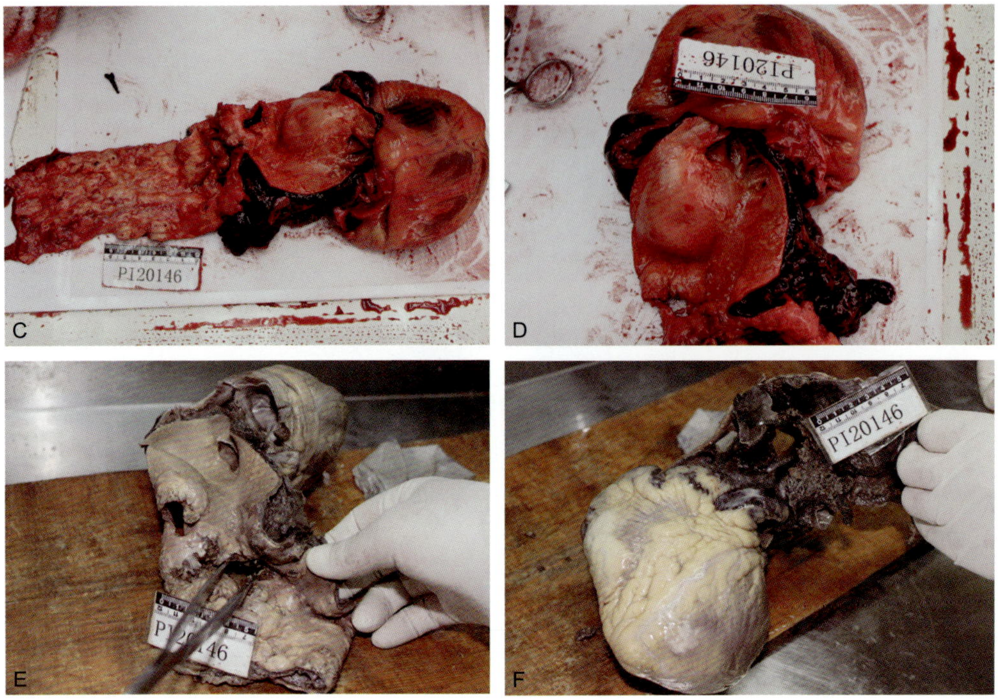

彩图 38-11（续） 法医病理学案例五（大体图片）

C. 主动脉夹层形成，夹层内充满大量血凝块，主动脉内膜大量粥样斑块形成，斑块凹凸不平；D. 主动脉夹层形成，延续至冠状动脉开口下方主动脉根部；E 和 F. 距主动脉瓣 8.5cm 处见一动脉破口贯穿主动脉壁全层

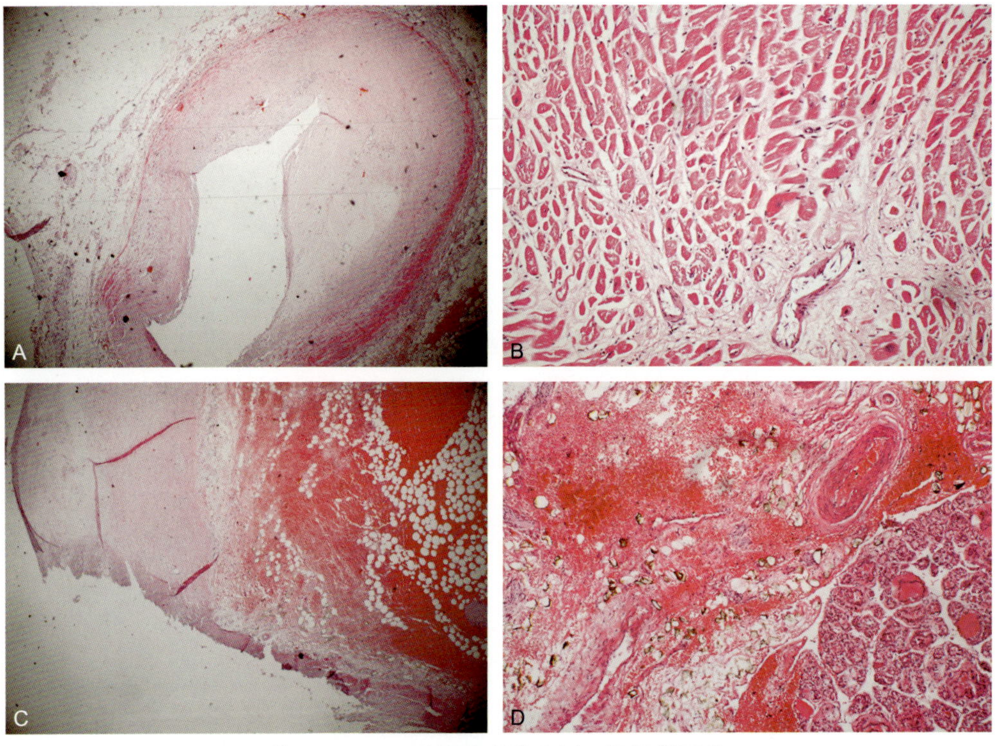

彩图 38-12 法医病理学案例五组织学图片

A. 右冠状动脉粥样硬化，管腔狭窄Ⅲ级（×40）；B. 左心室心肌梗死瘢痕（×200）；C. 主动脉粥样硬化，伴夹层形成（×40）；D. 甲状腺被膜明显出血（×100）

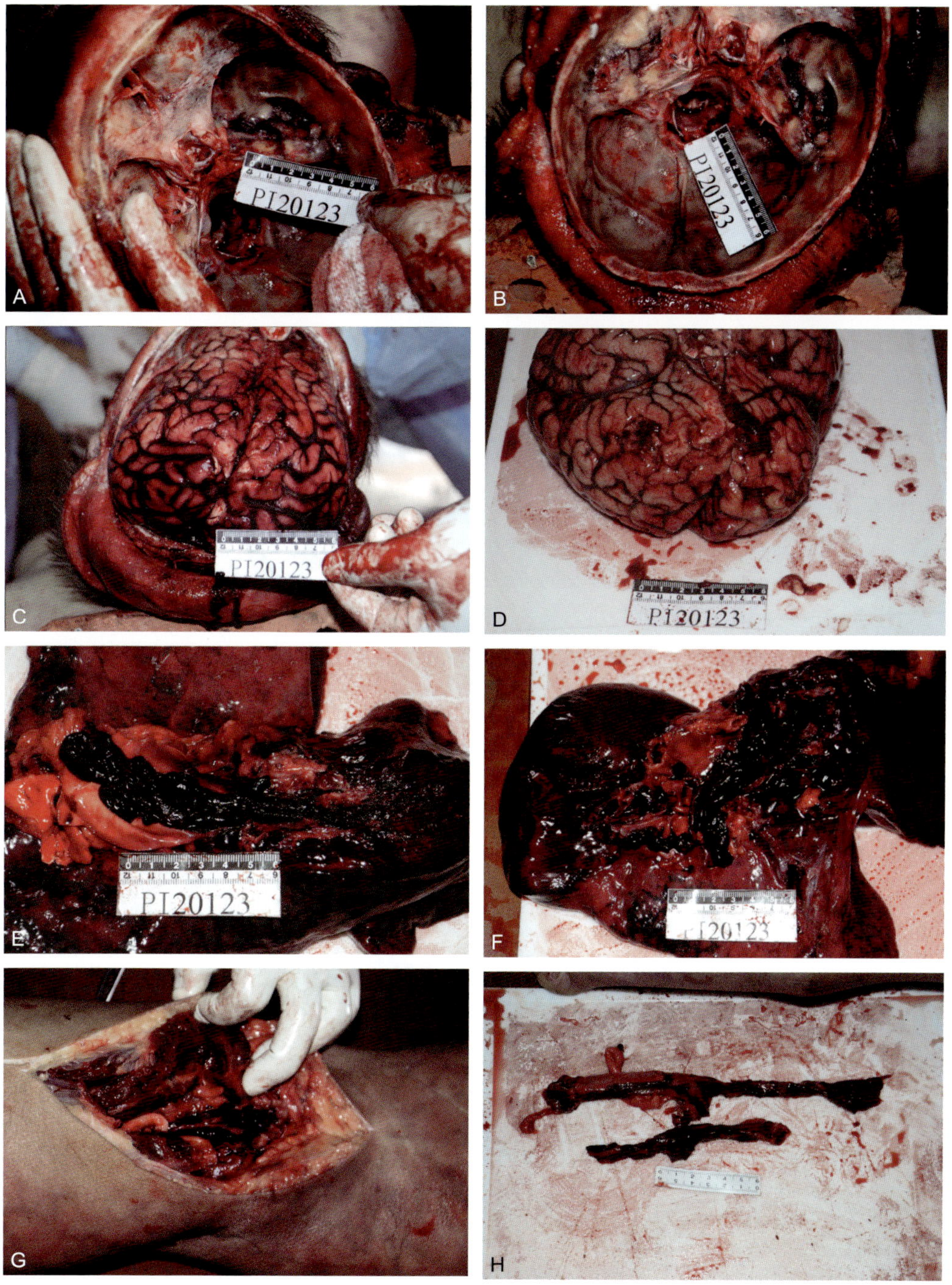

彩图 38-13　法医病理学案例六（大体图片）

A. 颅中窝右侧蝶骨大翼两处不规则线形骨折；B. 颅后窝一处线形骨折；C. 大脑顶叶蛛网膜下腔出血；D. 大脑额叶脑挫伤；E. 左肺动脉及分支内条索状血栓；F. 右肺动脉及分支内暗红色条索状物；G 和 H. 小腿深静脉内暗红色条索状物

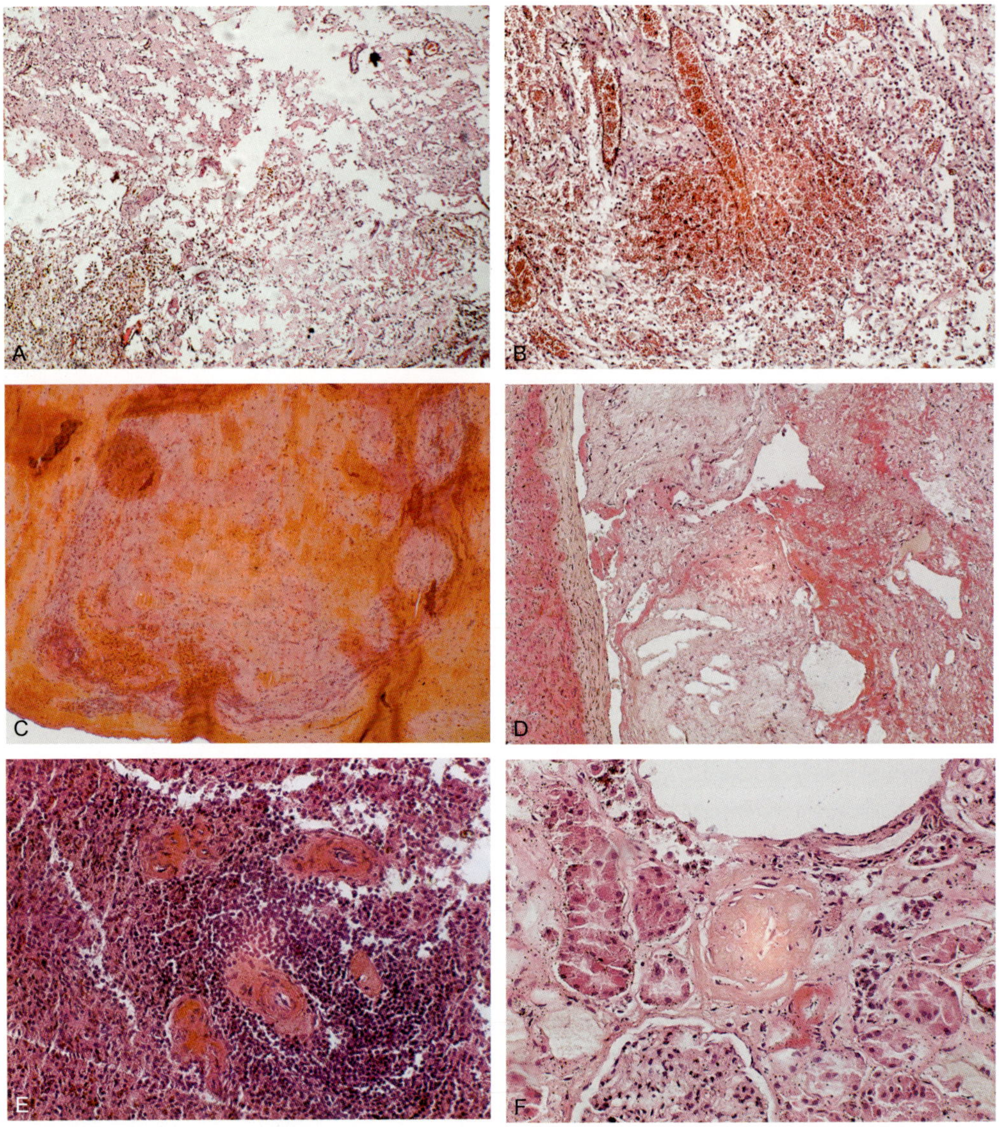

彩图 38-14　法医病理学案例六组织学图片

A. 大脑额叶脑挫裂伤（×100）；B. 脑实质灶状出血（×200）；C. 肺动脉及分支内混合血栓（×200）；D. 小腿深静脉内混合血栓，伴机化再通（×200）；E. 脾小中央动脉玻璃样变性，管腔狭窄（×400）；F. 肾小球玻璃样变，肾入球小动脉管壁玻璃样变性（×400）

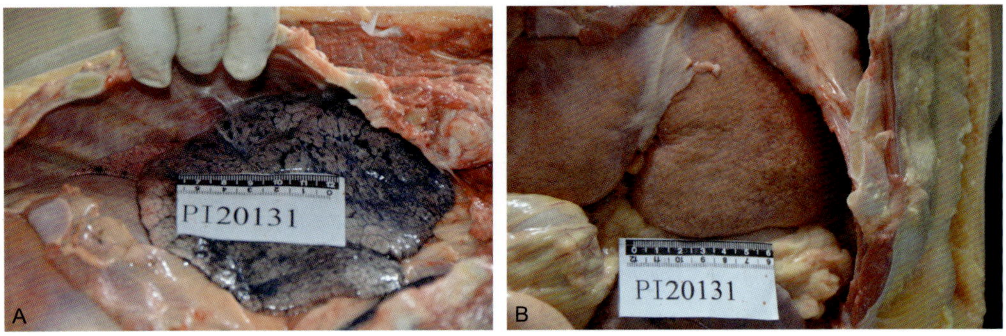

彩图 38-15　法医病理学案例七（大体图片）

A. 右肺与胸膜局部粘连；B. 肝表面呈黄色油腻状

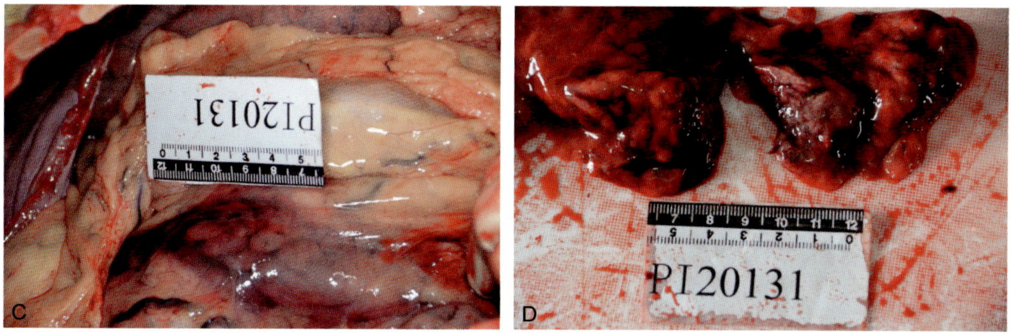

彩图 38-15（续） 法医病理学案例七（大体图片）

C. 胰腺表面被膜出血；D. 胰腺切面出血

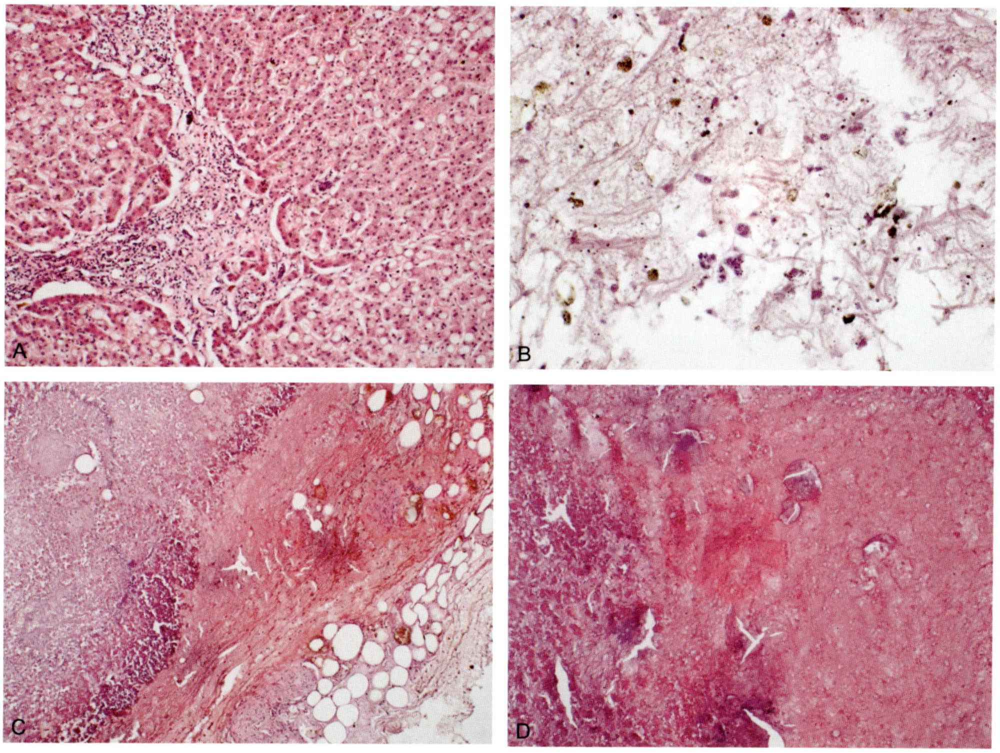

彩图 38-16　法医病理学案例七（组织学图片）

A. 肝细胞中至重度脂肪变性（×200）；B. 胰腺表面小灶状中性粒细胞浸润（×400）；C. 胰腺被膜及实质浅层出血（×100）；D. 胰腺实质浅层出血、坏死（×200）

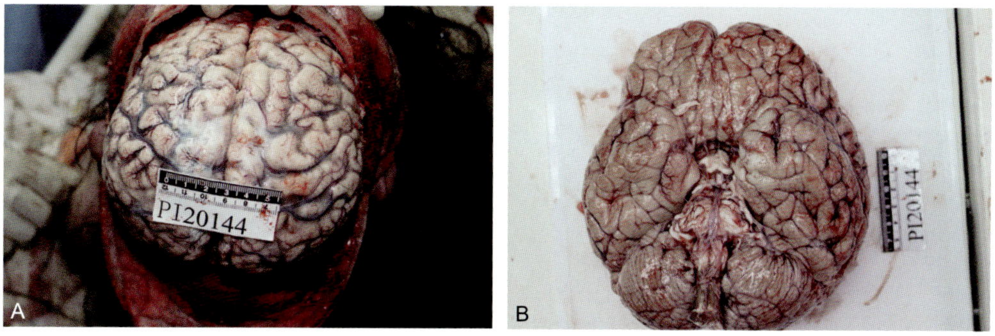

彩图 38-17　法医病理学案例八（大体图片）

A.. 双侧大脑顶叶矢状裂旁蛛网膜下腔灰白色附着物；B. 未见脑疝形成

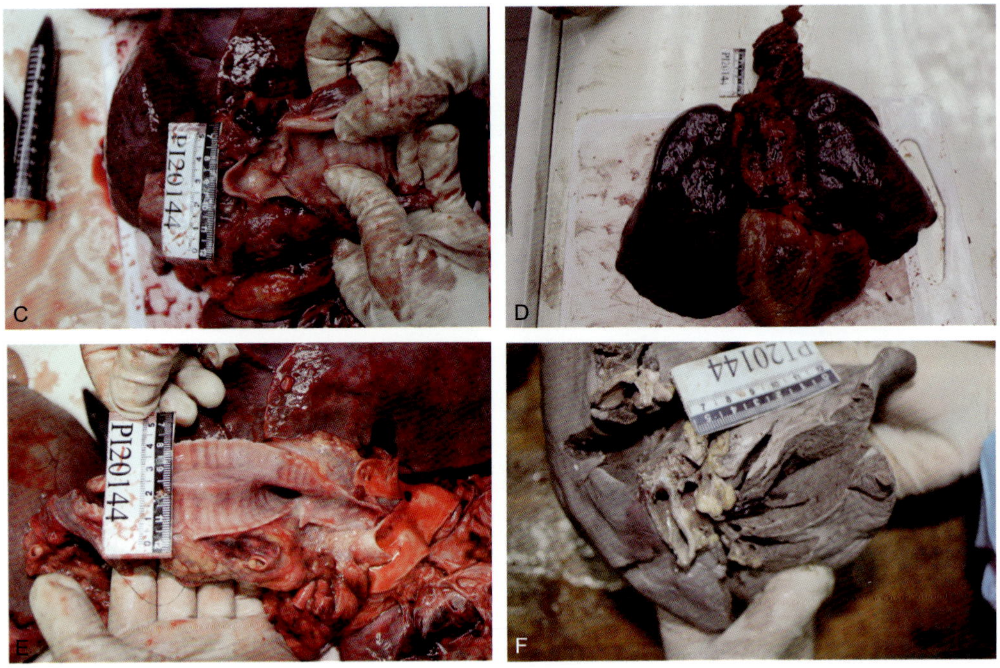

彩图 38-17（续） 法医病理学案例八（大体图片）

C. 左咽部近声门裂上方 1 个带蒂类圆形、息肉状赘生物；D. 肺表面出血点较多，心脏表面见少量出血点；E. 近肺门气管内见较多泡沫状液体；F. 右肺下叶近肺门处肺动脉分支内暗红色固形物

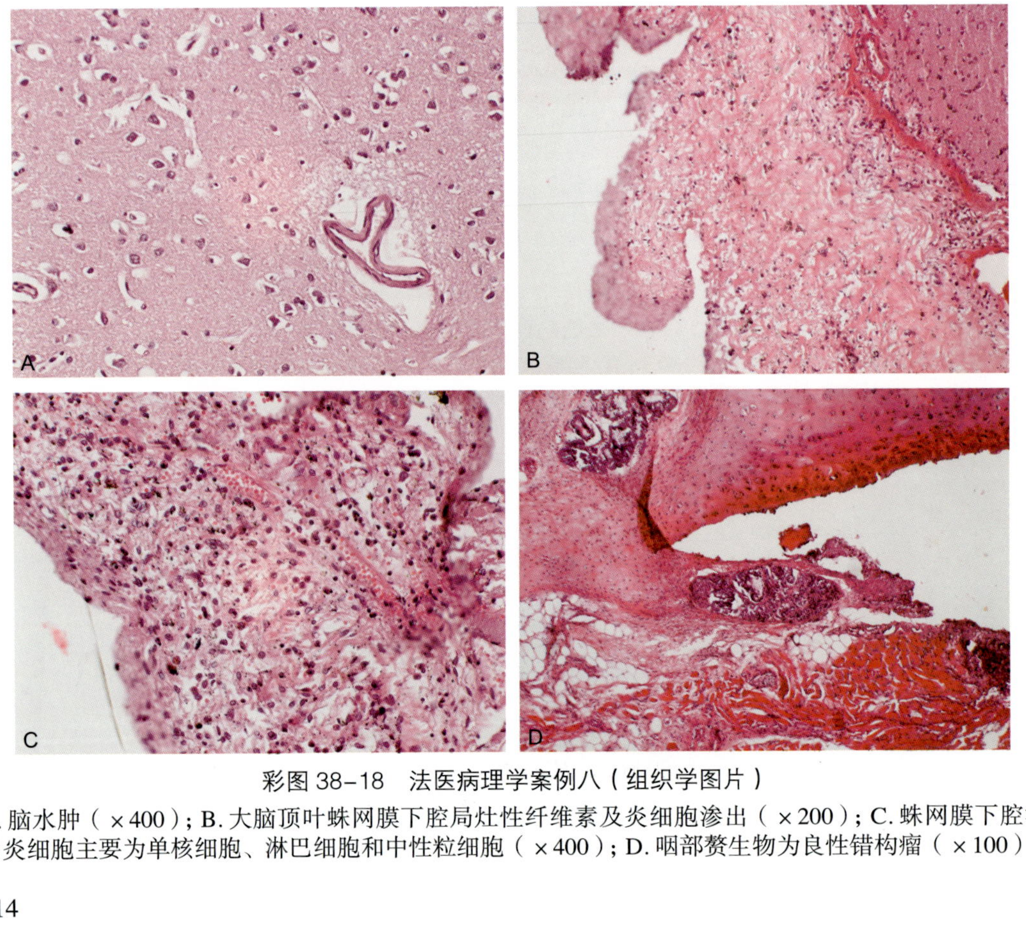

彩图 38-18 法医病理学案例八（组织学图片）

A. 脑水肿（×400）；B. 大脑顶叶蛛网膜下腔局灶性纤维素及炎细胞渗出（×200）；C. 蛛网膜下腔渗出炎细胞主要为单核细胞、淋巴细胞和中性粒细胞（×400）；D. 咽部赘生物为良性错构瘤（×100）

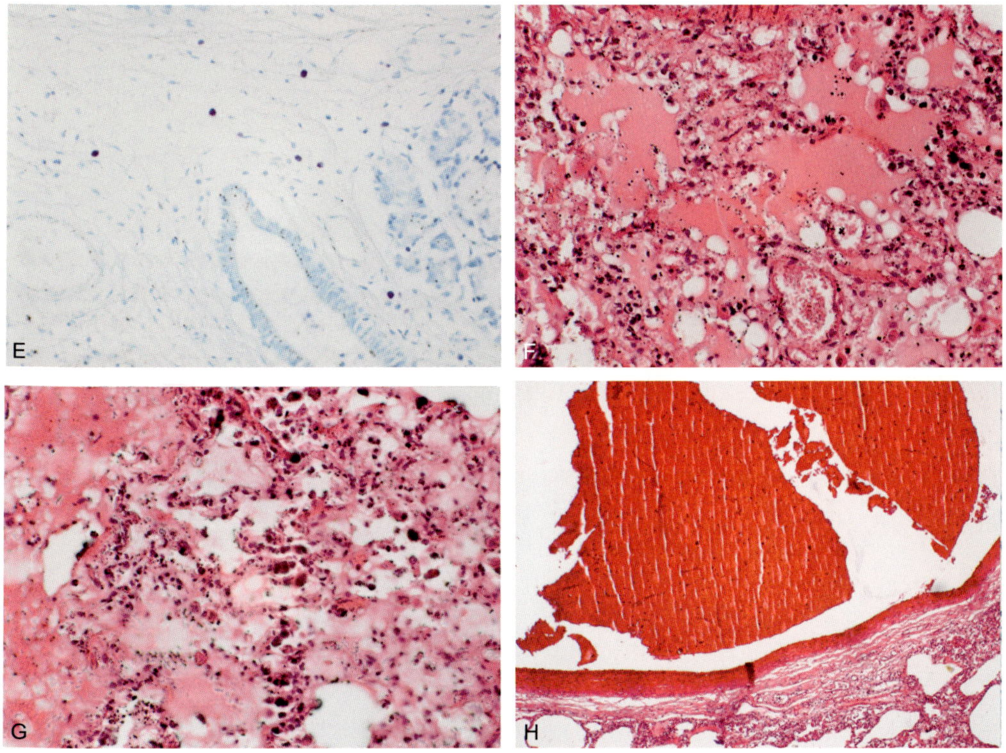

彩图 38–18（续） 法医病理学案例八（组织学图片）

E. 喉头肥大细胞未见脱颗粒现象（×400）；F. 肺水肿（×400）；G. 慢性肺淤血（×400）；H. 右肺下叶近肺门处肺动脉分支内凝血块（×100）

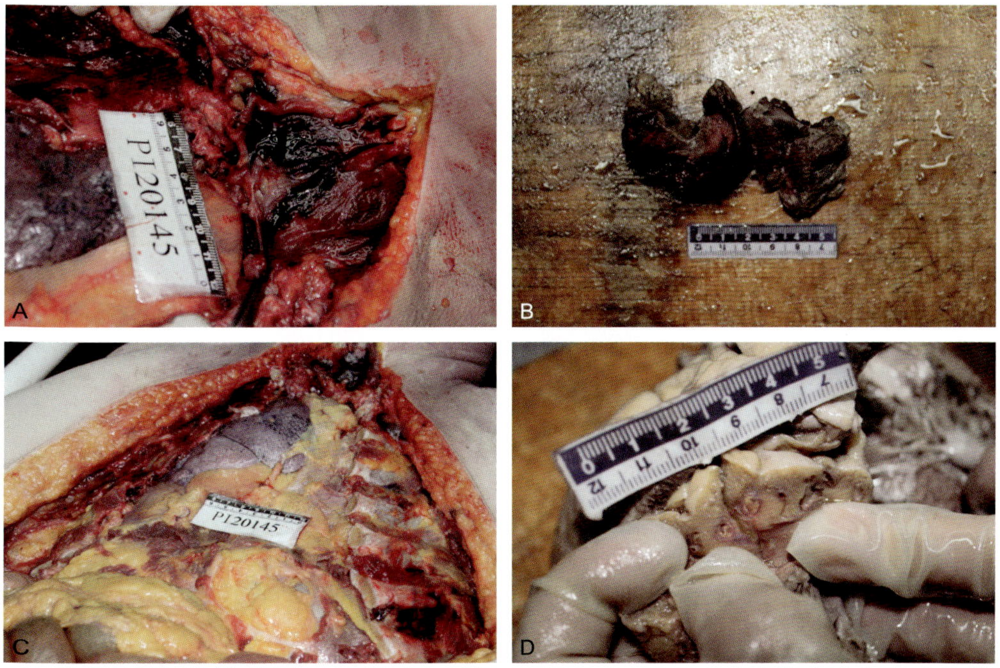

彩图 38–19 法医病理学案例九（大体图片）

A. 右侧颈部软组织出血；B. 右侧甲状腺出血；C. 左侧第 3 ~ 6 肋骨骨折，第 9、10 肋间肌出血；D. 左冠状动脉前降支动脉粥样硬化，管腔明显狭窄

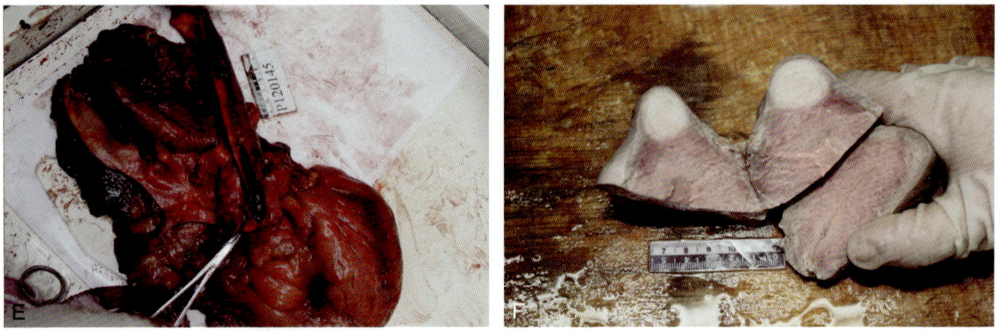

彩图 38-19（续） 法医病理学案例九（大体图片）

E. 胸主动脉夹层形成；F. 子宫底一侧子宫浆膜下肌瘤 1 个

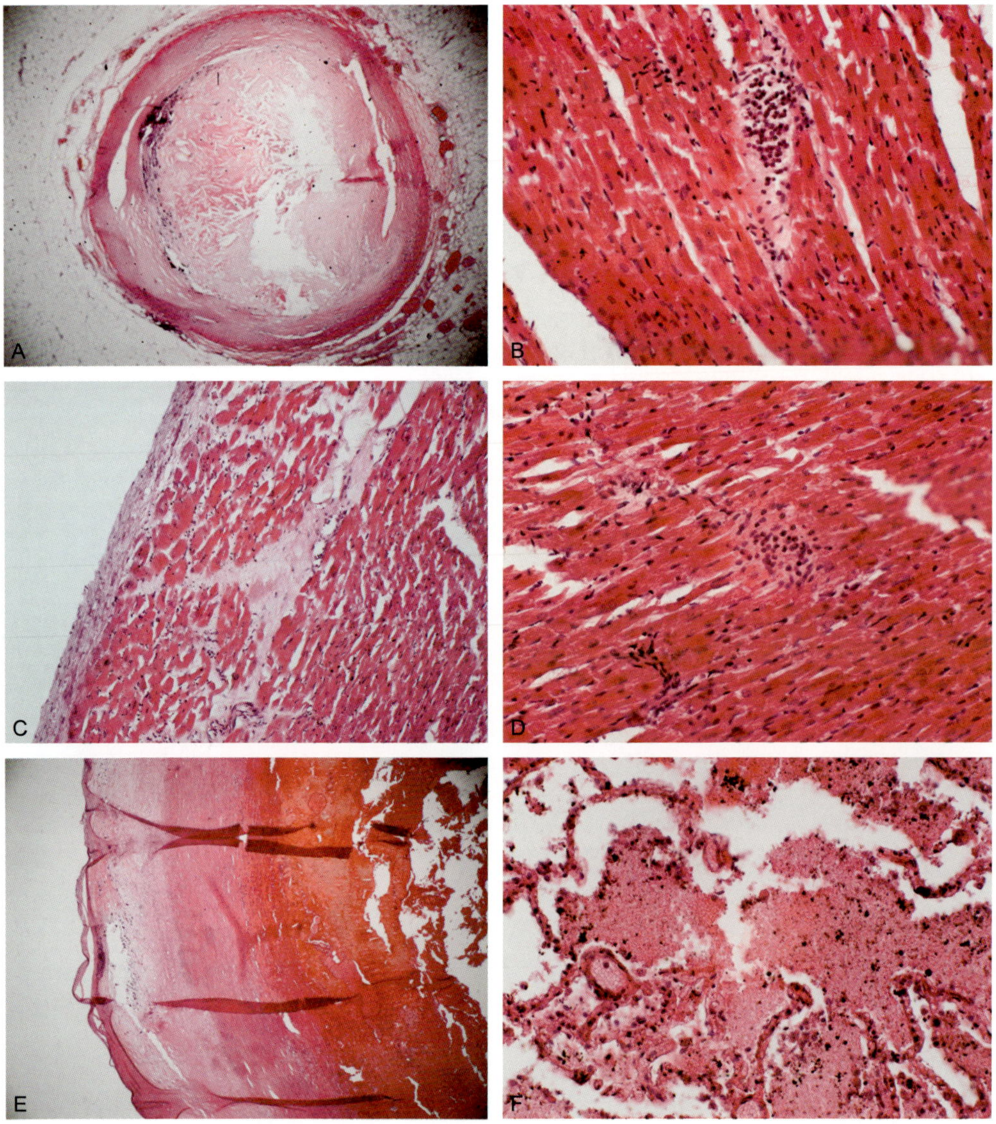

彩图 38-20 法医病理学案例九（组织学图片）

A. 左冠状动脉前降支粥样硬化，伴钙化，管腔狭窄Ⅳ级（×40）；B. 右心室心肌小灶状陈旧性梗死，并见中性粒细胞从血管壁游出（×400）；C. 室间隔内膜下小条索状陈旧性心肌梗死灶（×100）；D. 室间隔心肌灶状中性粒细胞浸润（×400）；E. 胸主动脉粥样硬化，并见主动脉夹层形成（×40）；F. 慢性肺淤血、肺出血（×400）